高等职业教育市场营销专业精品教材

服务营销理论与实务

SERVICE MARKETING THEORY AND PRACTICE

主　编　肖必燕　吕家剑

副主编　俞亦清　陈华平
刘前红　韩成英

中国轻工业出版社

图书在版编目（CIP）数据

服务营销理论与实务 / 肖必燕，吕家剑主编．—北京：中国轻工业出版社，2024.1

高等职业教育“十三五”规划教材

ISBN 978-7-5184-2190-9

Ⅰ.①服… Ⅱ.①肖…②吕… Ⅲ.①服务营销—高等职业教育—教材 Ⅳ.①F719

中国版本图书馆CIP数据核字（2019）第014847号

责任编辑：李　红　　责任终审：劳国强　　整体设计：锋尚设计

策划编辑：张文佳　　责任校对：晋　洁　　责任监印：张　可

出版发行：中国轻工业出版社（北京鲁谷东街5号，邮编：100040）

印　　刷：三河市国英印务有限公司

经　　销：各地新华书店

版　　次：2024年1月第1版第2次印刷

开　　本：787×1092　1/16　印张：16.75

字　　数：420千字

书　　号：ISBN 978-7-5184-2190-9　定价：45.80元

邮购电话：010-85119873

发行电话：010-85119832　010-85119912

网　　址：http://www.chlip.com.cn

Email：club@chlip.com.cn

232211J2C102ZBW

前言

近年来，随着知识经济的发展，服务业对于国家的未来繁荣具有战略性地位，并在国民经济中发挥着关键性、全局性的作用。越来越多的企业认识到服务的重要性，甚至将“服务”作为获取竞争优势的制胜法宝。随着服务市场竞争的加剧，对服务进行营销和管理已成为企业界和学术界关注的重点，服务营销的重要性日益凸显。

服务营销理论虽作为市场营销理论体系的一个分支，以服务业和传统制造业中所包含的服务为研究对象，但服务营销有其自身的规律特点。在服务营销研究领域中最有影响力的两大学派是北欧学派和北美学派，本书主要将国外两大学派的研究成果进行总结分析并相互融合，基于中国企业服务营销的现状，通过借鉴欧美现代服务营销的先进理念和方法，对服务营销理论的内容体系和方法体系进行比较全面地、系统地研究。尤其对服务补救、服务流程、服务有形展示、服务供需管理及内部营销等服务营销所有的内容进行了详细阐述。旨在从整体上强调和突出服务营销的特色，避免造成学生再次学习市场营销基础理论的情况。

教材在编写过程中尽量从国内外前沿的服务营销理论出发，结合目前企业服务营销的现状，把抽象的服务营销理论和营销实战方法同企业的服务营销实践活动相结合，突出企业服务营销决策管理的应用性。全书包括四个模块，共十二个项目的内容。模块一是基础篇，主要介绍服务的基本特征及服务业、服务营销理论等内容。模块二介绍服务营销的基本战略，主要探讨服务情境中的顾客行为；服务营销战略选择。模块三制定服务营销组合策略，主要探讨服务产品策略；服务分销、定价与促销策略；服务人员策略；服务流程策略和服务有形展示策略等内容。模块四主要针对服务营销管理展开探讨，主要包括服务质量管理、服务供需管理和服务顾客关系管理的内容。

本教材的编写由长期从事营销教学与研究工作的教师们共同编写而成，具体编写分工如下：肖必燕担任主编并负责编写项目五、项目七、项目八、项目九和项目十；吕家剑担任主编并负责编写项目一至项目三；俞亦清、陈华平、刘前红和韩成英担任副主编并分别负责编写项目四、项目六、项目十一和项目十二。

教材的主要设计思路围绕学习目标、能力目标、知识结构、营销实践、案例启迪、知识拓展、观点透视、项目小结、复习思考题、实践活动和案例分析等内容展开。

本教材在编写过程中参考了国内外大量文献资料，并尽可能地在引用时注明出处或者在参考文献中予以列出。在此，特别对所参考的书籍、期刊、论文的作者和相关网站表示最诚挚的敬意。由于编者水平有限，修改和编写时间仓促，书中疏漏在所难免，敬请同行专家和广大读者批评指正。

编者

2018.10

目录

模块一
认识服务营销 001

项目一　服务营销概述 001
任务一 服务概述..004
任务二 认识服务业 012
任务三 服务营销及其职能..014
任务四 服务营销组合..017

模块二
服务营销的基本战略 024

项目二　服务情境中的消费者行为分析................024
任务一 服务消费者行为概述 026
任务二 影响服务消费者购买行为的因素 032
任务三 服务情境中的消费者购买决策过程...............035
任务四 服务购买决策理论..040
项目三　服务市场的细分、选择与定位................046
任务一 服务市场细分...048
任务二 确立服务目标市场..052
任务三 服务市场定位...057
任务四 定位方式与策略 060
项目四　服务营销战略选择................................067
任务一 服务营销战略概述..070
任务二 总成本领先战略 074
任务三 差异化战略 078
任务四 集中化战略 081

模块三
服务营销组合策略 085

项目五　服务产品及品牌策略...........................085
任务一 服务产品..087
任务二 服务产品创新...091
任务三 服务品牌..098
任务四 服务标准..101

项目六　服务渠道、定价与促销策略 108
任务一 服务分销策略 111
任务二 服务定价策略 115
任务三 服务促销策略 123
项目七　服务人员策略 133
任务一 服务营销中的人员 136
任务二 内部营销的概念 142
任务三 内部营销的内容 145
任务四 顾客行为管理 148
项目八　服务流程策略 152
任务一 服务流程概述 156
任务二 服务流程设计 159
任务三 服务流程再造 169
项目九　服务有形展示策略 175
任务一 有形展示概述 178
任务二 有形展示的类型 182
任务三 服务场景设计 187

模块四
服务营销管理 195

项目十　服务质量管理 195
任务一 顾客的服务期望与感知 198
任务二 服务质量差距模型 203
任务三 服务承诺 207
任务四 服务失误与补救 211
项目十一　服务供需管理 218
任务一 服务能力管理 221
任务二 服务需求管理 224
任务三 排队等候管理 227
项目十二　顾客关系管理 238
任务一 关系营销 241
任务二 创建忠诚关系 245
任务三 顾客抱怨管理 251
任务四 顾客流失管理 256

参考文献 261

模块一

认识服务营销

项目一　服务营销概述

学习目标

1. 理解服务的定义、服务的特征与服务的分类。
2. 了解服务业的分类。
3. 认识服务营销与商品营销的差异。
4. 理解服务营销的职能。
5. 认识服务营销组合。

能力目标

1. 能正确理解和分析无形服务和有形产品的区别与联系。
2. 能正确理解和分析服务营销和商品营销的区别与联系。

知识结构

服务营销概述

- 服务概述
  - ○服务的内涵
  - ○服务的特征
  - ○服务的分类
- 认识服务业
  - ○服务业的概念
  - ○服务业的分类
  - ○内部营销的管理
- 服务营销及其职能
  - ○研究服务营销的目的
  - ○服务营销与商品营销的差异
  - ○服务营销的职能
- 服务营销组合
  - ○传统的营销组合
  - ○服务业中需要拓展的营销组合

导入案例

花旗银行的服务营销

花旗银行（Citibank）迄今已有近200年的历史。进入21世纪，花旗集团（Citigroup）的资产规模已达9022亿美元，一级资本为545亿美元，被誉为“金融界的至尊”。时至今日，花旗银行已在世界100多个国家和地区建立了4000多个分支机构，在非洲、中东，花旗银行更是外资银行抢滩的先锋。花旗的骄人业绩无不得益于其1977年以来银行服务营销战略的成功实施。

花旗银行能成为银行界的先锋，关键在于花旗独特的金融服务能让顾客感受并接受这种服务，进而使花旗成为金融受众的首选。多年以来，银行家们很少关注银行服务的实质，强调的只是银行产品的盈利性与安全性。随着银行业竞争的加剧，银行家们开始将注意力转移到银行服务与顾客需求的统一性上来。银行服务营销也逐渐成了银行家们考虑的重要因素。

自20世纪70年代花旗银行开创银行服务营销理念以来，就不断地将银行服务寓于新的金融产品创新之中。而今，花旗银行能提供多达500种金融服务。花旗服务已如同普通商品一样琳琅满目，任人选择。1997年，花旗与旅行者公司的合并，使花旗真正发展成为一个银行金融百货公司。在20世纪90年代的几次品牌评比中，花旗都以它卓越的金融服务位列金融业的榜首。今天，在全球金融市场步入竞争激烈的买方市场后，花旗银行更加大了它的银行服务营销力度，同时还通过对银行服务营销理念的进一步深化，将服务标准与当地的文化相结合，在加强品牌形象的统一性时，又注入了当地的语言文化，从而使花旗成为行业内国际化的典范。

金融产品的可复制性，使银行很难凭借某种金融产品获得长久竞争优势，但金融服务的个性化却能为银行获得长久的客户。著名管理学家德鲁克曾指出：“商业的目的只有一个站得住脚的定义，即创造顾客”“以顾客满意为导向，无异是在企业的传统经营上掀起了一场革命”。花旗银行深刻理解并以自身行动完美地诠释了“以客户为中心，服务客户”的银行服务营销理念。在营销技术和手段上不断推陈出新，从而升华花旗服务，引领花旗辉煌。

花旗通过变无形服务为有形服务，提高服务的可感知性，将花旗服务派送到每一位客户手中。花旗银行在实施银行服务营销的过程中，以客户可感知的服务硬件为依托，向客户传输花旗的现代化服务理念。花旗以其幽雅的服务环境、和谐的服务氛围、便利的服务流程、人性化的设施、快捷的网络速度以及积极健康的员工形象等传达着它的服务特色，传递着它的服务信息。

花旗在银行服务营销策略中，鼓励员工充分与顾客接触，经常提供上门服务，以使顾客充分参与到服务生产系统中来。通过“关系”经理的服务方式花旗银行建成了跨越多层次的职能、业务项目、地区和行业界限的人际关系，为客户提供并办理新的业务，促使潜在的客户变成现实的用户。同时，花旗还赋予员工充分的自主服务权，在互动过程中为客户更好地提供全方位的服务。

通过提升服务质量，银行服务营销赋予花旗服务以新的形象。花旗在引导客户预期方面绝不允许作过高或过多的承诺，一旦传递给客户的允诺就必须保质保量地完成。如承诺“花旗永远不睡觉”，其实质就是花旗服务客户价值理念的直接体现。花旗银行规定并做到了电话铃响10秒之内必须有人接，客户来信必须在两天内做出答复。这些细节就是客户满意的重要因素。同时，花旗还围绕着构建同顾客的长期稳定关系，提升针对性的银行服务质量。通过了解客户需求，有针对性地提供相应的产品或服务，缩短员工与客户、管理者与员工、管理者与客户之间的距离，在确保质量和安全的前提下，完善内部合作方式，改善银行的服务态度，提高银行的服务质量，进而提高客户的满意度，提高服务的效率并达到良好的效果。

案例启示

花旗银行服务营销的成功实施，拓展了服务领域，强化了服务质量，从而使得花旗品牌深入人心，客户纷纷而至，以致每四个美国人中就有一个是花旗银行的客户。在当今信息技术引发的金融创新浪潮中，各个银行之间试图通过网点优势、人缘优势、技术优势、产品优势拉开与竞争对手差距的时代已成为过去。银行服务营销开展的优劣将成为银行竞争成败的关键。

在当前我国积极实施国有商业银行市场化改革的进程中，花旗的银行营销给我国国有商业银行的市场改革进程带来许多重大的启示。诚然，银行大楼是越盖越高，装修越来越好，服务项目也越来越多，但人们总能发现某个储蓄网点不是ATM机不好用，就是POS机出了问题；不是大堂经理不在，就是窗口暂停服务。由此可见，缺乏现代银行服务内涵的金融产品竞争已失去了先前的魅力。因此，在推进国有商业银行市场化体制建设的同时，要给宛如希腊神庙般的银行建筑、深色凝重的银行摆设、冰冷的面容、单调的语言等，注入现代银行的服务内涵，这也将成为国有商业银行能否真正与市场接轨的关键问题。

国有商业银行在推行银行服务营销的过程中，要积极地将“以产品为中心”的产品推销观念转化为“以客户为中心”的银行服务营销观念。在实践中，要将银行服务营销观念与策略导入银行服务业，通过差别化、个性化的服务，营造具有自己特色的金融品牌。同时，要根据客户需求的变化相应调整银行的服务。正如花旗银行合理引导客户预期并提供迎合客户预期的银行服务一样，国有商业银行也要在推行银行服务营销的实践中根据客户需求，积极开发与之相符的并具有自身特色的便利服务和支持性服务，从而将银行服务营销真正融于具体的银行经营实践中。

近年来，服务业快速增长，在全球经济中所占的比重也日益增加。服务给企业带来了更多利润的同时，也为企业的服务营销和管理工作带来了挑战。随着消费者对服务的要求越来越高，对于服务企业来说，掌握服务营销的基本理论、工具和方法极其重要。

任务一　服务概述

服务的概念和其独有的特征，是服务营销学的基础，也是服务营销学能够得以独立、发展和完善的关键所在。

一、服务的内涵

平常我们生活中所说的服务是指为他人做事，并使他人从中受益的一种有偿或无偿的活动。服务一般并不以实物的形式来满足他人某种特殊需求，但实物往往是作为一种载体或辅助工具出现，使服务的具体过程和内容得以实现。因此，我们可以认为服务具有无形特征，却可为他人提供某种利益或满足感，并可供有偿转让的一种或一系列活动。

从20世纪60年代以来，服务的定义就开始备受学术界的关注，很多营销学者都从不同角度对服务进行研究和定义。因为服务是一种比较复杂的现象，在不同行业中服务的表现各不相同，因此要给服务下一个准确的定义是非常困难的。到目前为止，还没有一个能被所有人都接受的服务的定义。下面列出其中具有代表性的几种服务的定义，如表1-1所示。

表1-1　典型的服务定义

营销学者或机构	服务的定义
斯坦通（1974年）	服务是一种特殊的无形活动，它向顾客或者工业用户提供所需的满足感，它与其他产品销售和其他服务并无必然联系
菲利普·科特勒（1983年）	服务是一方能向另一方提供的，基本上属于无形的任何行为或绩效，并且不导致任何所有权的产生。服务的生产可能与物质产品相关，也可能不相关
美国市场营销学会（1984年）	服务是可被区分界定的，主要为不可感知，却可使欲望得到满足的活动，而这种互动并不需要与其他产品或服务的出售联系在一起。生产服务时可能会或不会需要利用实物，而且即使需要借助某些实物协助生产服务，这些实物的所有权将不涉及转移的问题
艾德里安·佩恩（1993年）	服务是一种涉及某些无形性因素的活动，它包括顾客或他们拥有财产的相互活动，它不会造成所有权的更换。服务产品可能或不可能与物质产品紧密相连
克里斯廷·格鲁诺斯（2008年）	服务是由一系列或多或少具有无形特征的活动所构成的过程，这个过程是在顾客与服务提供者、有形资源的互动关系中进行的，这些有形资源（或有形产品、有形系统）是作为顾客问题的解决方案而提供给顾客的
洛夫洛克和沃茨（2014年）	服务是一方向另一方提供的经济活动。在特定时间内，服务的“演出”会给服务接受者（人、物或资产）带来预期的结果。顾客付出金钱、时间和精力，期望通过服务组织提供的货物、劳动力、专业技能、网络和系统等获取到价值。但对于服务过程中所出现的任何有形要素，顾客通常是无法获得其所有权的
泽丝曼尔和比特纳（2015年）	服务是行动、过程和表现，由一方向另一方提供或合作生产。服务包括所有产出为非有形产品的全部经济活动，通常在生产时被消费，并以快捷、愉悦、省时、舒适或健康的形式提供附加价值

知识拓展

克里斯廷·格罗鲁斯（Christian Gronroos）

克里斯廷·格罗鲁斯（Christian Gronroos），芬兰瑞典语经济与管理学院教授，服务管理研究中心主任，同时兼任天津师范大学名誉教授，天津师范大学服务管理研究中心名誉主任。芬兰瑞典语经济与管理学院始建于1909年，是北欧成立最早的商学院之一。该校的市场营销，特别是服务营销与关系营销学科在世界上享有盛誉。

格罗鲁斯教授曾在《欧洲市场营销学学报》《工业营销管理》《国际服务管理学报》《营销管理学报》等世界一流的学术刊物上发表上百篇文章，并先后出版了《服务营销学》《工业服务营销学》《战略管理与服务业的营销》《如何销售服务产品》《服务营销：诺丁学派的观点》《公共部门的服务管理》《全面沟通》和《服务管理与营销》等数十部著作。其中，《服务管理与营销》一书曾被翻译成中文、西班牙文、瑞典文和俄文，成为国际各大一流商学院服务营销课程的首选教材。

格罗鲁斯教授亲手创办了两家服务咨询公司，同时兼任10多家公司的营销顾问，并长期为世界著名的美国电话电报公司、沃尔沃公司、杜邦公司、联合电信公司、斯堪的纳维亚航空公司等企业提供咨询服务。

由于在营销学方面的突出贡献，格罗鲁斯教授荣获欧洲最有影响力的阿塞尔（Ahlsell）营销学研究奖，受聘为美国斯坦福大学、亚利桑那州立大学的客座教授和美国第一洲际服务营销中心特邀研究员，并数次前往澳大利亚、加拿大、美国、西欧及中国的高等学院访问讲学。作为全球权威管理学家，格罗鲁斯教授被国际学术和实务界誉为“服务营销理论之父”“世界CRM大师”。

其中芬兰学者克里斯汀·格罗鲁斯是服务营销学创始人，也是北欧服务营销学派的代表人物。他对服务的定义较为全面地揭示了服务的内涵，此定义在营销学界得到了普遍认同。根据这一定义，我们可以从以下几个方面来理解服务的内涵。

1. 服务是一种过程

服务是由一系列活动构成的一个整体过程。在服务过程中，顾客既是服务的接受者，同时又是服务的合作生产者。顾客消费的不仅是服务的结果，更是整个服务过程的消费。在这个过程中，顾客会根据服务结果来判断和评价服务质量的好坏，也会从服务过程中每个细节来感知服务质量的好坏。有时即使顾客获得了预期的服务结果，但若在服务过程中，服务人员态度恶劣、行为粗鲁等都会影响顾客的服务体验和服务质量感知及评价。因此，顾客是通过服务提供的过程来感知服务质量的，服务本身具有过程性，这是服务营销所特有的属性。

2. 服务在互动中产生

服务通常是在彼此互动的关系中产生的。这里的互动不仅指服务人员与顾客之间的互动，也包括在服务现场顾客与顾客之间的互动，以及顾客与服务系统和服务设备、服务环境之间的互动。例如，在理发的过程中，顾客与发型设计师之间会进行沟通交流，顾客需要告诉发型设计师自己喜欢什么发型和具体要求；发型设计师则按照顾客的要求来设计发型，双方需要交流多次才能设计出一个让顾客满意的发型。因此，顾客只有与服务提供者合作，才能顺利完成服务的传递，使顾客获得期望价值。

3. 有形要素是用来帮助顾客解决问题

有形要素的使用是为了帮助顾客解决问题。有形要素包括人力、物品、设备、网络、系统和其他基础设施等。顾客只拥有这些有形要素的使用权，借助这些有形要素来获取期望的服务价值，但这些有形要素的所有权并不被顾客所拥有。例如理发过程中使用的吹风机、剪刀、烫发设备等，顾客只是借助这些有形要素来满足自己获得一个想要的发型。

二、服务的特征

服务与有形商品相比是有本质区别的，一般而言，服务具有以下五个基本特征，如图1-1所示。

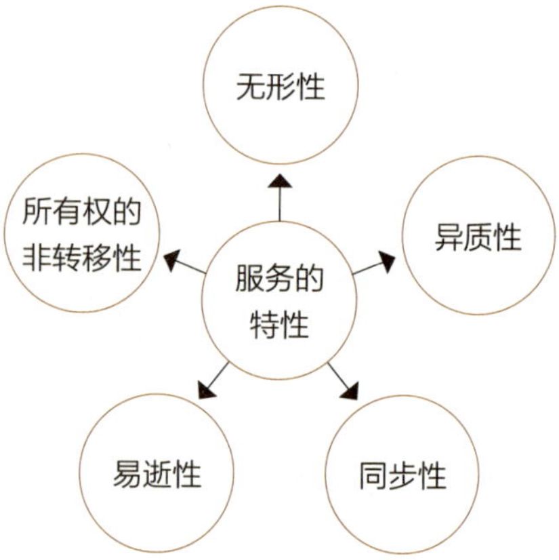

图1-1　服务的特征

1. 无形性

无形性是指服务不能像有形商品那样被看到或触摸到。同时，顾客消费服务后所获得的利益也很难被察觉，或是要经过一段时间后，顾客才能感觉到利益的存在。服务的这一特征使顾客在购买服务前不能用购买有形商品的办法，如触摸、尝试、嗅觉、聆听等，去判断服务的好坏，而只能以搜寻信息的办法，参考多方意见及自身的历史体验来做出判断。同时顾客也无法说明自己希望获得什么样的服务，因为大多数服务都非常抽象，较难描述。因此，顾客在购买服务之前所面临的购买风险比购买有形商品要大。

无形性是服务的基本特征，但并不是说服务是绝对无形的，服务有时是需要一定载体的。例如健身房的健身器械、设备，作为其服务的载体，载体有效性的强弱，体现了服务质量的高低。许多服务业为了使服务的无形性变得有形化，常通过服务人员、服务过程及服务的有形展示，并综合应用服务设施、服务环境、服务方式等来体现。服务的无形性要求服务企业提供服务介绍和服务承诺（或服务保证）。服务介绍的诚实与准确性是服务质量所要求的。服务承诺（或服务保证）的针对性与周到性及履行承诺的及时性、兑现性都能有效地体现服务质量的高低。

2. 异质性

差异性是指服务的构成成分及其质量水平经常变化，很难达到一致。造成服务差异性的原因有以下两个方面：一是服务人员的原因。如服务人员有不同的经历、心理状态、性格、工作状态，其服务行为难以把握；二是顾客的原因。由于顾客直接参与服务的生产与消费过程，顾客的知识水平、兴趣爱好、道德修养、社会阅历及处世经验等差异，即使服务企业提供相同的服务，顾客对服务的感受也会不同，这将直接影响服务质量和效果。

3. 同步性

服务的生产过程和消费过程是同时进行的。服务人员提供服务之时，也正是顾客消费、享用服务的过程，生产与消费服务在时间上是不可分离的。服务的这一特征要求服务人员必须以积极、合作的态度参与服务生产过程；也要求顾客通过与服务人员合作，积极地参与服务过程，才能享受服务的使用价值。只有参与才能消费服务，否则便不能消费服务。例如以医疗服务为例，病人接受治疗，只有主动地告知病情，医生才能对症下药。大多数顾客必须到服务现场，才能接受服务，或服务企业必须将服务送到消费者手中。因此，各服务网点往往只能为某一个地区的顾客服务，服务场所的选择对服务企业十分重要。

4. 易逝性

由于服务的无形性及服务的生产和消费的同步性，使得服务不可能像有形商品一样能被储存起来，以备未来出售。而且在大多数情况下，顾客也不能将服务带回家存放起来，如果不能及时消费，就会造成服务的浪费和损失。例如飞机、电影院、剧院的空位现象等，如果当时没有销售出去，那么是不可能储存起来的。

服务的易逝性表明服务不需要储存费用、存货费用和运输费用。但同时带来的问题是，服务企业必须解决由于缺乏库存所导致的产品供求不平衡的问题。此外，服务的易逝性也为加速服务产品的生产、扩大服务的规模提出了难题。

5. 所有权的非转移性

所有权的非转移性是指服务的生产和消费过程中不涉及任何东西的所有权转移。既然服务是无形的，又不可储存，服务在交易完成后便消失了，顾客并没有“实质性”地拥有服务。例如理发，经过理发师的服务，顾客的头发得到了修剪和造型，但这并没有引起任何所有权的转移，只是顾客的感受有了变化而已。

这一服务特征是导致服务风险的根源。由于缺乏所有权的转移，顾客在购买服务时并未获得某种实物的所有权，因此会感受到购买服务的风险，带来心理障碍。为了帮助顾客克服这种心理障碍，企业可以通过实行“会员制”的方式来维持与顾客的关系。当顾客成为企业的会员后，他们可享受某些特殊优惠和待遇，在心理上产生拥有企业所提供的服务的感觉。

观点透视

服务的10种营销模式

按照传统经营思想的理解，企业的生存模式主要有三种：第一种方式是靠资源与技术，例如波音、微软、SONY、INTEL等靠独有的技术优势一统天下；第二种方式是靠品牌，许多百年企业，如麦当劳、可口可乐，并不拥有很深的技术，却能够吸引数以亿计的消费者，主要是其品牌的拉力非常强；第三种方式是靠市场网络，如联想，在技术上并不占优，但是拥有庞大的市场网络和优秀的渠道管理，所以成了中国的PC第一品牌。

当历史跨入21世纪，发现过去成功的模式现在好多都难以为继。“一招鲜吃遍天”的日子一去不复返。焕然一新的是服务营销的新天地，它已成为当今企业的主要生存方式。其实，服务的本质是营销，只是它比服务更隐蔽、更持久、更魔力。

即便是服务，也不是单一的售后服务中的修修补补那么简单，它贯穿于企业战略和管理及运营的始终，扎根于产品和顾客的整个生命周期。大致有10种营销模式：

冠名营销： PLUS（普乐士）投影机的“贴心24”、解放卡车的“感动服务”、浪潮服务器“360°专家服务”、联想的“阳光服务”、EPSON打印机的“EPSON服务”等。

无限营销： 科龙集团“全程无忧”的服务品牌及服务理念。随着销售服务全程化进程，服务宗旨也由CS（顾客满意）发展为TCS（全程顾客满意）。将服务贯穿于整个产品的寿命周期：推广前期（预热）、推广期（升温）、强推期（沸腾）、巩固期（恒温）。

无量营销： 在2000年年初，立邦漆经过系统的产品规划与流程再造，设计出了具有战略意义的新产品推广方案——CCM产品及“个性配色中心”。在“CCM个性配色中心”这种技术型渠道的背后是立邦系统化、个性化的“渠道协同式服务”模式。目前，其自营的以区域市场管理和渠道服务为职能的“立邦漆服务中心”，几乎渗透到每一个大城市，为立邦漆营销奠定了坚实的基础。

概念营销：联想在2003年6月提出了“阳光服务”概念，在6月7日联想通过遍布全国的260多个城市的阳光服务站、3000名阳光服务师，为联想的各类IT产品提供名为“七彩阳光”的免费服务。

承诺营销：联想提出了“三年保修，一年免费上门，48小时排除故障”的承诺，已成为其销售服务的一个标准。

外包营销：根据统计资料显示，2003年全球IT系统服务外包业务市场达1500亿美元，可见企业很热衷于服务外包。IBM在内的跨国公司都推崇外包理念，诸如其在香港的服务业务外包给香港电信；2004年2月14日，国美电器宣布全面启动“彩虹服务”工程，与海尔、海信等家电企业签订协议，这些家电企业把在国美门店售出商品的维修服务全权委托国美负责（保修期内）。

知识营销：惠氏作为婴幼儿营养食品市场上的领导品牌，组织专家编写《中国婴幼儿营养指南》向消费者赠送，同时还派婴幼儿专家到全国17个城市面向基层医务人员进行婴幼儿喂养讲座，并且还开通了免费服务热线：8008201826，通过服务带动销售。

个性营销：戴尔电脑（DELL）以直销闻名，DELL的服务理念是与客户建立直接的联系，从与客户的第一次接触起，直到随后的服务与指斥，都通过为客户提供单一责任点来实现戴尔公司的客户体验。通过直销模式，无论是最终用户、小型企业客户或是大客户，DELL对客户在服务和技术支持方面的要求都了如指掌，并针对每个客户的具体要求提供全方位的满意服务。

顾问营销：IBM全球服务部自20世纪90年代初第一次将“服务”的理念带入中国以来，在为中国客户提供全方位的技术服务方面，展现了其全面的技术水平和专业的服务能力。IBM全球服务部可为客户提供基于软硬件维护和零配件更换的售后服务，这是很多企业都能也必须提供的服务，更重要的是IBM还能提供诸如独立咨询顾问、业务流程与技术流程整合服务、专业系统服务、网络综合布线系统集成、人力培训、运维服务等信息技术和管理咨询服务，从而满足客户日益复杂的、个性化的需求，这就是IBM的差异化服务。

造势营销：2004年7月13日，金山在北京“天鸿科技园酒店”宣布展开一次通用软件历史上最大型的服务活动“十面埋伏——围剿特洛伊木马”大行动，从而拉开2004年杀毒大战的序幕。从7月14日起一个月的时间里，在北京、上海、广州等40多个城市都有反病毒工程师为全国1000多家小区、1000多万用户上门清除木马病毒。结果，包括《中国经营报》在内的很多媒体都对此予以高度关注。

三、服务的分类

根据不同的标准，可以对服务进行不同的分类：

菲利普·科特勒按照服务在商品中所占的比例不同，将服务分为了以下四类，如表1-2所示。

表1-2　根据服务所占比重分类

服务占比	类别	示例
低 ↓ 高	纯有形商品	香皂、牙膏、厨具、酱油等没有附带服务的产品的服务
	附带服务的有形商品	海尔家电提出“真正到永远”，用优质的全程服务来提高其产品的吸引力
	附带少部分商品的服务	汽车维修、航空飞行服务
	纯服务	理发、家政服务、法律咨询服务

案例启迪

价格大战打得精疲力竭，商家看好服务竞争

近年来，某地商界掀起了一股前所未有的低价倾销大战，各路商家纷纷亮出低价格，以期抢得市场。漫步街头，一些降价名词不时冲击着市民的耳鼓、眼帘，如“醉价”“错价”“箱价”“冲撞价”“地价”“本价”“平价再平价”等，令人颇感“新奇”却又难以弄懂。

“一折起售”“全场三折”“买一送一”“买什么送什么”“买200送60”“逢200送80”等广告更是铺天盖地，令人眼花缭乱。然而一番激烈的“火拼”过后，不少商家却发现，自己的销售额虽有上升，利润却下降了10个百分点左右，自身的形象在某种程度上也打了折扣。生产厂家大叹利润微薄，正常生产受到冲击。精明的消费者因搞不懂价格走势，也形成了持币观望的消费心理。

面对如此窘境，被价格大战折腾得精疲力竭的商家共同发出了“再也不能这样过，再也不能这样活”的感叹。于是，精明的商家一番苦思冥想之后，不约而同地选择了优质服务。

打响当地商界“服务战”第一枪的是中南商业大楼。他们抢先推出“不满意就退货”“顾客投诉有理”“商家礼貌接待”“为投诉人准备礼品”等活动，同时将每年创利30万元的橱窗广告撤掉，代之以商场四名模范员工的塑像，并为其配备专线电话，推出“买微波炉找刘某某、买床上用品找王某某、买服装找杨某某、维修家电找姜某某”四个“个人服务品牌”，利用其技艺、业务专长、商品知识去带动全体员工，共同为顾客服务。

其他商场、超市、连锁店等也纷纷打出“把烦琐的家务劳动留给商家，把方便、卫生、节时、省力等实惠留给消费者”的服务口号，甘当市民家庭厨房的“帮工”，推出了净菜系列，满足了一些因工作繁忙而没有时间上街买菜的双职工家庭需求。不少大型高档餐饮企业也放下架子，纷纷推出即食家宴和特色菜肴的外卖系列，并根据消费者的需求，随时搭配制作。

某商场将鲜花业务引进大商场后，随时推出了电话购物、送货上门服务，并针对部分消费者闲暇时间不多和花卉养护知识缺乏的实际，推出了免费进行花木栽培和养护技术培训，请专业人士根据买花人的喜好和家居环境进行专业搭配等服务，为爱花人排忧解难。

与此同时，一家百货开展了“星级员工、文明信誉柜组”竞赛；各大中商场在服务上下功夫，积极开展以优势商品和服务为主题的活动，通过完善服务功能，赢得消费者的信任，进而赢得市场、占领市场。

✧ 思考与讨论：

1. 为什么说市场竞争最终将是服务的竞争？

2. 分析本案例对服务营销的启示？

洛夫洛克从5个角度对服务进行了划分，也是目前被学术界认为是比较全面的服务的分类。

1. 根据服务的直接接受者分类（表1-3）

表1-3 根据服务的直接接受者分类

服务的直接接受者		示例
有形活动	针对顾客身体的服务	健康护理、客运、美容美发、外科手术、健身、减肥
	针对顾客物品的服务	家电维修、包裹快递、服装干洗、住宅保洁、园艺维修
无形活动	针对顾客大脑的服务	教育、娱乐、信息服务、电视广播节目、音乐会
	针对顾客无形资产的服务	金融服务、法律服务、会计服务、咨询服务、证券服务

2. 根据顾客与服务组织的关系状态分类

可以分为以下四类：

（1）建立“会员制”关系的持续的交易服务。例如保险、美容、有线电视服务，健身房服务、银行储蓄服务等也属于这一类。

（2）建立“会员制”关系的分散的交易服务。例如剧院出售家庭套票、情侣套票服务、公交月票、往返机票、VIP卡服务、保修期内的修理等。

（3）无正式关系的持续的服务。如广播、交警、马路清洁、灯塔等服务。

（4）无正式关系的分散的交易。如电影院的一般服务、运输、出租车、快餐等。

3. 根据服务方式及满足程度分类

可以分为以下四类：

（1）标准化服务，选择自由度小，难以满足顾客的个性化需求，如公共汽车载客服务等。

（2）标准化程度高，但服务方式选择自由度小的服务，如酒店、餐厅等的服务。

（3）服务标准化程度不高，但提供者选择余地大，而难以满足个性需求的服务，如教师授课等。

（4）服务标准化程度不高，服务方式选择自由度大，服务提供者有发挥空间的服务，如美容、律师、医疗保健等。

案例启迪

服务营销时代

众所周知，在著名企业沃尔玛的服务标准中有一个“三米微笑原则”，这个原则一方面强调当顾客离你三米时你必须报以真诚的微笑让他感受到你的热情，但另一个方面是如果顾客没有向你提出要求帮助的信号，你也应该与顾客保持三米的安全距离，不要过分亲近，不给顾客造成压力和干扰。

面对以沃尔玛为代表的跨国企业的挑战，中国企业要想在服务营销中有所突破就必须不断学习和改革，这其中以海尔为代表的本土企业通过多年的努力和改革也取得了服务营销上的初步成功。海尔是中国本土企业中最早意识到为顾客提供全面服务重要性的企业，从产品设计到最终售后，海尔都将顾客需求放在首位，将实现顾客满意为最终目标。多年来，海尔一直致力于服务理念和服务手段的创新升级。经过十多次的服务升级，海尔的服务营销能力和水平处在了全国甚至全世界同类企业的前列。据世界权威市场调查机构欧睿国际（Euromonitor）公布的数据，海尔在2016年再次位列全球第一家电品牌，实现八连冠，这其中海尔成功的服务营销功不可没。

现今市场，谁重视服务，谁能够做好服务营销，谁就能够在市场竞争中获得先机。只有以顾客需求为核心，掌握必需的服务要点，才能够准确、恰当、满意地将服务营销开展成功。

4. 根据服务供求关系分类

可分为三类：需求波动较小的服务，如保险、法律、银行服务等；需求波动较大且供应基本能跟上需求的服务，如电力、天然气、电话等；需求波动大并会超出供应能力的服务，如交通运输、餐厅和酒店等。

5. 根据服务的定制化程度分类

服务的定制化程度包括在一次服务传递中，顾客需要确定服务特征的程度和服务提供者的劳动力密集程度。有一些服务的提供是相当程式化的，如电影院放映电影，服务人员需要做出的判断很少，顾客也只能在一定范围内选择，需要确定服务特征的程度很低。但这只是一部分情况，更全面的，我们可以参考洛夫洛克的分类：

（1）顾客定制程度高、劳动力密集程度高的服务，如建筑设计、律师服务、家教、美容服务。

（2）顾客定制程度高、劳动力密集程度低的服务，如高级餐馆、酒店服务、汽车修理、保养和美容服务。

（3）顾客定制程度低、劳动力密集程度高的服务，如教育、零售、批发服务。

（4）顾客定制程度低、劳动力密集程度低的服务，如电影院、快餐店、运输、旅馆服务等。

6. 根据服务推广的方式分类

可以分为以下六类：

（1）在单一地点顾客主动接触服务组织，如电影院、餐厅。

（2）在单一地点服务组织主动接触顾客，如出租车等。

（3）在单一地点顾客与服务组织远距离交易，如信用卡服务。

（4）在多个地点顾客主动接触服务组织，如汽车维修，快餐店等。

（5）在多个地点服务组织主动接触顾客，如快递服务。

（6）在多个地点顾客和组织远距离交易，如电视广播、电话公告等。

任务二 认识服务业

一、服务业的概念

关于服务业的概念，一般认为服务业是生产和销售服务的组织和企业的集合。服务业是现代经济的一个重要产业，涵盖了服务生产和经营的所有行业，主要是指除了农业、工业、建筑业以外的其他行业，一般意义上的服务业也称第三产业，以提供服务来获取报酬的行业。

服务业是继商业之后产生的一个行业。商品的生产和交换扩大了人们的经济交往。为解决由此而产生的人的食宿、货物的运输和存放等问题，出现了餐饮、旅店、物流运输等服务业。服务业最早主要是为商品流通服务的，随着城市经济的繁荣和发展，经济生活越来越离不开服务业。服务业从为流通服务到为生活服务，进一步扩展到为生产服务，经历一个很长的历史过程。服务业在其发展过程中呈现出了范围广泛、综合性、分散性和地域性等特征。

二、服务业的分类

1. 官方分类法

根据我国国家统计局在1985年《关于建立第三产业统计的报告》中，将第三产业分为四个层次：第一层次是流通部门，包括交通运输业、邮电通信业、商业饮食业、物资供销和仓储业。第二个层次是为生产和生活服务的部门，包括金融业、保险业、公用事业、居民服务业、旅游业、咨询信息服务业和各类技术服务业等；第三个层次是为提高科学文化水平和居民素质服务的部门，包括教育、文化、广播电视事业，科研事业，生活福利事业等；第四个层次是为社会公共需要服务的部门，包括国家机关、社会团体以及军队和警察等。

国际标准化组织制定的ISO 9000中服务业的分类如表1-4所示。

表1-4 ISO 9000中服务业的分类

服务类别	示例
接待服务	餐馆、饭店、旅行社、娱乐场所、广播、电视和度假村
交通与通信	机场、空运、公路、铁路和海上运输、电信、邮政、数据通信
健康服务	医疗、救护队、医疗实验室、牙医和眼镜商
维修服务	电器、机械、车辆、热力系统、空调、建筑和计算机
公共事业	清洁、垃圾管理、供水、场地维护、供电、煤气和能源供应、消防、治安、公告服务
贸易	批发、零售、仓储、配送、营销和包装
金融	银行、保险、生活津贴、地产服务和会计
专业服务	建筑设计、勘探、法律、执法、安全、工程、项目管理、质量管理、咨询和培训、教育
行政管理	人事、计算机处理、办公服务
技术服务	咨询、摄影、实验室
采购服务	签订合同、库存管理与分发
科学服务	探索、开发、研发和决策支援

此外，根据服务业的演进过程和范围的大小，可以将服务分为传统服务业和现代服务业。

从狭义上来看，现代服务业是相对于传统服务业而言的。传统服务业是指为人们日常生活提供各种服务的行业，例如餐饮业、旅店业等。现代服务业主要依托信息技术和网络技术，以及现代管理理念发展起来的，是信息技术、网络技术与服务产业相结合的产物。具体包括以下两大类。

一类是直接因信息化以及其他科学技术的发展而兴起的新兴服务业形态，例如计算机和软件服务、移动通信服务、信息咨询服务、教育培训、会展服务、国际商务、现代物流等服务。

另一类通过应用信息技术，从传统服务业改造和衍生出来的服务业形态，如银行、证券、信托、保险等现代金融业。建筑、装饰、物业等房地产业；会计、审计、评估、法律服务等中介服务业等。这些都是通过各种服务功能，有效联结社会生产、分配和消费各个环节，加快人流、物流、信息流和资金流的运转的服务业。

从广义上来看，现代服务业是一种现代化、信息化意义上的服务业。它指在一国或地区的产业结构中基于新兴服务业成长壮大和传统服务业改造升级而形成的新型服务业体系。现代服务业主要体现为整个服务业在国民经济和就业人口的重要地位，以及服务业信息化水平的高低等方面。现代服务业具有高人力资源、高技术含量、高附加值的特征。并且在发展上呈现出新技术、新业态、新方式的趋势，具有资源消耗少、环境污染小的优点，是地区综合竞争力和现代化水平的重要标志。

案例启迪

顾客永远是正确的

旧上海有一家永安公司，以经营百货著称。老板郭乐的经营宗旨是：在商品的花色品种上迎合市场的需要，在售货方式上千方百计地使顾客满意。商场的显眼处用霓虹灯制成英文标语：Customers are always right!（顾客永远是对的！）作为每个营业员必须恪守的准则。

为了拢住一批常客，公司实行了这样一些服务方式：一是把为重点顾客送货上门定为一条制度，使得一些富翁成了永安公司的老主顾。二是公司鼓励营业员争取顾客的信任，密切与顾客的关系，对那些“拉”得住顾客的营业员特别器重，不惜酬以重薪和高额奖金。三是公司针对有钱人喜欢讲排场、比阔气、爱虚荣的心理，采取一种凭“折子”购货的赊销方式，顾客到永安公司来购物，不用付现款，只需到存折上记上账。四是争取把一般市民顾客吸引到商店里来。如此四策的实施，使永安公司成为这样一家特殊商店：无论上流社会和一般市民，只要光顾这里，都能满意而归。整个商场整天挤得水泄不通，生意格外红火。

日本著名的大仓饭店，是世界上独具一格的高级饭店，是真正的“家外之家”，大仓饭店有一条不成文的信条，“顾客永远是正确的。”大仓饭店的职工受到严格的训练，必须诚心诚意地接受每个顾客的意见和建议，使顾客的要求尽可能得到满足，成为名副其实的“顾客之家”。

任务三 服务营销及其职能

服务营销是通过创造和交换服务以获得所需所欲的一种管理过程。服务营销的目标是建立、维持并强化顾客关系，服务营销的对象是服务，其基石是服务质量。

一、研究服务营销的目的

1. 服务在经济中的主导型日趋增强

随着服务业的快速发展，服务业的规模不断扩大，尤其服务业在我国2015年占GDP的比重第一次突破50%，达到50.5%，由此可见，服务业是支撑经济稳定增长的主动力。服务业对本国经济和全球经济变得越来越重要，人们对服务和服务营销的关注也越来越多。

2. 服务业成为制造企业获取竞争优势的重要手段

一方面，随着经济的不断发展和人们生活水平的提高，顾客的期望也越来越高。顾客不但希望买到好的产品，还希望企业能提供系统的服务方案来帮助他们解决问题，获得优质的服务；另一方面，技术的快速发展和市场竞争激烈，制造企业在市场竞争中很难只通过实体商品来维持长足的竞争优势。

制造企业可以通过把服务作为企业实现差异化战略的手段。如今，越来越多的制造企业意识到服务对顾客和企业的重要性，不断提高服务水平，甚至有些开始进军服务领域。例如，通用电气公司从制造业向服务业的转换，业务范围扩展到金融、管理、咨询、医疗保健等服务领域，力争为顾客提供各种专业服务，以此来提高公司的竞争力，创造更多的利润，获得长期的竞争优势。

3. 非管制行业与服务业对营销的需求增加

以前，有些服务行业是受国家政府管制的，例如美国对航空、证券、保险和银行、电信等的管控。因此，政府会对许多大型服务企业的营销决策造成影响。但随着经济的发展，许多国家已经放松或取消了对许多服务业的管制，如美国从20世纪70年代末就开始对大型服务业放松管制。那么服务企业可以全部或部分控制服务的营销决策。在转向市场化运作后，非管制服务行业的经营方式发生了急剧变化，需要服务营销理论的指导。服务营销早起的研究主要来源于对银行和医疗等服务的分析，随着新型服务业的出现，加速了服务营销的研究和发展。

4. 服务营销具有独特性

在服务的管理和营销过程中，出现了很多在商品营销中不曾遇到的问题和现象。因此，人们越来越意识到，制造业中的市场营销策略难以解决服务业中的这些特性问题。随着服务业的快速发展，企业逐渐认知到服务营销与商品营销的不同，需要专业的服务营销人员来帮助企业开展服务营销实践活动。现在，服务营销已经发展成为一门独立的学科，服务营销学有着自己的理论框架、概念、操作方法等。作为一门新兴的学科，服务营销学还在不断完善。

5. 顾客对优质服务的需要

经济的发展、人们生活方式的改变和生活水平的提高，越来越多的人愿意支付一定费用来获得服务。人们在追求服务多样化的同时，更期望获得优质的、个性化的服务。因此，服务企业需要服务营销工具和策略的指导，以帮助它们提高服务质量、提升服务体验，改善服务状况，让顾客满意并使企业盈利。

案例启迪

海尔的“三全服务”

海尔全天候24小时服务做到了以诚待客的典范：24小时电话咨询服务、24小时服务到位、365天服务等。全方位登门服务做到了同行业无微不至的楷模：售前详尽咨询服务、售中全部送货上门、售后全部建档回访、上门调试各类问题，这种温馨的服务举措看似举手之劳，却充分展示了名牌企业处处为消费者着想的求实精神。全免费义务服务做到了一诺千金的表率：保修期内全免费维修费等，使海尔特色的服务美誉深深扎根于用户心中。海尔是中国第一家推出“三全”服务的彩电生产企业，它几乎囊括了服务方面的所有内容。这种服务措施的推出，对整个行业的服务都起到了规范和推动作用。

二、服务营销与商品营销的差异

服务不同于有形商品的特征，因此服务营销也不同于传统的商品营销。服务营销与商品营销的差异主要体现在以下几个方面。

1. 产品的性质不同

商品是一种物品、工具和东西，是消费者可以摸到或看见的实物，而服务本身是一种行为、表现或努力，是无形的。

2. 顾客参与服务的生产过程

商品通常是在工厂里被生产加工出来的，顾客一般不参与这个过程。而对于大多数的服务产品，其核心价值是在服务提供者与顾客互动的过程中产生的，顾客可以参与服务的生产过程之中，并可以观察服务的生产过程。顾客会对服务传递结果产生积极或消极的影响，因此，如何管理好顾客成为服务营销管理的重要工作之一。

案例启迪

让顾客“自作自受”

自己在啤酒作坊里酿造啤酒，两个星期后从储藏室里搬出那一桶自己酿制的啤酒，或自饮或与众人分飨，这并非神话，也并非来自欧洲中世纪的一个传奇故事。位于中关村的北京猎奇门啤酒自酿场，可以让每个有兴趣的消费者体会到这一切。正因如此，北京猎奇门自酿场才生意兴隆。

无独有偶，美国有位商人开了家“组合式鞋店”。货架上陈设着6种鞋跟，8种鞋底，鞋面的颜色以黑、白为主，鞋带的颜色有80多种，款式有百余种。顾客可自由挑选出自己最喜欢的各种款式，然后交给职员进行组合，只需稍等十来分钟，一双称心如意的新鞋便可到手。而其售价，与批量成品的价格差不多，有的还更便宜。此举引来了络绎不绝的顾客，使该店销售额比邻近的鞋店高出好几倍。

3. 人是服务的一部分

服务过程是服务提供者与顾客互动的过程，服务人员与顾客都会影响到服务质量和服务体验。在这个过程中，人成为服务的重要组成部分。这里的人不仅仅指服务人员，还包括顾客与在服务现场的其他顾客。

4. 质量控制的难度更大

对于商品来说，制造企业在生产商品时，生产条件是可以控制的。可以用统一的质量标准来衡量商品，通常是质检合格后，方可进行销售。但服务产品的生产与消费是同时发生的，无法在销售给顾客之前进行检验。由于服务的异质性，以及人是服务的一部分，服务人员、顾客以及其他顾客都会参与到服务的生产过程，企业不可能用统一的标准来要求他们的行为或态度，因此，企业很难控制服务质量。

5. 顾客评价更困难

由于服务缺乏有形的特征，消费者不能像购买有形商品一样，通过观察产品的颜色、款式，触摸它的材质等做出判断，消费者对服务的评价很多时候是靠感觉来完成的，倾向于主观评价。但对于一些专业性较强的服务，即使顾客接受了服务，也很难对服务结果做出判断和评价，不知道服务供应商提供的服务效果如何。

6. 大多数服务产品不可储存

商品可以大规模生产后进行储存，在消费者需要的时候再销售出去。但服务的无形性和同步性决定了大部分服务不能像商品一样被大规模生产和储存。

7. 时间因素的重要性

大多数服务是服务提供者在现场向顾客实时提供和出售的，因此，时间因素对顾客而言就显得特别重要。排队等候是服务业中常见的现象，如果等待时间过长，往往浪费时间和经历。在服务行业中，时间成本已经成了顾客总成本中一个重要组成部分。因此，服务企业应采取相应策略，努力缩短顾客等待的时间，或者使等待变得轻松。

8. 分销渠道不同

制造企业一般是采用实体渠道来分销产品的，通过批发商、零售商等中间商把商品从工厂送达顾客手中。而服务业则可以通过电子渠道来传递服务。例如，银行采用多渠道模式来为顾客提供服务，除了通过实体银行进行交易外，也可以利用电话银行、手机银行、网上银行、ATM机等来提供服务。借助电子渠道，服务企业可以通过互联网将基于信息的服务在瞬间传递至全球，顾客也可以方便、快捷地获得服务。

三、服务营销的职能

商品消费是结果的消费，而服务消费则是过程的消费，因此，传统营销的职能与服务营销的职能存在一定差异。

对于商品营销，过多关注的是销售。传统营销的职能包括市场研究、定价、广告、销售促进等，通过执行这些职能，可以让生产者和消费者之间顺利进行交换，以满足双方各自的需求和欲望。传统营销职能由营销部门中的专业营销人员来执行，其他人员对营销或对顾客没有任何责任。

但对于服务营销来说，生产与消费是同步进行的，顾客与生产资源发生交互作用，这会影响顾客对服务质量的感知，因此，服务营销的核心职能是将生产过程与消费过程有机整合在一起，创造良好的互动关系，努力使顾客感知到优质的服务质量，并愿意与企业建立、维持长期的良好合作关系。从这一点上来看，服务企业既需要传统的外部营销，也需要互动营销，互动营销是营销活动的核心。

案例启迪

世界进入“服务经济时代”

随着科学技术和企业管理水平的全面提高，消费者购买能力的增强和需求趋向的变化，服务因素在国际市场的竞争中，已取代产品质量和价格而成为竞争的新焦点。世界经济进入了“服务经济时代”。

在西方发达国家，一些有代表性的企业已通过向顾客提供服务产品，为企业创造了大量的利润。

美国IBM公司公开表示自己不是电脑制造业，而提供满足顾客需求的服务。该公司的总裁说：“我们公司并不卖电脑，而是卖服务。”

美国电话电报公司从1974年开始，一半以上的收入来自向顾客提供服务。1982年，美国有10家工业公司脱离《幸福》500家大企业的行列，变成服务性公司。

1989年，美国波士顿的福鲁姆咨询公司在调查中发现，顾客从一家企业转向与之竞争的另一家企业的原因，10人中有7人是因为服务问题，而不是因为质量或者是价格的缘故。

美国的马萨诸塞州沃尔瑟姆市一家销售咨询公司经计算证实，公司服务质量（如合同履约率等可衡量因素）每提高1%，销售额能增加1%。

任务四 服务营销组合

由于服务的特殊性，给服务企业的营销工作带来了一系列问题，服务营销在面对这些问题时，采用了不同于商品营销的独有的营销手段。这些营销手段中，有的是传统的营销手段发展而来的，有的是服务业中所独有的。

一、传统的营销组合

营销组合是市场营销的重要概念之一。营销组合是指企业为了影响目标市场对其产品的需求而综合使用的一组可控制的营销手段。常用的营销手段有产品（Product）、价格（Price）、分销（Place）和促销（Promotion），通常被称为4P。这四个要素是企业可以控制的，各要素之间相互影响、相互依赖。4P营销组合对服务企业来说是非常重要的，但在服务业中，需要对4P进行调整，如表1-5所示。

表1-5　服务与产品的4P组合比较

营销组合	产品	价格	分销	促销
服务	服务范围	灵活性	渠道设计	媒体类型
	服务质量	区别定价	店面位置	广告
	服务水准	折扣	可用网络	宣传
	服务品牌	认知定价	仓储	公告关系
	包装	付款条件	运输	个性服务
有形产品	产品线	折扣	渠道选择	广告
	产品组合	付款条件	渠道设计	人员推销
	包装、品牌	价格变动	运输、仓储	公告关系
	售后服务	贸易折扣	递送服务	营业推广

资料来源：王永贵. 服务营销与管理[M]. 天津：南开大学出版社，2009.

1. 产品

服务产品是营销组合的基础，服务产品是指企业向目标市场提供的有形与无形产品的结合体。服务产品也包括有形要素，但无形要素主导服务产品，并创造价值。服务产品包括核心服务与附加服务。核心服务满足顾客的基本需求，附加服务则能帮助顾客使用核心服务并增加核心服务的价值。

2. 价格

价格是顾客购买服务产品而支付的货币数量，是服务企业向顾客提供服务所获得的报酬的途径。由于服务是无形的，难以判断和评价，服务价格便成为顾客判断和评价服务质量的重要依据。此外，通过合理定价，服务企业可以与顾客实现价值交换。对于企业来说，通过价格策略可以获得利润；对顾客来说，价格只是他们为了获得服务支付的货币成本，其他的非货币成本也非常重要，如为获得服务所付出的时间、精力和体力成本等。非货币成本也会影响顾客的购买决策。

3. 分销

分销是指企业为了将服务传递给顾客而进行的各种活动。根据服务的性质，服务产品的分销可以通过传统的实体渠道，也可以通过新兴的电子渠道，还可以通过将两者相结合的方式来传递服务。服务的分销渠道较短，企业可以直接将服务传递给顾客，也可以通过中间商为顾客提供服务。

4. 促销

促销是指企业传递服务产品相关信息并教育顾客服务产品相关知识的各种信息沟通活动。在对服务产品开展促销活动时，服务营销人员特别需要考虑服务产品的特征，注意利用有形要素来向顾客传达无形服务的特征与该服务产品能为其带来的价值。通过教育和培训顾客参与到服务的生产与消费过程中来。

营销实践

麦当劳的成功

麦当劳（McDonald）公司是世界上最大的快餐集团。它的成功主要归功于它的以下几点。

1. 明确的企业理念

麦当劳的企业理念是“Q、S、C+V”，即向顾客提供高质量的产品；快速、准确、友善的优良服务；清洁幽雅的环境以及做到物有所值。麦当劳几十年遵守这个理念，始终如一地落实到每项工作和员工的行动中去。

（1）Q（Quality）即质量。

麦当劳制定了一套严格的质量标准。例如，要求牛肉原料必须挑选精瘦肉，不能含有内脏等下水货。马铃薯要储存一定时间，以调整其淀粉糖的含量。在保证质量的同时，还竭尽全力求“快”——要在50秒钟内制出一份牛肉饼、一份炸薯条及一杯饮料，煎好的牛肉饼出炉后10分钟及法式薯条炸好后7分钟内若卖不掉的话就必须扔掉。

（2）S（Service）即服务。

在麦当劳餐厅内就餐，会受到员工的微笑服务。“微笑”是麦当劳的特色，所有店员都面露微笑，让顾客觉得很有亲切感。麦当劳还会设置小型游乐园，让孩子能在此游玩，充分体现麦当劳的关怀。

（3）C（Cleanness）即清洁。

麦当劳对员工的行为规范中明文规定：男士必须每天刮胡子，修指甲，随时保持口腔清洁，经常洗澡，工作人员不留长发；女士要戴发网；顾客一走便要清理桌面，丢落在客人脚下的纸片要马上捡起来。所有员工必须遵守这样一条规定：“与其背靠墙休息，不如起身打扫”。

（4）V（Value）即价值。

麦当劳强调“提供更有价值的高品质物品给顾客”的理念。麦当劳公司的食品不仅质量优越，而且所有的食品所包含的营养成分也是在经过严格的科学计算之后，根据一定的比例配制的。由于这些食品不仅营养均衡丰富，而且价格公道合理，因此顾客可以在明亮的餐厅环境中，心情愉快地享用快捷而营养丰富的精美食品。

2. 严格统一的行为规范

为了使企业理念“Q、S、C+V”（质量、服务、清洁、价值）能够在连锁店贯彻执行，保持企业稳定，每项工作都做到标准化、规范化，即“小到洗手有程序，大到管理有手册”，与此同时，还制定出了一套考核加盟者的办法，使一切都有章可循，有“法”可依。

3. 麦当劳的企业标志

麦当劳（MacDonald's）取其英文名称的第一个字母M 为标志，标准色采用金黄色，象征双臂打开的黄金双拱门，表示欢乐与美味，象征着麦当劳以“Q、S、C+V”像磁石一般不断地把顾客吸进这座欢乐之门。麦当劳叔叔是麦当劳的吉祥物，他亲切幽默，象征着祥和、友爱和欢乐。

总之，麦当劳识别标志——金黄色双拱门“M”，简洁、醒目，麦当劳叔叔的形象喜庆、友善、可爱、可亲，这首先从视觉识别上、心理上吸引住了顾客，给人们留下深刻而良好的印象。

✧ 思考与讨论：

1. 以上案例，突出了服务营销组合7Ps的哪些要素？

2. 麦当劳的服务要素有何特点？

二、服务业中需要拓展的营销组合

由于服务具有其特殊性，如消费者参与服务的生产、服务质量难以评价、服务的传递需要有形要素作为载体等，对服务业而言，除了4P外，还需增加四个与服务传递有关的营销手段，即人员（People）、有形展示（Physical evidence）、流程（Process）、生产效率（Productivity）和质量（Quality）。这些要素共同构成了服务营销组合8P，如图1-2所示。

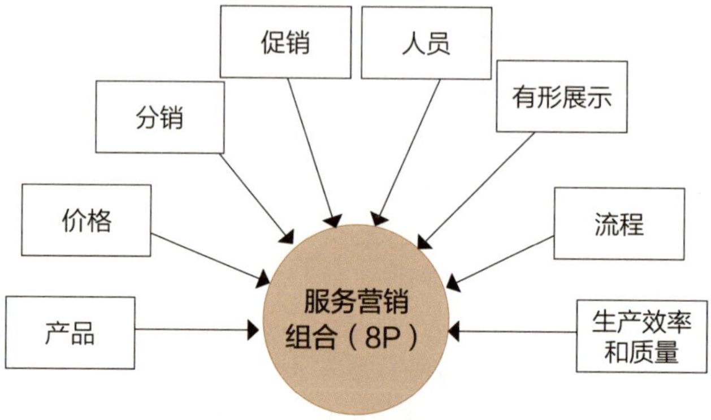

图1-2 服务营销组合

1. 人员

人员是指参与服务过程，并会对服务传递过程造成影响的所有人员，包括企业的服务人员、顾客，以及处于服务场景中的其他顾客。这些人员共同对服务提供和服务质量产生影响，需要对他们进行有效管理。

2. 有形展示

有形展示也被称为物证。服务传递过程中使用的所有有形表现都属于有形展示。有形展示包括周围风景、停车场、建筑风格、内部设计、设备等。顾客往往倚靠服务周围的有形展示来理解服务和判断服务质量。

3. 流程

服务流程是指服务运作和提供的流程，即服务企业中服务运作的顺序与方法、提供服务的步骤。服务产品涉及企业提供什么产品，服务流程则主要回答怎么提供的问题。服务企业要创造和提供服务产品，就必须具有相应的服务流程。糟糕的服务流程设计会带给顾客糟糕的服务体验，企业必须重视服务流程的设计。

4. 生产效率和质量

生产效率和质量看起来是两个不同的感念，很难将它们联系在一起。但对于服务企业来说，两者的关系其实就像一个硬币的两面，不能将它们对立起来。提高生产效率对企业来说非常重要，生产效率的提高可以使企业在同行业中保持低成本，企业可以获得更多利润，那么也就意味着可以有更多资金投资于新服务的开发与创新；此外，企业通过低成本可以制定相对较低的服务产品价格，成为本行业中的最低价格者，取得竞争优势。从顾客角度来说，顾客需要高质量的服务，高水平的服务质量能提高顾客的满意度，也是维护顾客忠诚度的重要保证。不管是生产效率还是服务质量，都影响到企业的盈利能力和竞争能力。

项目小结

服务一般不以实物形式满足他人某种特殊需求，实物往往是作为载体或辅助工具出现的。因此，我们可以定义服务是具有无形特征却可给人带来某种利益或满足感，并且可供有偿转让的一种或一系列活动。服务具有无形性、同步性、异质性、易逝性和所有权的非转移性五个特征。

根据不同的划分标准，服务可以分为不同的种类，具有代表性的是菲利普·科特勒和洛夫洛克对服务的分类。

关于服务业的概念，一般认为服务业是生产和销售服务的组织和企业的集合。服务业是现代经济的一个重要产业，涵盖了服务生产和经营的所有行业，主要是指除了农业、工业、建筑业以外的其他行业，一般意义上的服务业也称第三产业，以提供服务来获取报酬的行业。

许多因素共同促进了服务营销的快速发展。服务营销与商品营销的区别体现在产品的性质不同、顾客参与服务的生产过程、人是服务的一部分、服务质量控制的难度更大、顾客评价服务更困难、大多数服务产品不可储存、服务过程中时间因素的重要性和分销渠道不同等方面。服务营销职能既包括传统营销职能，也包括互动营销职能。服务营销组合由产品、价格、分销、促销、人员、有形展示、流程、生产效率和质量等要素构成。

复习思考题

1. 什么是服务？
2. 服务的特征有哪些？
3. 服务营销与商品营销的区别是什么？
4. 服务营销组合包含哪些内容？

实践活动

1. 实训内容

组织学生以“对服务企业来说，是提升服务重要，还是提高产品质量重要”为主题，分两组进行课堂辩论。

2. 实训目的

让学生能深度理解服务的重要性及其作用。

3. 实训要求

以小组为单位选出辩手，组织学生座谈和讨论。

案例分析

在香港，有“银行多过米铺”的说法，这并不夸张。香港作为仅次于纽约和伦敦的国际金融中心，在不足1100平方公里的弹丸之地，云集了来自世界40个国家的数百家银行，其中包括全世界100个最好的银行中的80个国际性大银行，368个授权机构和地方银行代表以及近1500家支行。香港11.6%的人口从事与金融有关的工作，每一个香港人的生活都与银行、金融密不可分。一张小小的信用卡就足以体现这种联系。信用卡为香港人普遍接受并广泛使用，在其生活中占有重要的地位，信用卡业务也自然成为商家必争之地。香港信用卡市场潜力大但竞争者众，为求得生存和发展，各银行积极展开促销手段，金融创新层出不穷。

汇丰银行是香港分支机构最多的银行之一，它拥有相当完善的硬件设施。持有汇丰银行的信用卡，可在遍布全球的420万家商户消费，在世界9000部环球通自动柜员机及全球20万家特约服务机构提款。为了吸引更多的用户，汇丰银行的信用卡还附带了3种额外服务：第一，30天购物保障。使用信用卡所购之物如有损坏、失窃，可获高至3000港元的赔偿。第二，全球旅游保险。持卡人在旅游期间享有高达200万港元的个人意外保险，包括行李遗失赔偿，法律支援、保障及意外医疗津贴。第三，全球紧急医疗支援。持卡人只要致电就近热线，可获医疗咨询和转介服务。

同时，持有信用卡可享受租车与多家名店消费的折扣优惠，还可通过积分计划换取香港多家名店和餐馆的现金礼券。所谓“积分计划”，是指每签账或透支现金1港元，对应某一分值，在银行规定的时间段中，凭累积的分数，可免费或以优惠价换取礼品、旅游或奖金。另外，汇丰银行还针对不同的消费群体，以及各个时期的热点采取不同的策略和不同的卡种。比如，为了争取学生这一消费群体，汇丰银行对大学生信用卡采取的策略是免缴首年年费，申请时赠送小礼品。在“98世界杯足球赛”期间，汇丰银行利用这项全球瞩目的体坛盛事针对球迷推出了“世界杯万事达卡”。这张信用卡上印有“98世界杯足球赛”的标志，并邀请球王贝利为其做广告宣传。另外，申请该卡可享受三种优惠：得到现金100元的体育用品名店购物券3张；凭卡在3家特约体育名店消费，享受九折优惠；获取最新的体育咨询。同时也享有30天购物保障，可参与积分计划等。所以，该卡一推出，就得到广大球迷的欢迎。

东亚银行是汇丰的强劲对手。在香港地区，东亚推出“世界通”信用卡。持有“世界通”，可在全球有“Visa nterlink”标志的商户直接购物，手续费全免，还可方便地转账给海外的亲友。而在香港大学校园内，东亚银行采取了与汇丰不同的营销策略。东亚银行推出专门针对香港大学生及教职工的信用卡业务；港大智能卡和香港大学信用卡。港大智能卡（HKU Snart Card）最特别的功能是：兼作大学学生证和教职员证。在智能卡上，印有持卡人的照片，在港大校园内及所有Visa Casb商户付账时，持卡人无须签名和输入密码，在校外的自动柜员机上也可方便地进行各种操作。东亚银行还针对学生价格弹性大的特点，对学生卡实行在校期间年费全免及积分优惠计划等鼓励措施。另外，东亚还与港大合作，为持卡学生提供数项与在港大生活、学习密切相关的优惠：如持有东亚卡，可直接申请体育中心会员证，免缴大学学生会终身会籍会费800元；可在办理图书证时节省500元押金；申请港大某计算机中心的电脑网络服务年费可获折扣优惠等。为表明银行与港大的相互支持，他们还声明将香港大学信用卡每月签账额的0.35％转赠港大“教研发展基金”，以后每年年费50％亦拨入该基金。这样，东亚银行便树立起支持教育和与港大水乳交融的公众形象，赢得了港大师生员工的信赖。

香港的其他银行也采取各种措施来推销他们的信用卡。比如，花旗银行迎合香港人中“追星一族”对“四大天王”的崇拜心理，邀请郭富城推出系列广告。只要申请花旗信用卡，除免交首年年费外，持卡可获赠“98郭富城演唱会门票”2张以及“郭富城”腕表一只。这一促销自然得到了“郭富城迷”的热烈反应。而大通曼哈顿银行的信用卡则以优先订票（演唱会、体坛盛会、舞台表演）和复式积分（积分采用复式计算）及长达70天的免费还款期来吸引客户。

总之，在信用卡促销大战中，消费者们看到的是精美的卡片，诱人的优惠条件、丰厚的礼品和动人的广告词，然而隐藏在其后的却是高超的营销策略和巧妙的金融创新。

案例思考：

你如何评价香港各大银行的服务营销策略?

模块二

服务营销的基本战略

项目二　服务情境中的消费者行为分析

学习目标

1. 了解影响顾客购买行为的因素。
2. 理解服务消费需求的基本特征。
3. 理解服务中顾客购买行为类型。
4. 掌握服务购买决策过程。
5. 了解服务购买决策理论。

能力目标

1. 能根据所学知识分析不同企业的服务消费者的行为。
2. 能根据企业实际情况，分析消费者购买该企业服务产品的主要影响因素。
3. 能针对服务消费者购买决策过程中各阶段的不同特点，为企业设计相关应对措施。

知识结构

服务情境中的消费者行为分析

- 服务消费者行为概述
  - ○产品特性
  - ○消费者购买行为特点
  - ○服务消费的发展趋势
- 影响服务消费者购买行为的因素
  - ○消费者自身因素
  - ○社会文化因素
  - ○其他因素
- 服务情境中的消费者购买决策过程
  - ○购前阶段
  - ○购中（消费）阶段
  - ○购后评价阶段
- 服务购买决策理论
  - ○风险承担论
  - ○感知控制论
  - ○多重属性理论

导入案例

惠普：努力打造全面客户体验

走进惠普金牌服务中心，用户维修、询问的场景热热闹闹，但你会在不经意间感受到一种温暖，它们就隐藏在大厅中的一杯咖啡、一杯热茶、一本杂志，甚至是一部正在播放的电影中……这些细微的变化只是惠普金牌服务打造“全面客户体验”的一角。

如今，惠普金牌服务的身影已走进更广阔的地域，走近更细分的群体。这家公司正在用自己切实的努力一点一滴地向大众传递着一个声音：“惠普金牌服务在意你的感受。”

“在惠普，服务绝不仅仅是维修，它涵盖了用户从购买到售后的全过程，是与用户每一次接触的良性互动，是对用户点滴感受的细致呵护，”中国惠普信息产品集团客户服务总监陈佳如此解读惠普对“全面客户体验”的定义。它直接决定了惠普金牌服务的重要内涵，即依托可靠的产品质量，全方位的购买体验以及便捷化、人性化、个性化和专业化的金牌服务，为用户打造贯穿于产品完整生命周期的全面客户体验。

案例启示

惠普从创立之日起，惠普便将“做优秀的企业公民”作为自己立身于中国的基础。中国惠普不仅在中国推广“世界e家”计划、支持教育事业，并积极捐助医疗、环保等公益事业。中国惠普是北京外资企业十大纳税大户，并连续多年被全国外商协会评为十佳合资企业。从2001年起，中国惠普已连续三年荣获“中国最受尊敬企业”称号。2017年《财富》美国500强排行榜，惠普上榜。惠普的成功，与其坚持努力打造客户体验分不开。

（1）一切服务的出发点都来自于用户的需求，因此，惠普的客户体验就是从认真倾听开始。惠普在北京、上海和大连都建立有呼叫中心，拥有全行业最多的座席数量，同时设有多语种技术支持热线以及非技术反馈热线。为了保持沟通的便捷性，惠普直接在服务中心店面内设置了“绿色维权通道”，给予消费者维权最大的便利，并快速帮助消费者解决问题。此外，惠普还建立了全方位式的“在线倾听与响应体系”，根据网友的使用习惯，对网友反馈实时响应、积极落实；设立“三包政策宣传大使”，加强政策的宣传与普及。

（2）享受高品质的服务。在倾听中，惠普发现，紧张快节奏的生活使得用户对于便捷性的需求上升到一个前所未有的高度，并期待企业对其要求能够快速迅捷的响应。由此，惠普大力增加了服务覆盖面，目前的金牌服务中心已超过1300个，遍及了中国31个省区市的超过1100个城市。目前，技术支持热线的一次接通率维持在99%，客户反馈热线的一次接通率也明显提高并超过95%；此外，惠普还增开服务渠道，包括E-Support的N种服务模式，如一对一远程控制和远程诊断，自助型服务，互助型服务以及邮件回复等，满足不同用户的使用习惯。

（3）从源头起，惠普严把质量关。目前，惠普在中国建有两大电脑综合性生产基地，全线产品拥有权威的质量可靠性认证，保障产品达到“零失误”。从2010年开始，惠普还专门派工程师驻扎在各个原配件生产商中，从原配件的生产开始严格把控质量。而且，惠普还有专门的“非技术升级”通道和处理团队，处理服务中心无法立即解决的问题，1天之内电话回复比例占到97%，3天内提供解决方案的比例接近99%。在保修期内，对于由于惠普的原因未能在14天内完成维修的用户，惠普还严格要求自己，承诺免费为用户更换新机，以切实保障用户利益的最大化；同时，在维修期间，惠普还提供备机服务，用户将不会因为任何维修问题而耽误使用。

（4）金牌服务惠普大众。惠普金牌服务超出简单的维修范畴，积极地融入社区贴近用户生活。面对当前孩子和老年人“电脑热”的需求，惠普“专家大讲堂”为不同层次的用户群体普及电脑知识。针对80后、90后，惠普将“专家大讲堂”搬到了网上，变成了“论坛专家日”。

到目前为止，惠普服务的“不一样”已经可以从一些数据中得以体现。现在，惠普呼叫中心的电话接通率已达到99%。而且3天之内提供解决方案的接近99%。同时，惠普电脑的配件准备率也已经上升到了95%，同时维修周期大幅降低，完修率大幅提高。

在服务消费中，不同的顾客行为会反映出顾客不同的服务产品偏好，尤其在产品高度同质化的时代，企业要想在众多竞争者中脱颖而出，对于服务消费中的顾客行为研究与分析显得尤为重要。

任务一 服务消费者行为概述

服务市场是指所有为了个人消费而购买服务的个人和家庭所构成的市场，因此，顾客的购买心理以及购买行为是企业展开服务营销所研究的重要对象之一。成功的服务营销必须开发和提供对顾客有价值的服务，并运用有吸引力和说服力的营销手段和方法，将服务有效地传递给顾客。

一、顾客评价服务与评价有形产品的差异

在以顾客为导向的市场营销过程中，理解和把握消费者的心理与购买行为是企业有效制定营销战略和开展一系列营销活动的重要前提。由于服务自身的特点，消费者购买服务的行为与购买有形产品的行为有所不同。服务营销者为了有效地为顾客提供服务，就需要了解服务情境中的消费者购买行为的特点。

（一）评价依据的差异性

顾客对有形产品的评价过程和对服务产品的评价过程是不同的。顾客在购买产品的过程中，尤其是面临多种选择时，通常需要对不同的产品进行比较、

评价，以从中挑选合适的产品进行购买。然而，许多服务在实际购买之前是无法评价的。顾客对产品评价的难易程度取决于产品的特性，主要依据以下三个特性来进行评价：搜寻特性（Search Quality）、经验特性（Experience Quality）、信任特性（Credence Quality）。

1. 搜寻特性

搜寻特性是指在消费者做出购买决策前就能够确认和评价的、有形的产品特点。例如产品的款式、颜色、材质和味道等。潜在消费者在购买产品之前可以对这些产品特性进行试用或品尝。这些有形的产品特性可以帮助消费者在购买之前了解和评价想要购买的产品，减少消费者的不确定性感知和购买风险。许多服务也具有搜寻特性，例如，顾客在光顾某个餐厅之前可以对餐厅的许多特性进行评价，包括餐厅的地点、类型（正式餐厅、休闲餐厅、家庭聚会式餐厅）以及餐厅的价位等。消费者比较容易评价具有高搜寻特性的产品。

2. 经验特性

经验特性是指消费者在购买产品之前无法进行评价的产品特性，只能在购买后或者消费过程中才能感知到的产品特性。如味道、舒适度、耐磨性等。这些性能在消费之前是无法评价的，因此消费者较难评价具有高经验特性的产品。如餐馆食物、理发、医疗和度假等服务产品具有很高的经验特性，消费者需要亲自体验服务后，才能知道或评价产品的性能。

3. 信任特性

信任特性是指消费者即使在实际消费之后也无法评价的产品特性。由于消费者缺乏足够的专业知识来评价产品是否能满足其需求，甚至在消费之后也难以感知到。因此，高信任特性的产品对于消费者来说是最难评价的。例如手术、教育、法律服务与维修服务等服务产品具有较高的信任特性。就算病人接受了外科手术，也难以评价医生在手术过程中的表现和医疗服务的效果。

案例启迪

2016中国电商消费行为

2017年1月12日，京东联合21世纪经济研究院发布《2016中国电商消费行为报告》。报告对2016年电商消费趋势、用户画像、购买行为、支付行为、品牌偏好等维度进行分析，展示了消费升级、关注品质、理性健康、农村崛起等消费新动向。

报告显示，2016年我国电子商务交易市场规模稳居全球第一，预计电子商务交易额超过20万亿元，占社会消费品零售总额的比重超过10%。我国电商消费行为主要呈现以下几个方面的特点。

一、消费趋向健康理性，更关注品质

从电商消费人群来看，26~35岁的80后是线上销售产品的主要购买者，是电商消费的核心主导型用户。这类人群的消费特点是注重商品品质，注重多元的精神和文化体育消费，对国外品牌接受度高。职业方面，白领与一般职员群体占比最高，同时，学生和教师群体的购买用户也相当庞大，占据全平台近1/3。从母婴、体育以及全球购等品类的数据来看，越来越多的中国人注重品质消费，对品质的关注度越来越高。而对品质的进一步追求，则被认为是电商消费模式成熟的另一大体现。从消费心理分析，理性用户数较2015年有显著上升，用户消费观念正走向理性。一方面，近年来，消费者对品质关注度持续上升，浙江、上海、北京、江苏等发达地区，成为消费者对品质最关注的省市；另一方面，价格仍然是电商消费的吸引力之一，促销对消费作用明显。此外，移动

端消费成为主流，这为未来场景化消费奠定了基础，嵌入场景中的移动购物，或许会成为潮流。

二、一线城市电商消费“轻快化”，中小城市潜力爆发

从全国范围看，消费人数前五名的省市为广东、江苏、浙江、北京、山东，均为经济较发达地区。而西藏、青海、宁夏等西部地区人口少，收入水平相对较低，用户数占比靠后。在一线城市，电子商务渗透率高，物流相对便捷，已经形成了较为成熟的电商消费观念和模式，在消费结构特征、品类选择上显示出多元化、全品类的特征。二、三线城市互联网消费市场与一线城市的差距正在缩小。三线以下的中小城市和乡镇虽然没有一线城市多元化和全品类的电商消费，但在部分品类上如家电、通信产品等大宗物件上，其消费实力直逼一线城市。

三、服装逆袭，手机通信成“首单王”

从京东消费者的首次购买数据来看，过去三年，京东新用户首次购买的品类中，订单量前三十位的二级品类为样本，男女装和男鞋完成了对手机通信的超越，而网络产品也已掉出前五，这体现了京东对新用户的主要吸引力已经从过去的手机数码等电子产品，发展成了服饰、消费品类为主，这是京东向全品类电商发展转型的一大标志，也代表着消费者对电商的依赖性越来越重。

四、国有品牌全面发展，电器通信类快速崛起

消费供给侧结构性改革取得了一定成效，但国有品牌发展不均衡问题也开始显现。京东大数据显示，电器类与通信类品牌快速崛起，手机通信设备、家用电器等销售前十的品牌中，国产品牌保持绝对的市场占有率和销售增速，但母婴产品、化妆品等，则多被进口品牌垄断。随着城市新中产的消费升级，国产品牌还有很大的市场待挖掘。

五、移动端购物成主流，一线占比相对最低

移动端订单量占所有电商消费的近八成，在购买方式上处于主导地位。从一线到六线城市，消费者大多使用移动端购买商品。其中，六线城市移动端购买比例最高，超过八成，其次是五线城市。同样，在支付形式上，基于移动端的线上支付开始成为主流。移动支付的发展，使得线上付款方便快捷，微信成为最受消费者青睐的支付方式之一。京东白条支付在订单量中使用占比较高，消费者对消费金融产品已经形成消费习惯，用户培养和拓展空间较大。

随着电商消费继续下沉，未来在一、二线城市电商消费依然强劲的同时，三线以下的中小城市和乡镇消费潜力将迎来爆发，中小城市成为布局重点。电商用户消费总体趋向健康理性，品质越来越受关注。因此，品牌化和高品质，应是商家关注的重点，满足中产人群的消费需求。随着中国城市化进程加快，大量人口仍集中在大城市，同时移动互联网、社交媒体等急速发展，人口的老龄化、单身化等都在重构消费场景，把握消费大数据，以及社会变迁逻辑，为特定人群提供新型消费，有很大的市场。

（二）评价过程的差异性

通常，对于具有较强经验性特征和信任性特征的服务产品，顾客的评价过程将明显区别于他们对具有搜寻性特征的有形产品的评价。这些差异可以表现在信息搜集、评价标准、选择范围、风险认知、品牌忠诚度和对不满意的归因等方面。

在信息搜集方面，顾客购买有形产品时，更多地依赖于非人际渠道来获得有关产品的信息，例如产品质量、品牌知名度等。而顾客在购买服务产品时，则更多地依赖于人际渠道，如通过向周围人打听服务体验等。

对于评价标准，顾客在购买有形产品时，可以凭借产品的款式、颜色、尺寸、包装和价格等多重标准来判断产品的质量，而在购买服务产品时，顾客的评价标准则相对局限于价格和其他服务有形展示等方面。

相对于有形产品而言，顾客在购买服务产品时的选择范围较小；由于服务具有不可感知、缺乏统一的标准，质量上往往没有保障，相对于有形产品而言，顾客购买服务产品时所承受的风险会比购买有形产品时要大。

顾客对有形产品和服务产品的品牌忠诚度也有所不同。由于顾客获得服务产品信息相对有形产品来说更困难，顾客很难比较全面地了解到关于替代品的情况，对该替代品是否比现有服务产品更能增强使用满意度没有十足的把握，因此，顾客在购买服务产品时，通常会表现出较高的品牌忠诚度。

此外，由于服务的同步性特征，顾客在很大程度上直接参与服务的生产过程，若出现不满意的情况，他们会觉得自己也应对“不满意”的产生负有一定责任。因为如果顾客没有向服务提供者清楚地表达自己的要求，或没有按照正确的使用方法来消费服务而导致不满意时，顾客自己是应当承担一定责任的，在这一点上，服务产品与有形商品的购买情形大不相同。

产品特性对评价难易程度的影响如图2-1所示。所有产品都可以置于“容易评价”至“评价困难”上。大多数的有形产品都位于连续谱的左侧区域，因为有形产品的搜寻特性显著。与之相反，多数的服务都位于连续谱的中间至右侧区域，因为服务具有较高的经验特性和信任特性。

高搜寻特性					高体验特性					高信任特性			
服装	珠宝	家具	房屋	汽车	减肥中心	度假	理发	家政服务	家电维修	教育	法律咨询	整容手术	汽车维修

容易评价 ←→ 难以评价

图2-1　产品特性对评价难易程度的影响

二、服务情境中消费者购买行为的特点

1. 主要依赖个人信息来源

在购买服务的过程中，消费者主要通过亲戚朋友、同事、邻居和熟人等个人信息来源来获取服务产品相关信息。这主要是以下几个方面的原因造成的。

（1）大众传媒难以传播有关服务经验属性的信息，而很多服务具有极强的体验性，只有通过有亲身经历的人才可以间接得到相关体验的信息。例如，在餐饮服务中，厨师的烹饪过程很难通过平面广告表达，同时，服务流程、服务技巧及效果都必须依靠顾客感知。

（2）服务企业相对制造商而言规模较小，往往缺乏经验和资金做广告宣传，并且服务企业集生产与销售于一体，在制造业中制造商与零售商共同出资的合作广告很难运用到服务业中来。

（3）顾客在购买前难以明确服务的特性，其他人的经验或意见就显得尤为重要。

2. 购买服务的风险更大

消费者购买服务的风险比购买有形产品的风险更大，原因主要有以下几个方面的内容。

（1）服务产品是无形的，与有形商品相比，较难对服务质量进行准确的判断，尤其是很多服务具有体验性特征，在服务消费前是无法感知和判断的。

（2）服务具有异质性的特点，服务的质量会随着人员和时间的不同而发生变化，消费者每次购买的服务都没有确定的结果。

（3）服务的同步性也使得服务过程具有不可逆的特点，在顾客感到不满意时，服务可能已经被消费了。

（4）即使在购买和消费后，消费者由于缺乏足够的专业知识和经验，可能仍然无法对服务结果进行评价。

3. 品牌忠诚度高

消费者对服务品牌通常会表现出较高的忠诚度。其原因主要有以下几个方面。

（1）更换服务品牌成本更高，消费者很难获得全面的关于服务产品的信息，而且对替代品是否比现有服务更能让自己满意也没有十足的把握。同时，消费者放弃一个品牌而改用另一个品牌可能要付出很高的成本。当更换服务供应商的成本较高时，消费者会忠诚于某一个品牌的服务。

（2）服务购买风险比较大。消费者在购买决策过程中感知到的风险越大，就越愿意与某一品牌维持长期合作的关系，从而降低与服务购买有关的风险。

（3）可供选择的服务品牌有限。尤其是对于某些专业性服务而言，所设置的服务网点通常较少，如果消费者的选择余地有限，那么他的品牌忠诚度会更高。

（4）为了获得更多的利益。服务企业比较了解老顾客的需求偏好，有利于提供更好的服务，同时，消费者也希望通过多次购买得到更多优惠待遇。

4. 消费者参与服务的生产过程

服务的同步性使消费者参与服务的生产过程。因此，消费者对服务质量会产生一定程度的影响。为了增加消费者的参与性，服务企业要鼓励消费者积极参与，通过各种沟通活动教育顾客，让他们更了解服务过程以及他们在服务生产过程中所扮演的角色和作用，并可以对表现好的消费者进行奖励。

三、服务消费的发展趋势

随着科学技术突飞猛进的发展，尤其是信息技术的发展，导致人们的生产方式、生活方式和认知方式都发生了一系列变革。当前，主要的发达资本主义国家已经步入“后工业社会”或“后现代社会”，随着经济的飞速发展和人们生活质量的提高，服务业也成为发达国家的主要产业，服务经济社会已经到来。

此外，我国消费群体的变化，尤其80、90后新消费力量的崛起，其理念与方式也在发生变革。这类消费群体大部分来自独生子女家庭，从小培养的独立、自我的个性，叠加我国经济市场化、全球化、互联网化等社会环境的熏陶，使他们呈现出与上一代人完全不同的消费需求模式。他们已不满足于标准的消费模式，崇尚差异化、个性化的消费方式。这一新兴消费群体对价格的敏感度降低，他们更加注重品质，具有强烈的品牌意识、追求个性、善于网络消费、超前消费，这些个性特点为新品牌、新方式的推行奠定了基础。

我国服务消费的发展呈现以下四个趋势。

1. 信息化趋势

随着计算机、互联网和通信技术基础设施的不断完善，我国的营销信息化水准飞速提升。服务业通过信息化技术手段可以更为直接地了解各种信息，包括顾客群、顾客偏好、顾客需求等；企业能更为快捷地针对不同顾客需求提供不同的服务产品。而顾客也可通过服务企业的信息化技术手段获得与自身更为直接的联系。例如，企业可以通过网络24小时跨区域为顾客提供支持与服务，而且无须增加任何其他成本。任何人（顾客）可随时随地登录企业官网查询产品或订购信息。在线商店可以一年365天，一天24小时无休止营业。

信息化可增强企业联系的深度和广度，分布在不同地区的人员可通过网络彼此协同，共同研发某个项目。例如，以前医院若需要聘请专家会诊，则必须将各地的专家汇集在一起，各种仪器资料汇总，整体研究。而现在，通过信息化，可使不同地区的资源通过网络整合在一起，既能节约资源，又能提供完善的服务，有效地提高了社会整体效益。

2. 休闲化趋势

我国从1995年5月开始实施每周5天工作制，1999年9月开始实行3个“长假日”，全年法定节假日到了114天，标志着我国正步入休闲时代。工作时间的缩短，闲暇时间的增加，经济条件的改善等都导致了人们闲暇生活方式的重大改变，休闲必将成为现代生活的主要方式之一。

随着社会福利化和经济消费化的发展，以及日益兴起的信息化浪潮，这些都在不断催生工作远程化和虚拟化的实现。所有这些变化，不仅扩大了劳动者的闲暇时间，而且改变了传统劳动活动的性质，使劳动本身越来越趋向休闲化。

人们的生活方式和劳动方式越来越趋于休闲化，这必然带来社会需求方式和人们消费方式也向休闲化方向转变，那些以满足人们休闲生活需求为主的产业也必将快速发展起来。

案例启迪

购物中心竞争升级，消费休闲化趋势明显

每逢周末或者工作之余，全家人或者和三五好友到购物中心去逛逛，看电影、吃饭、溜冰、唱歌，顺便买点自己喜欢的东西回家，已经成为很多市民固定的生活习惯。这种生活习惯的背后实际上是人们生活方式的巨大变化，短短几年间，人们已经从周末去百货店进行购物消费转变为到购物中心里实现吃喝玩乐、休闲购物一条龙的全面体验。

为了迎合人们的这种需求，天津的爱琴海购物公园、大悦城等购物中心纷纷在提高休闲娱乐、餐饮、儿童业态上下足功夫，使购物中心越来越摆脱购物消费的单纯定义，向生活方式中心迅速转变。

天津各知名购物中心定位虽各有不同，但对于娱乐休闲业态从来不敢怠慢。以院线为例，电影院如今已经成为购物中心的标配。不过今天的电影院，不再是那种传统的独立的大礼堂了，而是设置在购物中心内的现代时尚的多厅影院，它将人们的购物、餐饮、娱乐、交际、休闲、约会、体验、心情释放等结合起来，使人们到电影院里看电影不再是唯一的目的，而成为一种全新的电影文化生活方式，使电影院成为这种全新的电影文化生活方式的空间。除影院外，如KTV、健身馆及冰场，也成为各购物中心青睐的休闲娱乐品类。

3. 体验化趋势

所谓体验式消费，是一种有别于传统的，以零售为主的业态组合形式。体验式消费在注重消费者参与和感受的同时，更注重对空间和环境的体验性。体验式消费正以“创造性毁灭的飓风”之势席卷全球。例如，遍布全球的迪士尼乐园、好莱坞的影视产业、意甲、西甲足球超级联赛、星巴克咖啡、各种互联网游戏等，几乎已经席卷了全球服务领域里的各行各业。体验式消费对消费者个性的尊重和关注体现着“以人为本”的时代潮流。

案例启迪

卖彩票，还是卖服务？

何为“体验式消费”？在营销领域，在“体验消费”中，消费是一个过程，消费者是这一过程的“产品”，当消费结束的时候，留下来的将是对过程的体验——体验另一种身份、体验异域生活，以及体验自身的创造力等。消费者愿意为这类体验付费，因为它美好、非我莫属、不可转让、转瞬即逝。

就实体店彩票销售而言，购彩者虽然可能只花了2元钱买了一注彩票，但是在这一消费过程中，如果他们体验到了彩票销售人员热情周到而又专业的服务，感受到彩票店温馨舒适的购彩环境，那么他们成为回头客的概率也会大大提升。甚至在一些时候，顾客虽然购买了彩票，但其真正原因并非为了中奖或随手作公益，而仅仅是为了体验彩票店的氛围，可以在这里和来自各行各业的球友聊天、看球、侃球等。

近年来，随着申请彩票店手续越来越简化，开一家彩票店的难度大大降低。这意味着彩票店与彩票店之间的竞争也越来越激烈。哪一家彩票店的服务态度热情，购彩环境舒适，中奖率高，购彩者就会转向哪一家。不难想象，彩票店想要留住一名顾客，销售人员需要在服务方面下不少功夫。

4. 知识化趋势

在2015年，我国处于向服务经济的转型时期，服务业增加值占GDP比例已经超过50%，服务业劳动力比例超过40%，服务业占国民经济的半壁江山。此外，中国知识服务业占GDP比例超过20%，已经超过农业比例。因此，服务经济代表了中国经济的当前潮流，知识经济则代表了中国经济的未来方向。

知识经济促进新服务业如雨后春笋般生长、壮大。知识经济时代无疑是服务业大发展并成为经济主导的时代。知识经济时代为服务营销迅速发展提供了广阔的施展空间。

任务二 影响服务消费者购买行为的因素

正如我们无法将有形产品和无形产品完全区分开来一样，影响消费者购买服务的因素和影响消费者购买有形产品的因素没有本质的区别。只是可能一些因素对服务消费者的影响作用比较明显，而另一些因素的影响作用会比较小而已。影响消费者购买行为的主要因素有消费者自身因素、社会因素、企业和服务特征等因素。

一、消费者自身因素

1. 消费者收入

消费者的经济状况会对消费者的消费水平和消费内容及范围造成强烈影响，并决定着消费者的消费需求层次和购买能力。如消费者经济状况较好，就可能产生较高层次的需求，购买较高档的服务，享受较高级的服务。相反，若消费者经济状况较差，此类消费者通常只能有限满足基本生活所需。

知识拓展

马斯洛需求理论

亚伯拉罕·马斯洛（Abraham Harold Maslow，1908-1970）出生于纽约市布鲁克林区。美国社会心理学家、人格理论家和比较心理学家，人本主义心理学的主要发起者和理论家，心理学第三势力的领导人。

在马斯洛看来，人类价值体系存在两类不同的需要：一类是沿生物谱系上升方向逐渐变弱的本能或冲动，称为低级需要和生理需要；另一类是随生物进化而逐渐显现的潜能或需要，称为高级需要。低层次的需要基本得到满足以后，它的激励作用就会降低，其优势地位将不再保持下去，高层次的需要会取代它成为推动行为的主要原因。有的需要一经满足，便不能成为激发人们行为的起因，于是被其他需要取而代之。高层次的需要比低层次的需要具有更大的价值。热情是由高层次的需要激发。人的最高需要即自我实现就是以最有效和最完整的方式表现他自己的潜力，唯此才能使人得到高峰体验。

马斯洛需求理论(图2-2)将人类需求分成以下五类，由较低层次到较高层次依次排列：

（1）生理需求。这是人类维持自身生存的最基本要求，包括饥、渴、衣、住、行方面的要求。如果这些需要得不到满足，人类的生存就成了问题。在这个意义上说，生理需要是推动人们行动的最强大的动力。马斯洛认为，只有这些最基本的需要满足到维持生存所必需的程度后，其他的需要才能成为新的激励因素，而到了此时，这些已相对满足的需要也就不再成为激励因素了。

（2）安全需求。这是人类要求保障自身安全、摆脱事业和丧失财产威胁、避免职业病的侵袭、接触严酷的监督等方面的需要。马斯洛认为，整个有机体是一个追求安全的机制，人的感受器官、效应器官、智能和其他能量主要是寻求安全的工具，甚至可以把科学和人生观都看成是满足安全需要的一部分。当然，当这种需要一旦相对满足后，也就不再成为激励因素了。

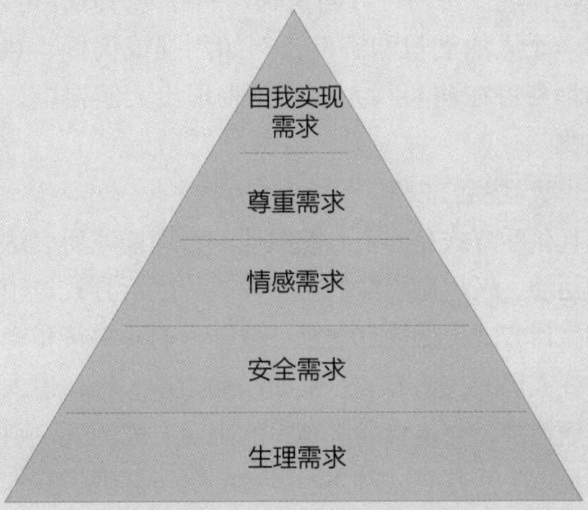

图2-2 马斯洛需求理论

（3）情感需求。这一层次的需要包括两个方面的内容：一是友爱的需要，即人人都需要伙伴之间、同事之间的关系融洽或保持友谊和忠诚；人人都希望得到爱情，希望爱别人，也渴望接受别人的爱。二是归属的需要，即人都有一种归属于一个群体的感情，希望成为群体中的一员，并相互关心和照顾。感情上的需要比生理上的需要来的细致，它和一个人的生理特性、经历、教育、宗教信仰都有关系。

（4）尊重需求。人人都希望自己有稳定的社会地位，要求个人的能力和成就得到社会的承认。尊重的需要又可分为内部尊重和外部尊重。内部尊重是指一个人希望在各种不同情境中有实力、能胜任、充满信心、能独立自主。总之，内部尊重就是人的自尊。外部尊重是指一个人希望有地位、有威信，受到别人的尊重、信赖和高度评价。马斯洛认为，尊重需要得到满足，能使人对自己充满信心，对社会满腔热情，体验到自己活着的用处和价值。

（5）自我实现需求。这是最高层次的需要，它是指实现个人理想、抱负，发挥个人的能力到最大程度，完成与自己的能力相称的一切事情的需要。也就是说，人必须干称职的工作，这样才会使他们感到最大的快乐。马斯洛提出，为满足自我实现需要所采取的途径是因人而异的。自我实现的需要是在努力实现自己的潜力，使自己越来越成为自己所期望的人物。

2. 消费者的职业和地位

不同职业的消费者，其对服务的需求不同。消费者的地位不同也影响着其对服务的购买。通常，社会地位较高的消费者，将会购买能够彰显其身份与地位的服务产品，比如高尔夫俱乐部或其他高级会所。

3. 消费者的年龄与性别

消费者对各种服务的需求会随着年龄的增长而发生变化。在生命周期的各个阶段，会需要各种不同的服务产品。如幼儿期需要婴儿照料服务，老年期则需要保健服务和医疗服务等。此外，不同性别的消费者，其购买服务的行为也会有很大差异。男性消费者倾向于购买具有观赏性的竞技体育比赛等服务项目，而女性消费者则喜欢瑜伽、健身和美容等服务。

4. 消费者的性格

不同性格的消费者具有不同的购买行为。性格是一个人最本质、最核心、最有代表性的生动体现。性格一方面反映人的行为方式，可以从外在行为上表现出来；另一方面又能反映出一个人的动机和态度，例如刚强或懦弱、热情或孤僻、外向或内向等去描述。例如刚强的消费者在购买行为中往往表现出大胆自信，而懦弱的消费者在购买行为中则表现得缩手缩脚。

5. 生活方式

生活方式是一个人按照他的心理描述所表达的方式生活，是一个人在世界上所表现的有关其活动、兴趣和看法的生活模式。生活方式与顾客的消费行为之间有着密切的关系。人们追求的生活方式会影响其需求、欲望、购买决策和产品使用行为。这些决策和行为又反过来强化或改变人们的生活方式。例如以喝咖啡为例，追求高品质生活方式的年轻人，会选择去星巴克咖啡店消费，而追求经济实用的生活方式的人，则会选择在超市购买经济实惠的速溶咖啡。由此可见，生活方式通常为消费者的购买提供了基本的动机。

二、社会文化因素

消费者的行为会受到诸多社会因素的影响。社会文化通常是指人类在长期生活实践中建立起来的价值观念、道德观念以及其他行为准则和生活习俗。对于服务企业来说，研究社会文化因素的影响非常重要。一方面，企业必须意识到社会文化对消费者购买行为的影响；另一方面，还必须在企业内部营造和树立为消费者服务的企业文化，作为指导营销活动的准则。

社会文化因素有很多不同类型，其中影响消费者行为最为显著的几种因素如表2-1所示。

表2-1 影响消费者购买行为的社会文化因素

社会文化因素	具体内容
民族	中国除了占人口数最多的汉族外，还有其他少数民族，他们在食品、服饰、娱乐等方面仍保留着各自民族的许多传统习俗和偏好
宗教	不同的宗教信仰会有不同的偏好和禁忌，这些会导致他们在购买行为上表现出许多不同的特征
地域	生活在不同地区的消费者，会有不同的生活方式和时尚，对服务的购买也会表现出差异
相关群体	包括家庭、学校、单位、社会团体等，特别是在购买不具有可寻找特征的服务时，群体的信息将会作为重要评价依据之一

三、其他因素

影响消费者购买行为的因素除了消费者自身因素、社会文化因素外，还有企业和服务本身的因素，例如服务企业的整体形象识别系统（CIS），服务品牌、服务质量、服务价格、服务环境、服务人员素质和企业的整体营销活动等，都会影响消费者的服务购买行为。

任务三 服务情境中的消费者购买决策过程

为了有效地提供服务，服务营销者必须了解消费者的服务购买决策过程。消费者购买服务的过程可分为购前、购中和购后评价三个阶段，如图2-3所示。由于服务一般是经验属性和信任属性显著的产品，这就意味着消费者的服务购买决策过程不会与有形产品购买决策过程完全一样，服务购买决策过程有其特殊性。

一、购前阶段

购前阶段是指消费者购买服务产品之前的一系列活动。当消费者意识到自己对某种服务产生了需求时，这一阶段就开始了。消费者会开始从各种渠道搜集有关信息，并对各种备选服务进行评价。在购前阶段，消费者一般要经历需求认知、信息收集、备选方案评价等步骤。

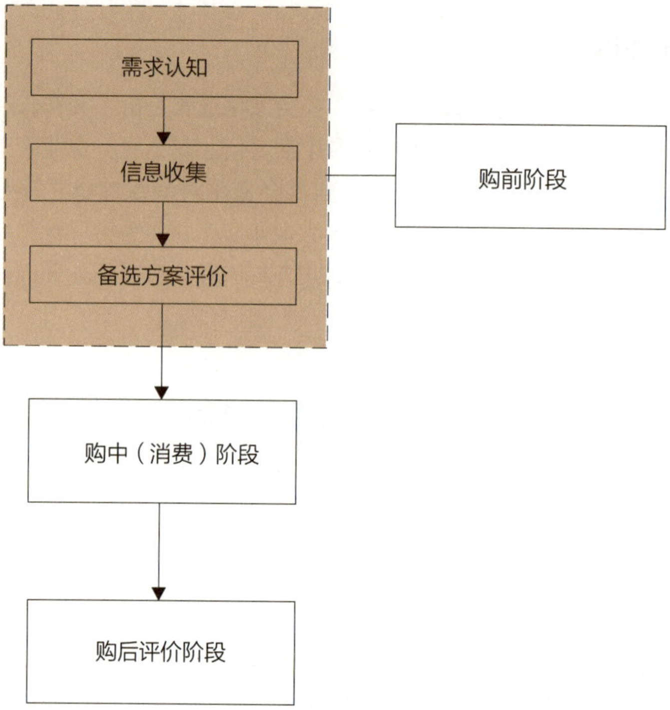

图2-3　服务购买决策过程

1. 需求认知

服务购买过程始于消费者认识到一个问题或需求。个人或组织的潜在需求会引发消费者购买服务。而服务是可以满足马斯洛所提出的五种需求的。此外，消费者的需求也会受到外部刺激或内部刺激的影响。由于服务具有无形性、异质性、同步性等特点，外部刺激对服务购买的影响不会特别大。

2. 信息收集

如果消费者意识到存在某种需求并渴望得到解决时，消费者就会开始收集有关服务产品的信息。信息的来源有很多，但主要有以下三个渠道：

（1）经验来源。消费者从使用、消费服务中可以得到相关信息。如果消费者已经使用过某种服务产品，具备了一定的服务购买经验，购买时一般会在脑海中搜索储备的信息。

（2）个人来源。个人来源包括家人、朋友、邻居等。在购买服务的过程中，个人来源是消费者最主要的信息来源，消费者对该信息来源的依赖程度较高。在对服务进行评价时，个人来源会比其他信息来源显得更重要。

（3）商业来源。商业来源包括广告、宣传手册、服务人员介绍等。在信息收集阶段，企业提供的服务信息起到告知的作用。虽然服务促销难以像有形产品那样采用样品展示，但企业仍然可以通过电影、电视、网络视频等渠道向消费者提供服务的信息。

案例启迪

邮轮旅游是小肥羊还是鸡肋？

近两年，为迎合不断增长的中国及亚太地区中产阶级与富裕阶层的需求，中国的高端旅游悄然兴起，去南极、去太空都成为现实。据中国交通运输协会邮轮游艇分会（CCYIA）统计，在2015年，中国邮轮市场游客已超过220万人次，同比增长50%，位列全球第七。

现代的邮轮旅游被称为“浮动的度假村”，对游客而言，邮轮本身就是旅游目的地，享受其生活娱乐设施是海上旅游的重要组成部分，中途还能靠岸观光、购物或游览，回到出发地时海上旅游即结束。世界邮轮旅游业经过了几十年的发展，在欧美等国家已经形成了完善的产业链，成为人们出国旅游、短期度假的常见选择。而随着中国人均收入的提高和出国旅游政策的开放，越来越多的国际邮轮公司开始关注这片巨大的蓝海，纷纷将其运力向亚洲转移和扩张。

中国中产阶层崛起，为邮轮产业提供了广大的高端消费群体，而且随着有高端消费能力的老龄人口不断增加，邮轮旅游将成为中国高端旅游的下一个巨大蛋糕。事实上，欧美邮轮更多是面向中老年消费者，数据显示，全球邮轮市场中60岁以上消费者占总体消费市场的26%，50岁以上消费者占48%。

东西方文化以及消费理念存在很大差异，使得中国邮轮旅游做好了就成了小肥羊，做不好反成鸡肋。在市场不断细分的今天，定制化服务的理念已深入人心，急于在中国高端旅游这个巨大蛋糕上分一杯羹的众多邮轮企业，应该更贴近这些目标消费人群去做细致的调查和分析，了解如何才能打动中国的高端消费者，到底什么样的服务能让他们掏钱买单。

3. 备选方案评价

消费者在评价备选方案时，通常只能在几种有限的服务品牌之间进行比较和选择，这主要是因为以下几个方面的因素：

（1）每个服务机构一般只提供单一品牌的服务，例如银行、美容院。相比之下，要购买手机的消费者在零售店却可以选择多种品牌。

（2）在特定的地理范围内，提供同样服务的商业机构较少，服务的销售网点通常不像有形产品的销售网点那么多。

（3）消费者通常需要到提供有关服务的机构现场（银行、理发店）去消费服务，因而可选择的范围是有限的。

（4）由于服务产品本身的复杂性，消费者难以获得足够的信息，可能不知道替代品的存在，或消费者自己不愿花时间和精力去获取其他服务机构的信息。

二、购中（消费）阶段

消费者在经过购买前的一系列准备后，下一步需要进入实际购买和消费阶段。由于服务具有同步性的特征，这一阶段也是消费者与服务人员以及服务设备相互作用的过程。在此阶段，顾客的服务体验主要受到消费者的情绪、服务人员与消费者的沟通、服务流程的效率的影响。

1. 消费者的情绪

在消费服务阶段，消费者的情绪状态会对其服务体验有很大影响。处于好心情的顾客更乐于参与到服务中，积极配合服务人员，使服务接触更易于成功，并带给消费者好的服务体验。而心情不好的顾客可能不愿意参加到不必要的服务活动中。另外，消费者情绪不好时，容易对服务人员或企业产生偏见。消费者的情绪有时会放大其服务体验的积极或消极效果。例如，顾客心情糟糕时可能会因为餐桌没有擦干净而大发雷霆；若顾客心情好时可能不会在意或自己动手擦一下。

2. 服务人员与消费者的沟通

服务的同步性决定了服务人员和顾客在服务消费过程中都扮演着非常重要的角色。顾客与服务人员之间的沟通会影响到顾客的服务体验。服务过程中的沟通是双向的，既包括服务人员主动向顾客介绍服务产品的相关情况和引导顾客参与服务，也包括顾客向服务人员清楚地表达自己的要求和看法。因此，要实现有效的沟通，企业要帮助服务人员向顾客介绍参与服务过程的有关知识，获得顾客的配合，还要领会顾客提出的要求，主动询问顾客的意见，避免顾客在消费阶段产生不满。

3. 服务流程的效率

高效的服务流程要求服务人员及时、准确地向顾客提供所需服务。例如，餐厅接待客人的程序，上餐具、上菜的时间，银行接待客户的程序、客户填写的表格等，这些都是服务流程中的内容，这一切给顾客留下的印象将会影响到顾客的服务体验。有效的服务流程设计应能帮助企业提高服务效率，为顾客带来良好的服务体验。

三、购后评价阶段

在这一阶段，消费者对所体验到的服务进行评价。评价的结果在很大程度上决定了消费者是否会继续使用企业的服务。在消费了服务之后，消费者可能会满意，也可能会不满意，并会出现相应的购后行为。让顾客满意是企业营销过程的最终目的，而顾客的满意度则来自他们对服务质量的评价。服务的购后评价是一个比较复杂的过程。它在顾客做出购买决策的一瞬间就开始了，并延续至整个消费过程，顾客的评价如何将取决于企业能善于管理顾客与顾客、顾客与员工、顾客与企业内容环境及员工与内部环境之间的关系。

营销实践

以客户为中心的营销策略——洲际酒店

洲际酒店集团利用数字式营销来加强与现有和潜在客户的沟通。

洲际酒店集团客户营销副总裁Lincoln Barrett在会上提出，对洲际酒店来说，要建立以客户为中心的管销策略依赖于各不相同，却又相互联系的以下三个方案：

（1）投资技术开发。

（2）开拓新的营销领域。

（3）建立集中管理的客户关系组织架构。

以上三个方案都尚在完善中，但已经取得了很好的进展。

1. 投资技术开发

洲际酒店执行此项方案的第一步，是要建立新的数据库和实时数据库（Real-time Data Mart），让洲际酒店可以把来自酒店本身和第三方来源的数据与现有的客户信息进行匹配。这一做法也让该酒店在进行市场分析或者策划营销活动时可以获得即时的数据——这是对洲际酒店原系统功能的巨大升级。原来的系统只能够批量更新数据，而且客人活动（如入住）的数据也要在30天后才能提供。

第二步是要扩大除电子邮件以外的其他对外营销活动。（利用Unica进行的）技术升级让内部营铺活动流程变得自动化，并且让特许经营酒店可以根据当地情况和客户关系定制合适的项目，从而实现本地化营销。同时，这次升级还可以通过对外的营销活动管理来对呼叫中心数据和活动进行整合。另外，洲际酒店还通过这次升级以流水线操作的形式把之前的多重代理模式转化成单一的全球代理模式。

目前，洲际酒店正在进行接下来的第三步，也就是对多渠道的协调性作进一步发展。在这项工作中，洲际酒店计划把日渐增多的渠道进行整合，同时开始通过不同渠道来优化内容、产品和信息发布的时机，从而实现回报率和客户相关性的最大化。

2. 拓展新的营销领域

这一方案的重点是学会如何“考虑预订以外的事情”。也就是说，如何让互动营销产生更多不同的方式以增加收入、提高忠诚度和提升顾客满意度。洲际酒店找到了以下几个新的营销领域：

适时营销（Right-time Marketing）——意味着通过对外发布信息（如电子邮件）来跟进有价值的客户行动。Lincoln举了一个例子，就是在客人成为黄金会员时马上通过邮件祝贺他，让他意识其权益已经提高，并促进了客人日后的入住以及与洲际酒店品牌的互动程度。

非会员营销（Non-member Marketing）——洲际酒店只有40%的业务来自洲际优悦会（Priority Club）会员。因此，洲际酒店现在利用cookie数据和客人上网行为等新的数据环境，来寻找和划分有价值的非会员客户，洲际酒店还推出了生命周期营销活动定制的现场产品展示和针对非会员的定向媒体采购。

全球本土化（Glocal）沟通——没错，不是全球化（Global），而是全球本土化（Glocal）；洲际酒店鼓励其特许经营酒店针对具体的酒店和客户资源情况，合理地利用其全球的酒店资源。

对传统营销活动进行延伸——这项工作的内容是利用互动工具来发布即将进行的传统媒体营销活动信息，或者利用定向的互动工具来跟进营销活动，以提高参与客人的转化率。

渠道的系统作用——洲际酒店聪明地利用自身渠道来对其他渠道进行推广。或者说，他们正在利用来自一个渠道的数据来提高其他渠道的信息相关性。比如说，他们优化了PIN码提醒邮件的内容和布局（也就是网站的找回密码邮件），把与个人用户档案相关的动态产品信息添加进去。

3. 建立集中管理的客户关系组织架构

这项工作包括产品大规模的人员架构调整，把洲际酒店的产品，渠道和销售团队统一交给一位管理人员负责——客户执行副总裁（EVP of the Customer）。Lincoln解释道，虽然这三个团队之间偶尔会出现不同的利益取向，但他们现在对各自的工作更为了解，从而可以更容易地制定相互协调的目标。

这项工作还包含了一个企业重新教育计划，以帮助整个酒店集团改变每个客户触点需要产生的价值的期望值。洲际酒店正在努力让所有员工意识到，每次与客户的互动都是一次机会，这个机会可以让洲际酒店：① 销售客房。② 销售其他有价值的东西。③ 改变消费者对洲际的看法。④ 积累经验。

如果你觉得以上的措施听起来很难，那是正常的。用Lincoln Barrett的话来说，这也正是以客户为中心的营销策略之所以成为巨大竞争优势的原因。它的实现过程太难了，以致大部分企业都不敢尝试，或者尝试以后失败了。因此，敢于接受这项挑战的企业将成为佼佼者，为客户带来难以忘却的美好体验。

✧ 思考与讨论：

试着从服务购买者行为的角度对洲际酒店的营销策略进行分析。

资料来源：安贺新，张宏彦. 服务营销[M]. 北京：清华大学出版社，2015.

任务四 服务购买决策理论

由于服务具有特殊性，消费者在购买服务时会体现出不同于购买有形产品的特殊性。有关购买决策的理论主要有风险承担论、感知控制理论和多重属性理论等。

一、风险承担论

风险承担论用风险认知来解释消费者的购买行为。该理论认为，顾客在购买服务时，感觉到比购买实体产品要承担的风险更大。消费者购买服务的任何一种行为都可能产生一些不能准确预见的、不愉快的后果，而这些后果需要消费者自己承担。具体如表2-2所示。

表2-2 购买服务时可能遇到的风险类型

风险	可能产生的效应
功能风险	服务不具备消费者所期望的功能或功能比其他服务供应商的功能差所带来的风险
财务风险	服务定价过高或因服务质量问题等导致消费者经济上蒙受损失所产生的风险
物理风险	服务可能对自己或他人的健康与安全产生危害的风险
心理风险	因决策失误而使顾客自我情感受到伤害的风险，如担忧、焦虑
社会风险	因特定的服务购买而影响到消费者的社会地位的风险

因此，消费者在购买服务时，一定要有承担风险的心理素质，同时要有规避风险的意识。消费者规避或减少风险的策略主要有以下三种。

1. 尽量实现品牌忠诚

消费者根据自身经验，对购买过程中满意的服务品牌或服务企业不随意更换，不轻易去否定或背离自己认为满意的服务品牌或企业，不贸然去承受新的服务品牌带来的风险。

2. 广泛收集相关信息

消费者应在购买服务时对服务企业的美誉度和信誉度进行调研。对于专业技术性服务，购买者降低风险要从内部和外部两个层面来降低购买的不确定性及其后果。需要加强调查研究、借助试验、大量收集企业的内部和外部信息等方式规避风险。

3. 以正面舆论为导向

正面舆论导向通常能给人以较好意见，正面舆论往往对社会消费者行为负有责任感，并在社会消费活动中有正面影响力。听从正面舆论导向的引导有助于消费者减少、降低购买服务的风险。

案例启迪

智能快递柜加大购物风险

随着智能快递柜进入越来越多的社区，安全、便捷、高效是智能快递柜带给我们的改变。“快递送上门，家里没有人”的现实难题，使得智能快递柜成为解决快递包裹“最后一百米”较为经济有效的方式。但是，这本是方便消费者也方便快递员的创新之举，在实际操作过程中，却让不少消费者在购物体验中如鲠在喉，百般不爽。

例如，收不到取件码怎么打开柜子，包裹遗失损毁责任如何认定等，都是不容回避的问题。如果把这些责任都让消费者来承担的话明显不合理，在实际操作中，消费者也正处于这种不合理的地位。也就是说，智能快递柜一方面方便了消费者；另一方面也加大了消费者的购物风险。

对于这一现象，你有什么看法？

二、感知控制论

感知控制理论认为，消费者是通过对可感知情景的控制来对服务进行评价的。在服务购买过程中，消费者对服务的满意程度主要取决于他所感受到的自己对周围环境的控制权。感知控制理论的基本前提假设是，如果消费者对可感知情景的控制水平高，那么对服务的满意度就高。因此，在服务购买过程中，如果消费者觉得自己对服务提供过程的控制权越大，则对所购买的服务评价越高，对服务也就越满意。

感知控制是一个心理学概念，是消费者在心理层面对控制的认知，它强调的是消费者控制的感觉，而不是消费者真正拥有的行为控制能力。对于服务企业、服务人员和顾客来说，任何一方在提供服务的过程中占据支配地位都可能会引发冲突。因此，有效的服务接触应该是使三方的控制需要达到平衡。

感知控制理论对企业具有重要意义。企业在服务交易过程中，应该为消费者提供充分的信息，这会使消费者在购买过程中感到自己拥有更多的控制力，从而提高顾客满意度。例如，若飞机要延迟起飞，航空公司应告诉乘客延后的原因及需要等待的时间。另外，企业如果因调整操作过程而可能影响到消费者的服务使用时，也应该提前通知顾客。否则，消费者会认为自己已经丧失主动权而对得到的服务感到不满。

三、多重属性理论

服务具有多重属性，即明显性属性、重要性属性和决定性属性，它们在购买决策中所起的作用也不同。一般情况下，以上三种属性的重要程度依次递增，但由于环境和购买者的不同，各种属性之间的地位也会发生变化。

明显性属性指的是顾客在消费前能够确定的、做出相对准确评估的特性，通常是服务的有形特征。重要性属性是指那些对服务的质量和顾客的满意程度有着重要影响的特征。决定性属性是实际购买中起决定性作用的明显性属性，是顾客最终选择某一服务而不是其他服务的关键因素。

决定性属性是决定消费者选择结构的那些属性，这些属性与消费者偏爱和实际购买决策关系最为密切，尽管决定性属性不一定是最重要的属性，但它必须是能区别于同类企业的属性。

例如安全是民航服务中最重要的属性，但对于乘客来说，安全并不是决定乘客选择哪个航空公司的决定性因素。

案例启迪

希尔顿瞄准时间匮乏的消费者

希尔顿旅业集团专门做了一次关于时间价值观的调查。调查采用电话访问方式进行，总共调查了1010位年龄在18周岁以上的成年人。该调查集中了解美国人对时间的态度，时间价值观以及他们行为背后的原因。

调查发现，接近2/3的美国人愿意为获得更多的时间而在报酬上做出牺牲。工作女性，尤其是有小孩的工作女性，面临的时间压力远比男性大。大多数被试者认为，在20世纪90年代，花时间与家人和朋友在一起比赚钱更重要。选择“花时间与家人和朋友在一起”的被访者占被访总人数的77%，强调“拥有自由时间”的人数占被访总人数的66%，选择“挣更多钱”的人数比是61%，排在地六位，而选择“花钱拥有物质产品”的人数比是29%，排在最后一位。同时，生活在东部各州的受访者比处于“松弛”生活状态的西部各州的受访者更注重挣钱。

其他显示美国人为时间伤脑筋的数据如下：①33%的人认为无法找到时间来过“理想的周末”；②31%的说没时间玩；③33%的人说没有完成当天要做的事；④38%的人报告说为腾出时间，减少了睡眠；⑤29%的人长期处于一种时间压力之下；⑥31%的人为没有时间和家人、朋友在一起而忧心忡忡；⑦20%的人报告说在过去的12个月内，至少有一次是在休息的时间内被叫去工作的。

作为对上述调查结果的反应，希尔顿针对那些时间压力特别大的家庭推出了一个叫“快乐周末”的项目。该项目使客人在周末远离做饭，洗衣和占用休闲时间的日常事务的烦恼，真正轻松愉快地与家人在一起，该项目收费较低，每一房间每晚65美元，而且早餐还是免费的。如果带小孩，小孩也可以免费住在父母的房间里。据希尔顿负责营销的副总透露，此项目推出后，极受欢迎，以致周六成了希尔顿入住率最高的一天。

综上所述，三种理论的侧重点不同，前两种强调的是顾客的心理因素在购买决策中的作用，而多重属性论则强调服务本身的特性。

风险承担论强调了服务本身的不可感知性、不可储存性和品质差异性，指出顾客的感知风险是妨碍他们达成购买决策的重要原因。因此，服务企业的营销活动应针对减少或消除顾客的感知风险而展开。可以通过树立服务品牌、提升服务的有形展示、营造正面口碑宣传和提供服务承诺等策略来实现。

感知控制理论指出，顾客之所以对某些企业所提供的服务更为满意和忠诚，是因为这些企业让他们感觉到拥有更大的主动权和较大的控制力。企业应当为顾客提供足够的信息，尽量提高他们对服务的认知度，让他们充分了解服务的过程、状态、进程和发展，从而让顾客从心理上感觉自已特别重要或在服务提供过程中处于支配地位，从而增强其消费信心和提升满意程度。

多重属性理论认为，决定顾客是否购买服务的因素是服务的决定性属性。而决定性属性一定是明显性属性，但不一定是重要性属性。所以服务企业要在保证服务在重要性属性方面达到基本要求的基础上，着力打造服务的决定性属性，以适当的营销组合推向市场，突出本企业的特色以区别于同类服务，形成心理份额，如美国联邦快递（FedEx）着力宣传“隔夜送达”、新加坡航空的“优质机舱服务”等。

项目小结

产品特性决定了产品评价的难易程度，产品特性具有搜寻性特性、经验性特性和信任性特性。大多数服务产品具有较高的经验性特性和信任性特性，在购买前难以评价。与有形产品的购买相比，服务产品的购买过程中，消费者的购买行为特征包括主要依赖个人信息来源、购买服务的风险性更大、品牌忠诚度高和顾客参与服务的生产过程。

影响消费者购买行为的主要因素有消费者自身因素、社会文化因素、企业和服务本身的特点等因素。分析影响消费者购买行为的因素，对于企业正确把握消费者行为，有针对性地开展市场营销活动，具有极其重要的意义。

消费者在购买服务产品时，一般将消费者的服务购买过程分为购前、购中和购后评价三个阶段。

有关购买决策的理论主要有风险承担论、感知控制论和多重属性论。消费者购买决策理论在购买程序与决策过程中有指导作用，服务企业应该运用不同的理论来指导营销实践。

复习思考题

1. 产品特性有哪些？
2. 服务情境中的顾客购买行为有哪些特征？
3. 消费者在购买决策过程中面临哪些风险？
4. 服务购买决策理论有哪些？

实践活动

1. 实训内容

选定你所在学校的某一个专业班级的学生，调查与分析影响该班级学生选择电影院观影行为的主要因素，并用PPT展示调研结果（设计可行的调查问卷）。

2. 实训目的

了解、分析和总结某一消费群体的服务消费购买心理特点和规律，并以此为依据为某一服务行业设计营销策略。

3. 实训要求

（1）学生以5～6人为一组，以小组为单位，由组长负责利用课外时间到相应班级展开问卷调查。

（2）以小组为单位组织学生座谈和撰写调研展示结果。

案例分析

走过了2015年，跨步进入了2016年。“互联网+”理念经过2015年的大讨论和大实践，有了很大的进步。今天消费者消费的行为已经有了很大的变化，作为想触网的企业们，你们改变了自己的思想没？消费者消费行为变化，你们注意到了吗？

场景一：购物。现在很多小超市都已经允许二维码支付了，支付宝抑或是微信。今天你买一袋2.2元的牛奶，你都可以扫一下二维码支付了。大超市则已经安装上了支付宝终端；肯德基等也可以支付宝支付了。这就是零售消费行为的变化。

场景二：摊煎饼。如今连摊煎饼的三轮车上，都赫然贴着“允许微信支付”，并用A4纸打印了一个二维码贴到了玻璃上。过几天再去时，贴着的纸竟然变成了上面是“支付宝支付”和“微信支付”并在A4纸上打了2个二维码。一个几十岁的人，可能都没有上过大学，但是他们做着这么一个小生意，都已经开始触网了。如果你今天还没有想到通过互联网给予消费者更多的便利，你说你是不是真的是OUT了？

场景三：打车。过去我们都是站在路边扬手打车，无论是站在炎炎的烈日下，还是站在刺骨的寒风中，你都还是要伸出你的手，否则司机是不会停的。但是今天又是什么样子呢？坐到办公室，坐在餐馆中，坐在酒店的舒适的床上，点点手机就解决了。你体验到的是什么样的服务呢？上帝OR主人就是这样的感觉。互联网把出租车司机教育的服服帖帖的，都可以在外面等着你；快的和专车司机更是像你的私人司机一样的服务备至。这比起你曾经的打车经历是否有了极大的改变呢？出租车司机嫌你的路途近，拒载了；出租车嫌你的路和他交车的路不顺，拒载了……

场景四：吃饭。现在你可以有两种新的方式进行选择订餐（也许还有第三种、第四种等新方式）。第一，通过手机微信公众号进行点餐支付，过一会儿快餐好了会被直接送到餐厅的点餐柜子。这个时候你从你的办公室出来，走进这个餐厅。用已发送的取餐数字编码输入柜子的电脑屏幕，柜子门打开，你就可以取出你的快餐了。你已经不用再在餐厅的座位上苦等服务员把快餐送到餐桌上了。第二，坐在公司，用手机下单后，会有专门的百度外卖等送餐人员将你的午餐送到办公室，你连屋子都不用出就解决了吃饭的问题。这些新的午餐消费模式的变革，过去你可曾想象？

场景五：出行。多年前出门的话，几乎都是把一摞100元纸币放到钱包里。因为那时无论买车票、打车、吃饭、住旅馆等都是要给纸币的，好一点的地方会有POS机可以刷银行卡。但是今天我们出门可以不用再带钱包了。只需要兜里有一个手机，你就可以衣食无忧了。买高铁票，你还去火车站排队？打车，你还拿出100元让出租车司机找？住旅馆，你还用纸币给前台接待员？

场景六：运动休闲。健身房越来越多，跳广场舞的人越来越多，电影业票房屡创新高；喜爱钓鱼的人周末站满了河边；徒步探险的驴友越来越多；出国旅游购物的人越来越多……新的需求不断地出现。

消费者随着可自由支配收入的增加，消费出现了多元化的需求。新的多元化需求需要新的满足需求的方式。

案例思考：

面对新时代消费者行为方式的改变，企业如何调整自身的服务营销策略？

项目三　服务市场的细分、选择与定位

学习目标

1. 理解服务市场细分的依据和细分程序。
2. 掌握细分市场的评估方法。
3. 掌握目标市场选择模式。
4. 理解服务市场定位的步骤、内容和方法。

能力目标

能应用服务市场细分、目标市场选择和定位的理论与方法，为某些服务企业制定符合实际的、切实可行的目标市场定位方案。

知识结构

服务市场细分、选择与定位

- 服务市场细分
  - ○市场细分概述
  - ○市场细分依据
  - ○市场细分条件
  - ○市场细分过程
- 确立目标市场
  - ○评估细分市场
  - ○目标市场进入模式
  - ○目标市场覆盖策略
- 服务市场定位
  - ○服务市场定位
  - ○服务市场定位步骤
  - ○服务定位的层次
- 定位方式与策略
  - ○定位方式选择
  - ○企业定位策略

导入案例

万豪酒店的成功市场细分

万豪酒店（Marriott）是与希尔顿、香格里拉等齐名的酒店巨子之一，总部位于美国。现在，其业务已经遍及世界各地。在广州，广州中国大酒店等已委托万豪进行经营。

这家酒店成功之道在于：针对不同的细分市场成功推出了一系列品牌：在高端市场上，Ritz-Carlton（波特曼·丽嘉）酒店为高档次的顾客提供服务方面赢得了很高的赞誉并备受赞赏；Renaissance（新生）作为间接商务和休闲品牌与Marriott（万豪）在价格上基本相同，但它面对的是不同消费心态的顾客群体——Marriott吸引的是已经成家立业的人士，而“新生”的目标顾客则是那些职业年轻人；在低端酒店市场上，万豪酒店由Fairfield Inn衍生出Fairfield Suite（公平套房），从而丰富了自己的产品线；位于高端和低端之间的酒店品牌是 TownePlace Suites（城镇套房）、Courtyard（庭院）和Residence Inn（居民客栈）等，它们分别代表着不同的价格水准，并在各自的娱乐和风格上有效进行了区分。

伴随着市场细分的持续进行，万豪又推出了Springfield Suites（弹性套房）——比Fairfield Inn（公平客栈）的档次稍高一点，主要面对一晚75～95美元的顾客市场。为了获取较高的价格和收益，酒店使Fairfield Suite（公平套房）品牌逐步向Springfield（弹性套房）品牌转化。

从某种意义上说，“万豪”的专长并不是旅馆管理，而是对顾客知识的获取、处理和管理。“万豪”一直致力于寻找其不同品牌间的空白地带。如果调查显示某细分市场上有足够的目标顾客需要一些新的产品或服务特色，那么“万豪”就会将产品或服务进行提升以满足顾客新的需求；如果调查表明在某一细分目标顾客群中，许多人对一系列不同的特性有需求，“万豪”将会把这些人作为一个新的“顾客群”并开发出一个新的品牌。

万豪公司宣布开发“弹性套房”这一品牌的做法是一个很好的案例。当时，万豪将“弹性套房”的价格定在75～95美元，并计划到1999年3月1日时建成14家，在随后的两年内再增加55家。

“弹性套房（Springfield Suites）”源自“公平套房（Fairfield Suites）”，而“公平套房”原来是“公平旅馆（Fairfield Inns）”的一部分。“公平（Fairfield）”始创于1997年，当时，华尔街日报是这样描绘“公平套房”的：宽敞但缺乏装饰，厕所没有门，客厅里铺的是油毡，它的定价是75美元。

实际上，对于价格敏感的人来讲，这些套房是“公平旅馆”中比较宽敞的样本房。现在的问题是：“公平套房”的顾客可能不喜欢油毡，并愿意为“装饰得好一点”的房间多花一点钱。于是，万豪通过增加烫衣板和其他令人愉快的东西等来改变“公平套房”的形象，并通过铺设地毯、加装壁炉和早点房来改善客厅条件。通过这些方面的提升，万豪酒店吸引到了一批新的目标顾客——注重价值的购买者。

但后来，万豪发现对“公平套房”所做的提升并不总是有效的——价格敏感型顾客不想要，而注重价值的顾客对其又不屑一顾。于是，万豪考虑将“公平套房”转换成“弹性套房”，并重新细分了其顾客市场。通过测算，万豪得到了这样的数据：相对于价格敏感型顾客为“公平套房”所带来的收入，那些注重价值的顾客可以为“弹性套房”至少增加5美元的收入。

案例启示

现在，酒店服务业也像消费品行业一样正发生着剧烈的变化。作为酒店经营管理者，您必须有一个非常清晰的思路：是选择在竞争中提升产品或服务以保护自己的市场，还是准备为新的细分市场开发新的产品？万豪酒店通过“弹性套房”成功地将一种“使价格敏感型顾客不满”的模式转换成为一种“注重价值的顾客”的模式，这是一个很典型的将市场进行细分的案例。在产品和服务严重同质化的今天，在大家为同一个市场拼得头破血流的时候，我们是否应该从战略高度来考虑突破和创新呢？

任何一个企业不论其规模如何庞大、资源如何丰富，都不可能做到对所有消费者的需求予以全面满足。因此，企业在决定进入某一市场前，应将市场进行有效细分，再根据自己所持有的资源和能力去锁定特定的目标市场，并在此基础上为自己的产品找到竞争优势。服务企业开展目标市场营销主要包括服务市场细分、确立服务目标市场和服务市场定位三个环节。其中，服务市场细分是企业选择和确立服务目标市场及进行服务市场定位的基础。

任务一 服务市场细分

一、市场细分概述

（一）市场细分的概念

市场细分就是根据消费者需求的不同，将需求基本相同或相似的消费者归为一类，形成总体市场中的若干子市场或细分市场。不同细分市场之间的需求差别比较明显，而在每个细分市场内部，需求差别就比较细微，基本倾向于一致，是一个有相同或相近需求和欲望的消费顾客群。

通过市场细分，企业能够向目标市场提供独特的服务产品及其开展相应的营销活动，从而使顾客需求得到最大化满足。对于服务市场而言，企业根据消费者需求的差异，按照细分变量将某一个整体服务市场划分为若干个服务消费群体，每一个服务消费群体都是一个具有相同或相近需求和欲望的细分服务市场，服务企业可以从中找出适合本企业的一个或几个细分服务市场，为之提供服务。

知识拓展

什么是 STP 理论?

市场细分（Market Segmentation）的概念是美国营销学家温德尔·史密斯（Wended Smith）在 1956 年最早提出的，此后，美国营销学家菲利浦·科特勒进一步发展和完善了温德尔·史密斯的理论并最终形成了成熟的 STP 理论市场细分（Segmentation）、目标市场选择（Targeting）和市场定位（Positioning）。它是战略营销的核心内容。

（二）市场细分的作用

（1）有助于识别市场机会。因为企业通过市场细分，可以从中识别哪些需求尚未得到满足，或识别出低满足度的子市场，这些对服务企业来说都是较好的市场机遇，因为市场机遇就是未满足或未完全满足的市场需求。

（2）有助于把握各细分市场的需求特点。

（3）有利于提供更有针对性的服务和设计适合的营销组合策略。

二、服务市场细分的依据

服务市场细分主要是依据一定的细分变量来进行的，运用一系列的细分变量可以把一个市场细分为多个子市场。细分变量指影响需求差异的变量。细分变量往往具有层次性，一般来说，服务市场的细分变量有以下几类，如表3-1所示。

表3-1　服务市场常用细分变量

细分变量	具体内容
地理环境	国家、地区、城市规模、气候、地形地貌等
人口和社会经济	年龄、性别、家庭规模、民族、宗教信仰、职业、经济收入、受教育程度等
消费心理	生活方式、个性、价值观、购买动机、阶层等
消费行为	使用频率、使用数量、忠诚度、品牌偏好、购买时机、对服务的态度等
消费者利益	与顾客的购买动机相关，因不同的服务而不同

案例启迪

关注消费者心理的重要性

20世纪80年代，美国旅馆业竞争激烈，许多旅馆进行市场细分时按照年龄作为细分因素，并在市场推广的广告宣传中倡导“银色服务”，照顾老年顾客，提供特殊服务。事后，旅馆发现结果适得其反，不但老年消费者不买账，就连以前的老顾客也敬而远之了。原来是市场细分和广告促销犯了大忌，忽视了老年消费者的微妙心理状况，触及了老年消费者的痛处，他们都试图掩藏真实年龄，而不愿接受自己已经衰老的事实。

三、服务市场细分的基本条件

将服务市场进行细分、形成有效的服务细分市场必须具备以下条件。

1. 消费者需求的多样性和稳定性

多样性是指消费者对服务存在着不同的需求。例如一家酒店的所有顾客都对服务具有相同需求的话，就没有必要对他们进行商务和旅游的细分了。稳定性是指一个细分市场的潜在消费者能够在相当长的时间内保持稳定。

2. 可确定性和可衡量性

可确定性是指需要一些标准，能够明确辨别谁在细分市场之内，以此来衡量潜在需求；可衡量性指细分市场的规模大小、购买力和其他市场特征是能够被衡量和获取的。

3. 可盈利性

可盈利性指细分市场具有适当的规模和潜力，具有一定的购买力，能为企业带来效益。

4. 可接近性

可接近性是指企业能否顺利进入目标市场，不受太多限制。例如空间上的可进入性，观念上的可接近性。

5. 可行动性

可行动性指为吸引目标消费者而系统地提出有效计划的可执行程度。

案例启迪

“50+”超市

“50+”超市在奥地利首都维也纳有专门为50岁以上老人服务的购物场所，其标志为“50+”超市。“50+”超市创意很简单，但又很独到。超市货架之间的距离比普通超市大得多，老人可以慢慢地在货架间选货而不会显得拥挤或憋气；货架间设有靠背座椅；购物推车装有刹车装置，后半截还设置了一个座位，老人如果累了还可以随时坐在上面歇息；货物名称和价格标签比别的超市也要大，而且更加醒目；货架上还放着放大镜，以方便老人看清物品上的产地、标准和有效期等。如果老人忘了戴老花镜，可以到入口处的服务台去临时借一副老花镜戴上。最重要的是，超市只雇用50岁以上的员工。对此，一家“50+”超市经理布丽吉特伊布尔说：“这受到顾客的欢迎，增加了他们的信任感。”从中获益的不仅仅是顾客，雇用的12名员工可以重新获得工作，他们十分珍惜，积极性特别高。

“50+”超市由于替老人想得特别周到，深受老人欢迎。同时被其他年龄层（例如带孩子的年轻母亲）所接受。“50+”超市商品的价格与其他没有特殊老年人服务的所有超市一样，营业额却比同等规模的普通超市多了20%。

四、服务市场细分的程序

进行市场细分是一项复杂的分析与决策过程，需要严密科学的方法和步骤才能完成。通常，可以分为确定市场范围、确定最佳细分变量和细分市场三个步骤。

1. 选定市场范围

企业应明确自己在某行业中的产品或服务市场范围，并以此作为制定市场开拓战略的依据。确定消费群体时，企业必须明确自身产品的优势和劣势，并进一步审核本企业可拥有的资源，然后再通过服务组合宽度、顾客类型、地理范围，以及企业所要涉及的价值链的环节等。

2. 确定最佳细分变量

虽然我们在前面介绍了可以用来细分服务市场的变量，实际上，企业在选择细分市场的依据时，并不能照搬这些标准，必须对其进行甄别或有所创新。对于企业来说，确定最佳细分变量，首先要把各种潜在的、有用的标准都罗列出来，然后对重要性逐一进行评估，选择出那些被认为是重要性的标准。一般来说，有效的细分变量应具备恰当性、测量的可能性、实际操作有价值这三个特征。

3. 细分市场

在这一阶段，服务营销者按照确定的细分标准，将消费者划分为不同的集群，然后根据主要的不同特征给每个不同的细分市场命名。

需要强调的是，由于细分市场是不断变化的，因此细分市场的过程必须定期反复进行。在这个过程中，要密切关注市场出现的一些新变化、新特征，尤其应当关注新的服务类型的出现，及其对本企业市场的影响，以便及时调整服务营销策略。

案例启迪

细分经济舱营销策略

面对廉价航空公司的激烈竞争，欧美多家航空公司拿出了“细分经济舱”的营销策略，吸引愿意多付一些费用的乘客。美国运量第二大的达美航空公司，大约3年前开始尝试这种细分策略。

达美航空将经济舱机票分为三类：基础经济舱、经济舱以及优悦经济舱。美国航空公司、美国联合美国大陆控股有限公司也表示，未来也将引入分级机票法。由于来自廉价航空公司的竞争越来越激烈，美国大型航空公司意识到，必须要细分经济舱位，抓住从吝啬到大方的每一位消费者。美国航空曾希望通过细分法能为公司每年带来10亿美元的额外收入。

其实达美航空并不是在“细分经济舱”上第一个吃螃蟹的航运企业，最早推出这种服务的是加拿大航空公司。近些年，这种经济舱细分法在欧洲已经流行开来，比普通经济舱更贵一些的“超级经济舱”在欧洲很受欢迎，通常都不会有空位留下。包括英航、法航、汉莎以及维珍等欧洲航运公司，都强调自己的“超级经济舱”更加物超所值。以英航“超级经济舱”为例，身边同机乘客往往只有4位，而不是像普通宽体客机经济舱那样，一排大约坐8个人。除了位置更加宽敞，高级经济舱的用餐服务也更加周到讲究，有的用餐标准已经和商务舱差不多。另外，一些航空公司允许超级经济舱乘客多带行李。至于价格方面，这样的服务通常要乘客多花300美元左右，相比较商务舱或是头等舱，还是要便宜很多。

我国的航空公司也比较早尝试了细分经济舱。以国航为例，其超级经济舱比传统经济舱座椅前后增10~15厘米，旅客的腿可完全平伸。重庆航空也在去年对部分客机进行改造，取消头等舱，改为高端经济舱和普通经济舱布局。

任务二 确立服务目标市场

目标市场是指企业在对市场进行细分后，经过选择最终决定进入的一个或几个细分市场。企业只有选择适合自己经营且市场潜力较大的目标市场，才能有针对性地开展营销活动，保证企业的生产和发展。正确选择目标市场是企业制定经营战略的首要内容和基本出发点。

一、评估细分市场

企业在评估不同的细分市场时，必须考虑以下四个要素。

1. 细分市场的规模与发展潜力

潜在的细分市场要具有适度的规模和预期的增长率，只有规模和预期增长率适当的细分市场才能成为服务企业进入的驱动力。适当的规模和预期增长率是一个相对量，对实力雄厚的大企业来说，是指规模较大、增长速度较快的细分市场；对于中小企业来说，则是指不被大企业看好、规模较小、增长速度比较温和的市场。但无论是实力雄厚的大企业，还是实力较弱的中小企业，都必须考虑目前的销售量及其增长率，选择与自身条件相匹配的市场作为目标市场。

案例启迪

家电细分市场是蓝海，儿童家电行业存分歧

随着二胎政策的逐步落地，许多家电厂商开始瞄准了儿童家电这一块，孩子是每个家庭的珍宝，特别是如今生活条件提高，更多的家长愿意为孩子一掷千金，儿童家电在起初也享受了一阵政策红利。

儿童空调、儿童电视、儿童洗衣机诸如此类，打着“儿童家电”名号的产品出现在市场，而这些产品多数刻意调高价格，而功能性又不是那么强，无法真正地做到有的放矢，令消费者大失所望。但是细分市场仍然有着巨大的潜力，特别是为孩子设计的产品，这可能也需要厂商更多的钻研技术。

HOLLE KITTY、北极熊、粉色、蓝色，以及各种花花绿绿的颜色，大部分儿童产品都在卖萌，但是仔细看配置以及功能性，其实和普通家用电器没有太大区别，而价格却高出许多，所以大部分消费者并不买账。

关于儿童家电，目前并没有一个统一的界定，有叫母婴家电的，也有叫儿童家电的。从市面上的产品来看，针对婴幼儿的产品，大多归为母婴家电，例如暖奶器，专门存放母乳的母婴冰箱专区等。针对年龄稍大一点的儿童的家电，称为儿童家电的多。当然也有一些界限模糊的，如专门为儿童设计的儿童洗衣机，儿童空调等。

早在几年前，儿童家电就开始亮相，儿童电视、儿童洗衣机、儿童空调，今年又有儿童空气净化器等产品，但关于儿童家电的质疑声一直存在。有家长认为，当初听了宣传购买了儿童洗衣机，产品宣称有高温杀菌功能，但实际使用起来，除了高温杀菌并没有其他针对儿童衣物特点的设置，而普通的洗衣机也具有高温杀菌功能，因此觉得购买儿童洗衣机并没有必要。再如儿童电视的初衷是保护儿童眼睛，但在家长看来，只需要严格控制孩子的看电视时间，就可以达到保护儿童眼睛的目的。而一些教育方面、儿歌等内容，也可以通过普通智能电视安装相关软件来实现。

儿童家电目前还是只停留在外观，很多定制化的功能没有一定的“必须性”，需求的减弱也导致一些家电厂商开始退出儿童家电市场，那么，这个细分市场真的没有潜力吗？

如今，消费升级已经渗透到老百姓生活的方方面面，个性化、多样化消费渐成主流，麦肯锡中国消费者调查报告就显示，中国消费者的选择正在从大众产品向高端产品升级，50%受访的消费者表示追求最优质的产品，这一比例仍然在不断提高。中国贸促会研究院国际贸易研究部主任赵萍分析说，消费升级背后主要有两个原因：一是收入提高；二是消费意愿增强。

同时，母婴家庭人群在购买母婴产品时，对价格的敏感性相对较低，也就是说，准妈妈和妈妈们在购买母婴家电产品时，并不只看重价格，而是更关注质量和材质。消费升级带来了需求，二胎政策扩大了市场，消费者的购买欲也做好了准备，但是目前市场需求的是真正能够解决痛点的好产品，一如行业内人士所说，母婴家电市场虽然是一个有巨大潜力的市场，但并不是任何一家企业都能在这个市场站住脚。

有针对地创新企业和建立在用户需求基础上的更新迭代产品才能真正走进妈妈们的心。同时摒弃形象化的宣传，而是有针对性地对母婴家庭在生活场景中遇到的具体问题，提出的解决方案。让产品真的为消费者所用，才是立足于细分市场的根本。

2. 细分市场盈利能力

细分市场不但要具备理想的市场规模和预期增长率，还要有理想的盈利能力。不同的服务企业其目标利润是不同的，即使同一个服务企业，在同一个时期的利润率也会有所不同。但从长远来看，任何服务企业都必须保证一定的获利水平，否则企业将无法维持生存与发展，企业也就失去了进入细分市场的意义。

3. 细分市场的结构吸引力

理想的盈利能力会使细分市场更具有吸引力，但具有相同盈利能力的细分市场，由于结构的差异，对企业的吸引力也是不同的。波特认为以下五种力量会决定整个市场或其中一个细分市场的吸引力，如图3-1所示。

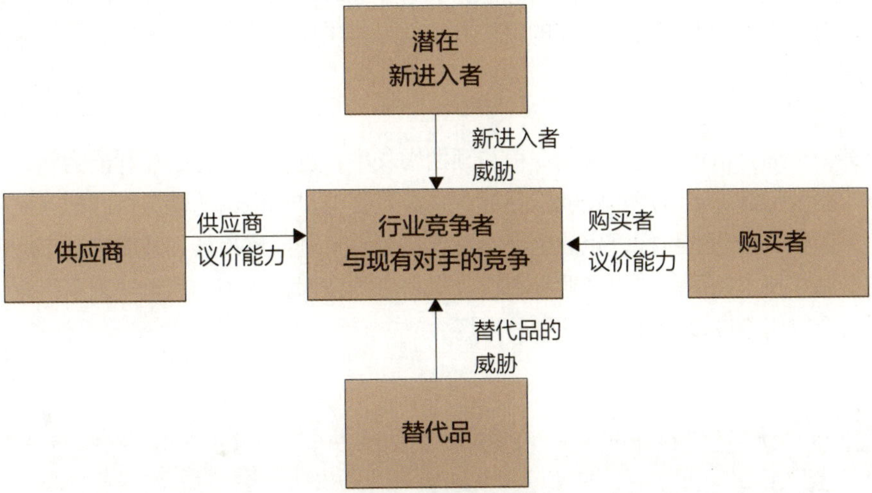

图3-1　波特的五力模型

知识链接

迈克尔·波特

迈克尔·波特

迈克尔·波特（Michael E.Porter，1947—）是哈佛商学院的大学教授（大学教授，是哈佛大学的最高荣誉，迈克尔·波特是该校历史上第四位获得此项殊荣的教授）。迈克尔·波特在世界管理思想界可谓是“活着的传奇”，他是当今全球第一战略权威，是商业管理界公认的“竞争战略之父”。

（1）细分市场内的竞争状况。如果某个细分市场已经有为数众多、实力强大、竞争意识强烈的竞争对手，则该细分市场就会失去吸引力。如果出现以下情况，则说明该细分市场处于稳定或者萎缩的状态：生产能力不断大幅度扩大；固定成本过高；市场退出壁垒过高；竞争对手投资很大。若企业想继续坚守这个细分市场，那么通常需要付出高昂的代价。例如价格战、广告争夺战、不断推出新产品等。

（2）新加入的竞争者的威胁。如果某个细分市场的盈利能力过高，则可能会吸引新的竞争者的加入。他们会投入大量的资源，增加新的生产能力，并争夺市场份额，那么该细分市场可能就会失去吸引力。反之，如果新的服务的进入壁垒较高，并且有可能遭到市场内原有服务企业的强烈报复，那么新的竞争对手就很难进入。

（3）替代服务的威胁。如果某个细分市场已经出现了替代服务或者具有潜在的替代服务，那么该细分市场就会失去吸引力。替代服务会限制细分市场内价格和利润的增长，服务营销者必须密切关注替代服务的发展趋势。

（4）购买者的议价能力。如果某个细分市场中购买者的议价能力很强或正在增强，则该细分市场的吸引力就较小。拥有强大议价能力的购买者会想方设法压低价格，对服务提出更高要求，这会损害服务提供者的利益。

（5）供应商的议价能力。如果服务企业的原材料或设备供应商具有较强的议价能力，则可能导致服务产品的价格上升或服务质量降低，使企业受到损失。那么这样的细分市场也是缺乏吸引力的。对于服务企业来说，最佳的保护办法就是与供应商建立起良好的合作关系或开拓更多供应渠道。

4. 企业的目标和资源

即便某一个细分市场具有合适的规模和预期增长率，也具有较好的盈利能力和结构性吸引力，服务营销者仍需综合考虑本企业的目标和资源是否与目标市场的情况相匹配。此外，即使某一细分市场符合企业的目标，企业也必须考虑是否具备进入该市场，并能在该市场竞争中取得优势的资源和技术条件。如果企业没有超过竞争者的技术和资源，甚至缺乏赢得竞争的必备力量，那么企业就不应该选择进入该细分市场。

案例启迪

悦读纪：粉色蓝海

悦读纪，国内唯一女性阅读品牌，出版定位于女性专业化阅读细分市场，2006年1月由侯开一手创立。它从穿越、言情女性文学入手，出版了300种图书，其中《梦回大清》《步步惊心》《致我们终将逝去的青春》《微微一笑很倾城》《钱多多嫁人记》等书平均发行量达30万册。2009年，他们发行码洋冲到1亿元大关，与“读客”一样，成为这一年出版行业的一匹黑马。与“读客”胜在单本发行量不同，悦读纪独到之处在于突破性的市场定位，独占女性阅读这个细分市场的鳌头。

侯开创业的想法基于一份研究报告中指出：从生理、心理和安全角度出发，女性天然对阅读的依赖性和需求量大；随着电子化网络等影响，男性阅读率远低于女性，女性是感性文化消费的主体，图书出版中，言情、写真、美容、休闲、健康、养生这一块，70%的读者均为女性。侯开分析当下中国500多家出版社，2000家民营公司，却根本没有哪一家是把自己完全定位在女性阅读，更遑论专业而有头脑地挖掘其中的潜力。他发现，这是一个市场空白。另外，他觉得利用女性感性消费特征可以进行多次开发。到现在“悦读纪”出版的300种图书没有一本是和女性无关的。

台湾联经出版公司统计表明，“女性阅读”时代已经来临：女性可能更多地依靠传统的纸质媒介获取阅读的快感，女性可能更多通过读书获取内心的肯定和稳定。从这方面讲，女性实际又可以说是中国出版业的一个“救星”。

二、目标市场的进入模式及市场覆盖策略

（一）目标市场的进入模式

通过对不同的细分市场进行评估后，服务企业会发现一个或几个值得进入的细分市场，下一步就是要决定进入哪一个或几个市场。通常，企业可以选择以下五种方式进入选定的细分市场，如图3-2所示，其中：S表示市场，P表示产品或服务。

（1）市场集中化。市场集中化是一种最简单的进入方式。服务企业只选择一个细分市场进入，并向该市场只提供一种服务，以取得企业在这一特定市场上的竞争优势。企业可将这个细分作为服务延伸的基点，如图3-2（a）所示。

（2）产品专业化。产品专业化即企业集中生产一种服务产品，并向各类顾客销售这一服务产品。服务企业可通过这一策略在某个服务产品领域获得很高的声誉，并且利于企业降低成本。但这种方式在面临替代服务的威胁时，对企业不利，如图3-2（b）所示。

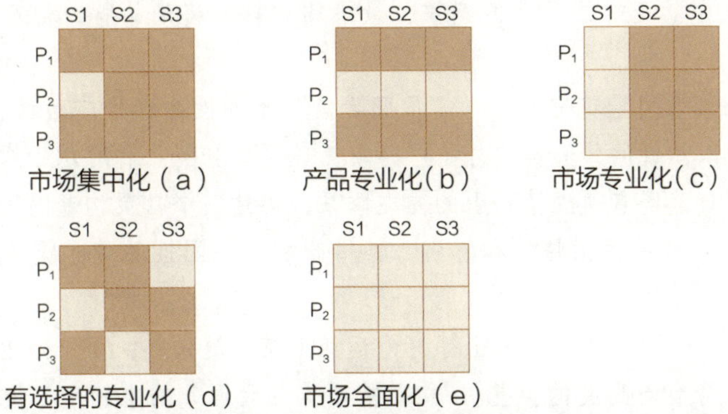

图3-2 目标市场进入模式

（3）市场专业化。市场专业化指企业专门为满足某个顾客群体的需要而提供各种服务。这种进入方式可以使企业在特定的顾客群体中获得良好的声誉，并可能成为这个顾客群体所需要的各种新产品或服务的提供者或销售代理商，如图3-2（c）所示。

（4）有选择的专业化。有选择的专业化指企业决定同时进入几个不同的细分市场，为不同的顾客群体提供相应的服务。其中，每个被进入的细分市场都具有吸引力，且符合企业的经营目标和资源状况。但各细分市场之间很少或根本没有联系，且企业在每个细分市场上都能获利。此种进入方式利于企业分散经营风险，如图3-2（d）所示。

（5）市场全面化。市场全面化是指企业全方位进入市场，用各种服务产品满足各种顾客群体的需求。此种方式只适合于实力雄厚的大型企业，如图3-2（e）所示。

（二）目标市场的覆盖策略

目标市场的覆盖策略可分为以下三种策略。

1. 无差异性市场营销策略

此策略是指企业把整个市场作为自己的目标市场，只考虑市场需求的共性，而不考虑其差异性。此时企业对整个市场只采取一种营销组合策略，它是建立在顾客需求的共性十分明显，甚至同质市场的前提下的。随着市场发展，需求差异程度越来越大，无差异性营销策略受到了越来越严重的挑战。

2. 差异性市场营销策略

差异性营销策略是企业将整个市场细分为若干个子市场的基础上，针对不同的子市场，设计不同的营销组合策略，以满足不同顾客群体的需求。这种策略考虑了细分市场的需求差异性，能很好地满足细分市场的不同需求，有利于提高顾客忠诚度，扩大销售并抵御竞争者的进入。

案例启迪

雪花啤酒：差异化品牌营销策略提高竞争力

中国啤酒行业在经过一系列收购、兼并之后，逐渐走出低层次的价格竞争，开始进入品牌竞争新阶段。突出品牌的独特个性和丰富内涵、扩大品牌差异性是啤酒企业提高自身竞争力的前提和基础。作为国内销量第一的华润雪花啤酒，其营销一直有着自己独特的定位和品牌故事。

2002年，华润雪花啤酒开始系统打造雪花品牌。华润雪花啤酒认识到“从当代到未来的商业竞争，尤其是啤酒行业的竞争，最终的利器必将是品牌，是差异化十足的个性品牌”。

于是，2005年华润雪花啤酒启动“勇闯天涯”原创性品牌推广活动。“雪花啤酒勇闯天涯”系列活动以新锐的体验类户外推广活动，诠释和张扬一种超越于庸常的生活态度和精神追求，力求与消费者建立情感上的内在联系，搭建一个心灵沟通的平台，塑造、沉淀雪花啤酒在受众心目中的独特性和感召力，借此扩大全国性品牌雪花啤酒的知名度与影响力。

当时自驾游、野营、攀岩、登山等户外运动正在广泛兴起，而户外运动的参与者与啤酒的主力消费人群有着高度的重叠。“雪花啤酒勇闯天涯”的准确定位使得雪花啤酒在啤酒主力消费人群20～40岁年轻男性中的地位大大提高，这些人同样也帮助雪花啤酒在中高端啤酒市场打开了局面。

高原、雪山、沙漠、荒野，“雪花啤酒勇闯天涯”参与者的极限任务，已成为雪花啤酒一年一度的户外饕餮盛宴。迄今为止，“雪花啤酒勇闯天涯”活动已经成功举办了七届，共计行走10余万公里，足迹遍及中国人迹罕至的天涯海角。

在长达8年的坚持中，“雪花啤酒勇闯天涯”活动成了中国持续时间最长、规模最大的原创性品牌推广活动，使得华润雪花啤酒率先实现了“成为一个有故事品牌”的愿望。2005年探秘雅江峡谷，2006年探源长江之旅，2007年远征国境线，2008年极地探索，2009年挑战乔戈里，2010年共攀长征之巅，2011年穿越可可西里。

每一次征程都是对人类体能和意志力极限的双重挑战，在恶劣艰险的自然环境中，克服重重困难，凭借智慧、毅力与勇气，“勇闯天涯”的人们最终到达胜利的终点。在这个过程中，每一位参与者都身体力行地践行着雪花啤酒“积极、进取、挑战、创新”的品牌理念，而这恰恰是勇者必须具备的品质。

通过“雪花啤酒勇闯天涯”的这种以探索及户外活动为核心的“体验营销”模式，已经形成了雪花啤酒清晰、坚实的营销体系，使其品牌内涵不断丰富，品牌个性日益凸显，“积极、进取、挑战、创新”的品牌理念深入人心。

扬帆八载，勇者无疆。华润雪花啤酒凭借一以贯之的勇闯精神开创了中国啤酒行业跨界营销的新模式。基于体育运动的体育营销是啤酒行业常见的营销模式，许多啤酒品牌与奥运会、NBA、赛车等体育运动赛事合作。但是，将啤酒与户外极限运动结合，可以说是华润雪花啤酒的创新之举。

这种独特的定位也使得雪花啤酒在诸多同质化的啤酒品牌中异军突起，塑造了其具有鲜明性格的品牌形象。而每一次探索与挑战，不仅打造了差异化的雪花啤酒品牌，更以其专注、持续实现了其品牌巅峰的不断攀越。

3. 集中性市场营销策略

该策略是在细分后的市场上，选择单一或少数几个经过缜密定义的细分市场作为目标市场，实行专业化生产和销售。采用这种策略的服务企业对目标市场有较深的了解，也是大部分中小企业在初期可以考虑采用的有效策略。

任务三 服务市场定位

一、服务市场定位

（一）服务市场定位的含义

服务市场定位是指服务企业根据市场竞争状况和自身资源条件，建立和发展差异化竞争优势，以使自己的服务在顾客心目中形成区别，并优越于竞争者的服务的独特形象。

服务定位是服务差异化的先决条件，更是服务品牌形象确立的基础。每一种服务都会因提供者和提供标准的不同而形成一系列区别于其他产品的特征，其中有的是实质性的，有的是顾客感觉上的。服务市场定位的目的就是使这些特征在消费者心目中和市场舆论中得以强化和固化。

知识拓展

定位理论（Positioning）

艾·里斯

定位理论最初是由美国著名营销专家艾·里斯(ALRies)与杰克·特劳特(Jack Trout)于20世纪70年代早期提出来的。里斯和特劳特认为，“定位是你对未来的潜在顾客的心智所下的功夫，也就是把产品定位在你未来潜在顾客的心中”。从中可以看出，市场定位就是对现有产品进行的一种创造性试验。

随着市场营销理论的发展，人们对市场定位理论有了更深的认识。菲利普·科特勒对市场定位的定义是：所谓市场定位就是对公司的产品进行设计，从而使其能在目标顾客心目中占有一个独特的、有价值的位置的行动。市场定位的实质是使本企业和其他企业严格区分开来，并且通过市场定位使顾客明显地感觉和认知到这种差别，从而在顾客心目中留下特殊的印象。

定位是对产品在未来的潜在顾客的脑海里确定一个合理的位置。定位的基本原则不是去创造某种新奇的或与众不同的东西，而是去操纵人们心中原本的想法，去打开联想之结。定位的真谛就是“攻心为上”，消费者的心灵才是营销的终极战场。消费者有五大思考模式：消费者只能接收有限的信息、消费者喜欢简单，讨厌复杂、消费者缺乏安全感、消费者对品牌的印象不会轻易改变、消费者的想法容易失去焦点。掌握这些特点有利于以帮助企业占领消费者心目中的位置。

（二）服务市场定位的原则

服务市场定位的最终目的是提供差异化的服务，使之区别和优越于竞争对手的产品。虽然服务的差异化不像有形产品那样明显，但每一种服务都能让顾客感受到互不相同的特征。因此，服务企业在进行定位时，必须尽可能地使服务具有十分显著的特色，以便最大限度地满足顾客的要求。通常，在评价服务差异化特征时有以下几个标准可供选择：

（1）重要性，即服务差异所体现的需求对顾客来说极为重要。

（2）显著性，即企业服务产品同竞争对手的服务产品之间有明显的差异。

（3）沟通性，即这种服务差异能够很容易被顾客所认识和理解。

（4）独占性，即这种服务差异很难被竞争对手模仿。

（5）可支付性，即目标顾客认为因服务产品差异而付出额外花费是值得的，从而愿意并有能力购买这种差异化服务产品。

（6）盈利性，即企业能够通过实行服务产品差异化而获得较多的利润。

案例启迪

美国西南航空公司的定位

美国西南航空公司是在1971年6月18日，由罗林·金与赫伯·凯莱赫创建。首航从达拉斯到休斯敦和圣安东尼奥，是一个简单配餐而且没有额外服务的短程航线。西南航空公司的不少做法以前曾被很多航空公司视为“不正规”，在相当长一段时间里曾经被其他航空公司所不屑。

美国西南航空几年内迅速扩张和发展，成为以美国国内城际间航线为主的航空公司，创造了多项美国民航业纪录。利润净增长率最高，负债经营率较低，资信等级在美国民航业中最高。2001年“9·11”事件后，几乎所有的美国航空公司都陷入了困境，而美西南航则例外。2005年运力过剩和史无前例的燃油价格让美国整个航空公司行业共亏损100亿美元，达美航空和美国西北航空都是同年申请破产法保护，相比之下，美国西南航空公司则连续第33年保持盈利。美国西南航空是自1973年以来唯一一家连续盈利时间最长的航空公司。

西南航空公司是以低成本战略赢得了在美国航空业日渐衰退的大环境下的大胜利的。可以说，西南航空公司为自己锁定的战略明智地躲避了与美国各大航空公司的正面交锋，而另辟蹊径去占领别人不屑去争取但是却是潜力巨大的低价市场。西南航空采用明确的市场定位，即公司只开设短途的点对点的航线。时间短，班次密集。一般情况下，如果你错过了西南航空的某一趟班机，你完全可以在一个小时后乘坐西南航空的下一趟班机。这样高频率的飞行班次不仅方便了那些每天都要穿行与美国各大城市的上班族，更重要的是，在此基础上的单位成本的降低才是西南航空所要追求的。同样为了节约时间，西南航空的机票不用对号入座，乘客们像在公共汽车上那样就近坐下。

美国西南航空公司为旅客提供他们所希望的服务需求：低票价、可靠安全、高频度和顺便的航班、舒适的客舱、旅行经历、一流的常飞旅客项目、顺利的候机楼登机流程以及友善的客户服务。

二、服务市场定位的步骤

1. 识别可能的竞争优势

消费者一般都选择那些能给他们带来最大价值的产品和服务。因此，赢得和保持顾客的关键是比竞争对手更好地理解顾客的需求和购买过程，并为他们提供更多的价值。企业可以通过以下方法获得竞争优势：产品差异、服务差异、人员差异和形象差异。

2. 选择合适的竞争优势

选择竞争优势必须是与企业核心能力有关的优势，只有在这方面的优势才是竞争对手难以模仿和超越的，往往具有较强的持久性和较高的进入壁垒。企业在定位时，要注意避免以下三种定位错误：一是定位过低；二是定位过高；三是混乱定位。

3. 传播选定的市场定位

企业一旦选择好市场定位后，就必须采取切实步骤把理想的市场定位传达给目标消费者。企业所有的市场营销活动都必须支持这一市场定位战略。

三、服务定位的层次

服务企业定位的层次分为以下四种类型（表3-2）。

表3-2 为某旅行社的定位

行业定位	旅游业	
企业定位	市场追随者		
产品定位	出境旅游	入境旅游	国内旅游
品牌定位	探险游	夕阳红	夏令营

1. 行业定位

行业定位指根据市场竞争状况，通过与竞争对手的实力对比，来确定一种定位的总体取向。这是一种基本态度的确立，对企业定位和产品定位有导向作用。

2. 企业定位

企业定位就是企业形象定位，也被称为“企业整体形象定位”，是指确定企业整体形象在顾客心目中的位置。

3. 产品定位

产品定位是指针对顾客的心理为产品创造、培养一定的特色，形成一种市场形象。如“优质服务”的海底捞，“高质量”的奔驰汽车，“重视营养”的麦当劳快餐等。

4. 品牌定位

品牌定位是经常向消费者宣传的特定品牌识别，目的是有效地建立品牌与竞争者的差异性，在消费者心目中占据一个与众不同的位置。在产品日趋同质化的今天，要成功打造一个品牌，就离不开品牌定位。

任务四 定位方式与策略

一、定位方式选择

对于服务企业来说，可供选择的定位方式有以下几种类型。

1. 初次定位

初次定位是指新成立的企业初入市场，企业新产品或新服务投入市场，或者是将新产品和服务投入新的市场时，企业必须从零开始进行定位。

2. 避强定位。即避强就弱，抢占市场薄弱环节的定位方法。服务企业采用这种定位方法可以避免激烈冲突并巩固当前市场地位。此外，服务企业可以采用确定空缺市场位置，打击竞争对手弱点的定位方法。

3. 竞争定位。即以强对强的市场定位方法。由于与强有力的竞争对手对着干，这种方法的风险较大，但同时也能激励企业以较高的目标要求自己，奋发图强，如麦当劳、肯德基在很多地方的竞争就属于这种定位策略。

4. 重新定位。当企业产品出现滞销、市场反应迟缓等现象，或第一次定位不准确时，就需要重新定位。一般而言，重新定位具有一定的风险。企业内部要在定位方面达成共识比较困难，重新获得顾客的认同也并非易事，此外企业还可能面临资金投入的困境。

二、企业定位策略

1. 市场领导者定位策略

作为市场领导者，一般在相关市场上拥有最大的市场占有率；在价格调整等营销策略方面举足轻重；领导新产品或新服务的开发；其他企业都了解该企业的优势，一旦拥有了领导者的地位之后，企业在拥有众多竞争优势的同时，也面临如何继续保持领导者地位的严峻考验。为此，市场领导者在定位方面一般采取两种策略。

（1）不断强化产品或服务的利益，发展自身优势。尽管可口可乐多年来一直在不断变换广告，但却始终强调“只有可口可乐才是真正的可乐”。

（2）实施竞争压制，不给竞争对手机会。常见的方式是多品牌策略和扩大品牌包容性。典型的成功案例就是宝洁公司。

营销实践

向苹果公司学客户服务

现代企业要向服务型企业转变，那客户服务就必须得到企业的重视和加强。只有给客户提供更好的服务，企业才能更好地发展下去。

企业要想为自己的客户做好服务，可以学习借鉴一下在客户服务方面做得到的企业。比如说苹果公司。苹果公司是全球市值最高的企业，拥有很多经典的、令人爱不释手的高科技产品。作为一家做得很成功的高科技企业，它有很多值得别人学习和借鉴的经验。而从客户服务方面来讲，有以下四点值得其他企业学习和借鉴。

一、善于向其他行业借鉴经验

众所周知，苹果获得成功的关键之一是向计算机行业以外的行业借鉴经验。最著名的案例是，第一台mac电脑的机箱设计灵感来自于著名厨具品牌cuisinart。但更多的是从酒店行业借鉴了众多经验。

比如苹果CEO史蒂夫乔布斯和零售大师罗恩约翰逊在设计第一家苹果零售店时，他们在苹果加州总部向员工征求意见，“你一生中最棒的客户服务体验是在哪里获得的?”答案出奇的一致，员工的回答几乎都是四季酒店、丽思卡尔顿等五星级酒店。于是苹果将所有零售店主管都送到了丽思卡尔顿酒店，参加酒店业培训和领导力项目。像苹果天才吧就是受丽思卡尔顿酒店启发进而创新的最好的例子，直接以酒吧服务台为原型进行设计。还有就是借鉴了五星级酒店行业里最重要的秘诀：预测客户需求。因此，苹果员工极其重视满足消费者未表达出来的需求，因为他们明白，预测消费者需求是吸引优质、高忠诚度客户最直接的办法。

二、永远抢先一步想消费者之所需，想消费者之所想

比如如果一名顾客使用苹果零售店的应用，就能够提前预约服务，以享受零售店员工专人服务。通过这种方式，苹果能够在零售店中预期顾客的到来。做到从消费者尚未进店就已经开始预测顾客的需求。这对顾客和苹果都有好处。对于苹果来说，它提供了客户需求水平信息，使得零售店可以更有效地部署员工。与此同时，顾客提前预约减少了等待时间，并获得工作人员不分散注意力的专有服务，这是在其他零售行业很难获得的体验。

还有就是即便是没有提前预约的客户，苹果的客户服务也几乎从顾客脚步踏进店内的那一刻已经开始。消费者会在适当的时候受到一名苹果代表的欢迎，该岗位的每一名员工都必须拥有对计算机和卓越客户服务的极大热情。

同时，苹果零售店员工还必须做到，消费者进店以后只需自我介绍一次。苹果是如何做到这一点的？第一位迎接顾客的苹果员工会悄悄记下这名顾客的外貌细节，如穿着等，然后将这些信息发送给其他员工。这样一来，其他员工就能够直接用姓名称呼顾客。

苹果零售店的员工会倾听顾客的声音，试图理解顾客进店的目的，然后亲自指引顾客。万一有顾客想进店偷窃，苹果员工也很有可能会注意到。这种提前关注客户的做法使得苹果零售店里的偷窃发生率大大降低。

在消费者越来越接近购买决策时，苹果零售店员工会向顾客提出深入的后续问题，消费者因而会有一种被人理解的感觉。这种关系或许刚刚开始，但它看起来持久而真诚，这就是消费者舒适感的来源。

到了结账的时候，苹果店员会带着移动读卡器来到顾客面前完成这笔交易。如此一来，消费者对苹果零售店最后的印象与第一印象同样温暖。消费者在整个购物过程中都被无微不至地关怀着。

三、提供卓越的客户服务，并不断加以完善

苹果零售店只是苹果预测消费者需求的第一步。从呼叫中心代表到产品设计师，从产品包装专家到计算机程序员，苹果都在预测消费者的需求。

比如，客户购买了一台Macbook笔记本电脑，以替换老款产品。新款Macbook拥有更快速的硬盘，更轻薄，体积也更小。客户可以毫不费力地把旧电脑中的数据传输到新电脑中，并让其立刻运行在新电脑中。第一次打开新Macbook的时候，屏幕上出现一个问题，“你是否已经拥有一台Mac?”客户回答是，随后电脑就提供了两个将旧款Mac中的数据传输到新电脑的办法。第一个选项是直接从老款机器中传输数据，这种方法不太容易操作。第二个选项则是使用苹果格式的备份（被称作Time Machine），而客户恰好就有。客户的所有传输到新电脑的程序都能完全正常工作，甚至是序列号都得以保存。

四、很多创意设计都很人性化，进一步提升客户体验

以苹果电脑Magsafe电源连接线为例，它配备了有磁性的接头，可以确保电源线在受到不正常拉扯时会分开，从而避免出现不小心绊倒电源线而把笔记本电脑从桌子上拽下来摔坏的现象。与此类似的，你会指望客户有意识地关掉自己的手机以节省电池寿命吗？在苹果之前的大多数制造商确实如此。但从ipod开始，苹果改变了这一点。从ipod以后，苹果所有的移动设备都不再需要用户手动关机。当用户不再使用这些设备时，它们会自动进入待机状态。苹果的这些创意性技术给用户的体验特别好。替客户考虑得非常周全。

当然，企业在学习和借鉴其他企业的做法时不是说要原封不动地照搬照抄，而是要学习人家的做法和方法，然后结合企业自身的实际情况，提升客户服务水平。其实，良好的服务是能给企业带来效益的，企业要有强烈的客户服务意识。只有企业全体成员树立了服务意识，才能说其他的。

请谈谈你从该案例中领悟到了什么？

2. 市场追随者定位策略

市场追随者是指那些一直跟随在市场领导者之后，模仿领导者的产品或服务定位和营销模式的企业。市场追随者并不一定向市场领导者发起挑战，而是根据自己的实力甘居次位。市场追随者通常使用以下方式为自己定位。

（1）通过激发联想为自己定位。即设法让消费者联想到本企业和行业领导者提供一样的或者类似的产品，通过这种联系强化或者提高自身定位。例如，七喜当年曾说自己“非可乐”的定位法就获得巨大成功。

（2）把握尚未被占领的定位。这是寻求或发现新的空间，可以采取的方法很多，例如利用价格策略，低价高价都是一种定位。纳爱斯是中国本土洗涤剂，为了和跨国品牌竞争，采用低价策略取得了成功；性别也是一种有效的定位方式，香烟市场几乎是男性品牌的天下，YSL就抓住女性这个市场，为女性消费者推出了一种优雅清洁、品味清淡的香烟，获得了成功。

3. 市场挑战者定位策略

在相同的行业中，当居次位的企业具备足够大实力时，往往倾向于以挑战者的姿态出现在市场上，攻击市场的领导者和其他竞争对手，以获取更大的市场份额。采取市场挑战者策略的企业常常向市场领导者发起猛烈的进攻，以夺取更多的市场占有率和优势地位。也可以攻击那些规模相同但经营不善的企业，从他们手中夺取市场，或者攻击区域型小企业，以蚕食属于他们的小块市场。市场挑战者可以选择以下两种定位策略：

（1）与市场领导者相同的地位，从正面发起进攻，直接与对手进行产品、价格、广告、促销等方面的较量。

（2）选择对手薄弱的环节进行攻击突破，并将这方面强化为自己的优势，填补对手在市场上无法覆盖的缺口，向对手发起攻击。

4. 市场补缺者定位策略

由于市场竞争日趋激烈，越来越多规模较小的企业都力图避开大企业的市场，而专门关注那些被大企业忽略的或大企业不感兴趣的某一部分市场。通过在这些细小的市场实现专业化经营获得收益最大化。换言之就是一种在大企业的夹缝中求生存与发展的战略。这些企业便被称为市场补缺者。市场补缺战略不仅适合小微型企业，对某些大公司的较小的产品线及部门也同样适用。这些企业和部门可以通过寻找对自身来说更安全、更有利的市场基点作为突破口。

项目小结

市场细分就是根据消费者需求的不同，将需求基本相同或相似的消费者归为一类，形成总体市场中的若干子市场或细分市场。市场细分的作用有：有助于识别市场机会、有助于把握各细分市场的需求特点、有利于提供更有针对性的服务和设计适合的营销组合策略。

将服务市场进行细分，形成有效的服务细分市场必须具备以下条件：消费者需求的多样性和稳定性；可确定性和可衡量性；可盈利性；可接近性和可行动性。服务市场细分的程序可按照选定市场范围、确定最佳细分变量和细分市场三步骤来实施。

企业在评估不同的细分市场时，必须考虑细分市场的规模与发展潜力、细分市场盈利能力、细分市场的结构吸引力和企业的目标和资源四个因素。企业确定要进入的目标市场以后，可以选择以下五种模式进入目标市场，即密集单一市场、产品专业化、市场专业化、有选择的专业化和整体市场覆盖模式。具体的营销策略有无差异性、差异性和集中性营销策略。

服务定位是服务差异化的先决条件，更是服务品牌形象确立的基础。企业可按照识别可能的竞争优势；选择合适的竞争优势；传播选定的市场定位的步骤来进行服务市场定位。定位的层次包括行业定位、企业定位、产品定位和品牌定位四个方面。

对于服务企业来说，可供选择的定位方式有初次定位、避强定位、竞争定位和重新定位四种方法。企业定位策略有市场领导者定位策略、市场追随者定位策略、市场挑战者定位策略和市场补缺者定位策略。

复习思考题

1. 服务细分的基本条件有哪些?
2. 如何评估细分市场?
3. 目标市场的进入模式有哪几种?
4. 目标市场的覆盖策略有哪些?

实践活动

1. 实训内容

组织学生到星级酒店、宾馆等著名服务型企业中去调研，分析他们是如何进行服务市场细分、目标市场选择和市场定位。

2. 实训目的

利用服务市场细分、目标市场选择和市场定位的理论知识与方法，结合实际情况分析、研究和解决企业存在的实际问题，提高学生分析问题和实践应用能力。

3. 实训要求

（1）采取多种教学方式。聘请水平较高的服务型企业高级管理人员到学校做专题讲座；组织学生以5～6人为一组，由组长负责，利用实训课或其他时间到著名服务型企业去考察和学习。

（2）以小组为单位座谈讨论，分工协作撰写调研报告。

案例分析

中国移动的三大品牌

中国移动通信共有全球通、动感地带、神州行三大个人客户品牌，其中全球通主要针对高端商务人士设计，动感地带主要针对喜欢新潮的年轻一代设计，神州行主要为喜好经济实惠的普通百姓设计。

当“全球通”的资费超出低端客户的心理上限时，“神州行”应运而生；当眼花缭乱的移动新业务层出不穷时，“动感地带”又有了精彩的亮相。让企业从价格战的泥潭中解脱出来，中国移动的市场细分战略功不可没。

这就印证了一个有趣的逻辑链：初步竞争打破了独家垄断，后来者更是拿资费开刀，祭起价格战的大旗，不健全的监管体系又无力阻止竞争双方一步步滑向“囚徒困境”，由于利益的牵扯还或明或暗地影响到互联互通，给客户通信造成很大的障碍，单一的价格战不会有真正的赢家，市场的无形之手迫使运营商不断进行自我调整，最终仍是通过市场的手段解决竞争的问题。

以品牌战略统领企业的所有经营行为，是企业保持市场领先、巩固主导地位的必然选择。有句话说得很形象，防御竞争对手的进攻，首先要学会自己进攻自己。

中国移动在细分市场的基础上对强势品牌进行整合，开发出面向中低端客户的“神州行”，让这些客户从“全球通”的品牌中自然剥离，主动维护了“全球通”的高端定位，突出了“专家品质，值得信赖”的卓越气质，使产品的溢价能力并没有随价格的变动而降低，这在近乎同质竞争的移动通信市场中十分难得。中国移动的品牌战略，得到了市场的丰厚回报，短短几年时间，就以超过一亿的客户规模跃居世界首位，企业实力迅速增强，无论是客户份额还是盈利能力，都远远领先于对手，一举奠定了国内移动通信运营商的主导地位。

如果说“全球通”“神州行”是按照业务类别进行的品牌划分，“动感地带”就是以客户诉求点为依据开发的崭新的服务品牌。“全球通”突出了国际漫游、网络优越、服务到位、业务齐全并有丰厚的积分回报诸多特点，在其麾下聚集了相对稳定、忠诚度较高的社会精英群体，他们中的大多数作为老客户见证了中国移动的奋斗历程，更贴切地讲是和中国移动携手历经了风雨征程，伴随着中国移动一起走向成功，一句广告词颇有概括力：尽享成功，信赖全球通。

而“神州行”的面世，直接原因是受到了来自竞争者的冲击和挑战，免入网费、免入网手续、免月租费的“三免”政策确实达到了让客户省钱、省事、省心的“三省”效果，根据客户需要，“神州行”还可以提供多个亲情号码的通话优惠，在中低端市场上迅速打开了局面，“神州行”与“全球通”高低搭配，相互呼应，对于中国移动巩固市场份额，扩大客户规模贡献卓著。

“动感地带”的推出则标志着中国移动的品牌战略向纵深拓展，它糅合了最时尚的增值业务，以更为超值的功能组合直指15~25岁的年轻一代。一句“我的地盘听我的”赋予了中国移动时尚个性的亲和形象，受到目标客户的热忱欢迎。以客户的年龄来设计品牌，有意识地规划和培育明天的市场，虽称不上是通信服务的创新，但对于中国移动乃至整个电信业来说，堪称是划时代的壮举，业内的共识是：“动感地带”的面世，推倒了电信业品牌竞争的第一张多米诺骨牌。

案例思考：

1．根据有关原理分析中国移动服务市场营销战略的特点？

2．中国移动服务市场营销战略的启示？

项目四　服务营销战略选择

学习目标

1. 理解服务营销战略的概念。
2. 掌握服务营销战略的分析方法。
3. 理解总成本领先战略的优缺点及使用条件。
4. 理解差异化战略的优缺点及适用条件。
5. 理解集中化战略的优缺点及适用条件。

能力目标

1. 能应用服务营销战略分析方法为某一企业选择和制定服务营销战略提供分析报告。
2. 能应用服务营销战略的基本类型和具体服务战略形式的理论，结合某些企业的实际，为其选择和指定正确的服务营销战略。

知识结构

服务营销战略选择

- 服务营销战略概述
  - ○服务营销战略的含义
  - ○制定服务营销战略的总体思路
- 总成本战略
  - ○根据有形展示的构成要素进行分类
  - ○服务有形展示的其他分类
- 差异化战略
  - ○服务场景的功能
  - ○影响服务场景设计的因素
  - ○服务场景设计的内容
  - ○服务场景设计的步骤
- 集中化战略
  - ○根据有形展示的构成要素进行分类
  - ○服务有形展示的其他分类

海底捞的差异化服务战略

网上经常看到有人评价海底捞的服务是“逆天的服务”“变态的服务”“海底捞的服务天下无敌”等。

“服务至上、顾客至上”是四川海底捞餐饮股份有限公司始终秉承的理念，它是以经营川味火锅为主，并且又融合了全国各地火锅特色，公司自成立至今，以独特的经营理念和服务迅速崛起，在全球开出上百家直营连锁店铺，员工近2万人，餐厅翻台率是同行的3倍以上，在“饭点”时去用餐，永远需要等待的，并创造出“夏天排队吃火锅”的奇观。海底捞之所以能成功，关键点其实并不是产品而是为顾客提供差异化的服务。海底捞凭借其超出常规经营的“变态服务”在竞争激烈的餐饮界长久不衰。

（1）坚守服务的本质。服务的本质是一种体验，一种来源于物质与情感的双重刺激体验，二者缺一不可。在有些场合中，情感刺激会对顾客产生比物质刺激更为深远的影响，这也就会产生我们常说的口碑效应。服务的本质其实是一种规范，一种文明，海底捞通过规范的服务来提高员工的工作服务效率，从而为顾客创造切实所需的价值需求。而文明的服务，对于顾客来说，可以享受到一种“上帝”般待遇的高水准的服务，当这种高质量的服务一旦被顾客所认同，那对于企业来说，将会有源源不断的老顾客再次登门，这就是常说的回头客，它将会为企业树立品牌形象，为企业在激烈的竞争中，占有一席之地。海底捞做到了这一点。

（2）坚持提供细致周到的客户服务体验。客户的服务体验，其实从顾客一进门、等待、就餐，直至结账离开才结束，是一个贯穿始终的体验。而海底捞却能将整个过程做到了极致。当你在海底捞用餐时，你会发现身边的每一位工作人员都是面带笑容，精神饱满，团队之间也很有默契，他们的真诚以及热情周到的服务，总是在不经意间感染着每一位到此用餐的顾客，在海底捞你不光享用了美食，享受了一次高质量、高水准的服务，更重要的是收获了一份美好的心情。

通常而言，排队等候就餐是个极其枯燥的过程，在海底捞顾客等待区，里面设置了供不同年龄段的人使用的空间，比如儿童小乐园、免费上网、棋牌、免费美甲、擦皮鞋等，除此之外顾客还可以免费吃水果、小吃，喝饮料等，这种贴身又贴心的“超级服务”以及人性化的叫号方式，使客人愿意在这里等待。

在海底捞点餐时，服务员会贴心为顾客送上围裙和热毛巾，在你落座后，如果你是一位长发飘飘的女士，海底捞的服务员会迅速为你递上皮筋和发夹；如果你是一位戴眼镜的客人，服务员会为你细心的送去眼睛布；如果你在用餐时带了小朋友，无须你询问，服务员会为你的孩子拿一把儿童座椅；当你要照顾孩子吃饭时，服务员还会主动帮你喂孩子吃饭，陪他们在儿童天地做游戏；当你的孩子熟睡时，他们甚至还会为你的孩子推一个儿童睡床，这种近乎贴心而又惊喜的服务恐怕也只有在海底捞可以享受到。

当你步入海底捞时，你会发现那里的每一位服务员都时刻面带微笑，笑迎客人，在海底捞你无需向服务员多说你的要求，他们总是会把你的几乎每一个需要都主动热情地为你提供，不久前曾在网上看到这样一句话——“人类已经无法阻止海底捞了”。微博上流传着很多这样的故事，说有两个闺蜜一起吃海底捞，有一个问你今天怎么吃这么少啊，另一个答生理期肚子疼，不料一会儿服务员就端来一杯红糖水，瞬间被感动；有几个朋友一起吃海底捞，席间一位女士说“糟糕我的丝袜滑丝了。”正郁闷时，服务员居然拿来3双全新的丝袜，当时大家都愣住了，感动啊；在海底捞如果某位顾客特别喜欢店内的免费食物，服务员也会单独打包一份让其带走；如果客人自己一人去吃火锅，服务员会抱来一只大毛绒玩偶坐在你对面，陪孤单的你吃火锅。客人的要求五花八门，标准化服务最多能让客人找不出毛病，但却不会超出顾客的期望，而海底捞的服务却给顾客的服务体验带来超值期望和超值享受。

案例启示

在当今竞争日益激烈的社会中，餐饮服务企业要想拥有较好的市场发展空间，必须要有一整套先进的服务理念、服务标准和服务方法。服务质量是服务者的灵魂，让顾客满意、并感动顾客是服务者永远追求的终极目标。企业服务差异化成功的关键不是提供同样的服务，而是以不同的方式提供服务，海底捞的成功关键在于他差异化的服务理念。而现代差异化服务营销的重要特点是动态化差异性营销，海底捞能满足消费者没有被满足的“隐性需求”，即便是小火锅也能做成大市场。

海底捞以其“变态服务（差异化服务）”作为企业发展的突破口，靠服务质量提升谋求企业的生存空间，在顾客整体美誉度提高上下功夫，而不是单纯依靠产品美味（产品质量）来求效益，正是印证了餐饮行业“三流企业做产品、二流企业做服务、一流企业做品牌、超一流企业做标准”这句名言。海底捞凭借细化服务流程、激发员工潜能、构建学习型企业等一系列措施，将服务不仅做成品牌，还做成了许多同行争相效仿的行业标准，顾客整体满意度在餐饮业独占鳌头。

海底捞的差异化服务营销策略取得了骄人的成绩，这对餐饮业界的众多企业来说，差异化服务营销策略是可行的。从某个角度来说，海底捞已经是业界的领导者，这时会有很多企业希望跟在领导者的后面做个追随者，以求成功。但若企业盲目跟随的话，容易导致舍本求末一事无成。因此，差异化的服务营销策略并不一定适用于每个企业，企业在实施差异化营销策略时需根据自身所具有的特点及优势进行加工和放大，以此与同行业的竞争者区分开来。在餐饮行业，企业若想迅速发展离不开标准化的操作流程，包括标准的服务营销策略。但企业若想拥有更多的品牌资产及忠实顾客，差异化服务营销策略则是必经之路。

因此，企业应该吸取海底捞的差异化服务策略的精髓，结合自身实际加以创新，并在企业的发展道路上长期坚持，客户就会对企业服务质量进行感知，而企业的服务质量也会与同行业者差距进一步拉大，从而影响客户的满意度、忠诚度，更重要的是企业利润的提高。

资料来源：薛小云.海底捞的成功并非是一种偶然[J]. 经营管理者，2016（29）：144. 有删改。

基于服务的特殊性，顾客在选择服务产品时的表现会与实体产品有所不同。服务企业所面临的外部环境与制造企业所面临的外部环境也是不同的。服务企业要在充分理解上述这些差异的基础上，通过制定并实施适合自身的服务营销战略来获取竞争优势，在市场中赢得顾客。

任务一 服务营销战略概述

一、服务营销战略的含义

服务营销战略是指服务企业为了谋求长期生存与发展，根据外部环境和内部条件的变化，对企业所做的具有长期性、全局性的计划和谋略。服务营销战略是企业在组织目标、资源和各种环境机会之间建立与保持一种可行的适应性的管理过程。

观点透视

Service的含义

1. S—SMILE（微笑）

服务的基本就是微笑，微笑是内心的基本写照。

2. E—EXCELLENT（出色）

即服务员将每一份细小的事情也要做得非常出色，不忽视每一份细小的工作，是服务的细致体现。顾客也是从细微之处感受到经营者对顾客周到之处的。

3. R—READY（准备好）

即服务要随时准备好为顾客服务，只要思想上不放松，才能时时处于“时刻准备着”的状态，才能体现旺盛的精力，也才能应付各种突发的服务需要。

4. V—VIEWING（看待）

就是服务要把每一位顾客都看作是需要提供特殊照顾的贵宾，这一观念很重要。服务不是伺候人，服务是给人以帮助，给人以援助之手，抱有此观念时，顾客服务就有一种高尚感、使命感。

5. I—INVITING（邀请）

就是服务员在每一次服务结束时，都要邀请宾客下次光临，不要把这看作只是一句客套话，实际上，回头客才是企业利润的稳定来源。

6. C—CREATING（创造）

就是每一位服务员都要精心创造出使宾客能享受其热闹的服务环境及气氛！服务的一致性，为每一位服务员提供了发挥自己创造的广阔空间。

7. E—EYE（眼睛）

就是每一位员工都应该用热情好客的眼光关注每一位宾客、预测宾客需求，并及时提供服务，使顾客时刻感受到服务员在关注自己。

二、制定服务营销战略的总体思路

制定服务营销战略的总体思路如下。

1. 科学地分析企业的内部资源和能力

制定服务营销战略的目的是在特定的竞争环境中，使企业的资源与顾客的需求达成一致，充分发挥企业业务优势，构建企业的核心竞争力。企业的许多资源和能力是长期积累起来的，因此，企业的战略选择必然会受到现有资源存量以及获取或积累新资源速度的限制，这就造成了不同企业之间的战略差异。

为了达到竞争优势，企业必须要对自己的资源进行评估，搞清楚哪些资源是优势资源，哪些资源是劣势资源，通过加强和扩大资源优势，使它们成为企业持续竞争优势的源泉。一般来说，资源大体可分为有形资产、无形资产和组织能力三种。而作为战略性的资源，通常具备三个重要属性：一是能为顾客创造价值，而且能比竞争对手的资源更好地满足客户需求；二是稀缺性，不为众多企业所拥有，否则就不是战略性资源；三是可获得性，这种资源必须是企业现有的，或通过其他途径获取的，否则对其他企业来说只是空谈。因此，企业的战略资源就是指具有独特价值的、不易模仿和替代的、能够产生竞争优势的资源。

企业是一个能力体系或能力团队，能力是企业生存的前提，它具体表现为流程或潜在特点的智力资本、资源等。因此，企业的目标就是改善企业内部的能力配置，形成异质性核心能力，在市场竞争中获取优势。但需注意的是，并不是企业所有的资源、知识和能力都形成持续的竞争优势，只有当这些资源、知识和能力具有稀缺性、价值性、异质性、难以模仿性等特性时，他们才能构成企业的核心能力。核心能力是企业竞争优势的源泉，也是企业战略竞争制胜的焦点。

案例启迪

可口可乐用标签“定义”消费者

现在市场营销活动五花八门，如何利用包装标识产生差异化吸引消费者、增加市场占有量，成为各商家的诉求。商家不断创新，相应的服务商也加快技术革新，满足特殊服务的需求。

作为百年品牌，可口可乐不断演绎传奇故事，强有力地引领行业发展。随着不同阶段的发展和市场环境的变化，其讲述故事的方式也在不断变化。近些年，可口可乐从货架上唤醒年轻人，激发消费者的好奇心和乐趣，在包装上尝试个性化、定制化的方案，通过差异化获得市场关注，大大吸引了消费者的眼球。

让消费者与产品建立一对一的互动，分享激情，分享快乐，这种趣味性的销售快速在市场上传播。可口可乐的关联互动如何建立呢？数字印刷为产品与消费者之间一对一的直接互动提供了有力保证。

2013年，可口可乐公司以“分享可乐”为主题，以个性化定制化的包装形式进行了欧洲市场的全面推广。这个项目涉及35个国家，2种瓶装（0.5升和0.375升），3种可乐（常规可乐、零度可乐和健怡可乐）。针对12~33岁人群，每个国家选用了150个常用名字，使用14种不同语言和5种不同字母。在卖场，消费者可以找到带自己名字或者好友名字的可乐，还可以为自己或者好友定制。同时通过互联网平台渗透到新的社交媒体中，做到在世界范围内全天候互动。

随着市场活动的推进，2014年可口可乐在中国市场针对年轻人推出了一个有趣的方案——歌词瓶。音乐是表达情感的一种方式，而可口可乐成为传递这种方式的工具。一句经典的歌词印在包装上，同时在歌词旁设有一个二维码，只要一扫，旋律就会响起。通过可口可乐瓶上的歌词，给自己或向好友表达心中情感，这种交流方式变得趣味横生。正当大家还在想，下一步可口可乐市场活动如何推广之时，可口可乐以色列的市场活动在惠普的技术帮助下，再一次别出心裁，其利用先进的演算技术自动生产出200万个不同造型的健怡可乐瓶罐。这项活动旨在向顾客宣传“每个人都有独特魅力”的理念，此外，许多标有健怡可乐标志的衍生品，如背包、T恤衫以及iPhone手机壳也受到顾客的追捧。

作为企业，创新的理念转化为产品，是一个艰难又复杂的过程，不仅仅是技术上的提升，更要团队有足够的能力读懂品牌的市场需求并融入品牌的设计与创新之中。

资料来源：根据中国新闻出版广电报/2015年/11月/23日/第D06版，高彬，编写，有删减。

2. 科学地分析企业的外部环境

企业的外部环境包括宏观环境和市场环境等，应认清企业发展面临的机会和威胁，并制定出有针对性的、有效的市场竞争战略。20世纪80年代以来，以迈克尔·波特为代表的哈佛学派提出了以企业竞争者、购买者、供应商、替代品、潜在竞争者五种产业结构力量为元素的竞争力量模型。该理论认为，企业制定战略与其所处的市场环境高度相关，而企业所处的产业环境最为关键。对于不同产业而言，上述五种竞争力量的综合作用是不同的，这导致了不同产业或同一产业在不同发展阶段具有不同的利润水平，进而影响了企业战略的制定。

三、服务营销战略的分析方法

服务营销战略分析是制定营销战略的重要组成部分和先决条件。根据服务营销战略制定的总体思路，其分析方法可采用SWOT分析法，此方法主要是针对企业的内部因素分析（优势S、劣势W）、环境分析（机遇O、威胁T）来确定应选择的战略方针。

知识拓展

SWOT 分析模型

所谓 SWOT 分析，即基于企业内外部竞争环境和竞争条件下的态势分析，就是将与研究对象密切相关的各种主要内部优势、劣势和外部的机会和威胁等，通过调查列举出来，并依照矩阵形式排列，然后用系统分析的思想，把各种因素相互匹配起来加以分析，从中得出一系列相应的结论，而结论通常带有一定的决策性。其中，S（Strengths）是优势、W（Weaknesses）是劣势，O（Opportunities）是机会、T（Threats）是威胁。

运用这种方法，可以对研究对象所处的情景进行全面、系统、准确的研究，从而根据研究结果制定相应的发展战略、计划以及对策等。

1. 优势、劣势分析

优势是指能使企业获得战略领先并进行有效竞争，从而实现自己的目标的某些强而有力的内部因素和特征。劣势则相反。服务企业在分析自己的优势时，可以围绕以下问题展开：企业在行业中的地位；企业的资本状况及融资渠道；企业的目标市场顾客的信赖度、忠诚度；企业服务进入市场的难易程度；企业竞争对手的状况；企业决策者、管理者、员工素质；企业与社会有关部门的关系；企业服务开发空间的大小等。

2. 机遇、威胁分析

机遇是指企业营销行为富有吸引力的领域，在这一领域中，该企业将拥有更多的发展空间和优势；威胁则指环境中对企业不利趋势所形成的挑战，面对这些挑战企业若不采取趋利避害的营销决策，则会导致企业市场份额被侵蚀。服务企业的营销机遇与威胁分析一般可以围绕以下问题展开：是否有新的商机或新的竞争对手入侵；是否创新替代服务或被替代服务所取代；国际、国内市场的变化是否有利于企业；各类环境的变化对服务企业的发展是利是弊；企业的定位是否恰当。

3. 服务营销对策分析

服务企业制定营销对策时，可将企业的内因（优势、劣势）和外因（机会、威胁）进行综合分析，形成如图4-1所示的不同的对策。

（1）SO战略，即扩张对策。这是企业内部拥有优势，而环境又提供了机遇，这是理想的最佳状态。扩张性对策可以采取以下具体策略：

①外延扩张，即扩大目标市场范围和领域，增设服务网点，拓宽服务渠道，扩大营销队伍。

②积累式，即通过技术改进、成本降低，以追求高收益率。

③资本营运式，即通过资本营运，实行特殊经营、兼并、联合等方式加以扩张。

（2）WO战略，即防御性对策。此时内部条件已处于劣势，但外部环境尚有机会，企业要趋利避害。防御性对策的最主要措施就是不断利用环境提供的市场发展机会，引入创新机制，不断推出新服务，淘汰陈旧过时的服务。

（3）WI战略，即退出性对策。这时企业内部处于劣势，而外部又处于威胁状态，要果断撤离。

（4）ST战略，即分散性对策。这时企业内部拥有优势而外部则受到威胁，关键在于善于运作。分散性对策主要是指多元化对策，目的在于分散经营风险。

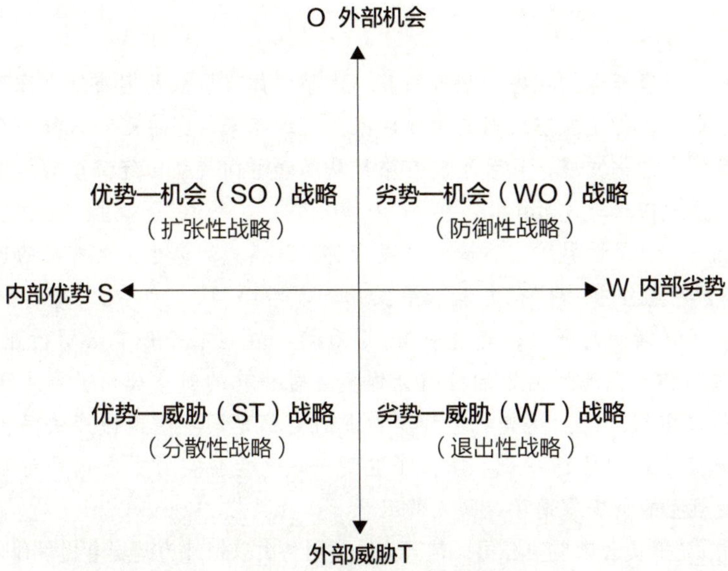

图4-1 服务营销对策分析图

任务二 总成本领先战略

一、总成本领先战略的含义

总成本领先战略是一种内涵积累式的战略，指服务企业通过降低服务中成本，使成本低于竞争对手，以便吸引更多的顾客，获得高于行业平均水平的收益。这种战略最终体现在市场中的、被消费者感知到的是价格而不是企业的成本；顾客也不关心企业的成本，他们比较的是不同企业的价格。

总成本领先战略逻辑体现在两个方面：一是大规模生产可以带来规模经济，这将有效降低服务总成本；二是低成本的服务，可以有效降低顾客的服务支出。

成本领先不同于价格最低。如果企业陷入价格最低，成本并不是最低的误区，换来的只能是把自己推入无休止的价格战之中。根据企业获取成本优势的方式，可以把成本领先战略概括为以下几种类型：

（1）简化型成本领先，即服务简单化。

（2）改进型成本领先，即改进服务流程带来的成本降低。

（3）节约型成本领先，即尽可能解决服务过程中的材料消耗。

（4）降低费用型成本领先，即利用设备自助服务降低服务提供中的人工或其他费用。

（5）创新型成本领先，即利用新技术带来的成本降低。

实施总成本领先战略必须具备三个基本前提条件：服务产品的品质相同、企业资金实力雄厚和服务功能相同。实施总成本领先战略可以采取以下途径：调整企业资产结构和服务产品结构；压缩费用，减少支出；改善分销渠道和促销措施；在高成本、劳动密集型的活动中实现自动化等。

营销实践

廉价航空的低成本战略

免费的餐食、行李托运、完备的柜台服务、大型宽体飞机以及遍布线上线下广泛的销售网点，构成了我们对传统航空公司的主要印象，但近年来，经济形势与社会观念的逐渐变化，航空运输的大众化发展，导致了航空旅行从高端型向大众、经济型的转变，廉价航空公司也得以迅猛地兴起与发展。

美国西南航空公司是世界航空运输业“廉价航空”模式的鼻祖，30多年的连续盈利使《财富》杂志将西南航空誉为“有史以来最成功的航空公司”。如今，“廉价航空”在欧美取得成功后，正逐渐走向亚洲，走进中国。2005年，美国整个航空公司行业共亏损100亿美元，运力过剩和史无前例的燃油价格让许多苦苦挣扎的航空公司被卷入生存之战，进行大规模精简和重组。比如达美航空和美西北航空都是同年申请破产法保护。而相比之下，美西南航空公司则已连续33年保持了盈利——这在航空历史上也是前无古人的纪录。正是美西南航空的员工创造了这骄人的纪录。

消费者之所以选择美西南航空公司，是因为该公司持之以恒地为消费者提供他们所希望的服务需求——低票价、可靠安全、高频度和顺便的航班、舒适的客舱、一流的常旅客项目、顺利的候机楼登机流程，以及友善的客户服务。因此，美西南航空公司获得了2005年度美国客户服务第一名。 低成本航空主要运营二线机场，实行点对点航线、单一客舱布局、运营短途航线的策略，几乎很少提供乘机的空中服务；而且大都是采用单一机型，基本上是以B737起家。

这些廉价航空公司清楚：只有通过低成本的运营方式，在提供低票价的同时才能盈利。低成本是公司成功的必然因素；生产率是保持低成本优势的关键因素。基于公司资产利用率和员工熟练的技术，廉价航空公司在所有美国的航空公司中持续取得了最高的生产率。如此优势取得的其中一个原因是公司专心致志地实施低票价、点对点市场战略。

为了效率最大化，廉价航空公司实施的是点对点航线网络，全力以赴关注始发到达客源，而不是中转联程客源，2012年，大约80%的客源都是直达旅客。直达航班减少了经停点和联程点，从而减少了航班延误和整个旅行时间。飞机的过站时间通常只有25分钟，甚至更少，这相当于提高了飞机利用率。

廉价航空公司一直实施单一机型，这样做的好处是简化维修、运营和训练。公司飞行员、签派员、地面操作人员和燃油管理人员共同努力想方设法将燃油消耗最小化。 雇用、培训和保留那些聪慧的员工，向员工队伍提供极佳的福利待遇；同时注重培养一种合作、信任和团队精神的工作氛围，鼓励员工具有创新性和工作热情。

廉价航空公司花费了大量的时间和精力去雇用、培训及保留那些聪慧的员工。虽然是低成本航空公司，但公司向员工队伍提供了极佳的福利方案。鼓励员工具有创新性并且对所从事的工作心怀高兴，正是他们的热情服务，对乘客的关心照料；以及永不停歇的足智多谋让廉价航空的乘客拥有一段令人愉悦和令人回想的旅行经历。

根据所学知识，谈谈廉价航空公司应如何提升顾客服务体验？

二、总成本领先战略的使用条件

成本领先是企业在竞争中取胜的关键战略之一，成本控制是所有企业都必须面对的一个重要问题。企业实施成本领先战略应满足如下内部、外部两大条件。

（一）内部条件

（1）持续的资本投资和良好的融资能力。

（2）业务流程便于整合。

（3）低成本的分销系统。

（4）企业的信息能实现共享。

（5)企业前提投资高，用于购买先进设备，进行激烈的价格战和承受亏损，以攫取市场份额。

（6）低成本给企业带来高额的边际收益，企业为保持这种低成本地位，可以将这种高额边际收益再投资到新的物流设备上或其他方面。

（二）外部条件

（1）企业所处行业的产品或服务基本上是标准化或者同质化的。

（2）企业的市场需求具有价格弹性。顾客对价格越敏感，就越倾向于购买低价格的产品或服务。

（3）实施差异化战略的途径很少。难以进行特色经营。

（4）现有竞争企业之间的价格竞争非常激烈。

（5）服务的转换成本低。

三、总成本领先战略的优缺点

总成本领先战略的优缺点如表4-1所示。

表4-1　总成本领先战略的优缺点

总成本领先战略的优点	总成本领先战略的缺点
√ 企业处于低成本，可以抵挡住现有竞争对手的对抗 √ 企业的大规模生产和成本优势可以有效阻止新进入者，让其望而却步 √ 当议价能力较强的供应商提高企业所需资源的价格时，处于低成本的企业可以更灵活地应对困境 √ 当议价能力较强的购买者要求降低价格时，处理低成本地位的企业在进行交易时掌有主动权，可以与购买者讨价还价 √ 面对替代服务竞争对手，低成本的企业往往比本行业中的其他企业更有优势	√ 力量过于集中在降低成本上，可能会丧失预见市场变化的能力 √ 行业中新加入者通过模仿、总结经验或购买更先进的生产设备，以更低的成本起点参与竞争后，企业就会失去成本领先的市场地位 √ 生产技术的变化或新技术的出现可能使得过去的设备投资或学习经验变成没有效用的资源 √ 受通货膨胀的影响，生产投入成本升高，降低了成本——价格优势，从而不能与采用其他竞争战略的企业相竞争

四、总成本领先战略的具体服务战略模式

成本领先战略的具体服务战略形式是服务成本与效率战略。该战略形式是指企业通过降低服务成本和提高服务效率。从而降低服务服务价格水平和顾客的成本支出，使顾客满意，使企业获得更高的市场占有率。具体可供选择的模式如下。

1. 采用非现场服务

服务的一个明显特征是服务生产与顾客消费通常是同时进行的，这势必增加服务现场中企业与顾客的互动，从而提高企业的服务成本。根据顾客与服务组织之间相互作用的性质，可以将服务分为顾客到现场服务、上门服务和远程服务三种类型。由于电信技术和交通设施的发展，企业与顾客之间的联系已经变得非常方便，这使得企业有可能将一些服务的交易过程和作业过程分离开来，从而减少顾客的参与和互动。

2. 减少服务中的人员互动

这是与服务标准化对应的，服务标准化的目的之一就是减少服务人员与顾客之间的互动关系。如ATM机的大量使用，使顾客不必到银行与银行职员进行面对面的接触，这样既能方便顾客，又降低了银行业务的交易成本。通常，这类服务形式适用于低接触性的服务需求，而对高接触性需求的顾客则不适用这种模式。此外，服务企业需要尽量降低顾客使用的技术门槛，便于顾客使用。

3. 实施标准化服务

服务标准化是与服务个性化相对立的。实施服务标准化的目的在于通过服务生产和传递的工业化技术，减少服务过程中服务人员与顾客之间的互动，从而降低企业的服务成本。随着技术的进步，不少服务企业都尝试应用服务的工业化和标准化技术。例如麦当劳，通过标准化生产制作过程，为所有顾客提供几乎相同的食品与服务；同时，由于服务的标准化，服务企业可以在多个服务场所提供几乎相同的食品和服务，实现了服务企业的低成本扩张。

4. 寻找低成本顾客

服务企业可以从以下几个角度来识别和寻找低成本的顾客。

（1）考察顾客服务需求的特性。如果顾客没有特殊的服务需求，企业就可以为他们提供大众化的服务，这样可以有效降低企业的服务成本。一些大型超市，例如沃尔玛、家乐福等国际零售企业，其服务定位就是那些愿意批量购买、追求实惠、不需要特别服务的顾客，这类顾客的服务成本较低，这也是沃尔玛、家乐福等国际零售企业得以实现低成本服务战略的重要依据。

（2）考察顾客服务的预订程度。如果顾客经常使用企业的服务预订系统，那么就等于顾客将自己的服务需求交由服务企业管理，这将有利于服务企业对总体服务成本的供需平衡进行有效管理，通过疏导顾客服务需求的时间安排，尽量避免某一时刻服务过分拥挤的现象，这样既可以避免在服务高峰期发生部分顾客因拥挤和排队而流失的后果，也可以避免服务企业为了应付某一需求高峰可能增加服务人员和设施投入而增加的企业成本。

案例启迪

服务营销从“心”开始

服务创新除了在产品上突出新颖和奇特之外，更重要的是从旅客需求出发设计服务内容。根据不同旅客的服务消费心理，航空公司的服务产品在一定程度上要突出细分市场的服务需求，以提升旅客的飞行体验，并进一步完善忠诚度计划。

澳航为商务舱旅客提供了一项利用智能手机在网上提前预订咖啡的专享服务。澳航的旅客先下载一个SKIP应用软件，然后选择在一个合适的时间去取自己预订的咖啡。在咖啡预订确认后，旅客会收到一条信息。旅客在经过安检并来到休息室时，就能立刻享受到香醇的咖啡所带来的精神上的愉悦。这项服务自2016年7月起已经在阿德莱德、布里斯班、堪培拉、墨尔本、珀斯和悉尼等机场的澳航商务舱休息室推广了。

达美航空与社交媒体LinkedIn在2014年推出了“达美服务等级创新”合作方案。该方案在每个航班上选择一位幸运旅客，为其提供坐在来自艺术界、商界和技术领域的知名或成功人士旁边座位的机会。尤其是在2014年TED论坛期间，达美航空就安排了一些幸运旅客坐在参加论坛的Pebble智能手表制造公司创始人兼首席执行官埃里克·米斯基，以及著名闪购网站Gilt联合创始人亚历山大·威尔森旁边。这样一来，他们有机会开展面对面的交流和探讨。

爱尔兰航空自2015年3月起，在旗下的7架空客A330飞机上设置了新的公务舱座椅（每架飞机配备32个）。该公务舱座椅有6.6英尺（2米）长和22英寸（56厘米）宽，在全行业也是比较宽敞的。除了第一排以外，其他座椅均采用过道直入式布局。另外，爱尔兰航空还获得了相关许可，为从都柏林和夏农机场前往美国的旅客，在航班起飞前就办理完美国海关和移民局的入境手续。这样，在飞机到达美国后，旅客可以直接入境，而不用再排队办理入境手续。

（3）考察顾客在服务中的参与程度。如果顾客参与服务程度较高，就可以减少服务人员的投入，降低服务成本。例如宜家家居超市，鼓励自助型顾客，让他们自己组装、搬运家具，从而降低服务成本，同时又使顾客从中获得价格优惠。

（4）考察顾客的风险程度。如保险企业经常会把年轻人作为它们的目标顾客，因为与老年人相比，年轻人身体健康、发病和死亡的概率更低，有助于降低保险成本。

任务三 差异化战略

一、差异化战略的含义

差异化战略是指企业针对顾客的独特需求，设计和创造个性化的服务，以赢得顾客的消费偏好，提高服务传递价值和顾客感知价值，从而实现企业盈利。

技术的成熟和管理的完善，以及这些技术管理在不同企业之间的迅速扩散，致使企业降低成本的空间日渐缩小。同时，消费者收入水平的提高，对服务质量的要求也日益提高，非价格竞争的因素在争夺顾客中所起到的作用越来越重要，因此，差异化战略应用日益广泛。差异化战略的目标是发现顾客的独特需求，并设法满足他们的这些独特需求。

二、差异化战略的分类

（1）产品差异化。产品差异化是在市场细分的基础上，使本企业产品或服务有别于其他企业。企业可以采用利用新技术开发、引入新的功能和特点、改变有形产品形状或颜色外观，更换材质和改变结构和产品生产工艺、产品包装、产品市场定位及消费者群体的选择等来实现。产品差异化是差异竞争的重点。

（2）品牌形象差异化。品牌形象差异化是企业在价格竞争和产品同质化阶段之后的主要手段。品牌形象差异化是以知识为基础建立的，这就决定了它能比技术给产品或服务带来更具人性化的差异性。品牌形象差异化一旦形成，就会确立一种消费观念、消费行为模式，可以让产品或服务具备更高的附加值，获得更多的利润空间。

案例启迪

以新奇制胜的“肮脏牛排”

在美国得克萨斯州的第一大城市达拉斯有一家颇有名气的牛排店，名叫“肮脏牛排店”。牛排店取名为“肮脏”，岂不令人反胃且望而生畏，谁还敢光顾？其实与人们想象的相反，这间店的生意却十分兴隆，老板为之发了大财，它成为众口交誉的成功企业。

“肮脏牛排店”店里不用电灯，点的是煤油灯，显得黑蒙蒙的。抬头看，店里天花板全是很厚的脏灰尘（是人造的，不会掉下来）。四周的墙壁沾有数不清的纸片和布条，还挂有几件破旧的装饰品，如木犁、锄头、牛绳、印第安人的毡帽和木雕等。里面的桌椅均是木制的，做工粗糙，仿古色的，坐上椅子，还会“吱咯”作响。厨师和侍者穿的衣服像从来没有洗过似的。

最引人注意的是“肮脏牛排店”有明文规定：顾客光临不准戴领带，否则“格剪勿论”。有些好奇或持怀疑态度的顾客偏结上领带进去试个真伪，岂料真的有两位笑容可掬的小姐迎上前去。她们一人持剪刀，一人拿铜锣，只见锣响刀落，试探者的领带已被剪下来一大段。站在一旁当班的经理马上递给被剪掉领带的顾客一杯美酒，以敬酒给他压惊，并表歉意。这杯酒是不收费的，其实这杯酒的价钱足以赔偿顾客的领带损失。那段被剪下的领带，则随即连同该顾客签了名的名片，被粘到墙上留念。被剪了领带的顾客，不管是好奇者、试探者或不知这里规矩的，绝不会因这一举动而不快，相反觉得有趣。这里墙上沾满的纸片和布条，原来就是这样的留念物。

“肮脏牛排店”虽是以伪装肮脏对本店陈设一番，但其供应的牛排食品却是美味卫生，使人百吃不厌。正因如此，其终年门庭若市，生意应接不暇，收入极为可观，其店名为此亦不胫而走，四处传扬。

（3）价格差异化。价格差异是目前企业使用的最多，也是最无奈的竞争方式。价格差异是同质化程度过高，以至于产品之间不存在差异的情况下采取的无奈之举。

（4）渠道差异化。销售渠道有直接渠道和间接渠道之分。在同类产品或服务中，根据自己的产品特色或优势选择合适的销售渠道也可以达到事半功倍的效果。

（5）促销差异化。通过利用独特的促销方式，如广告、销售促进、公共关系等，鼓励消费者购买的积极性。

（6）服务差异化。服务差异性指企业在售前、售中、售后提供差异化、个性化的服务，以便提高客户的满意度，形成竞争优势。差异化的目的是突出自己的服务特色和与竞争对手的区别。通常可以通过服务理念差异化和服务手段差异化来实施。

案例启迪

航空公司推出特色服务产品

在市场资源的开发和利用方面，同质化竞争和商业复制造成差异化营销越来越难，价格竞争反而成了一种流行做法。除了拥有一套有效的服务营销管理办法外，航空公司在提高客户忠诚度方面，必须提供有特色的服务产品以提升旅客的出行体验。

作为法国的旗舰航空公司，法航相当重视机上食品，尤其是公务舱和头等舱的食品，通过彰显具有法兰西风格与情调的烹饪文化吸引旅客的关注。自2014年11月起，法航推出了一项旨在提升空中厨房体验的新服务，即定期邀请一些名厨跟班飞行，为公务舱和头等舱旅客提供优质的航空食品文化体验。

在法航的一些远程国际航班上，每周都会有一名大厨跟班飞行。大厨先对头等舱和公务舱的旅客提供迎宾服务，接着会向他们介绍由著名的米其林明星厨师乔尔·侯布匈和2013年博古斯世界烹饪大赛得奖者鲍特·鲁杰里专为法航设计的菜单。在航班飞行期间，大厨会在机上厨房为乘务员进行餐食文化的服务培训。在进餐结束之后，大厨开始巡视客舱，与旅客交流并听取他们对机上食品的意见。与明星厨师合作，不但能够提升旅客的出行体验，而且还为航空公司的品牌推广提供了宣传契机。

三、差异化战略的适用条件

适用于采用差异化战略的企业必须具备以下条件，如表4-2所示。

表4-2　企业采用差异化战略的适用条件

外部条件	内部条件
（1）企业可以有很多途径创造企业与竞争对手产品或服务之间的差异，并且这种差异被顾客认为是有价值的 （2）顾客对产品或服务的需求和使用要求是多种多样的，顾客需求有差异 （3）采用类似差异化途径的竞争对手很少，即真正能够保证企业实现“差异化” （4）技术变革很快，市场上的竞争主要集中在不断推出新的特色产品或服务	（1）企业具有很强的研发能力，研究人员要有创新意识和能力 （2）企业具有以其产品或服务及技术质量领先的声望 （3）企业在这一行能够吸取其他企业的技能并自成一体 （4）企业具有很强的市场营销能力 （5）企业的研究与开发以及市场营销等职能部门之间要具有很强的协调性 （6）企业要具备能吸引高级研究人员、创造性人才和高技能人才的条件 （7）各种上下游渠道强有力的合作

案例启迪

星巴克的独特白领文化

一杯名叫星巴克的咖啡，也是“白领”阶层的标志之一。一些有关白领生活方式的文本中都提到一个现象：高级写字楼里的高级白领们都遵循这样一个日程表：上午在办公室，下午则在星巴克泡着，于是便有了这样一句很经典的话：我不在办公室，就在星巴克，我不在星巴克，就在去星巴克的路上。星巴克馆所渲染的气氛是一种崇尚知识，尊重人本位，并且带有一点“白领”情调的文化。在星巴克咖啡馆里，强调的不再是咖啡，而是一种文化知识。星巴克为品牌文化加注的策略创新，使星巴克在十余年的发展中不断地为其独有的“星巴克文化”注入新的元素和成功的文化传播，因此星巴克咖啡馆能迅速受到人们的欢迎，所以“星巴克文化”实际上是围绕人和知识这两个主题下功夫的文化。这种文化的核心是利用尽量舒适的环境帮助人们拓广知识和能力的层面，挖掘人在知识上的最大价值。

四、差异化战略的优缺点

差异化战略的优缺点可以概括为以下内容，如表4-3所示。

表4-3　差异化战略的优缺点

优点	缺点
（1）有助于建立顾客的忠诚 （2）有助于形成强有力的产业进入障碍 （3）增强企业对供应商讨价还价的能力 （4）削弱购买者讨价还价的能力 （5）替代品无法在性能上与企业竞争	（1）部分顾客的丧失 （2）用户识别产品或服务的差异体会不明显时，可能发生忽略差异的情况 （3）大量的模仿缩小了感觉得到的差异，特别是当服务到成熟期时，拥有技术实力的厂家通过逼真的模仿，减少服务之间的差异 （4）过度差异化

任务四 集中化战略

集中化战略是指服务企业把产业中的一个或一组细分市场作为企业的服务目标，依托企业资源和局部竞争领域的良好适应性创造企业的局部竞争优势。实施集中化战略的企业，既可以在目标竞争领域中寻求成本优势，也可以在目标竞争领域中寻求差别化优势。因此，集中战略又可以分为两类：一类是成本集中化战略，即在细分市场中寻求低成本优势；另一类是差异化集中战略，即在细分市场中寻求差异化优势。

服务企业之所以选择实施集中化战略，可能出于不同的原因和顾虑。一方面，由于企业实力较弱，难以在大范围的市场展开竞争，转而在局部区域谋求竞争优势；另一方面，由于市场与产业的同质性较弱，存在一些未被占领的细分市场机会，企业可以选择进入。通常，服务企业可以根据市场细分的步骤，寻找行业中潜在的市场机会，从细分市场的规模与增长速度、细分市场竞争状况，以及企业的资源与能力等方面进行分析和考虑。

集中化战略的实施必须具备以下条件：

（1）当企业具备完全不同的用户群，这些用户或有不同的需求，或以不同的方式使用产品或服务。

（2）在相同的目标细分市场中，其他竞争对手不打算实行重点集中战略。

（3）企业的资源不允许追求更广泛的细分市场。

（4）行业中各细分部门在规模、成长率、获利能力方面存在很大差异，致使某些细分部门比其他部门更有吸引力。

集中化战略的积极意义在于企业的资源相对集中，能保证成本领先优势；活动范围的缩小，可以帮助企业采取科学管理的方式；企业经营方向和目标十分明确，风险较小。但其局限性在于，企业竞争范围较窄，企业的应变能力较弱。

案例启迪

日本泡泡糖年销售额约为740亿日元，其中大部分市场为“劳特”所垄断。可谓江山“劳特”独坐，其他企业再想挤进泡泡糖市场谈何容易，但江崎糖业公司对此并不畏惧，它们要啃这块“硬骨头”，与“劳特”均分市场。为此，江崎糖业公司成立了市场开发班子，专门研究霸主“劳特”产品的不足和短处，寻找市场的缝隙。经过周密的市场调查，它们终于发现了“劳特”的不足之处：

第一，成年人泡泡糖市场正在扩大，而“劳特”却仍旧把重点放在儿童泡泡糖市场上。

第二，“劳特”产品主要是果味型泡泡糖，而现在消费者的口味趋于多样化。

第三，“劳特”多年来一直生产单调的条板状泡泡糖，缺乏新型式样。

第四，“劳特”产品价格是110日元，买卖时往往因找零钱而颇感不便。

通过分析，江崎糖业公司决定以成人泡泡糖市场为自己的目标市场，并制定了相应的市场营销策略。不久。它们就推出了四大功能性泡泡糖产品：一是司机用泡泡糖。使用了高浓度薄荷和天然牛黄，以强烈的刺激消除长时间驾车过程中的困倦。二是交际用泡泡糖。这种糖可清洁口腔，祛除口臭。三是体育用泡泡糖。该糖内含多种维生素，有益于运动者消除疲劳。四是轻松型泡泡糖。主要通过添加叶绿素来改变人的不良情绪。四种产品都设计了精美的包装和别致的造型。价格定为50日元和100日元两种，避免了找零钱的麻烦。江崎糖业公司不仅挤进了由“劳特”独霸的泡泡糖市场，而且市场份额由0猛升至25%，当年销售额达175亿元。

项目小结

总成本领先战略是一种内涵积累式的战略，指服务企业通过降低服务中成本，使成本低于竞争对手，以便吸引更多的顾客，获得高于行业平均水平的收益。这种战略最终体现在市场中的、被消费者感知到的是价格而不是企业的成本；顾客也不关心企业的成本，他们比较的是不同企业的价格。

总成本领先战略逻辑体现在两个方面：一是大规模生产可以带来规模经济，这将有效降低服务总成本；二是低成本的服务，可以有效降低顾客的服务支出。

差异化战略是指企业针对顾客的独特需求，设计和创造个性化的服务，以赢得顾客的消费偏好，提高服务传递价值和顾客感知价值，从而实现企业盈利。差异化战略包括以下分类：产品差异化、品牌形象差异化、价格差异化、渠道差异化、促销差异化和服务差异化。

集中化战略是指服务企业把产业中的一个或一组细分市场作为企业的服务目标，依托企业资源和局部竞争领域的良好适应性创造企业的局部竞争优势。实施集中化战略的企业，既可以在目标竞争领域中寻求成本优势，也可以在目标竞争领域中寻求差别化优势。集中战略分为成本集中化战略和差异化集中战略。

复习思考题

1. 服务营销战略的分析方法具体有哪些内容？
2. 总成本领先战略的优缺点有哪些？
3. 差异化战略的优缺点有哪些？
4. 集中化战略的优缺点有哪些？

实践活动

1. 实训内容

让学生从自己经常光顾的理发店、健身房等的实际情况出发，运用所学的有关理论，分析和研究该服务机构提供的定制化与个性化服务的情况。

2. 实训目的

提高和检验学生应用差异化竞争战略理论分析和解决实际营销问题的能力。

3. 实训要求

（1）讨论该服务机构提供的定制化和个性化服务的优缺点。要求分析该校取得的成绩和问题及原因；采取哪些措施进一步拓展和完善定制化和个性化服务等。

（2）课后要求每位学生以《xx服务定制化和个性化问题研究》为题目，撰写一篇报告作为实训成果。

案例分析

曾几何时，消费者购买化妆品，已经从原来的远观到后来的近看（自选超市），再到现在去零售连锁专营店进行免费体验、免费试用，化妆品企业已经越来越多的和消费者面对面接触，这种连锁专营店的互动式美丽体验的确让消费者对化妆品有了更好地了解和使用的真实感受，算是颇为成功的一种营销方式。

纵观市场上各大化妆品连锁专营店，从娇兰佳人号称2020年开到1万家店的宏伟目标，到屈臣氏的迅速扩张，无疑都显示出了对连锁专营店的必胜信心，就连拥有众多国际一线知名品牌的丝芙兰也放下身段，将中国战略向地级城市延伸了。

化妆品专营店连锁大战正一步步向我们逼近。市场证明，谁能把握浩浩荡荡的连锁大势，谁就能拥有启动市场的黄金钥匙。而残酷的现实是，化妆品专营店连锁并非我们想象中修炼的那样炉火纯青，有些连而不锁，有些锁而不连。有些甚至开店的速度与关店的速度几乎成正比，因此很难积聚品牌的规模效应。

一个清晰而现实的问题摆在从业者面前：同质化的化妆品连锁专营店如何为顾客提供更好的服务而且是有别于其他竞争者呢？

让我们先来看看化妆品零售业的巨头——屈臣氏是怎么做的。

在现代企业营销体系中，服务化营销至关重要，它强调了服务质量和顾客满意度，把购买满意度作为重大指标，可以极大地提高顾客的回头率，在服务营销体系建设中，屈臣氏始终强调三大理念：① 药品及保健品始终保留着开店以来所形成的特色，倡导“健康”；② 美容美发及护理用品所占比重最大，种类也最繁多，诉求“美态”概念，让消费者感受美，拥有美；③ 以独有的趣味公仔及糖果精品传递“乐观”的生活态度。

多年来在服务营销策略建设中，屈臣氏以不断创新提供个性化的美丽体验：

专业化指导。屈臣氏拥有一支强大的美容健康顾问队伍，包括八十位全职药剂师和一百五十位“美丽健康活力大使”。他们均受过专业的培训，为顾客免费提供保持健康生活和美丽仪态的咨询和建议。由于广告对产品的包装渲染过度，很多消费者对挑选产品有点迷茫，如果在购物时有一些专业人士指引，会吸引更多消费者。

特色化服务。每家屈臣氏个人护理店均清楚地划分为不同的售货区，货品分门别类，摆放整齐，便于顾客挑选；在店内陈列信息快递《护肤易》等各种个人护理资料手册，免费提供各种皮肤护理咨询；药品柜台的“健康知己”资料展架提供各种保健营养配分和疾病预防治疗方法；积极推行电脑化计划，采用先进的零售业管理系统，提高了订货与发货的效率。如此种种，我们可以看到的是，屈臣氏关心的不仅仅是商品的销售，更注重对顾客体贴细致的关怀，充分展现了其“个人护理”的特色体验服务。让消费者可以充分感受产品的特色和使用感觉。

网络化指导。网上服务范围的延伸，是屈臣氏体贴顾客需求，紧跟顾客消费习惯的大胆尝试。网上咨询、网购已经成为时尚白领消费的主流形式，在网络平台上，大家的意见建议将会更加真实、毫无偏倚。屈臣氏作为个人护理专家，率先在人人网开设试用专区，为网友们提供自有品牌护肤产品试用，让顾客免费享用产品的同时，还能与大众分享自己的护肤体验心得。让产品接受大众的评测，美丽共享，才是真正地为顾客着想。

案例思考：

屈臣氏的服务营销策略有哪些地方值得我们借鉴？

模块三

服务营销组合策略

项目五　服务产品及品牌策略

学习目标

1. 掌握服务产品的概念。
2. 掌握服务之花的内容。
3. 掌握服务产品创新的种类。
4. 了解服务品牌的作用。
5. 了解服务标准的类型。
6. 了解服务标准的开发过程。

能力目标

1. 针对特定的服务企业，能区分该服务企业提供的服务中，哪些属于核心服务、便利服务和支持服务。
2. 灵活掌握新服务开发的过程和方法。

知识结构

服务产品及品牌策略

- 服务产品
  - ○服务产品的概念
  - ○服务之花
- 服务产品创新
  - ○服务产品创新的种类
  - ○新服务的开发过程
- 服务品牌
  - ○服务品牌概述
  - ○服务品牌的塑造及策略
- 服务标准
  - ○顾客导向的服务标准
  - ○服务标准的开发过程

导入案例

花样服务助零售增量

江苏连云港石油地处山东地炼辐射区、新海石化核心区、华北竞争毗邻区，市场环境复杂多变。2017年以来，随着国内成品油批零价差的不断加大，低价资源充斥市场，油品供大于求，连云港石油零售业务遭遇到前所未有的困难。社会加油站价格直降、结算优惠、累计返点、赊销、送礼品等已成为常态，市场竞争日趋白热化。

连云港石油根据市场特点、竞争环境、油站位置等因素，为不同类型的加油站制定了差异化营销方案，并积极与竞争对手沟通协调，从经营创效的角度确定主流价格，形成良好的竞合关系。同时，连云港石油针对特殊地段的加油站，开展了最惠服务周、加油送洗车、微信绑卡抽奖、送早餐、周末时点价等营销活动，收到了良好效果。

1. 在“快”字上下功夫

“现在来你们站加油，再也不用排长队了，而且送水喝。”7月的一天傍晚，苍梧路加油站老顾客张先生在给车加完油后，从员工手里接过赠送的“卓玛泉”高兴地说。今年年初以来，连云港石油通过增加加油站高峰期人员，站长参与加油，高峰期两班员工共同服务顾客等措施，确保重点站高峰时段1人1机，加油更快捷顺畅。他们还在10座汽油大站试点差异化考核，提高出口加油机销量的考核系数，增强员工引车到出口机位加油的意识；在5座柴油大站，采取“两头疏、中间引”的办法，引导柴油车到双向两车道进出，汽油车留出通道，增强加油站通过能力。

随着汽油销量的日益增加，加油站原先配置的汽油罐已无法满足经营需求。从去年开始，连云港石油对城区站的油罐布局进行全面调整，完成了7座站的“柴改汽”项目，增加了加油站的汽油罐容及高标号汽油品种。它们还根据城区的时间限制，调整配送时间，避开高峰期卸油，避免客户等待，提高了加油效率。上半年，连云港石油汽油销量同比增长10.6%。

2. 做好“卡”文章

“一卡在手，全国加油”，加油卡是中国石化区别于竞争对手的不可复制的核心竞争力，“加油快捷、积分回馈、使用方便、用油管理”的优点得到了客户的普遍认可。

今年年初以来，连云港石油将现场办卡、现金转卡、微信绑卡，提高加油站刷卡比重作为增加客户黏性的重要措施，增加设备、人员，在加油站实现了办卡、充值、圈存、绑卡等服务功能的全覆盖，提高了刷卡比重。“小王，快来连海路加油站办加油卡，办卡送礼品，充值有优惠，消费有积分，还能现场抽奖，真是实惠多多啊！”在连云港石油“最惠服务周”活动现场，领完礼品的李女士向好友王女士“通风报信”。

连云港石油在日加油量10吨以上的城区站开展“最惠服务周”活动。活动期间，员工向客户推介“新卡有礼、老卡有喜”，服务热情；片区经理重点督导，落实责任；公司每日通报、点评，按周考核、评比。连云港石油在下达轻油任务的同时，一并下达微信绑卡任务，层层分解指标，跟进考核，按月兑现奖励，调动了员工销售积极性。上半年，连云港石油售卡3万余张，微信绑卡2.7万张，完成率居江苏石油前列。

3. 煎饼飘香加油站

“加油还送煎饼，加油站想得真周到！”“一张煎饼、一根大葱、一碟小鱼，吃起来真香！”7月20日中午，在金海湾加油站休息室，司机老王一边吃着午餐，一边与同行聊着天。

以前，到了午、晚餐时间，大货车司机只能在加油场地周边，吃点泡面、香肠，既不卫生，又不利于加油站现场管理。连云港石油以微信形式对长途车客户进行调研，发现国道204、228、327、310沿线的客户以北方人为主，煎饼需求占44.2%、面食占25.9%、其他休闲食品占29.9%。

本着先易后难的原则，连云港石油在金海湾加油站试点提供煎饼销售服务。他们引进当地品牌“姑嫂煎饼”，增设客户休息室，利用早、中、晚三个时间段开展加柴油送煎饼活动，现场制作，保证质量，稳定了一批山东、东北客户。随后，它们将活动扩大到班庄、沙河、东港、临港等5座干道大站。近期，它们增加了粽子、茶叶蛋、面条、水饺等快餐，为客户提供多种选择。上半年，连云港石油餐饮销售额17.8万元。

同时，连云港石油实行一站一策，开展夜间亮化工程，在进出口两侧增加射灯，使加油站更加醒目。上半年，柴油零售量同比增长15.1%。

案例启示

连云港石油根据新时代消费者的消费方式、市场特点、竞争环境、油站位置等因素，为不同类型的加油站制定了差异化营销方案，取得了显著的成效。服务产品是各服务行业得以发展的基础。随着时代的进步和科学技术的发展，服务企业应根据当今顾客个性化的需求来不断进行服务产品的创新，以此获得竞争优势。

资料来源：根据中国石化报/2017年/8月/2日/第006版，庙立连报道编写，有删改。

服务产品是服务企业得以发展的基础。服务企业应根据顾客个性化的需求来提供服务产品并进行服务产品的创新，有利于企业获得竞争优势。服务产品是服务企业开展各种营销活动的基础。

任务一 服务产品

一、服务产品的概念

在服务营销理论中，常会谈到服务包的概念。服务包有时也被称为顾客价值包，是指企业提供给顾客的有形产品和无形服务的总和。服务包是顾客可以从服务中获得的最终利益和满足，其主要表现服务的结果质量。

格罗鲁斯的服务包理论指出，服务包由核心服务（Core Service）、便利服务（Facilitating Service）和支持服务（Supporting Service）构成。核心服务是企业的服务为市场所接受的关键，主要体现企业最基本的功能；便利服务是指方便核心服务使用的服务；支持服务的作用是增加服务的价值或使企业的服务同其他竞争对手的服务区分开来。

1. 核心服务

核心服务是服务产品最基本的功能，为顾客提供基本礼仪，且满足顾客最基本的需求。例如，酒店提供的核心服务是住宿，航空公司的核心服务是运输。核心服务体现了服务的主要功能，是服务在市场上存在的原因。核心服务回答的问题是：购买者真正想要得到的基本服务和核心利益是什么？一家企业可以拥有一种核心服务，也可以提供多种核心服务。例如航空公司既可以提供旅客运送服务，也能提供货物运输服务。

2. 便利服务

便利服务是方便顾客使用或消费核心服务的附加服务。为了让顾客能够获得核心服务，必须有便利服务来配合实现。例如航空公司的订票服务、餐厅的结账服务等，离开这些服务，顾客甚至无法使用核心服务。在这样的情况下，便利服务是实现核心服务必不可少的服务，它的作用是让顾客对核心服务的使用更加便利。在设计便利服务时，营销者需要了解目标市场的购买力和他们对于便利服务的期望。

案例启迪

洞察消费者的个性化需求

美国第二大超市塔吉特百货公司是大数据和个性化的先行者，该公司设立了一个迎婴聚会登记表，并对登记表中顾客的消费数据进行建模分析。通过该模型，许多孕妇在第二个妊娠期的开始会买许多大包装的无香味护手霜；在怀孕的最初20周大量购买补充钙、锌之类的保健品。塔吉特最终选出了25种典型商品的消费数据，构建了“怀孕预测指数”。通过这个指数，塔吉特能在很小的误差范围内预测到顾客的怀孕情况，也就能早早地把孕妇优惠广告寄发给顾客。塔吉特百货公司的成功，在于能够在冗繁的信息中洞察出消费者的个性化需求。

资料来源：郑杰辉.大数据环境下个性化服务实现的案例分析[J].网络安全与技术应用，2015（3）：51-53. 有删减。

3. 支持服务

支持服务也是一种附加服务，但与便利服务的功能不同，它不是为了方便顾客使用和消费核心服务，而是用于提高服务价值或使企业的服务与其他竞争对手的服务产生差异，帮助企业取得服务产品的差异化竞争优势。例如，酒店房间内供住客洗漱用的香皂、牙膏；航空公司短途航班提供餐点服务等。随着竞争日趋激烈，企业会更加重视支持服务的提供，通过不断增加更多的附加服务，以获取竞争优势。

格罗鲁斯指出，从管理的角度，服务企业必须区分便利服务和支持服务。服务企业必须提供便利服务，否则顾客无法消费核心服务。支持服务能为顾客带来额外的价值，没有支持服务，顾客仍然可以消费核心服务，但整体服务产品对顾客的吸引力会下降。精心设计的便利服务和支持服务，都能将本企业的整体服务产品和竞争企业区分开来，增强服务企业的竞争力。

在成熟服务行业中，市场竞争主要体现在支持服务上。

二、服务之花

附加服务有很多，克里斯托弗·洛夫洛克（Christopher Lovelock）指出服务产品的附加服务可以分为以下八种类型，并称之为“服务之花”，包括信息服务、咨询服务、订单处理服务、接待服务、账单服务、保管服务、付款服务和额外服务。这八种附加服务像花瓣一样围绕在核心服务周围，如图5-1所示。服务之花用来说明整体服务产品的内涵，从整体服务产品的角度，把核心服务和附加服务的关系比喻为花的花蕊与花瓣，让我们更容易理解服务产品的内涵。服务之花给服务企业的管理启示是：附加服务可以为企业增强核心服务提供多种选择，也可以为企业设计新服务提供参考依据。

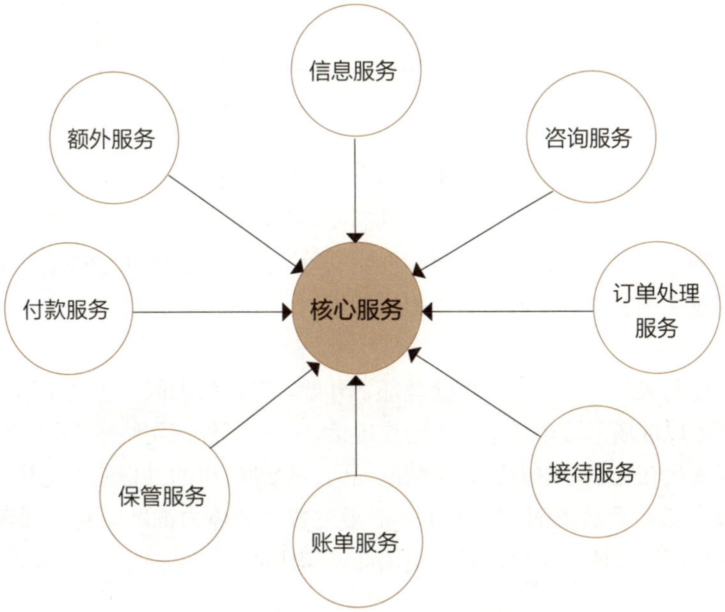

图5-1　服务之花模型

资料来源：克里斯托弗·洛夫洛克，约亨·沃茨．服务营销[M]．第7版．韦福祥，等，译．北京：机械工业出版社，2015.

知识拓展

克里斯托弗·洛夫洛克（ChristopherH.Lovelock）

克里斯托弗·洛夫洛克是服务营销领域的先驱之一。克里斯托弗·洛夫洛克（Christopher H. Lovelock）是美国服务营销领域著名的学者与实践者，美国耶鲁大学管理学院兼职教授，讲授MBA的服务营销课程。毕业于英国爱丁堡大学，获商学学士和文学学士学位，后获得美国哈佛大学MBA和斯坦福大学博士学位。曾在哈佛商学院、麻省理工学院斯隆管理学院、斯坦福大学、加州大学伯克利分校、瑞士IMD等知名高校任教及讲学。担任International Journal of Service Industry Management、Journal of Service Research、Service Industries Journal等多家刊物的编委。洛夫洛克是服务营销领域最多产的学者之一，独著或与人合著出版图书 26 部，发表论文 60 多篇，编撰案例 100 多个。曾获美国市场营销协会颁发的服务学科职业贡献奖，Journal of Marketing 最佳论文奖及 Business Week “欧洲年度案例奖”。

洛夫洛克将这些附加服务分为两大类：便利服务和增值服务，如表5-1所示。

表5-1 服务之花的八个要素

便利服务	增值服务
信息服务	咨询服务
订单处理服务	接待服务
账单服务	保管服务
付款服务	额外服务

1. 信息服务

在购买服务产品时，顾客需要获得相关信息，如服务地点和时间、服务价格、使用说明、注意事项等。初次购买的顾客和潜在顾客尤其需要服务产品的相关信息服务。提供信息的传统方式包括人员告知、书面通知、宣传手册和说明书等。近年来，越来越多的服务企业开始利用新媒介、网站和触摸屏展示等手段为顾客提供信息。

2. 订单处理服务

一旦顾客决定购买服务产品，订单处理随之开始。订单处理服务包括申请、订单通过和预订登记等。顾客可以现场下订单，也可以通过电话、电子邮件或网络等方式下订单。对于服务企业来说，服务人员在处理订单时，无论情况如何，处理订单的过程应当是礼貌、迅速和准确的。这样才能避免浪费顾客的时间，减少不必要的精力和体力消耗。对于顾客服务提供者来说，新技术的应用都可以使订单处理过程更加简便和快捷。

3. 账单服务

在顾客决定购买服务产品后，服务企业就需要提供账单服务。服务企业向顾客出示的账单应当清晰明了、内容完整。具体来说，结账服务应包括用户定期的账户明细表、单笔交易的发票、口头账单、机打账单、用户自己打印的自助账单等形式。

4. 付款服务

一旦开具账单就意味着要求顾客付款，企业应尽量使付款过程安全和方便。顾客可以选择多种不同的方式支付账款。对于自助式支付系统来说，顾客可以通过往自助设备中投入硬币、纸币、代币的方式进行支付。在这种情况下，对机器设备的维护与快速抢修就非常重要了。尽管现在很多服务仍采用面对面的现金付款方式，但使用借记卡或信用卡方式进行支付将会变得越来越普遍。互联网的购物的盛行也给消费者的支付方式带来了改变，如支付宝支付、微信支付等。

案例启迪

移动支付“出征”海外

据相关媒体报道，支付宝已经覆盖了全球30多个国家和地区的20万商户；微信支付也登录了超过13个国家和地区，覆盖了全球超过13万的境外商户，并且支持12种以上的外币结算。特别是2017年十一黄金周移动支付在海外的爆发，让其再成热点。根据支付宝在2017年10月9日发布的统计数据显示，“国庆”黄金周期间，在境外用支付宝付款的人次同比激增七倍多，人均消费金额达1480元。同时，约有370万用户在境外使用支付宝查找当地的吃喝玩乐信息和优惠。

5. 咨询服务

咨询服务是服务企业根据顾客的个性化需求提供量身定制的解决方案。例如，减肥中心向顾客提供一对一的专业咨询服务，帮助顾客调整饮食习惯，使顾客在减肥奏效后能保持减肥效果。咨询服务包括定制化的建议、个人咨询、产品使用指导/培训、管理或技术咨询等。服务企业应充分了解顾客的需求，形成良好的顾客信息记录，以便为顾客提供有效的咨询服务。

6. 接待服务

理想的接待服务要求服务人员在与顾客接触的过程中始终为他们营造一种愉悦的氛围。接待服务的质量会影响顾客的满意度，优秀的服务企业总是从各个方面努力使员工以迎接宾客的方式来对待顾客，创造出好客的氛围。服务人员在与顾客接触时，关注顾客需求、对顾客热情有礼貌都很重要。有些服务需要顾客在使用服务前等候，如果是在室外等候，可以提供座椅和遮风挡雨的设施，如公交车站的顶棚。如果是在室内等候，可以提供顾客休息区、放置一些座位以及报纸、杂志、电视、儿童娱乐区等消磨时间的娱乐设施或设备等。

7. 保管服务

顾客在服务现场逗留的过程中，他们通常希望服务提供者能够协助照料他们的个人物品。保管服务有两种：一是顾客随身物品的保管服务，如行李看管、保险箱、提供停车场、物品保管、儿童托管和宠物照料；二是顾客购买或租用物品的保管服务，如运输、安装、清洁、维修与翻新等，这些服务可能会收取一定费用，也可能是免费的。

8. 额外服务

额外服务是指那些除常规服务外的一组附加服务，包括特殊要求、解决问题、处理顾客投诉或建议、赔偿等。例如，顾客提出特殊的饮食要求，或要求退款等。服务企业应该对可能出现的意外情况进行合理预测，并制定可变通的应急方案。这样，顾客在寻求特别帮助时，员工能及时、从容地处理。

任务二 服务产品创新

服务产品创新是服务企业持续发展的动力源泉。在现代社会，顾客的需求不断变化，科学技术的迅速发展使得服务产品的生命周期相应缩短。服务企业需要积极寻找、发展和创新服务产品来满足顾客不断变化的需求。

案例启迪

跨界创意营销——全季酒店不走寻常路

随着时代的变革，媒体环境发生巨大变化，人们接触品牌的途径也发生了天翻地覆的改变，品牌的营销变得前所未有的重要。我们很难说到底是营销成就了品牌，还是产品成就了品牌，但毫无疑问产品和营销的完美结合，双管齐下相互配合，才是未来的品牌成功之路。

全季酒店将创新服务融入产品营销，将创意营销引进产品创新，开启了国内酒店业创新营销的探索之路。

在产品创新方面：自母公司华住酒店集团全酒店品牌战略全线升级后，产品创新玩法屡出奇招。2014年春季，全季酒店开始推行集科技、时尚与实用于一身的“手机壳房卡”，不仅具备日常房卡的开门取电和门禁通行功能，还具有消费、积分等功能的会员卡、储值卡，同时外形还变身为靓丽时尚、色彩缤纷的手机壳……专为会员私人定制的房卡与手机壳完美的结合，从年轻消费者自身的便利性方面，进行创新设计，充分满足了目标受众的需求爱好，全季的潮人会员们爱不释手。此外，0秒退房、自助选房（类似网上值机）、360度实景看房、自助入住、会员积分货币化、与Cisco合作推出的辐射更小更稳定的全面WIFI覆盖、全球最大的酒店云系统集群等，无一不显示出全季酒店在产品创新上的独具匠心。

在营销创新方面，全季酒店于2013年开始携手好声音玩转跨界营销，这既是华住酒店集团实现品牌年轻化、时尚化的一个大动作，又是为旗下中端酒店品牌全季抢占市场而铺路。全季大力赞助好声音，找到的四位形象健康、才华出众的年轻榜样（毕夏、李秋泽、毅光年和塔斯肯）为品牌代言人，全力打造“中国好声音主题酒店”。2014年4月28日，国内第一家全季·好声音主题酒店已经正式在杭州正式推出。这是音乐、娱乐与酒店的首度跨界触电，将成就一种全新的入住体验，感受不一样的生活魅力。此外，还与“中国好声音”合作推出特制的好声音联名会员卡，分别以4位代言人来设计并命名。

同时，面对未来智能社交酒店广阔的市场发展前景，全季“能说会唱”的二维码T恤的推出，也是全季在移动互联网领域，针对其核心用户人群——好声音节目所覆盖的年轻中高端消费群体，结合传统的节假日进行的一次跨界创新营销，通过与名人近距离沟通，打造了与社会化媒体相结合的客户体验。

此次“会唱歌”的二维码T恤在草莓音乐节上亮相，一方面，因为“草莓”和全季都有着年轻时尚的品牌印象，都鼓励大家追求梦想，做真实的自己；另一方面，两者的目标受众十分契合——“草莓”吸引了众多潮流达人到现场，而全季酒店二维码T恤由好声音人气学员时尚榜样助阵，也迎合了草莓音乐节的粉丝人群。充分发挥粉丝经济的创意营销，让全季酒店在草莓音乐节上的传播效果事半功倍。

一、服务产品创新的种类

服务企业要想在激烈的市场竞争中获得成功就必须不断引入新服务产品。从市场营销的角度来看，新服务并不一定是新发明的服务，它与科技发展所生产出来的“全新产品”概念并不完全相同，其内容要广泛得多，是指能给顾客带来某种新的满足、新的体验、新的体验的服务，既可以包括现有服务的改良和竞争服务产品的仿制，也可以包括完全创新的服务。根据创新的程度，服务创新可以分为以下几种类型。

1. 完全新服务

完全新服务是指运用全新的原理、技术推出的，对于市场而言是全新的服务，其出现往往会从很大程度上改变消费者或用户的生活方式。例如互联网和电子商务的出现。

2. 换代新服务

换代新服务指在原有服务的基础上，对其进行革新，以拓宽消费渠道、拓展服务组合深度，使其在服务的便利性或支持性上有显著提高的新服务。例如，公交“一卡通”，既可以满足顾客乘车的需求，也可以支持一些消费场合的消费服务。

3. 改进型服务

改进型服务是指将现有服务产品的服务范围在深度上进行拓展，以提升服务的便利性。例如银行所开发出的网上银行以及网上支付功能。

案例启迪

各银行加速提升便民服务，贴近客户提供个性化服务

互联网时代，传统金融跟上时代潮流，贴近客户需要，不断推进从“以我为主”的产品模式到“客户需求”体验模式的转变。

自助设备的使用大大缩减了排队时间。例如，若要去银行网点打印银行卡流水，按照以往的经验，一进网点应先取排队号等候。如今只需到自助设备前，插入银行卡，不到一分钟便打好流水单据，并且单上已盖好银行印章，大大缩减了排队时间。目前，各银行均加大在网点投放自助设备的力度。例如，中国邮政储蓄银行东莞分行有122个银行网点，全市投放近1000台自助设备以及大量POS机、商易通电话轧账机等，同时即将推出自助发卡机、移动展业等，方便群众办理业务；建设银行东莞市分行全部网点都配备自助填单机、自助回单机、自助存取款机等自助设备；此外，所有网点开通无线网，客户可通过手机银行、网上银行办理业务，免去排队等候时间。

银行进社区提供个性化服务。国内多家银行纷纷将网点搬到百姓的家门口，提供个性化的服务。例如，东莞农商行的020平台“荷包社区”正式上线，以线上预约下单、线下消费体验的“020模式”，为社区业主提供生活消费优惠、线上预约挂号、理财基金购买等综合服务，同时为社区商圈商家提供线上特卖、支付结算、短期融资等服务。

4. 模仿型服务

模仿型服务是指在市场上已有服务的基础上，企业将其模仿设计，从而形成本企业对顾客的感知、感情和态度有影响的新服务。例如企业标志的改变、医院颜色的变化；航空公司参考竞争对手的做法，通过对飞机内部进行再设计，酒店对内部进行重新装修等。

二、新服务的开发过程

服务企业主要通过两种途径引入新服务：一是通过购买或特许经营的方式从外部获得；二是企业自主进行新服务产品的开发。无论哪种开发途径都有风险，而且新服务开发的失败率都相当高。导致新服务开发失败的原因主要有服务构思上的错误、实际服务没有达到设计要求、市场定位错误、营销策略失误或服务设计达不到顾客要求等。因此，同有形产品的开发过程一样，开发服务产品也要遵循科学的程序。服务产品的开发过程分为导向、设计、试验和引入四个阶段，这四个阶段又可划分为若干细化的步骤，如图5-2所示。

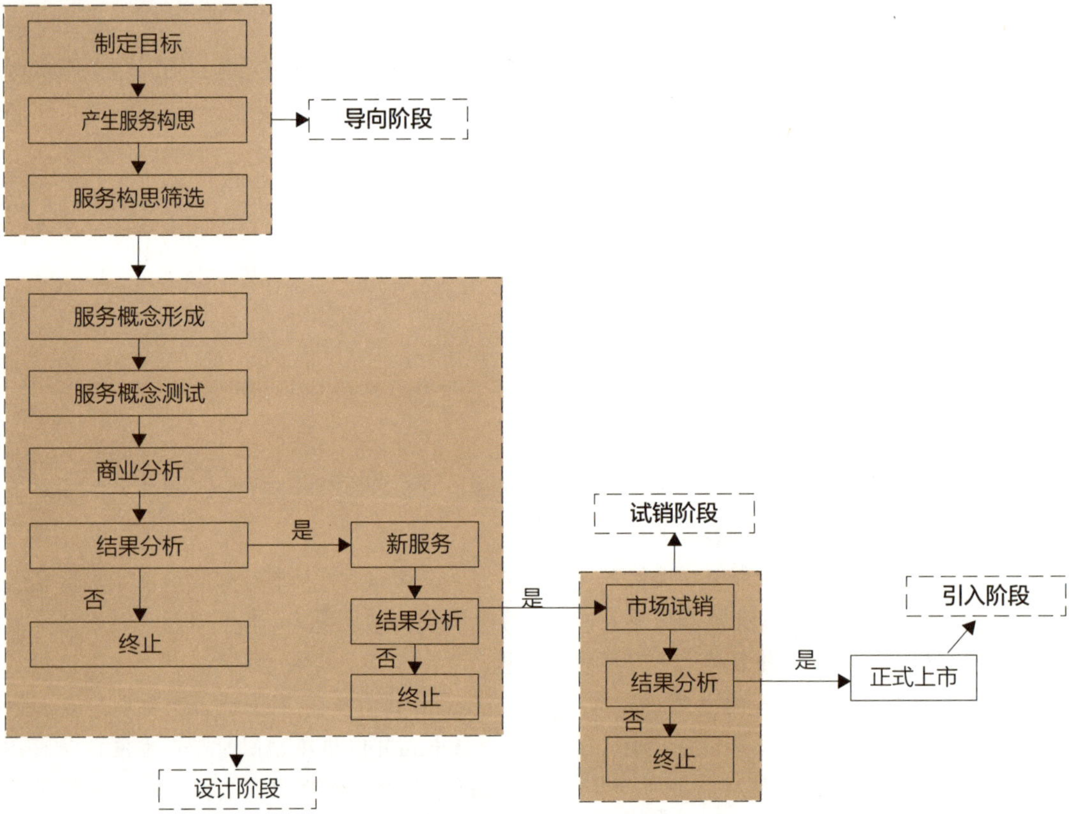

图5-2　新服务的开发过程

（一）导向阶段

1. 制定新服务目标

在开发一种新服务之前，服务企业必须首先明确推出该服务的目标并且制定出该服务产品的总体战略。因此，制定新服务目标与战略是开发新服务的第一步。新服务开发的战略必须服从企业的全局战略，而且要以满足目标市场上顾客的需求为导向。

2. 产生服务构思

服务构思是服务企业提供给市场的一个可能的服务新产品的设想；服务概念则是用消费者语言表达的精心阐述的构思。服务构思可以通过许多方式产生，既可以来自企业内部，也可能来自企业外部；既可以通过正规的市场调查获得，也可以借助非正式的渠道。从外部看，顾客、竞争对手、科研机构、大学和海外企业的经验都是企业获得构思的主要途径；从内部看，企业科技人员和市场营销主管人员是主要的途径。其中，一线员工的设想对新服务产品的开发会具有启示意义。

3. 服务构思筛选

对于收集起来的服务构思，服务企业还需要根据自身的资源、技术和管理水平等进行综合评估和筛选。通过筛选淘汰不可行的或可行性较差的构思，使企业能集中有限的资源运用于成功机会较大的新服务的开发上。企业在筛选服务构思的过程中应重点考虑两方面因素：一是该构思是否符合企业的服务理念和创新战略；二是企业的资源是否能得到充分利用，即企业是否具备开发该新服务产品所需的各种能力。因此，服务企业应召集各方面专家与人员，从多方面对服务的构思做出评价。

案例启迪

租车公司的新服务

欧洲有一家已有20多年历史的租车公司（服务内容是向用户提供可租用的汽车；以下简称 B公司），几年前，它们意识到仅向消费者提供汽车是远远不够的，竞争者也能做到，它们必须开发新的服务。于是，它们提出了一个服务新概念。即对于任何时间发生的运送问题提供立即的、可及的运送解决方法。

B公司在设计这个服务新概念时，重点考虑了“服务的可及性”“交互作用”和“消费者参与”三个因素。并以服务担保的形式，确定了三个目标，它们是：“到达目的地”担保，强调服务的营运安全；“最低价”担保，强调使顾客花费最少，效益最大；“无麻烦服务”担保，强调服务的方便性、可及性。

如果以上三项服务担保未得到履行，公司将向顾客赔偿由此引起的一切额外损失。以上三项担保中的任何一项都要求公司做出充分地准备。如“到达目的地”担保，要求车子永远处于良好状态，同时还必须有一个救援方案，以防车子抛锚。为此，B公司同一个具有24小时电话服务系统的安全服务公司订立了合同，如果顾客途中车子抛锚，又不能自动维修时，可以拨叫安全服务公司的电话，45分钟后可以重新上路。“最低价格”的担保，要求有一个全国范围的计算机系统，以便及时、准确地将尽可能最低的成本，连同各种消耗在内进行计算得到一个最低价格，并立即告之顾客。“无麻烦服务”担保，要求公司必须使消费者方便地得到车。并在使用后方便地离开车。为此，B公司决定顾客可以在B公司的任何分站租车。归还车时，可交到公司驻地，也可以交到火车站或旅馆。如果顾客为交车耽搁了时间，公司不另收费。

此外，还要对顾客进行必要的咨询服务，使他们懂得如何处理汽车轮胎漏气、发动机故障等，促其能动地参与“救援活动”。同时以各种形式，包括书面的、口头的信息交流，使关于三项服务担保如何发挥功能，以及这种担保能带给消费者的实际利益等，尽可能取得消费者的理解和共识。以这种方法，B公司要将消费者尽可能地培养成服务的共同生产者。预订中心和各分站点上第一线的公司员工，也受到应有的培训，以适应新服务的目标。因此顾客就能够同公司雇员进行友好的和建设性的交互作用。

为了落实新服务方式与物质资源的协调，需要技术上、物质上的许多保障：如为报价所需的全国范围的计算机网络，汽车的维护和保养，24小时电话受理系统等，这些都需要大量艰苦细致的精心设计和落实。

最终当这项新服务推出之后，运行良好，没有较多的额外费用，整个计划取得了预定的效果。新服务推出之前，由旅行社代理的销售额已下降10%；新服务推出后，情况立即有了转机，一个月内上升15%，第二个月上升9%，第三个月又上升17%，第九个月时，销售额已比去年同期水平高出23%。

以上实例使我们看到了关于新服务开发给企业经济效益带来的良好效果，坚实的理论框架，使整个开发活动保持正确的方向，并指出关于这一过程所有应加以考虑的细节，而且它清楚地显示出，重新服务（同市场原竞争者相比）需要在组织内采取实质性或根本性的行动，这绝不仅是一个创造性的市场营销宣传。如果公司的员工，包括自己公司的和合同公司的承诺与合作不能实现，预想的新服务开发就会失败。

（二）设计阶段

1. 服务概念的形成

企业要将筛选后的服务构思转化为具体的服务概念，还需要经过服务概念形成和概念测试。概念构思只是一种可能的设想，而企业在开发服务时必须将这种设想发展成为明确的服务概念。服务概念是指服务的原型，即能够为顾客创造和传递效用和利益（顾客价值）的服务的基本轮廓和构思。它包括两方面的内容：一是对顾客需求的描述；二是提供相应形式的服务内容或服务包装的设计满足顾客需求的方式。这两个方面，在顾客需求与服务提供之间建立联系很重要。因此，服务概念构思要详细说明顾客需求和服务提供（核心服务、便利服务和支持服务）的内容。服务提供者必须对顾客需求进行全面分析，识别不同层次的需求，形成完整的服务概念。

2. 服务概念的测试

在确定了服务概念，进行了服务产品或品牌市场定位以后，服务企业就应该对服务概念进行测试了，概念测试是用文字、图画描述服务概念，或者用实物将服务概念向目标顾客展示，以观察他们的反应，目的在于检验服务概念是否符合目标顾客的需求，或者是否表达了他们的需求和欲望。通过服务概念测试一般要明确以下几个问题：新服务的特征和特性；新服务所满足的需求；推出新服务的理由；顾客购买这种新服务的可能性有多大；消费者是否能发现和喜欢新服务的独特利益；顾客是否愿意放弃现有的服务而购买这种新服务；新服务是否能真正满足目标顾客的需求；谁将购买这种新服务等问题。

3. 商业分析

如果服务构思通过了服务概念测试，接下来就需要对服务概念进行经济效益分析。也就是了解这种服务概念在商业领域的吸引力有多大，以及该新服务产品成功和失败的可能性分析。具体的商业分析包括新服务的需求分析、收益分析、成本分析和操作性分析。常用的商业分析法有盈亏平衡分析、投资报酬率分析、投资回收期法等。在此阶段还经常需要有一些开发性的技术和市场研究，以及新服务产品推出上市的时机掌握和成本控制手段。

4. 新服务开发

新服务产品的构思经过概念开发和测试，又通过商业分析被确定为可行之后，就可以进入具体的服务产品实际开发阶段了。因此，服务企业要对服务项目进行投资，购买各种服务设施和设备，招聘和培训新员工，以及设计和测试服务的有形要素。与有形产品不同的是，在新服务开发的发展阶段，服务不仅要注意服务系统的有形要素之外，还需注意服务的传递系统。

（三）试验阶段

新服务产品开发出来并进行了顾客测试后，如果顾客满意，就要为该服务产品制订预备性的营销方案，在有限的范围内对服务新产品进行测试。市场试销的目的在于了解消费者和经销商对此服务有何反应，以及新服务产品的市场效果，并再次鉴定这个新服务产品的市场规模，以确定是否正式投入生产。

（四）正式上市

新服务在市场试销中成功后，企业就可以正式把新服务产品全面推向市场。服务企业一旦决定将新服务产品正式投入市场，就必须再次投入大量的资金，用于建设或租用全面投产所需的设备和市场营销活动费用。在新服务产品投放市场阶段，服务企业还须制定适当的营销策略，这将直接影响新服务产品投入市场的销售效果。企业要选择适当的时间、地点和促销策略推出其服务新产品。

观点透视

服务创新的思路

企业的服务创新应把握好以下几个方面。

1. 把注意力集中在对顾客期望的把握上

在竞争对手云集的市场中，不必轻易改变产品本身，而应该把注意力集中在对顾客期望的把握上，认真听取顾客的反应以及修改的建议，一般80%的服务概念来源于顾客。

2. 善待顾客的抱怨

顾客的抱怨往往表明服务有缺陷或服务方式应当改进，这正是服务创新的机会。对待顾客的抱怨，均应立即妥善处理，设法改善。以耐心、关怀来巧妙解决顾客的问题，这是服务创新的基本策略。

3. 服务要有弹性

服务的对象相当广泛，有不同期望及需要，因此，良好服务需要保持一种弹性。服务有许多难以衡量的东西，一味追求精确，非但难以做到，反而易作茧自缚。

4. 企业员工比规则更重要

创新就是打碎一种格局以创造一种新的格局，最有效的策略就是向现有的规则挑战，挑战的主题是人。通常，顾客对服务品质好坏的评价是根据他们同服务人员打交道的经验来判断的。

5. 用超前的眼光进行推测创新

服务是靠顾客推动的。当人们生活水平低于或等于生存线时，其需求模式是比较统一的。随着富裕程度的提高，消费需求由低层次向高层次递进，由简单稳定向复杂多变转化。这种消费需求的多样化意味着人的价值观念演变。

6. 在产品设计中体现服务

产品创新从设计开始，服务也从设计开始。要在产品中体现服务，就必须把顾客的需要体现在产品设计上。在产品设计中体现服务，是一种未雨绸缪的创新策略。要使顾客满意，企业必须建立售前、售中、售后的服务体系，并对体系中的服务项目不断更新。

7. 把"有求必应"与主动服务结合起来

不同的企业对服务的理解不同。一个企业要在竞争中取胜，仅仅做到"有求必应"是不够的，应不断地创新服务，由被动地适应变为主动地关心、主动地探求顾客的期望。

8. 把无条件服务的宗旨与合理约束顾客期望的策略结合起来

企业不遗余力地满足顾客的需要，无条件地服务顾客，是达到一流服务水平的基本原则。但在策略上必须灵活，合理约束顾客的期望是必要的。正确处理无条件服务与合理约束两者的关系，是企业在服务创新中面临的挑战。

9. 把企业硬件建设与企业文化结合起来

服务行业应用现代科技，对企业的基础设施进行大规模的投资，不仅能极大地扩大服务种类、提高服务效率，而且还能带来显著的竞争优势。

任务三 服务品牌

随着服务行业市场化程度的提高，服务企业的竞争越来越表现为品牌之间的竞争。由于服务具有无形性，消费者只能通过有形化形象来感知服务质量，品牌便成为消费者感知无形服务的有形形式之一，成为服务质量的象征，也是顾客选择服务的重要标准，更成为区别于其他竞争企业的利器。

一、服务品牌概述

（一）服务品牌的含义

品牌是吸引消费者重复购买服务产品、培育顾客忠诚度的一个主要的决定性因素。它能使顾客通过其提供的有效信息来识别特定的企业及服务。美国市场营销协会对品牌的定义是："品牌是一种名称、术语、标记、符号或设计，或是它们的组合应用，其目的是要使自己的产品或服务有别于其他竞争者。"

服务品牌是消费者对有形要素的感知和服务过程的体验的总和，是企业通过内部管理对消费者提供一致性服务的承诺。服务品牌是企业的服务宗旨、服务理念、经营战略、营销策略以及企业精神的综合反映。因此，也可以说，服务品牌是服务文化的精髓，它既可以代表一个人，也可以代表一个企业或群体；它既是一种服务流程，也是一种服务模式。

（二）服务品牌的构成要素

服务营销学者一般将服务品牌的构成因素分为两类：一类是呈现在消费者面前，能够看得见摸得着的表层要素，如品牌名称、标志；另一类是在品牌表层中所蕴含的该品牌独特的内层要素，如服务品牌的品牌利益、品牌情感、品牌文化和品牌个性等，具体如表5-2所示。

表5-2 服务品牌的构成要素

品牌的构成要素		具体内容
表层要素	品牌名称	是品牌中可以被读出声音的部分，是形成品牌概念的基础，一个好的服务品牌名称能为品牌提供丰富的联想，让消费者很容易联想到该企业的服务范围，并能体会到品牌中蕴含的文化价值，例如一些酒店连锁品牌，如家酒店、喜来登酒店等
	品牌标志	是品牌中可以被识别、但不能用语言表达出来的部分，是品牌的"视觉语言"，也可以说是品牌中的图形符号。品牌标志能引发品牌联想，是品牌文化的集中体现。品牌标志的动人形象使消费者产生喜爱的感觉，进而产生情感联系，使消费者成为品牌的忠实用户

续表

品牌的构成要素		具体内容
内层要素	品牌利益	指消费者认识到某种服务品牌的功能特征所带来的利益。服务品牌通过利益感知向消费者传递产品将满足他们的需求
	品牌情感	消费者在对服务品牌认知的过程中，会将服务品牌的利益认知转化为一定的情感利益。例如“必胜客”的服务可转化为“在这里找到受人尊重、舒适以及开心”
	品牌文化	品牌文化有时会成为服务品牌的强大力量源泉，服务品牌因此更有持久的生命力和市场优势。例如，咖啡品牌“星巴克”一直倡导的“星巴克体验”
	品牌个性	品牌具有一定的个性形象，因此，对品牌的宣传不仅要说出其独特之处，树立品牌形象，还要赋予品牌鲜明的个性形象

（三）服务品牌的作用

如今，服务品牌的作用除了可以有效区别不同竞争者的服务外，而且服务品牌已经成为企业形象和文化特征的象征，消费者还能从中获得该服务品牌所带来的心理上的价值。服务品牌的作用如下。

1. 便于顾客识别服务特色和服务质量

服务的无形性使得服务企业难以像展示有形商品那样来展示其服务产品的特点，而不同的服务品牌代表着不同的服务特征和服务质量。因此，服务品牌就成为顾客判断服务特征与服务质量的一个重要的有形线索，有助于顾客选择服务产品。

2. 降低顾客购买风险和企业的经营风险

顾客在购买服务产品时往往会感知到风险，而品牌作为企业对产品特征、利益和服务的一种承诺，服务品牌可以增强顾客购买服务产品的信心，降低顾客的购买风险。而从企业的角度来看，顾客一旦对服务品牌建立了品牌偏好就不会轻易改变，企业通过服务品牌的塑造来培养忠诚顾客，可以使企业保持稳定的顾客群和利润，从而降低经营上的风险。

3. 为顾客带来附加价值和帮助企业获得更多利润

对顾客来说，知名度和美誉度高的服务品牌能反映出顾客的身份地位、品位和生活方式等，购买名牌的顾客所追求的就是这些额外的价值。对企业来说，服务品牌能提供给顾客相应的品牌承诺，顾客更愿意为其支付溢价，为企业带来更多利润。

二、服务品牌的塑造及策略

服务品牌的塑造是由服务企业内部各个部门团队合作的结果。成功的服务品牌塑造离不开以下四个方面的因素：

（1）用于突破陈规，通过定位实现有效的差异化，从而在顾客心目中表现得与众不同。

（2）真正为顾客创造更大的价值，从而形成良好的口碑，在同行业中树立品牌声望。

（3）与顾客建立感情纽带，形成信任关系。

（4）由于形成顾客服务体验的服务接触是由公司员工提供的，因此，将品牌内部化，实施内部营销非常必要。

塑造服务品牌的品牌个性能够帮助品牌有效地形成差异化，并有利于消费者与品牌之间情感纽带的建立，帮助企业创建成功的服务品牌，具体策略如下。

1. 建立企业品牌主导的服务品牌组合

服务是无形的，缺乏有形的要素来展示和包装，顾客在购买前对服务缺乏直观的感受，无法进行客观的评价。因此，服务企业的实力、形象、口碑等往往成为影响顾客购买决策和购后评价的重要依据。在服务企业的品牌组合中，企业品牌应成为主导品牌和重点建设的对象。

2. 创造强烈的企业联想

所谓的企业联想是指当消费者看到品牌时能联想到服务企业，它是形成品牌特色或个性的关键所在。由于服务产品极易被模仿，提供什么样的服务往往不重要，对于顾客来说，重要的是谁在提供服务以及如何提供服务。不同的企业，在提供同种服务时可能差别很大。企业人员、设备、技术等，是能够直接或间接影响顾客对服务质量的企业联想。

案例启迪

支付宝“十年账单”

2014年12月8日，支付宝借成立10年之机发布了一个新颖独特的十年账单，引得用户啧啧称赞。这份账单既不是简单的数字堆砌，也不是枯燥乏味的表格罗列，而是把用户与支付宝一路相伴的点点滴滴以图文日记的形式娓娓道来，让人感叹原来一份普通的账单也可以用如此精美、细致、有趣的方式呈现。

十年账单带给用户的首先是感动和震撼。10年时间跨度，3亿人的账单、423亿笔交易，支付宝依托强大的大数据技术支持，把每一笔交易的金额、时间、交易类型等记得清清楚楚。哪一天注册的支付宝、哪一天有了第一笔网购支出、第一次转账、第一次缴电费、第一次买余额宝、第一次买彩票、信用卡还款等这些用户早已淡忘的细节被一一回放，让用户心生感动之余实际上是在不知不觉中强化用户对支付宝的信任感和归属感。

3. 强化全方位的品牌要素

无形性对品牌要素的选择有重要意义。由于顾客常常是在服务现场做出服务决策和安排的，因此品牌的表层要素会左右其购买决策。作为品牌核心因素的品牌名称应易于记忆和发音，相应的文字和标志等刺激物要精心策划；服务的“外观”，如环境设计、接待区、着装等对形成顾客的品牌认知也有影响；其他品牌要素，如标识、人物和口号，均可以用来辅助品牌名称，向顾客展示品牌，建立品牌认知和品牌形象。

4. 建立合理的品牌层级结构

随着服务的多样化，服务企业需要根据不同的市场和服务产品特性，推出相应的服务品牌。产品多样化是服务企业的一个显著特点，服务企业建立品牌层级，有利于定位和瞄准不同的细分市场，突出不同服务产品的特征。

5. 品牌的内部化

服务企业的员工是向顾客传递品牌的重要媒介，可以为品牌注入活力和生机。通过员工的行为，可以将文字或视觉品牌转化为品牌的实际感知。因此，实现品牌的内部化对服务企业来说尤为重要。品牌内部化涉及向员工解释和宣传品牌，与员工分享品牌的理念和主张，培训和强化与品牌宗旨一致的行为。服务品牌内部化可以加强与顾客“关键时刻”的管理。大多数服务过程是由员工与顾客的接触来完成的，每次接触都可能成为顾客的“关键时刻”，员工必须在“关键时刻”将品牌承诺作为自己的行动准则，为顾客提供美好的服务体验和服务感知。

6. 持续服务理念创新与信守承诺

一个具有良好服务品牌的企业能为顾客开发出重要且有价值的服务。企业不能局限于将自己的服务与竞争对手的服务区别开来，而应把为顾客提供有价值并且独特的服务作为其目标。顾客的需求是不断变化的，这就需要企业根据顾客需求的变化而调整和创新服务理念，维持长足发展。此外，处理好服务与承诺的关系也是提升企业的服务品牌声誉的一种有效手段。

任务四 服务标准

服务标准是指服务企业用于引导和管理服务行业的规范。大多数服务企业都设有自己的服务标准。现代服务营销观念要求服务企业从顾客的服务期望和利益出发，制定以顾客需求为导向的服务标准。

一、顾客导向的服务标准

顾客导向的服务标准是指服务企业按照顾客的服务期望或需求而制定的服务标准。顾客导向的服务标准可以分为硬标准和软标准。

1. 硬标准

硬标准是指能够通过计时、计数或观测得到的服务标准。顾客对服务承诺的实现程度有很高的期望，为了解决这一问题，企业可以设立可信度标准，建立一套“第一次就把事情做对”和“准时完成”的价值体系。如表5-3所示给出了一些服务企业所建立的硬标准。

表5-3 顾客导向的硬标准示例

企业名称	顾客服务期望	顾客导向的服务标准
中国东方航空	可靠性	准时到达
中国招商银行	便利性	将营业时间推迟到晚上8点
中国邮政	准时投递	国内快递3天之内送达
麦当劳	食品新鲜	汉堡上架超过10分钟未售即丢掉

案例启迪

厦门航空乘机服务标准

餐饮服务标准如下：

（1）发放餐饮服务，视情按照从左到右，从里到外，先女宾后男宾的顺序。

（2）客舱乘务员及双照航空安全员应穿着围裙。

（3）按照飞行时间、供餐时间及配备标准提供餐饮：90分钟以上航线，原则上先提供饮料服务再提供餐点；90分钟以内航线，可先提供餐点服务再提供饮料。

（4）飞行时间90分钟以内（含）的航班，原则上提供至少1次饮料服务（如遇颠簸或其他特殊情况下除外）。

（5）飞行时间90分钟至210分钟的航班，提供至少2次饮料服务。

（6）飞行时间210分钟（含）以上的航班，提供至少2次饮料服务，客舱巡视时根据旅客需求及时提供茶水/矿泉水服务（如遇颠簸或其他特殊情况下除外）。

（7）飞行时间90分钟以上的航班，视情况提供薄荷糖服务（需在落地前）。

（8）遇特殊情况，如长时间颠簸等，乘务长可视情调整服务程序。

（9）为预订特殊餐食的旅客提供相应的餐饮服务。

（10）发放热食、热饮时，必须口头提醒旅客，避免烫伤。

（11）推拉餐车时，以观察为主，必要时进行小声口头提醒，避免碰撞旅客。30分钟完成。

客舱服务品标准：

一、座椅靠枕

（1）两舱需根据座位数量满配靠枕。

（2）要客及专机航班配备专门枕头，并与保洁头片配套。

（3）两舱靠枕必须干净、舒适、尺寸适中、有支撑度。

二、毛毯配备标准

（1）两舱按照座位满配毛毯。

（2）普通舱根据机型不同及航季不同配备不同数量毛毯。

（3）冬春季737机型配备16条，757机型配备32条。

（4）夏秋季737机型配备32条，757机型配备48条。

（5）所有毛毯应干净整洁并整齐装在专用的毛毯袋内。

其他服务：

1. 报纸种类

（1）厦门始发航班正常情况两舱3～4种。

（2）厦门始发航班正常经济舱配发2～3种。

2. 机上娱乐信息指引

（1）根据机型配备机上音像制品（分DVD 光盘与录像带），多尼卡设备由机务负责更换。

（2）机上娱乐节目内容包含：综艺节目、电影节目、经络养生操、客舱设备介绍、客舱安全介绍、天合联盟视频等。

3. 电影节目的选择

（1）依飞行时间，提供数部轮播电影。

（2）正常情况每月提供6部不同影片进行轮换播放。

4. 耳机配备标准

厦门、福州始发北京航线及超过3小时的航程应提供经消毒、密封包装的耳机。

2. 软标准

并不是所有顾客的服务期望都能通过计时或计数的方式表达出来。例如“服务人员要了解顾客的需求”就不是一个可以进行计数或计时能得出的标准。企业员工也很难准确地把握这一标准。

软标准是建立在意见和情感的基础上，无法直接观测到，必须通过顾客、员工或其他人的交谈才能了解和体会到，并以文字的形式呈现出来的服务标准。软标准是员工在提供服务的过程中，为满足顾客需求而提供指导、准则和反馈，可以通过对顾客的理解与信任程度进行评价后得以测量。具体示例如表5-4所示。

表5-4　顾客导向的软标准示例

企业名称	顾客服务期望	顾客导向的服务标准
中国工商银行	营业代表热情、礼貌	耐心为客户解释疑问，专心聆听，真心诚意帮助客户解决问题
中国电信客户服务中心	亲切、礼貌地对待顾客	有礼貌，具有专业知识，耐心解答询问，虚心接受意见，不与顾客争吵，事后致电顾客，了解顾客感受
万科房地产物业管理中心	尊重业主	维修人员经业主同意方可进入家门，不接受任何馈赠

营销实践

银行的“感动”服务

在金融业产品和服务同质化现象严重的当下，商业银行竞相提高服务水准，进入了比拼服务的“大时代”。近期，以“服务立行”著称的招商银行在全国网点推行“感动服务场景化”项目，推出了8大类“感动服务场景”和25项“感动服务举措”，如全程陪“办”、爱心餐点、婴幼呵护、手机加油站、撑伞相送、业务预提示、折返优先等，力求在每个业务办理环节，为客户提供更加细致体贴的服务。

谈到“感动服务”，不得不提到餐饮企业海底捞。海底捞创始人张勇认为，让顾客放心是三级服务，让客户满意是二级服务，让客户感动才是一级服务。让客户感动了，才能让客户心甘情愿、义无反顾地忠诚于企业；让客户感动了，才能让他们成为企业的“粉丝”，永远支持企业。对于餐饮业来说，优质的服务能够弥补味道的不足，心情好胃口就好，胃口好味道就好。多年来，这家企业正是抓住了顾客的这一心理特点，秉承了唯有服务才能让顾客满意并感动的宗旨，将服务至上奉为海底捞立店之本，才最终获得了全国遍地开花的局面。

与餐饮业相同，银行业本质上也是服务业。尽管随着互联网金融的发展，银行越来越多地通过互联网向客户提供服务，但是，线下的网点不仅是银行的门面，更是银行与客户之间加深信任、深入了解的重要渠道，线下网点的服务水平直接影响到客户对银行的印象和感受。特别是当市场竞争激烈、银行产品高度同质化的时候，服务就是最大的竞争力。

当然，银行要将“感动服务”真正落地，并不简单。

网点必须充分分流。所谓分流，就是把办理小额取现等简单业务的客户分流到自助机具办理，把转账等需要标准化服务的客户分流到网上银行办理，尽可能提高网点人工工作附加值。可以想象，一个队伍排成长龙的网点，大堂经理忙着维持大堂秩序，是没有时间和精力去“感动”客户的。

合理设置网点岗位。在客户被充分分流的基础上，减少业务处理人员，增加大堂经理和营销岗位设置，更好地关注客户的个性化需求。比如海底捞的服务员岗位就有多种，除了普通传菜、捞面的服务员外，还设置了门迎组，为等位的客户提供美甲、擦鞋等各项服务。

做好“感动”硬件配备。海底捞为长头发的客户准备皮筋扎头发，为客户手机套上布袋以防弄脏，门迎员常备送菜卡，一旦遇到抱怨的客户，就随手送上一张。招商银行的

"感动服务"就在网点设置了爱心窗口、爱心座椅、盲文键盘、轮椅、宠物箱等。这些贴心的细节，还需要银行网点在日常服务中不断补充完善。

网点人员训练有素。利用考核机制督促的同时，更重要的是通过教育培训，让网点人员深刻认识到"感动服务"所带来的价值，从而将"感动服务"贯穿至接待客户的每一个细节，真正根植到企业文化中。

在互联网金融大形势下，不少银行都在开展网点转型，银行网点越发宽敞明亮，业务分区更加合理，智能机器人等高科技服务设备也不鲜见。下一步，我们期待更多银行将"感动服务"作为网点转型的关键环节，用实实在在、不折不扣的实际行动为客户带来更多惊喜和感动。

资料来源：根据中国城乡金融报/2017年/3月/3日/第A02版，江婷，今天你被银行感动了吗？编写，有删减。

二、服务标准的开发过程

开发顾客导向的服务标准，就是将顾客服务期望或要求转变为服务企业的服务规范和标准的过程。服务标准开发的一般流程如图5-3所示。

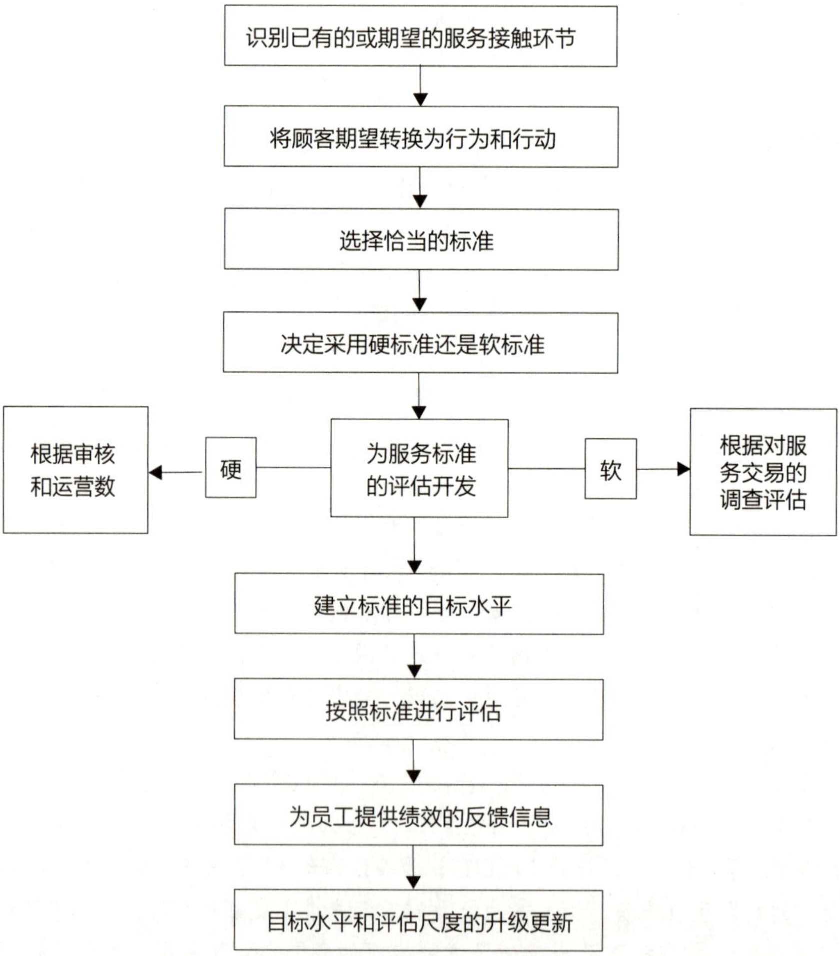

图5-3 服务标准开发的步骤

1. 识别已有的或期望的服务接触环节

顾客是在服务接触过程中来感知服务质量的，企业要了解服务接触过程的不同环节，这些环节可以使用服务蓝图或者根据顾客接受服务的步骤与行为来识别。企业要从中找出哪些是重要的服务接触环节，以便制定服务标准时能把握重点。

2. 将顾客期望转换成行为和行动

服务企业必须将笼统的顾客服务期望与要求转换为与每次服务接触有联系的、具体的、详细的行为和行动。只有将顾客的服务期望与要求明确化、详细化、具体化和可操作化以后，才能形成有效的服务标准。

3. 选择恰当的标准

企业要在众多的行为和行动中挑选出重要行为和行动，并建立服务标准。企业可以根据以下原则来选择。

（1）服务标准对顾客来说应是最重要的行为和行动。

（2）服务标准应反映需要改进或维持的行为表现。

（3）制定员工可以接受的标准。

（4）制定员工能够执行的标准。

（5）服务标准要为顾客预期而设立。

（6）服务标准应既有挑战性又切合实际。

4. 决定采用硬标准还是软标准

服务企业应考虑为某项服务行为制定硬标准还是软标准。通常很多服务企业倾向于优先选择硬标准。因为硬标准容易执行、测量、统计和分析。但是若硬标准不能充分展示预期的行为，或者无法测量服务行为时，企业可以考虑采用软标准。例如企业可以选择顾客满意度这一软标准来衡量服务补救的效果。

5. 为服务标准的评估开发反馈机制

开发反馈机制主要是基于顾客角度而建立的。而实际情况却是多数企业往往从自身角度来建立反馈机制。

6. 建立标准的目标水平

这一步骤要求服务企业为服务标准建立目标水平，否则，企业无法衡量自己制定的服务标准是否达到目标。

7. 按照标准进行评估

为确保各层次的服务标准有效地执行，服务企业应该建立评估指标，反映和评估服务标准的执行情况。

8. 为员工提供绩效的反馈信息

企业要及时向员工反馈信息，让员工了解相关情况，尽快识别问题并加以改正和完善。

9. 目标水平和评估尺度的升级更新

为了随时与顾客的服务期望和需求保持一致，服务企业需要定期对目标水平、指标、甚至顾客需求进行调整。

项目小结

服务产品是服务企业得以发展的基础。服务产品包括核心服务、便利服务和支持服务。服务产品的附加服务可分为八种类型，并称之为“服务之花”的八个花瓣，分别为信息服务、咨询服务、订单处理服务、接待服务、账单服务、保管服务、付款服务和额外服务。服务创新的种类包括完全新服务；换代新服务；改进型服务和模仿型服务。服务产品的开发要经过导向、设计、试验和引入四个阶段来完成。

服务品牌具有以下作用：便于顾客识别服务特色和服务质量；降低顾客购买风险和企业的经营风险；为顾客带来附加价值和帮助企业获得更多利润。越来越多的企业已经开始认识到服务品牌的重要性，开始重视服务品牌的塑造。

服务标准是指服务企业用以引导和管理服务行为的规范。顾客导向的服务标准是指服务企业按照顾客的服务期望或需求而制定的服务标准，可分为硬标准和软标准。服务标准的开发过程要经过多个步骤来完成。

复习思考题

1. 服务之花包含哪些内容？
2. 服务产品创新的种类有哪些？
3. 服务品牌的作用是什么？
4. 服务标准的类型有哪些？

实践活动

1. 实训内容

让学生到商业街学习和调研，了解和分析某一服务企业的基本服务组合、服务产品的组合策略、核心服务和附加服务、新服务产品的开发情况以及其品牌的管理情况。

2. 实训目的

根据所学的服务产品及品牌策略相关理论知识点分析、研究和解决企业在服务产品策略及品牌管理等方面存在的实际问题，提高学生的理论应用能力。

3. 实训要求

（1）学生以5～6人为一组，由组长负责，利用课外时间到商业街进行实地考察和调研学习。

（2）以小组为单位座谈讨论，分工协作撰写调研报告。

营销体验

如今，几乎所有航空公司都在思考如何增加辅助收入，关于航空公司成为全渠道零售商宏伟愿景的讨论也有很多。但是，航空公司的零售营销之旅可以说才刚刚开始。

基于安卓系统的机上娱乐系统（IFE）、无线IFE、机上互联网，再加上大量携带数字化设备的旅客，这些条件的具备使航空公司能够在提供机上娱乐服务之余，为新的辅助收入创造机会。

罗克韦尔柯林斯公司信息管理设备高级副总裁杰弗瑞·斯坦德思奇（Jeffrey Standerski）对这一革命作了很好的总结。他说：“旅客的期望已经从被动式的“请为我提供娱乐服务”变成主动式的“我想要自娱自乐”。今后，旅客与客舱的互动将不仅体现在机上娱乐服务上，而且有更加深入和持续的介入式互动。”

这种新的机上互动平台，无论是椅背系统、机上无线门户，还是移动APP，都将成为航空旅行生态体系当中的又一个接触点。

随着电子商务的发展，旅客开始希望在飞机上获得自助服务以及按需服务的体验。这意味着，除了允许旅客在座椅上预订食物与饮料外，航空公司还应当联手第三方供应商，比如酒店、餐馆、免税店、运输公司、活动门票销售商等，共同营造机上零售环境，使其成为机上门户网站的一部分，而不是从销售Wi-Fi 服务中赚钱。

以芬兰航空为例，其将新的“Nordic Sky”机上门户打造成了一个向旅客提供新服务并增加辅助收入的渠道。旅客可以使用自带设备登录“Nordic Sky”机上门户网站，所有旅客可以免费登录芬航网站，享受芬航服务，比如目的地信息、客户服务、免税品预订等。如果旅客订购了免税品，芬航会在返程航班上将商品送到旅客手中。旅客还可以使用芬航的机上门户网站预订出租车、餐馆、游轮、音乐会门票等。芬航还在考虑允许旅客在机上预订杂货。

汉莎航空与法兰克福机场是合作进行机上零售的一个新范例。乘坐汉莎航空飞往法兰克福的远程航班旅客，可以通过汉莎航空的机上门户网站预订法兰克福机场零售商店的免税品。这样一来，在飞机抵达之后，机场会将旅客订购的免税品送到他们面前。

国际航空集团旗下新的远程低成本航空子公司LEVEL 允许旅客通过椅背IFE系统订购食物、饮料和旅行用品，并用他们的信用卡通过一个叫作“Pair&Pay”的解决方案付款。具体流程就是，旅客在IFE屏幕上选择商品之后，可以将其发送到他们连接Wi-Fi的设备上，再用设备绑定的信用卡付款。整个购物体验非常简单。挪威航空和巴西蔚蓝航空等也有类似做法。

案例思考：

各航空公司为创新服务体验，做了哪些努力？

项目六　服务渠道、定价与促销策略

学习目标

1. 认识服务分销渠道的特点及类型。
2. 理解服务位置的选择。
3. 掌握服务定价方法和策略。
4. 了解服务促销的挑战及其对应策略。
5. 理解服务促销计划的拟定。

能力目标

1. 能从企业实际出发选择合适的服务位置，以及拓展和创新服务渠道。
2. 能从企业实际出发明确服务定价依据、选择正确的服务定价目标并制定正确的定价策略。
3. 能应用所学服务促销策略理论，为企业制定切实可行的服务促销组合策略。

知识结构

服务渠道、定价与促销策略

- 服务分销策略
  - ○服务分销渠道的含义
  - ○服务分销渠道的特点与类型
  - ○服务位置的选择
  - ○服务分销渠道的发展趋势
- 服务定价策略
  - ○服务定价概述
  - ○服务定价方法
  - ○服务定价策略
- 服务促销策略
  - ○服务促销的作用
  - ○服务促销挑战及策略
  - ○拟定服务促销计划

导入案例

快餐巨头麦当劳如何完成“O2O”弯道超车？

麦当劳（McDonald's）是全球大型跨国连锁快餐企业，由麦当劳兄弟和Ray Kroc创立于1954年，旗下拥有超过3万家快餐厅，分布在全球121个国家和地区，主要售卖汉堡包，以及薯条、炸鸡、汽水、冰品、沙拉、水果等快餐食品。

2013年，移动互联网大潮兴起，麦当劳积极响应，迅速出击，通过移动端合作、上线独立APP、部署移动支付、安装无线网络和无线充电设备等措施，在移动战场上取得了令人瞩目的成绩。

1. 移动端合作

2013年6月，麦当劳与微信合作，开通微信支付，支持微信端购买电子兑换券；2014年9月，麦当劳又联合百度地图在全国135个城市近千家店面发起“跑酷”抢甜筒活动：当消费者身处距离麦当劳甜品站3公里范围内时，根据消费者属性进行识别，部分消费者手机上会收到百度地图的推送信息，根据距离的远近自动匹配时间，用户只要在规定时间内抵达最近的麦当劳门店，就可免费享用一个樱花甜筒。

2. 上线独立APP

麦当劳拥有巨大的线下体量，它的APP从来不缺用户，甚至可以开发多个APP，在不同的国家或地区麦当劳也有当地的APP。比如2014年4月麦当劳中国台湾地区推出一款早安APP，既是一款闹钟，又可以派发优惠券。

2014年11月在加拿大，当地的麦当劳公司推出一款名叫Fry Denfender的APP，号称是“世界上第一款薯条保护系统”；2014年6月在美国，麦当劳推出一款名叫McD Ordering的订餐应用，它与消费者的信用卡或借记卡连接，在消费者来到麦当劳，扫描店里显示的二维码时，它就能够自动地进行收费，同时麦当劳在美国还有另一款McD APP，主要提供优惠券和消费积分服务；2014年6月，麦当劳在中国大陆也推出了订餐APP麦乐送，用户可以通过手机快速完成订餐，早在麦乐送之前，麦当劳的优惠券APP也已拥有了大量的用户。

3. 推进移动支付

麦当劳在移动支付上的投入非常惊人，据品途网不完全统计，麦当劳先后在日本、法国、比利时、瑞典、科威特、中国、英国、美国等地推行形式多样的移动支付服务。以中国为例，麦当劳不仅与第三方支付应用支付宝、财付通、百度钱包等开展合作，同时也与银行直接建立自助结算系统。

4. 部署无线Wi-Fi

2010年1月15日，麦当劳美国总部对外宣布，美国境内麦当劳餐厅Wi-Fi无线热点服务全面转入免费阶段，至此，麦当劳在全球的免费Wi-Fi铺设工作开始快速推进。2010年4月，中国境内部分餐厅也开始提供免费Wi-Fi服务，到2013年麦当劳加快了在中国区的免费Wi-Fi铺设进度，截止到2014年年底，麦当劳在中国区的Wi-Fi覆盖已超过1000家餐厅。

5. 安装无线充电

包括手机在内的移动智能终端始终难以回避一个难题：电力续航短。目前一些国家正在积极研发和推广无线充电技术，但尚未统一的标准，现有的三大标准包括PMA（Power Matters Alliance），Qi，A4WP（Alliance for Wireless Power），截止到2013年年中，已有部分欧洲麦当劳餐厅安装了支持PMA的无线充电点。

案例启示

1. 观念革新，迅速跟进

麦当劳自成立至今已有60年历史，是一家典型的传统餐饮企业，其在互联网的落笔虽然略晚，但跟进速度惊人。以麦当劳中国公司为例，品途网通过对国内数个移动应用分发平台查询了解，截至2014年年底，麦当劳外送APP麦乐送在1年半的时间内其用户下载量已超过40万次，麦当劳优惠券APP则超过240万次。除运营自有官网、APP，麦当劳还同国内主要互联网公司百度、阿里巴巴、腾讯等均有合作往来。对于一家有着60年历史的传统快餐企业来说，能够在互联网浪潮下游刃有余，并迅速取得不错的成绩，与其领导层对互联网观念的接受和重视程度有着密不可分的关系。

2. 抢占移动优势不遗余力

品途网通过对麦当劳近两年的大量事件调研发现，麦当劳在移动端的投入可以说是不遗余力，为了提升移动端的用户体验，不仅从软件层面着手一批移动应用，同时还投入巨资铺设Wi-Fi和无线充电等硬件设备，并在全球范围积极推广移动支付，使“快餐”名副其实。一方面，对餐厅本身有助于提升其翻台率；另一方面，移动支付的应用助其实现O2O闭环。

3. 终极目标：用户数据的精准营销

无论APP、移动支付还是免费Wi-Fi、无线充电，其最终指向都是用户的智能手机——麦当劳与用户的移动接触点。麦当劳从多个渠道网状结构去捕捉用户的消费行为，以此形成庞大的数据库，其一可以利用技术为用户带来综合的生活便利与趣味性的全新体验；其二这个移动接触点的产生能够帮助麦当劳实现更多更精准的营销手段。

服务企业战略目标的实现需依据市场营销策略的恰当组合，而制定营销组合策略的首要任务就是满足顾客的需求，使顾客获得价值。在服务营销中，渠道关系到企业是否能将服务顺利地传递给顾客，价格和促销都有可能通过提高顾客期望而加大顾客感知的服务质量差距。因此，研究服务产品的分销、定价和促销策略对服务企业的营销工作具有非常重要的意义。

任务一 服务分销策略

一、服务分销渠道的含义

任何服务企业在经营活动中都要考虑本企业的服务如何尽快提供给顾客，而这与建立高效的服务分销渠道是分不开的。从营销的角度来看，服务分销渠道的起点是服务提供者或生产者，终点是消费者或组织用户，位于中间的则是促使服务商品转移到消费者手中的各种中间商或机构，如批发商、零售商以及相关机构等。

二、服务分销渠道的特点与类型

（一）服务分销渠道的特点

1. 服务分销渠道较短

在大多数情况下，由于服务生产与消费同时进行，往往需要顾客参与到服务过程中来，很多人员提供的服务都是由企业直接提供给顾客，因此服务分销渠道主要是采用直销的形式来实现服务的直接传递。即使是使用服务中间商来分销服务，服务分销渠道也较短。

2. 服务分销渠道不涉及所有权的转移

在有形商品的分销过程中，商品所有权往往在不同的渠道成员之间转移。但是，由于服务具有无形性的特点，顾客无法获得服务的所有权，企业或服务中间商也只能是对服务的使用权进行转移，因此，服务分销渠道并不涉及所有权转移的问题，实际上是将服务传递给顾客使用。

3. 管理中间商时面临着特定的问题

如果服务企业决定使用中间商来分销服务产品，因服务的特殊性，企业与服务中间商有关的问题包括对服务质量控制的困难、渠道冲突等问题，企业需要对中间商进行管理，可以使用渠道控制、向中间商授权、与中间商合伙等管理措施，使其能将服务有效地提供给顾客。

（二）服务分销渠道的类型

根据企业是否使用服务中间商，可以将服务分销渠道划分为直接渠道和间接渠道两种，如图6-1所示。

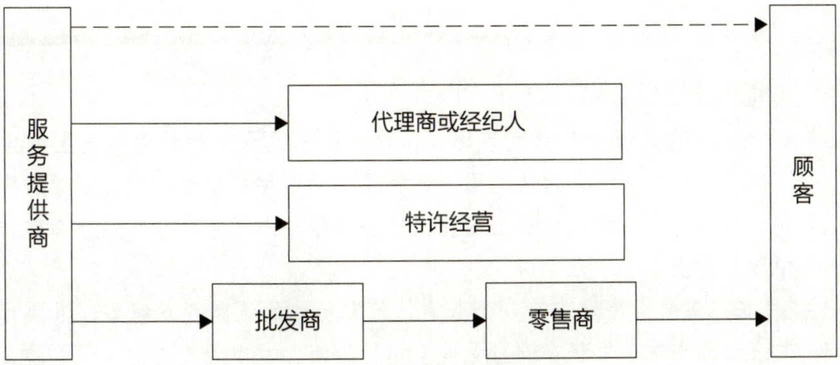

图6-1 服务分销渠道类型

1. 直接渠道

直接渠道是指服务企业直接将服务产品销售给顾客的模式。企业采用直接服务渠道具有以下优点：

（1）对分销渠道的控制性强。服务企业使用自有渠道，可以自主决定人员聘用/解雇、激励手段和激励力度等，可以对服务质量保持较好的控制以实现服务供给的一致性，还可以完全控制服务企业与顾客之间的关系。

（2）能及时获取市场信息。在与顾客接触时，服务企业可以直接了解顾客的需求及其变化趋势，同时也能及时搜集顾客的意见和竞争者的信息，使服务企业能对市场需求进行快速响应。

（3）有助于实现服务差异化。服务企业直接向顾客提供服务，对顾客的了解较为深入，可以根据顾客的需求偏好灵活提供个性化的定制服务，形成服务差异化，与竞争对手区别开来。

但服务企业采用直接渠道也有其缺陷。

（1）需要大量投资。服务企业直接向顾客提供服务，需要由服务企业自筹资金开设或增加店面。对于大多数服务企业而言，这不但增加了企业的负担，还需要服务企业为此承担所有的财务风险。

（2）地域的局限性。对于人员因素占比较大的服务产品中，服务提供者的不可复制性使得服务企业难以开拓新的市场，直销可能意味着服务企业会局限于某个区域性市场。

2. 间接渠道

间接渠道是指服务企业通过服务中间商或中介机构向顾客提供服务的模式。服务中间商的形式很多，常见的中间商类型如表6-1所示。企业可以根据自身的服务产品，选择使用一种服务中间商销售其服务，也可以综合使用多种服务中间商来分销服务。

表6-1 中间商类型

中间商类型	定义
代理商	根据合同规定代表委托人从事某项服务活动的一方，如保险代理公司
经纪人	为促进他人交易并收取佣金的组织或个人，如房地产中介、证券经纪人
代销	专门提供一项服务，然后以特许权的方式销售服务产品，常见于快餐行业
批发商	从事批发业务的中介机构，如旅游公司
零售商	直接向顾客提供服务产的中介机构，如电影院、干洗店

案例启迪

南航微信：服务即营销

2013年8月5日，微信5.0于苹果商店上线，这一版本或许是微信发展史上最重要的一个版本之一。为了防止公众账号对普通用户的骚扰，微信将公众号分为订阅号和服务号两类，与此同时，微信官方开始大力提倡企业微信公众账号做服务而非营销。南航作为服务号的代表从中脱颖而出。

2013年1月底，南航微信发布第一个版本，随着功能的不断开发完善，机票预订、办理登机牌、航班动态查询、里程查询与兑换、出行指南、城市天气查询、机票验真，等等这些通过其他渠道能够享受到的服务，用户都可以通过南航微信公众平台来实现。到4月

25日，南航微信用户达到20万人。其中有2万～3万人通过微信绑定了会员卡——绑定后，用户还可以直接通过微信获取里程查询、里程累积等会员服务。南航并没有用营销而是用服务实现了粉丝的野蛮生长，这在之前可能并没人预料得到。

在微信公众平台刚刚发布的一段时间内，微信营销甚嚣尘上，而微信5.0的发布算是让大批热血沸腾的营销人士冷静下来，南航、招商银行、大悦城等一批服务性微信账号的成功，展示了不同以往的营销方式——借助新媒体做好服务——服务即营销。

三、服务位置的选择

（一）确定顾客接受服务位置的类型

服务位置选择是企业确定在什么地方经营与服务人员身处何地所做出的决策。服务位置会对企业的服务营销产生影响，尤其是零售店的情况，店面的位置非常重要。位置的重要性主要取决于顾客与企业相互作用的类型与程度，而二者相互作用的类型与程度与服务的性质有关。顾客与企业相互作用的方式主要有以下几种形式，如表6-2所示。

表6-2　顾客与企业的互动方式和服务位置的重要性

顾客与企业的互动方式	常见例子	服务位置重要性
顾客前往服务场所	电影院、美容院、理发店	最重要
服务供应商前往顾客处	家政服务、快递	较不重要
远距离完成服务传递	电话公司、信用卡公司	最不重要

（1）顾客前往服务场所。如果顾客必须亲自到服务现场接受服务，那么服务位置就显得特别重要。如餐厅所在地的便利性就是顾客经常光顾的一个主要理由。因此，企业选择合理的服务位置非常关键，开展行人调查或交通调查可以帮助企业更好地确定店面所处的位置。

（2）服务供应商前往顾客处。如果企业的员工能够到顾客所处的位置为其提供服务，那么服务位置就不是那么重要了。在下列两种情况下，服务供应商适合到顾客所在处提供服务：一是服务对象无法移动，如需要装修的房屋、需要清洁的门窗；二是顾客愿意支付更高的服务费用，企业可以从中获得更多收益，如为高端人士提供的量身定制裁缝服务。

（3）远距离完成服务传递。当顾客与企业之间不直接接触，而是彼此相距一段距离时，服务位置最无关紧要。顾客与企业之间不再需要相互接触，顾客可能永远不会看到服务设备，也不会面对面地与服务人员交流，只需通过电话或互联网就能完成服务交易。此类服务的互动要少得多。

案例启迪

麦当劳选址秘籍

业内曾经流传这样一种“傍大款”的说法：“选铺跟着麦当劳、肯德基走，肯定没错！”

似乎无论麦当劳和肯德基把店开在哪里，哪里就是黄金地段的象征，我们甚至可以经常看到麦当劳和肯德基把店开在一些看起来并不特别惹眼的地方，而其门庭若市的状况又让人不得不佩服其选址的精明。

麦当劳在我国的发展步伐无疑是飞速的，而如今也几乎没有孩子不知道麦当劳叔叔。有人说，这是麦当劳的本土化策略带来的结果。确实有这方面的原因，麦当劳会根据当地人的口味适当调整自己的配方，但只是一小部分，不管到哪里，它都把汉堡包作为自己的特色。但本土化只是他成功的一个方面，麦当劳最成功的地方在于选址，它只选择在适合汉堡包生存的地方开店，所以它的每个店都非常成功。应该说，正因为麦当劳的选址坚持通过对市场的全面资讯和对位置的评估标准的执行，才能够使开设的餐厅，无论是现在还是在将来，都能健康稳定地成长和发展。

以先标准后本土的思想建立的麦当劳，首先寻找适合自己定位的目标市场作为店址，再根据当地情况适当调整。他们不惜重金、不怕浪费更多的时间在选址上。但他们一般不会花巨资去开发新的市场，而是去寻找适合自己的市场；不会认为哪里都有其发展的空间，而是选择尽可能实现完全拷贝母店的店址。用一个形象的比喻来说，他们不会给每个人量体裁衣，他们需要做的只是寻找能够穿上他们衣服的人。

连锁企业发展的标志就是规模扩张，它的前提是总部统一控制发挥整体优势，而实现这一目标的第一步就是通过选择合适的店址，进行最大限度的拷贝，使分店更加标准化，使总部经营管理更加简单化。麦当劳连锁经营发展成功的三个首选条件是“选址、选址、选址”，他们就是要选择目标市场以加快连锁经营度的步伐。

麦当劳的选址主要分为如下步骤：

首先，市场调查和资料信息的收集。包括人口、经济水平、消费能力、发展规模和潜力、收入水平以及前期研究商圈的等级和发展机会及成长空间。

其次，对不同商圈中的物业进行评估。包括人流测试、顾客能力对比、可见度和方便性的考量等，以得到最佳的位置和合理选择。在了解市场价格、面积划分、工程物业配套条件及权属性质等方面的基础上进行营业额预估和财务分析，最终确定该位置是否有能力开设一家麦当劳餐厅。

最后，商铺的投资是一个既有风险，又能够带来较高回报的决策，所以还要更多地关注市场定位和价格水平，既考虑投资回报的水平，也注重中长期的稳定收入，这样才能较好地控制风险，达到投资收益的目的。

✧ 思考与讨论：

1. 根据有关原理分析麦当劳选址实施了怎样的目标市场营销策略？

2. 实施该目标市场营销策略考虑了哪些因素？

（二）服务位置策略

（1）集中策略。此策略指服务企业在众多提供相同服务的场所设立服务点的策略。例如餐饮行业、汽车维修业较常使用这一策略。在同行业汇集的地方开店，方便消费者识别与选择，容易实现共赢。

（2）分散策略。此策略指服务企业使其服务网点广泛分布，采用多店面与多地点的策略。例如，某药店在各个社区建立连锁店。使用分散策略时，企业通过建立众多的服务店，可以提高知名度，扩大市场覆盖面。

（3）替代策略。企业利用第三方的网店或技术手段来替代本身的服务网店的策略。这种策略的本质在于利用网点来获得市场先机，以最低成本为最大范围的消费者服务。企业可以通过与竞争者或服务中介合作，利用对方的网点来提供服务。例如，ATM机联网使各银行都能更大范围地为顾客提供便利的服务。

四、服务分销渠道的发展趋势

随着社会和科技的进步与发展，服务分销渠道的方式有了较多的创新应用。

1. 综合服务渠道

综合服务是服务业增长的一个现象，它指的是综合公司体系与综合性合同体系的持续发展，并已经开始主宰某些服务业领域。在观光旅游方面，许多服务系统正在结合两种或两种以上的服务业，如航空公司、大酒店、汽车旅馆、汽车租赁、餐厅、订票、轮船公司等进行合作联盟，一起为消费者提供旅游服务。目前有些大型的服务业公司，正通过垂直和水平的服务渠道系统，进而控制整体的服务组合，为旅游消费者提供服务。

2. 自主服务渠道

自助服务渠道是指不需要企业相关人员的参与，顾客自己就可以完成相关服务产品的购买。例如，在银行使用自动取款机、在加油站自己加油、在火车站自己购买车票等，都是自助服务。自助服务的低成本和低价格，及其为顾客带来的便利性，让越来越多的人认可自助服务。但自助服务的潜在风险是可能会使企业与顾客之间的关系疏远，顾客与员工之间互动的缺乏会导致顾客忠诚度降低。

3. 网络服务渠道

网络服务渠道是指企业利用互联网与顾客进行交易且向顾客提供服务的一种模式。例如，网络购票和网上订餐服务、网上银行、中国移动的网上营业厅等，都属于网络服务渠道的表现形式。网络服务渠道的优势包括较强的互动性、低成本、服务范围广泛等。网络服务渠道消除了时间、空间的限制，减少了市场交易壁垒，使交易更具公平性，同时顾客通过网络服务渠道可以获得更多的选择权，提高了便利性。但网络服务渠道也存在一些问题，例如网络信息安全、企业初期投资较高等。

任务二　服务定价策略

一、服务定价

由于服务产品的特殊性，服务产品的定价比有形产品的定价要困难得多，需要考虑的因素也更多。服务企业定价是给服务产品制定一个合理的价格，更是给顾客一个识别服务质量的依据，因此要重视服务产品的定价。

1. 服务定价的特点

由于服务产品的特点，服务产品的价格与一般有形产品的价格有着特殊的差异性。

（1）服务的无形性是服务产品的定价比有形产品更困难。顾客在购买有形产品时，可以根据产品的外观、产品材质和包装等方面来判断产品的质量，进而判断价格是否合理；而顾客在购买服务产品时，由于服务的无形性，顾客在购买服务产品之前是看不到、闻不到、尝不到、摸不到的，对服务产品只有一个抽象的概念，难以对服务产品形成一个准确的认识。为了减少不确定性，他们将从看到的服务环境、服务人员、服务设备、企业宣传资料等与服务产品相联系，一起来判断服务产品的价格是否合理，是否物有所值。

（2）服务的易逝性及服务需求的不稳定性导致服务价格的差异性较大。服务的易逝性使服务的供求始终难以平衡。当需求小于供给时，服务企业可能会更多地使用优惠价、降价等促销方式，以充分利用剩余生产资源。例如，在旅游淡季，酒店和航空公司实行折扣价、提供更多的服务内容等，以吸引更多的顾客。当需求大于供给时，服务企业可以更多地制定相对较高的价格，以调节过量的需求。

（3）更为激烈的价格竞争。服务产品的同质化，以及经营中存在的不规范化，导致更为激烈的价格战争。市场竞争状况直接影响企业定价，一般来说，越是独特的服务产品，企业越具有定价的主动权。

（4）每一次服务的质量价格比各不相同。服务与服务提供者的不可分离性，使每一次服务的质量价格比各不相同。服务产品的质量很难以一个固定的标准来衡量，它要受到服务设备和服务提供者的技能、技术以及情绪等因素的影响，这又增加了服务产品定价的不可确定性。

案例启迪

打1折

估计大家都喜欢去买打折的商品，因为感觉能便宜很多。其实打折是很多商家的一种变相的赚钱方式。一般都是打7、8折很常见，5折就很少见了。但是，今天要说的这个却是打1折！大家是不是很好奇呢？我们一起来看看吧！

据悉日本东京有个银座绅士西装店。这里就是首创“打1折”销售的商店，曾经轰动了东京。当时销售的商品是“日本GOOD”。他们是这么实行的。首先定出打折销售的时间，第一天打9折，第二天打8折，第三天、第四天打7折，第五天、第六天打6折，第七天、第八天打5折，第九天、第十天打4折，第十一天、第十二天打3折，第十三天、第十四天打2折，最后两天打1折。看起来好像最后两天买东西是最优惠的，是吗？那我们看下面：

商家的预测是：由于是让人吃惊的销售策略，所以，前期的舆论宣传效果会很好。抱着猎奇的心态，顾客们将蜂拥而至。当然，顾客可以在这打折销售期间随意选定购物的日子，如果你想要以最便宜的价钱购买，那么你在最后那两天去买就行了，但是，你想买的东西不一定会留到最后那两天。实际情况是：第一天前来的客人并不多，如果前来也只是看看，一会儿就走了。从第三天就开始一群一群的光临，第五天打6折时客人就像洪水般涌来开始抢购，以后就连日客人爆满，当然等不到打1折，商品就全部买完了。

那么，商家究竟赔本了没有？你想，顾客纷纷急于购买到自己喜爱的商品，就会引起抢购的连锁反应。商家运用独特的创意，把自己的商品在打5、6折时就已经全部推销出去。“打1折”的只是一种心理战术而已，商家怎能亏本呢？

见过打折促销的，却是没见过如此“打1折”的神奇策略的，我们在佩服商家的聪明生意经的同时，也感受到网络营销的强大奇迹！

2. 服务定价的主要影响因素

影响服务产品定价的因素主要有成本、需求和竞争，此外，政策法规也是服务企业在制定服务产品价格时应考虑的因素。

（1）成本因素。一般来说，服务产品的成本可以分为固定成本、变动成本和准变动成本。固定成本是指服务基础设施、服务设备的折旧费、利息、管理服务人员等相对固定的开支，一般不随服务产量的多少而变动。变动成本则随着服务产出的变化而变化，如服务人员的工资、电费、运输费、物料消耗费用等。变动成本在总成本中所占比重相对较低。准变动成本是介于固定成本和变动成本之间的这一部分成本，它既与顾客的数量有关，又与服务产品的数量有关，如清洁服务的费用、员工的加班费等。

（2）需求因素。服务企业在制定服务产品的价格时需要考虑市场的服务需求，而市场的服务需求会受到服务价格的影响。需求的价格弹性是指因价格变动而引起相应的需求变动比率，它反映了需求量对价格的敏感程度。

知识拓展

需求价格弹性（Price Elasticity of Demand）

需求价格弹性是指不同的价格水平会引发不同的需求量，而需求量对价格变动的反应程度。需求的价格弹性计算公式如下：

$$需求的价格弹性=\frac{需求量变化的百分比}{价格变化的百分比}$$

假定Q为某个商品的需求，P为该商品的价格，则计算需求的价格弹性E_d为：

$$E_d=\frac{\Delta Q/Q}{\Delta P/P}=-\frac{\Delta Q}{\Delta P}\cdot\frac{P}{Q}$$

其中，E_d代表需求价格弹性系数，Q表示需求量，ΔQ为需求量的变化量，P表示价格，ΔP为价格的变化量。

E_d有如下特征：①E_d的值可为正或负，取决于有关变量是同方向变化（正数）还是反方向变化（负数），即表示两个变量变化方向的关系，而$|E_d|$则表示变动程度的大小。②$|E_d|$不仅随产品的不同而异，且在一条给定的需求曲线上每一点的$|E_d|$值都不同。

根据$|E_d|$的大小，需求价格弹性呈现以下五种类型：

（1）$|E_d|=1$，单位弹性，表示价格每上涨或下降1%，需求量相应减少或增加1%。

（2）$|E_d|>1$，需求富有弹性，表示价格每变动1%，需求量的变动大于1%。

（3）$|E_d|<1$，需求缺乏弹性，表示价格每变动1%，需求量的变动小于1%。

（4）$|E_d|=\infty$，需求完全富有弹性，表示在既定的价格条件下，需求量可以任意变动，此时需求曲线为平行于横坐标轴的一条直线。

（5）$|E_d|=0$，需求完全缺乏弹性，表示无论价格如何变动，需求量都没有任何变化，需求曲线为垂直于横坐标轴的一条直线。

对于企业定价来说，分析需求价格弹性，对定价策略的制定有如下启示：

（1）对于富有弹性的产品的定价，低价比高价更为有利；调整价格时，降价比涨价更有利或有效。低价或降价所减少的收入会因为产品的销售大幅度提升而得到补偿且有余。

（2）对于需求缺乏弹性的产品的定价，高价比低价更为有利；调整价格时，涨价比降价更为有利或有效。由高价或涨价引起的销售量的减少会因为单位产品毛利的增加而得到补偿且有余。

（3）竞争因素。所有服务企业都会受整个竞争环境的影响，服务企业要考虑竞争对手之间的力量对比，这样才能制定出合理的价格。通常，服务产品之间区别很小且竞争较强的市场，都可以制定相当一致的价格。

（4）政策因素。服务产品的价格涉及服务企业和消费者的利益，同时对服务的健康发展也有着重要影响，所以政府会通过一些法律法规对某些服务产品的价格上行政策干预。因此，服务企业在制定价格时，应该把政策法规纳入决策的范畴。

二、服务定价方法

不同服务供应商对定价持有不同的观点。但由于服务成本、服务需求、服务竞争是影响企业定价的基本要素，服务供应商无论采用哪种定价方法，以上三个要素都必须考虑。与之相对应，就形成了以成本、需求、竞争为导向的三大类基本定价方法。

1. 成本导向定价法

成本加成定价法是以所提供服务的成本为基础，加上边际利润所制定的价格，其公式为：

价格=固定成本+可变成本+边际利润

成本加成定价法计算简单，并可以预先了解企业的利润，有利于核算、补偿劳动消耗。在正常情况下，能够获得预期收益。

成本加成定价法也存在一定局限。成本导向定价法的基础是提供服务产品的价值消耗，而对于同一服务产品而言，其价值消耗在特定服务企业，特定配置下往往不具可比性，不宜作为定价的基础。此外，成本导向定价法是一种卖方定价导向，它忽视了市场需求、竞争和价格水平的变化，在有些时候与定价目标先脱节，不能预知很好地配合。

2. 需求导向定价法

需求导向定价法是以消费者对服务产品价值的理解和市场需求强度差异为主要依据的定价方法。主要有认知价值定价法、需求差异定价法和反向定价法三种。

（1）认知价值定价法。认知价值定价法也称感知价值定价法，是以消费者对服务价值的感受以及理解程度作为定价的基本依据。因为消费者购买服务产品时总会在同类服务产品之间进行比较，通过选购既能满足自身消费需求，又符合自身支付标准的服务产品。消费者对服务产品价值的理解不同，会形成不同的价格限度。这个限度就是消费者宁愿付款而不愿失去这次购买机会的价格。如果价格刚好在这一限度内，消费者就会顺利购买。

为了加深消费者对服务价值的理解程度，从而提高其愿意支付的价格限度，服务企业定价时首先要做好服务的市场定位，拉开本企业服务产品与市场上同类服务产品的差异，突出本企业服务产品的特征，并综合应用这种营销手段，加深消费者对服务的印象，使消费者感到购买这些服务产品能获得更多的相对利益，从而提高他们接受价格的限度。

（2）需求差异定价法。需求差异定价法以不同时间、地点、服务以及不同消费者的消费需求强度差异为定价的基本依据，针对每种差异决定其在基础价格上是加价还是减价。主要有以下几种形式。

① 不同地理位置的差别定价。由于地区间的差异，同一服务在不同地区销售时，可以制定不同的价格。例如，航班与轮船上由于舱位对消费者的效用不同而价格不同；演唱会门票由于观看效果不同而价格也不同。

② 时间差异的差别定价。在现实生活中可以看到，同一服务在不同时间段的效用是完全不同的，顾客的需求强度也是不同的。在需求旺季时，服务需求价格弹性化，此时可以选择提高价格，需求淡季时，如果价格需求弹性较高，可以采取降低价格的方式吸引更多顾客。例如旅游景区，在五一、十一等假日门票价格较平时会有一些增加；而在淡季时，则会适当降低门票价格来刺激消费。

③ 服务差异的差别定价。对于服务质量和服务时间相同的同种服务，虽然成本不同，但企业在定价时，并不会根据成本不同按比例定价，而是按照服务外在形式和基础设施规模的不同来定价。这里定价所考虑的因素主要是不同款式和规模对消费者的吸引程度。例如，一些健身俱乐部，虽然服务质量相差不大，但由于装潢、规模等因素，价格往往相差甚远。

④ 顾客差异的差别定价。这种定价法主要是根据不同消费者的消费性质、消费水平和消费习惯等差异，制定不同的价格。如会员制下的会员与非会员的价格差别；学生、教师、军人与其他一般顾客的价格差别等。

需求导向定价法主要考虑消费者的因素，体现企业以市场为中心的营销观念。如果应用恰当，能使服务产品的价格符合市场实际情况，但是这种方法的应用较为复杂，需要进行深入的市场调研，而要准确地确定消费者对服务价格的认同情况，是相当困难的工作。

案例启迪

“限客进门”销售法

意大利的菲尔·劳伦斯开办了一家七岁儿童商店，经营的商品全是七岁左右儿童吃穿看玩的用品。商店规定，进店的顾客必须是七岁的儿童，大人进店必须有七岁儿童做伴，否则谢绝入内，即使是当地官员也不例外。商店的这一招不仅没有减少生意，反而有效地吸引了顾客。一些带着七岁儿童的家长进门，想看看“葫芦”里到底“卖的什么药”，而一些带着其他年龄孩子的家长也谎称孩子只有七岁，进店选购商品，致使菲尔的生意越做越红火。后来，菲尔又开设了20多家类似的商店，如新婚青年商店、老年人商店、孕妇商店、妇女商店等。妇女商店，谢绝男顾客入内，因而使不少过路女性很感兴趣，少不得进店看一看。孕妇可以进妇女商店，但一般无孕妇女不得进孕妇商店。戴眼镜商店只接待戴眼镜的顾客，其他人只得望门兴叹。左撇子商店只提供各种左撇子专用商品，但绝不反对人们冒充左撇子进店。所有这些限制顾客的做法，反而都起到了促进销售的效果。

（3）反向定价法。反向定价法又称价格倒推法，是指企业依据消费者能够接受的最终销售价格来逆向推算出服务产品的价格的方法。这种方法制定价格的依据不是产品的成本，而是以市场的需求定价，力求使价格符合消费者的要求和标准。采用反向定价法的关键在于如何正确测定市场可接受的价格水平。测定的标准和方法如表6-3所示。

表6-3 市场可接受价格水平的测试标准和方法

测试标准	测试方法
(1)服务的市场供求情况及其变化趋势 (2)服务的需求函数和需求价格弹性 (3)消费者愿意接受的价格水平 (4)与同类服务的比价关系	(1)主观评估法。由企业内容部有关人员参考市场上的同类产品，比质比价，结合考虑市场供求趋势，对产品的市场销售价格进行评估确定 (2)客观评估法。由企业外部的有关部门和消费者代表，对服务的特点、效用、生命周期等方面进行评议、鉴定和估价 (3)实销评估法。以一种或几种不同价格在不同消费对象或区域进行实地销售，并采用上门征询、问卷调查、举行座谈会等形式，全面征求消费者的意见，然后判明试销价格的可行性

3. 竞争导向定价法

竞争导向定价法是指以竞争对手的价格作为定价的主要依据的定价方法。这种定价方法适用于以下两种情况：一是服务供应商提供的服务达到标准化，如干洗业；二是行业中只有少数大型企业，如航空业。

竞争导向定价法通常有随行就市定价法和投标定价法两种。竞争导向定价法也有一定的局限性。竞争导向定价法体现了同行业竞争者类比的思想，价格通常随着竞争对手的价格变动而变动。这种方法仅适用于提供同质服务产品的服务企业进行定价，并不适合寻求发展特色、提供特色服务产品的服务企业。

三、服务定价策略

服务定价策略是指服务企业根据不同市场中不同的变化因素对服务价格的影响程度采用不同的定价方法，制定出适合市场变化的服务价格，进而实现定价目标的企业营销策略。定价的重要意义在于使价格成为服务促销的有效手段，因此，服务企业必须善于根据市场情况、服务产品特点、消费者心理和营销组合等因素，正确选择定价策略，保证价格的适应性。

（一）新服务定价策略

新的服务产品定价的难点在于无法确定消费者对于新产品的理解程度。如果价格定得过高，难以被消费者所接受，影响新产品顺利进入市场；如果价格定得过低，则会影响服务企业的经济效益。关于新服务产品的定价策略，主要有以下几种。

1. 撇脂定价策略

撇脂定价策略是指服务产品上市之初，服务企业利用消费者求新心理、炫耀心理，以高价刺激消费者，以便在短期内尽量获得最大利润，尽快收回投资的一种定价策略。这种策略适用于初期没有竞争对手，且容易开辟市场的新服务产品。采用这种定价策略时应注意必须以服务产品的高质量为基础，如果质量差、定价高，会给消费者留下不好的印象，损害服务企业的良好形象，不利于服务企业的长远发展。

2. 渗透定价策略

渗透定价策略是一种低价策略，即服务企业在服务产品上市时，以低价渗透市场，并在短期内快速提高市场占有率，以取得最大的销售量。渗透定价需要具备以下三个条件：一是消费者对服务产品的价格非常敏感，低价可以带来市场需求的迅速增长；二是服务企业的生产成本和经营费用会随着生产经营经验的增加而下降；三是低价不会引起实际和潜在的过度竞争。

3. 满意定价策略

满意定价是一种介于撇脂定价和渗透定价策略之间的价格策略。撇脂定价的价格较高，对消费者不利，易引起消费者的不满；渗透定价的价格较低，对消费者有利，但是不利于服务企业初期获取利润。满意定价策略介于二者之间，在新服务产品投放市场时制定适中的价格，既可以保证服务企业获得一定的初期利润，又能被广大消费者所接受，可以使服务企业和消费者都较为满意。

（二）心理定价策略

心理定价策略，是针对消费者心理而采用的一种定价策略。企业在定价时可以利用消费者心理因素，有意识地将产品价格定得较高或较低，以满足消费者生理和心理的多方面需求，通过消费者对企业产品的偏爱或忠诚，扩大市场销售，获得最大效益。心理定价策略主要有以下几种形式。

1. 尾数定价策略

尾数定价策略是指企业利用消费者的数字认知的心理，为服务产品制定一个以零头结尾的价格。这种价格策略会让消费者心理上产生便宜的感觉，还会认为这是服务企业经过认真、精心计算后得到的价格，而对企业产生信任感。

2. 整数定价策略

整数定价与尾数定价策略正好相反。企业有意将产品价格定位整数，以显示产品的质量。整数定价策略多用于价格较贵的耐用品或礼品，以及消费者不太了解的产品。对于价格较贵的高档产品，顾客对质量较为重视，往往把价格高低作为衡量产品质量的标准之一，容易产生“一分钱一分货”的感觉，从而有利于服务产品的销售。

案例启迪

化整为零出奇效

1945年战败的德国一片荒凉，一个德国年轻人在街上在叫“卖收音机，卖收音机!”可由于当时在联军占领下的德国，已禁止制造收音机，即使卖收音机也是违法的。后来，这位年轻人将组合收音机的所有零件全部准备好，一盒一盒以玩具的形式卖出，让顾客动手组装。这一做法果然奏效，一年内卖掉了数十万组，它为成为德国最大的电子公司奠定了基础。

案例启迪

一元销售术

美国人卡尔开了家小店，开始时生意萧条，后来他经过精心计算做出决定，只要顾客拿出一美元，便可以购买店里的任意一件商品。于是招来了大批顾客，销售量超过了附近几家大的百货公司。后来他改行经营绸布店，又在经营方式上出新，决定凡在该店购买10美元商品，可获赠白券一张，积5张白券可兑换蓝券一张，积5张蓝券可兑换红券一张，一张红券可以任意挑选店中的一件商品。这种“卡尔销售术”，使他成为百万富翁。

3. 声望定价策略

此策略指对在消费者心目中有一定声望，具有较高信誉的服务产品制定高价。这种定价策略主要抓住了消费者崇尚名牌的心理。该定价策略主要有两种目的：一是能提高服务产品的形象；二是能满足某些消费者对地位和自我价值的追求。这种定价策略既能补偿提供优质服务产品的服务企业必要的耗费，也能满足不同层次消费者的需求。

4. 习惯定价策略

某些服务产品需要经常购买，因此这类商品的价格在消费者心理上已经定格，成为一种习惯性的价格。以理发为例，如果某个理发店突然涨价，那么该理发店会瞬间失去大量顾客，因为涨价打破了顾客的心理平衡，让他们产生了不满情绪，导致购买行为发生转移。

5. 招徕定价策略

此策略是适应消费者“求廉”的心理，将产品价格定得低于一般市价，个别的甚至低于成本，以吸引顾客，扩大销售的一种定价策略。采用这种策略，虽然几种低价产品不赚钱，甚至亏本，但从总的经济效益来看，由于低价产品带动了其他产品的销售，企业还是有利可图的。

案例启迪

明亏暗赚

日本松户市原市长松本清，本是一个头脑灵活的生意人。他经营“创意药局”的时候，曾将当时售价200元的膏药，以80元卖出。由于80元的价格实在太便宜了，所以“创意药局”连日生意兴隆，门庭若市。由于他不顾赔血本的销售膏药，所以虽然这种膏药的销售量越来越大，但赤字却免不了越来越高。

那么，他这样做的秘密在哪里呢？

原来，前来购买膏药的人，几乎都会顺便买些其他药品，这当然是有利可图的。靠着其他药品的利润，不但弥补了膏药的亏损，同时也使整个药局的经营却出现了前所未有的盈余。

这种“明亏暗赚”的创意，以降低一种商品的价格，而促销其他商品，不仅吸引了顾客，而且大大提高了知名度，有名有利，真是一举两得的创意！

（三）折扣定价策略

折扣定价策略是指服务企业在基本价格的基础上，根据交易对象、成交数量、付款时间、付款条件等情况采用不同方式给购买者一定比例的价格折让，以促进服务产品销售的一种策略。

1. 现金折扣

现金折扣是指服务企业为了鼓励消费者及时支付货款或提前付款而采取的一种定价策略。这种策略可以鼓励消费者尽早付款，可以加速服务企业的资金周转率，降低财务风险。

2. 数量折扣

数量折扣是指根据消费者购买服务产品的数量或总金额的大小而给予消费者不同的价格折扣。通常包括累计数量折扣和一次性数量折扣两种。

3. 季节折扣

季节折扣是指服务企业在淡季时给购买服务产品的顾客一种减价的策略。季节折扣比例的确定，应考虑成本、存储费用、利息等因素。季节折扣有利于迅速收回资金，促进服务企业均衡生产，充分发挥生产和销售潜力，避免因季节需求变化所带来的市场风险。

任务三 服务促销策略

在服务促销过程中，企业可以通过利用人员沟通、服务承诺等可控因素来缩小实际传递的服务与宣传的服务之间的差距，并对顾客期望和顾客感知产生积极影响。

观点透视

服务促销与有形产品促销的差异

服务促销与产品促销存在着一些差异。这些差异既受服务业特征的影响，又受服务本身特征的影响。

（1）服务行业特征造成的差异。

① 缺乏市场营销导向。有些服务业是产品导向型的，因而不太了解市场营销战略对业务有什么影响和帮助，只把自己当作服务的生产者而不是满足顾客需要的服务者。这类服务业的经营管理者只有接受必要的培训，提高专业技术水平，才能懂得促销在整体市场营销中应该扮演的角色。

② 专业和习俗限制。在采取某些市场营销和促销方法时，可能会遇到专业和习俗上的限制。传统和习俗可能会阻碍某些促销工具的运用，使许多促销方法不能自由发挥。

③ 业务规模限制。许多小规模的服务企业，认为自己没有足够的财力用于开展市场营销或促销，所以不重视促销活动。

④ 竞争的性质和市场条件。许多服务企业认为现有范围内的业务已经能够充分利用生产能力，因而不去积极地扩展其服务范围。这些企业普遍缺乏远见，看不到促销有助于维持稳固的市场地位，而且具有长期性的意义。

⑤ 促销知识有限。通常服务企业对于可利用的促销方式只了解广告和人员推销，想不到利用其他各种各样行之有效而且花费不多的促销方式。

（2）服务本身特征造成的差异。

顾客对于有形产品市场营销和服务市场营销的反应行为有许多相同之处，但还是有很大的差异：

① 消费者的态度。这是影响购买决策的关键。他们往往是凭着对服务与服务表现者或出售者的主观印象来购买服务，而这种对主观印象的依赖性在购买有形产品时则没有那么重要。

② 采购的需要和动机。在采购的需要和动机上，制造业和服务业大致相同。不论是通过购买实体产品或是非实体产品，同类型的需要都可以获得满足。不过，有一种需求对产品或服务都很重要，那就是对个人关注的欲望。凡是能满足这种需要的服务企业，必能使其服务产品与竞争者产生差异。

③ 购买过程。在购买过程上，制造业和服务业的差异较为显著。有些服务的采购风险较大，部分原因是买主不易评估服务的质量和价值。另外，顾客也经常受到其他人的影

响，尤其是会受到对采购和使用有经验的相关人群的影响。而这种现象对于服务市场营销有着十分重要的意义。也就是说，在服务的供应者和顾客之间，有必要形成一种专业关系，或在促销方面努力建立一种口头传播渠道。这两种做法都可以促使服务促销更富有成效。

一、服务促销概述

（一）服务促销的概念

同有形商品的促销类似，服务促销指以合适的时间、合适的地点、用合适的方式和力度加强与顾客之间的沟通，促进其购买服务产品的行为。它的使命是配合分销渠道，运用一些特殊手段大力促进服务销售。

（二）服务促销的作用

对于服务产品来说，促销还有以下作用。

1. 增加服务价值

从服务之花模型的角度来看，服务企业所提供的信息服务和咨询服务都能为顾客带来额外的价值。而对于服务企业自身来说，当新服务上市之初或进入新市场时，服务企业会开展各种促销活动，向顾客介绍服务的特点、服务的时间地点、服务成本以及可获得的服务利益等一系列信息与建议，因此，服务促销可以增加服务的附加价值。

2. 传递服务定位与差异

服务企业可以通过服务促销活动，为顾客介绍本企业的服务特色和优点，传递服务定位，说明本企业与竞争对手的不同之处。通过这种方式来使顾客相信本企业在服务重要属性上所具有的优越性，促使顾客形成品牌偏好。

3. 强化顾客参与

顾客往往会参与服务的创造过程，顾客的参与会影响服务效率与服务质量。复位企业通过各种宣传教育活动，可以让顾客清晰了解到在服务过程中他们应该扮演的角色和相应的行为规范，从而使企业获得良好的业绩。尤其当企业采用新技术的服务系统或自助服务时，通常需要对顾客进行培训，这样顾客才能有效地参与服务过程。

4. 调节服务供需

由于服务具有无形性、同步性和易逝性等特点，使得大多数服务产品是不可储存的，易引起服务产品的供需不平衡。企业可以通过促销的方式，刺激低峰时段的服务需求或转移高峰时段的服务需求，从而有助于企业实现服务的供需平衡。

营销实践

餐厅服务员穿比基尼的“营销手段”未走出低谷却落入低俗

在“三公消费”被严令禁止之后，整个中国的中高端餐饮行业受到影响严重，为了求得生存，很多中高端餐饮企业开始加强营销推广工作，期望通过创新性的营销策划谋求低迷中的突破，在中高端餐饮低谷中寻求出路，谁料想，湖南长沙一间自助餐厅没有走出“低谷”却误入“低俗”之中，餐厅服务员穿比基尼上班实在不是什么好的营销手段，被营销专家批为营销无知。

比基尼事件回放

2013年湖南长沙一间名为“某某某”的自助餐厅要求服务员必须穿比基尼迎客，同时还推出“穿比基尼吃饭免单”的服务。店主称，这种标新立异是无奈之举，因为“禁酒令”出台后，来公款消费的几乎没有了。而对于店家的这种标新立异的营销方式，市民则褒贬不一。

对于这样的“营销手段”，当然来自各方的接受度非常不同。据称，长沙一市民带着16岁的儿子前来就餐，就被现场的比基尼美女们给惊着了，于是，饭也没吃好，就愤而离去。当然，仍然有年轻的白领们能够接受这样的独特的服务方式，男士自不必说，这么多比基尼美女当然养眼，有的女士看着也不别扭。甚至一些高校大学生为了吃到广告中所说的免费晚餐，竟然也光临了“比基尼派对”，在大厅中央，一张长条桌上坐着8名同样穿比基尼的年轻女子在吃着海鲜。了解得知，这几名年轻女子是来自某高校的学生，她们在网上看到“穿比基尼来吃饭可以免单”的消息后，结伴来到了这里享受“免费晚餐”。“我觉得这种方式很有创意，我们几个都是学舞蹈的，穿比基尼很平常，没有觉得不妥。”一位同学说。

“比基尼事件”营销分析：莫把低谷带进低俗

从这起餐厅员工穿比基尼上班服务的营销事件来看，虽然该餐厅因此赚足了眼球，不但整个长沙城因此而轰动，就连整个中国甚至世界范围内都会有报道，显然，如果单单从事件的传播覆盖面来看，已经达到了目的。然而，营销传播的目的是要与目标消费群体建立起足够的沟通，能够把消费者吸引过来进行消费，并能够持续地产生营销效应，此次事件显然并不一定能够产生上述营销效果，甚至在互联网上招来一片骂声。

北京隆驰欧比特首席营销策划专家利均对于这一事件进行了详细的分析，认为此次事件营销的策划并不高明，此次事件的后续处理如不慎重甚至有可能给整个餐厅的经营带来危机。

首先，“比基尼事件”的营销策划忽略了对营销环境的分析。一个好的营销策划首先要对营销环境进行调研和分析，然后根据整个营销大环境来判断营销趋势和方向。显然，“比基尼事件”的营销策划者缺乏对于营销环境的洞察，忽略了任何营销策划创意和创新都有其发挥作用的环境因素，再好的营销创意和营销创新如果脱离了特定的营销环境也可能一文不值。总结起来，这次“比基尼事件”的营销策划从三个方面脱离了营销大环境：一是整个社会的人文环境，中国社会尽管已经处于较高的开放程度，但中国消费者还无法接受这样的服务模式，男性消费群体出于好奇还好些，女性消费群体就有可能对此产生厌恶的情绪；二是缺乏对于营销软件和营销硬件之间关系的科学思考，也就是违背了这一服务模式所处的自然环境。如果这一服务模式出现在旅游风景区或者某些娱乐区也许会被消费者接受，但普通市民是无法接受他家旁边有这样模式的餐厅的，更不会主动光顾；三是所面临的政治环境也不允许这样的服务模式出现，受到各路媒体的谴责甚至炮轰在所难免。

其次，“比基尼事件”的营销策划违背了STP营销理论。我们都知道，做好营销策划的关键一环就是做好STP策略，即细分市场、目标市场和市场定位策略。从上面的事件当中，我们看到了反对者愤而离去的场景，同时，我们也看到了对于比基尼服务的赞同和支持的食客，当然，还有因此而穿着比基尼来就餐从而获得免单的食客。因此，我们可以得出一个结论，虽然这一营销事件被大部分人所诟病，但还是有很多人表示赞同或者接受的态度。正是因为如此，如果这一营销策划能够事先做好STP策略，合理地做好细分市场、目标市场和市场定位策略，把比基尼事件做成针对特定的消费人群进行诉求，然后，为这些目标消费群提供“穿着比基尼”服务员提供的服务，可能就不会引起普通消费者的反感。当然，前提是餐厅能够独立分割出一块属于比基尼服务的就餐场所，与普通就餐分割开来。

再次，“比基尼事件”的营销策划忽略了“5VO价值导向营销理论体系”。从5VO价值导向营销理论体系来看，企业的任何市场营销活动都是为了满足多方价值的实现和平衡，即顾客价值、企业价值、社会价值、自然价值和道德价值的实现和平衡。任何一个好的营销策划都不可忽略营销价值的实现，如果企业只顾寻求好的营销创意而忽略了营销创意对于营销价值的实现的影响，那这个营销创意就不是一个好的营销创意。其实，过去十几年来，一直有营销专家和消费者在批评一些看似不上档次的创意，但事实上，这些看似低层次的营销创意却带来了良好的营销效益，显然这样的营销创意并不是低水平的，甚至可以称为超高水平的营销创意。比如，脑白金的“今年过节不收礼，收礼只收脑白金”的广告创意，还有叶茂中这厮的“怕冷就穿北极绒”的广告创意，以及娃哈哈早期的“喝了娃哈哈，吃饭就是香”的广告创意，等等，他们无不受到来自消费者和营销专家的批评和指责，但这些产品无一例外地取得了望尘莫及的营销业绩表现，这就是营销创意对于营销价值的实现的作用。这是一个方面，营销创意要能够创造价值，另一个方面就是营销创意要能够保证上述提到的五个价值的均衡实现。从比基尼营销策划实践来看，它既没有给餐厅带来营销业绩的提升，当然也就不可能带来营销价值的实现，又不能够合理地创造顾客价值、企业价值、社会价值、自然价值和道德价值的均衡实现，因此，基本可以判断这是一个既拙劣又无效的营销创意策划。

最后，“比基尼事件”营销策划没有认清“雅与俗”之间的关系。从某种角度来说，如果真要把此次营销事件定位一下的话，或者可以认为是文化营销事件。比基尼本身来说，并不能简单地认为其是俗是雅，它只有与特定环境、特定场合、特定穿着群体、特定目标受众群体结合起来才能分辨出俗与雅。就像我们不能说从事跳水和游泳的运动是俗一样，就像我们不能说比基尼或者内衣模特表演是俗一样，就像我们不能说人们在海滩上晒太阳浴是俗一样，这时，无论是比基尼的穿着者还是现场的观众都不会被批评为俗，甚至像运动和模特表演还被人们称为高雅的文化。然而，很多事物一旦脱离了特定的场合就会显得很俗，同样是玩扑克牌，有的人玩的是魔术，有的人玩的是赌博，大相径庭。此次餐厅穿着比基尼提供餐饮服务怎么也无法想象其具备常规思维的合理性，从某种程度上甚至比过去曾经出现过的“人体宴”更加不可理喻，因为人体宴尚可视为日本舶来品，找到一定的合理依据，此种穿比基尼提供餐饮服务就根本找不到相关依据了。

启示：提高营销素质，不用“低俗”也能走出低谷

企业家和营销人提高营销素质，只有营销素质提高了，中国的市场营销才能够更上一个台阶。其实，营销策划和营销创意除了需要专业的知识和技能之外，就是要注意营销策划和营销创意的价值实现能力，那些看似光鲜独特差异性很大、创新性很强的营销创意并不一定是好的营销创意，因为它没有带来营销价值的实现，而有些营销策划和营销创意看似平淡通俗，却能够带来营销价值的实现，前者就不是一个好创意，后者显然就是个好创意。

近两年，中国经济面临着来自内部调整和外部危机的压力，的确很艰难，尤其是那些完全依靠自身能力的中小型民营企业就更加困难，制胜的关键是企业家和营销人要做出正

确的营销洞察和营销判断，切不可病急乱投医，盲目使用随性而出的营销创意。营销是一个系统工程，营销创意是一个受多个方面制约的头脑智慧艺术，不用“低俗”亦能走出低谷，路就在脚下。

二、服务促销的挑战

服务的特殊性决定了它与有形商品的促销相比，面临着许多挑战。

1. 服务的无形性带来的挑战

服务是无形商品，因此，服务企业无法像展示有形商品一样展示服务，很难将服务的利益传达给顾客。例如，医生不可能在手术前就向病人展示手术的效果，让病人体验到手术带来的好处。服务的无形性给营销者在促销服务属性和利益时带来了很多问题和挑战。主要有以下几个问题：无形的存在、抽象性、一般性、不可搜寻性和难以理解性。

2. 市场沟通中存在过度承诺

为了吸引顾客购买，很多服务企业会向顾客做出过度承诺，这些承诺甚至已经远远超出了企业的能力范围。过度承诺是指承诺的内容是企业无法兑现的。虽然过度承诺可以在短期内增加企业的销售额，但也会提高顾客的服务期望。如果企业无法兑现服务承诺，顾客就会感到不满，甚至会出现负面口碑。顾客若不满时往往会向服务人员进行宣泄和抱怨，使员工产生受挫的感觉，低落的员工士气又会对顾客满意度产生消极影响，形成一个恶性循环。即使企业能兑现服务承诺，也会因此付出较高的服务成本，得不偿失。

3. 顾客教育不充分

服务人员与顾客之间信息的不对称性导致服务人员掌握的服务信息比顾客多。很多顾客在接受服务前并不清楚自己可以获得什么样的服务，以什么样的方式可以获得服务，自己应该在服务过程中扮演什么角色，有哪些潜在的服务风险，以及如何去判断自己是否获得了优质的服务。当遇到问题时，顾客往往会感到失望，他们会将服务中出现的一些失误归咎于服务企业，认为这是服务企业的责任。出现这种情况的一个主要原因就是缺乏对顾客的教育，顾客教育的缺乏会对服务质量带来很大的影响。

4. 企业内部沟通不足

为了向顾客提供优质服务，服务企业内部各部门需要共同合作。若各职能部门之间缺乏沟通或沟通不充分，就容易出现向顾客宣传的服务与企业实际传递的服务不一致的现象。

三、应对服务促销挑战的策略

为了确保企业传递的服务与承诺的相一致，服务企业可以根据具体情况采用以下策略。

1. 增加服务的有形性

服务的无形性增加了顾客购买服务的不确定性，提高了顾客的购买风险，因此，应对服务的无形性所带来的挑战是服务促销非常重要的内容。服务营销者在应对服务无形性问题时可以采取的广告策略。通常，增加服务有形性的方法主要有以下几种方式：

（1）使用有形线索。在促销时，服务企业可以使用品牌标志、人物形象、象征、有形资产、事物、服务手册、服务人员、服务流程展示、成功案例、证明、客观数据、企业声誉和服务承诺等有形线索来使服务有形化。

（2）使信息有形化。在服务广告中，以讲故事的形式描述服务经历，对信息进行加工使其更加生动化，使用比喻等都可以加深顾客对服务的理解和印象，拉进顾客与服务品牌、服务企业之间的距离。

（3）采用多种媒体传播信息。企业可以综合使用创造性的广告，充分利用社交媒体、鼓励顾客进行口碑传播以及通过员工进行口头传播，以提高信息传播的有效性。

2. 管理服务承诺

服务承诺会影响顾客的服务期望，广告、个人销售以及其他促销方式中的过度承诺都会使顾客对服务产生不切实际的期望，最终会影响顾客对服务的满意程度。企业可以通过以下方法对服务承诺加以管理。

（1）确保承诺具有可行性。很多服务企业为提高知名度而在营销传播中宣称拥有优质的服务，这种做法往往会在无形中提高顾客对服务的期望值，顾客的服务期望越高，要求企业提供的服务水平就越高。当实际服务水平未能达到顾客服务期望时，这样的做法就会适得其反。因此，在营销传播中所做的服务承诺应该是可行的、合理的，一定要在服务企业的能力范围内。

（2）整合外部营销传播。整合营销（IMC）是由美国营销学家舒尔茨率先提出的。他认为整合营销传播的核心是向顾客传递一致的信息。为了进行有效的服务整合营销，服务企业需要注意以下几个问题：一是整合各种传播媒体；二是进行跨职能部门之间的合作；三是对促销组合进行设计，运用多种促销方式来传递一致的信息或新鲜。

3. 加强顾客教育

顾客教育缺乏或不充分会影响顾客对服务质量的感知和顾客的满意度。因此，服务企业在向顾客传播服务产品相关信息时，可通过以下方式来强化对顾客的教育。

（1）让顾客为服务过程做好准备。

（2）使顾客获得的服务符合服务标准与顾客期望。

（3）销售服务时阐明相应的服务承诺。

（4）教育顾客尽量避免在高峰期接受服务。

4. 做好企业内部沟通

为确保传递的服务与宣传的服务相一致，在进行外部营销沟通之前，服务企业必须要先管理好内部各职能部门之间的沟通。企业内部的沟通主要包括以下两种形式：

（1）垂直沟通。垂直沟通分为向下沟通和向上沟通。向下沟通的情况下，上级要及时通过会议、电子邮件、企业内部宣传刊物等向下级传达各种信息。向上沟通可以弥合沟通差距。因为一线员工与顾客接触多，他们更清楚顾客想了解的信息内容、偏好的传播方式以及服务失误的情况，因此，向上沟通可以增强促销的有效性和尽量防止服务问题发生。

（2）水平沟通。水平沟通是企业各职能部门之间进行沟通。做好企业内部各职能部门之间的沟通，一方面要加强运营部门与营销部门的沟通，使企业传递的服务符合所承诺的服务，从而缩小实际服务与顾客期望之间的差距；另一方面，要加强营销部门与人力资源部门的沟通，以便提高服务人员的能力，使其成为优秀的营销人员。

四、拟定促销计划

为了提高促销效果，服务企业应该拟定相应的促销计划。促销计划应该包含以下几个方面的内容。

1. 确定促销对象

服务企业首先要确定选谁传递服务信息。从广义的促销对象来看，服务企业的顾客、员工和中间商都是服务促销活动的受众；就狭义的促销对象而言，仅指顾客，包括潜在的顾客与现有顾客。服务企业通过广告、公关关系、人员推销和销售促进等传统的促销手段来吸引潜在顾客。对于现有顾客，服务企业可以通过一线员工或服务网点向顾客传递信息。如果企业采用会员制且建立顾客数据库，那么企业可以实现精准营销，通过短信、邮件或电话的方式向老顾客传递高度定制化的信息。

2. 制定促销目标

在明确了促销对象之后，服务企业需要确定所要达到的促销目标。有了明确的促销目标，服务企业才能选择合适的信息内容、传播工具和媒体。一般而言，服务企业的促销目标主要有：建立顾客对新服务的认知及兴趣；教育顾客如何使用服务；让顾客事先了解服务过程；降低顾客的感知风险；提供服务承诺；鼓励顾客使用服务产品；识别并奖励重要的顾客；沟通服务的差别化利益；传递服务产品定位；建立顾客品牌偏好；塑造品牌或企业形象；刺激或转移服务需求等。

3. 设计促销组合

在进行服务促销时，服务企业可以采用各种促销方式，这些促销方式的选择与运用统称为服务促销组合。通常，服务促销组合包括人员沟通、广告、销售促进、宣传和公共关系、指导材料以及企业形象设计等促销方式。

4. 选择传播媒体

在对服务进行促销时，服务企业可以选择电视、广播、报纸和杂志等传统媒体，也可以使用微博、微信、QQ等社交新媒体。按照营销者对传播媒介的控制程度，可以将传播媒体划分为以下几种类型：

（1）大众媒体。大众媒体是指那些具有大众传播作用，但企业没有完全自主使用权的信息载体，如广告、公共关系和销售促进等。

（2）自媒体。自媒体是指具有媒介性质且能够掌控的信息载体，如企业网站、内部刊物、手册和光盘等指导材料，以及微博、微信等社交媒体。现在越来越多的企业使用社交媒体进行信息传播，可以采用的方式有博客、网络百科全书（如百度百科）、内容社区（如豆瓣网、优酷）、社交网络（如Facebook）、虚拟游戏等。在利用社交媒体时，巧用免费模式、抓住意见领袖、提供优秀的内容和鼓励顾客参与都可以提高传播的效果。

（3）非媒体。非媒体是指那些本身并非作为传播媒介使用却具有传播信息的重要功能的信息载体。如企业家、员工、品牌标志、办公用品、设备和设施等。例如陈欧为聚美优品进行代言曾取得了良好的传播效果。

项目小结

服务分销渠道总体上的起点是服务提供者或生产者，终点是消费者或组织用户，处于中间的则是促使服务或商品转移到消费者手中的各种中间商或机构，如批发商、零售商以及相关机构等。服务分销渠道的特点有：分销渠道相对较短，分销渠道不涉及所有权的转移，管理中间商时面临特定的问题。服务分销渠道的主要类型包括直接渠道和间接渠道。服务位置选择策略包括集中策略、分散策略和替代策略。服务分销渠道的发展趋势主要有综合服务渠道、自助服务渠道和网络服务渠道等。

服务定价方法包括成本导向定价法、需求导向定价法和竞争导向定价法，每种定价方法都有其优势，服务企业要选择适合自己的定价方法，以便使企业得到长足发展。服务定价策略主要有新产品定价策略、心理定价策略和折扣定价策略。

对服务服务产品来说，促销的作用有增加服务价值、传递服务定位与差异、强化顾客的参与及调节服务供需等特殊作用。服务促销面临的挑战有：服务的无形性带来的问题、市场沟通中存在过度承诺、顾客教育不充分和企业内部沟通不足。面对服务促销所带来的一系列挑战，为了确保企业传递的服务不低于服务承诺，服务企业可以采用增加服务的有形性、管理服务承诺、加强顾客教育和做好企业内部沟通等策略来加以管理。服务企业拟定促销计划时，可以按照确定促销对象、制定促销目标、设计促销组合和选择传播媒体等顺序来完成。

复习思考题

1. 服务分销渠道的特点是什么?
2. 服务位置选择策略有哪些?
3. 服务定价方法有哪些?
4. 服务促销的挑战及应对策略有哪些?

实践活动

1. 实训内容

组织学生到学校附近的商业街学习和调研，寻找商业街中某一服务企业并分析该服务企业所提供的服务产品所采用的分销、价格和促销策略。

2. 实训目的

利用服务分销、定价和促销策略的理论分析和研究该服务企业运用分销、定价和促销策略的实际情况，提高学生的实践应用能力和分析能力。

3. 实训要求

（1）学生以5~6人一组，由组长负责，利用课外时间到商业街考察调研。

（2）以小组为单位座谈讨论，并在课堂通过PPT展示调研结果。

案例分析

顾客就是上帝：卡特皮勒公司成功之道

卡特皮勒公司是世界上最大的基建和矿山设备制造商，同时在农用机械和重型运输机械领域也占有相当地位。目前，公司的价值已超过160亿美元。回顾卡特皮勒所走过的道路，其首席执行官Donald V. Fites认为，公司的竞争优势在于有一个无与伦比的产品分销系统。在全世界，卡特皮勒公司有186个独立经销商，他们出售公司的产品并提供产品支持和服务，成为架起在公司与顾客之间的桥梁。

除了对一些国家新开放的市场、原始设备制造厂和美国政府外，卡特皮勒公司的产品都是通过独立经销商来经销的。这种现象在其他竞争者那里是看不到的。Fites认为，在当地找经销商远比在自己企业设立经销机构有利。因为卡特皮勒的经销商都是在当地有一定历史的企业，他们已深深地融入当地的社会中，他们对当地顾客的熟知程度和因此而建立起的与顾客的亲密关系，值得卡特皮勒在这上面花钱。

另外，卡特皮勒的产品都是高价值的固定资产，它们的折旧期较长，但它们通常都是在建筑工地、矿山这些环境恶劣的地方作业，就是最好的产品也要发生故障，而一旦发生故障，就会给使用者带来经济损失。通过经销商，卡特皮勒公司形成了世界上最快捷、全面的零件运送和维修服务系统。公司承诺对于在世界任何地方的卡特皮勒产品，都可以在48小时内获得所需的更换零件和维修服务。

但是，仅有一个形式上完善的分销体系并不足以使卡特皮勒在激烈的竞争中站稳脚跟，卡特皮勒和经销商的关系远胜于一纸合同上所注明的权利义务关系，他们之间更是一种家庭式的亲密关系。经销商不仅仅是卡特皮勒的产品运到顾客手中的一个渠道，而且还是将顾客的意见反馈回来的一个渠道，这样经销商的职能也不仅仅是销售产品和提供售后服务，而且还能促使公司生产出更符合顾客需要的产品。

这种与经销商之间的伙伴关系的建立并不是一朝一夕就可以达到的，它是卡特皮勒一贯执行的原则和努力的结果。Fites所提出的下面几条处理与经销商关系的原则值得管理者们借鉴：

不对经销商进行压榨。许多企业所犯的一个毛病就是当发现市场不景气时，就开始压榨他们的经销商以保证自己的利益；而一旦发现有什么有利可图的生意时，就马上越过经销商，把生意拿来自己做。这样，虽可以获得一时的利益，却会长久损害与经销商之间的关系。例如在20世纪70年代，有一次，阿拉斯加的企业要求卡特皮勒直接将产品卖给他们，否则他们就购买竞争者的产品。但卡特皮勒并没有让步，而是坚持让对方从其经销商处购买。因为经销商可以为产品提供优良的售后服务。卡特皮勒认为，如果绕过经销商，就等于在自断臂膀。

这一原则在整个行业都遭受到不景气的冲击时，效果更为明显。如在墨西哥的经济萧条期，卡特皮勒的5个经销商都渡过了难关，而其竞争对手的经销商却是全军覆没。当经济环境好转后，卡特皮勒成了唯一的供应商。

与经销商经常深入而又坦诚的交流。Fites认为，在卡特皮勒和其经销商之间不存在什么秘密。经销商对卡特皮勒公司的信任度是非常高的，他们提供给公司自己的财务报表和关键的营业数据，如果两者之间不是高度信赖的话，是很难做到这一点的。同时，卡特皮勒公司也最大限度地开放了自己的信息资源。所有公司的雇员和经销商的工作人员都能从电脑中得到关于销售趋势及预测、顾客满意的调查数据等即时信息。

把经销商留在卡特皮勒大家庭中。卡特皮勒公司通常更愿意与家族企业打交道，因为他们认为家族企业比公众企业在管理政策上更具有一贯性。之所以强调这一点是因为卡特皮勒公司的产品寿命周期一般在10～12年，有些高达20～30年。而在公众企业中，首席执行官的任期一般最多只有5～6年，从向顾客提供一贯性的服务这一点来说，公众企业有可能不如家族企业那样稳定。

卡特皮勒还通过组织各种活动让经销商的子女们从小就对卡特皮勒公司发生兴趣。公司的想法是让他们认识卡特皮勒，让他们对这一行当发生兴趣并让他们能够与自己的同辈也就是未来的工作伙伴相识。他们参观卡特皮勒的工厂、亲自操作机器。同时，卡特皮勒也鼓励经销商将他们的孩子从小纳入到企业工作中去。他们时常为经销商的孩子安排一些暑假工作，当他们大学毕业后，就安排一些全日制的工作。有时还会建议经销商先让他们的孩子干两年的零件销售工作，然后到工程部门干一阵子，最后再来管理产品支持业务。

案例思考

你认为卡特皮勒公司成功的原因是什么?

项目七　服务人员策略

学习目标

1. 了解服务人员的构成和作用。
2. 掌握内部服务营销的概念。
3. 理解内部营销的内容。
4. 理解内部营销的关键策略。
5. 理解顾客行为管理。

能力目标

1. 能熟练应用内部营销实施的方法。
2. 能灵活应用服务人员管理与培训的方法。
3. 能灵活应用顾客行为的管理方法。

知识结构

服务人员策略

- 服务营销中的人员
  - 服务人员
  - 顾客
- 内部营销的概念
  - 内部营销的概念
  - 内部营销的重要性
  - 内部营销的管理过程
- 内部营销的内容
  - 招聘合适的优秀员工
  - 教育培训员工
  - 建立高效的服务团队
  - 适当授权
  - 与员工沟通
  - 激励与认同
  - 尊重员工
- 顾客行为管理
  - 顾客的重要角色
  - 增强顾客参与

导入案例

幸福的星巴克人

星巴克从西雅图的一个小咖啡店发展成为全球的咖啡帝国，其秘密究竟何在？

人们常常把星巴克的成功归功于三点：第一是上等的咖啡品质；第二是品牌营销做得好；第三是全球连锁经营的复制能力。然而，无论是星巴克的咖啡文化，还是口碑营销，抑或是全球连锁经营的复制模式，自始至终星巴克都围绕于人与人之间的“关系”。

星巴克的咖啡文化起源于三位创业者对于高品质咖啡的追求，但是，正是由于舒尔茨挖掘出咖啡中蕴涵的“人情味儿”，和顾客建立了“第三个家”的情感关系，才能够创立出星巴克独特的咖啡文化。最让星巴克引以为傲的口碑营销依靠的也是人与人之间的关系。“One cup at a time，one customer at a time”。

公司创建良好的文化土壤和氛围，真正能够让员工伙伴感觉到尊重和快乐，他们再用行动把自己的快乐传递给顾客，让顾客感受到温暖笑意的延伸，感受到优质体贴的服务；在星巴克全球连锁经营的复制过程中，依赖的仍然是合作伙伴之间“人与人”的关系，从而培育稳定、信赖的合作关系。

在星巴克的“关系理论”中，最核心的无疑是与员工的关系。就像舒尔茨自己所说的那样“星巴克的崛起靠的不是营销技巧，星巴克经营的是人的事业”。舒尔茨的理想是使星巴克成为一个值得员工骄傲的全国性企业，使星巴克成为全球咖啡业内最受尊敬的品牌。而为了实现这一点，他认为公司必须尊敬员工并激励他们，与那些对公司有长期价值贡献的员工分享公司成功的果实。这不仅仅是一个漂亮的、迷惑大众的商业宣传，而是公司的核心策略。

舒尔茨说：“如果你把自己的员工视为一辆汽车上可拆卸的零部件，他们也会以同样的眼光来看待你。但他们不是零部件，他们每一个人都是一个独立的个体，既需要自我价值的肯定，也需要用经济手段来养家糊口。”“有时候，我们会丢失这种远见。但我心里明白，如果我们仅把员工视为生产线上的零部件，视为成本中的一项开支，我们就不可能实现自己的目标和价值。他们的激情和贡献是我们的第一竞争优势。失去了这个，我们就会全盘皆输。”

一、员工医疗计划

从一开始管理星巴克，舒尔茨就期望使它成为每一个人都愿意为之效力的公司。他有一个最基本的认识：把员工看作是自己的家人，他们会对公司报以忠诚，付出他们的一切。设身处地为员工着想，员工就会为你着想。当时在这一点上，许多以服务为主的企业却正好持相反的观点，他们以削减新手的福利待遇来压缩经营成本。1988年，舒尔茨向董事会提出一项提议：扩大员工医疗保险的覆盖范围，向所有每周工作20个小时以上的兼职雇员提供医疗保险。舒尔茨认为，这并不是公司为了获得员工忠心而摆出的一个慷慨行为的姿态，而是公司赢取雇员忠诚和承诺的一项核心策略。

舒尔茨坚持指出，“我承认，表面上看来，这样成本是加大了，但如果能减少人员流动性，我们就可以节省培训和招聘的开支。每招聘一个新的零售员工，星巴克至少要为他提供24小时的培训，我们每雇一个人就意味着一笔不小的开支。许多零售业都有意无意地鼓励人员流动，据信这样可以维持一种低工资、低福利营运成本。然而，高度的流动性反过来也会影响顾客的忠诚度。我们有些顾客来得非常频繁，以至他们一进门，咖啡师傅就知道他们要喝什么。如果这个咖啡师傅离开了，企业与顾客间的坚实纽带也就断了。许多兼职雇员一大早5：30或6点就来开门，有时候会一直工作到晚上9点以后才离店。为这些雇员提供医疗保险将表明公司的认可和对他们的价值和贡献的尊敬。"

在舒尔茨的坚持下，董事会最终批准了他的提案。1988年下半年，所有每周工作20个小时以上的兼职雇员都和全职员工一样获得公司所提供的商业保险。星巴克为每位员工支付75%的医疗费用。当时，星巴克是全世界唯一一家这么做的自募资金公司，后来，也是唯一一家这样做的公开上市公司。随着该项福利的发展，公司所提供的医疗费用范畴也不断增加，覆盖了预防性医疗、健康咨询，牙齿、眼睛、精神治疗等各个医疗保健领域。实际上，由于星巴克的员工大都比较年轻，身体也都比较健康，公司在这项医疗保险上的实际支出并不高。

星巴克的这份投资，很快得到了巨大的回报。他们吸引了好的员工，并使他们留得更长久。更重要的是，人们的精神面貌发生了很大变化。当公司对雇员做出慷慨的表示后，他们就会在自己所做的每件事情上都表现得更加尽职尽责。

二、"咖啡豆股票"计划

1991年公司开始盈利。舒尔茨又提出一项新的员工计划——"咖啡豆股票"计划。这是面向全体员工的股票期权方案，其思路是：为所有的员工提供股权认购计划，使每个员工都持股，都成为公司的合伙人，这样就把每个员工与公司的总体业绩联系起来，无论是CEO，还是任何一位合伙人，都采取同样的工作态度。舒尔茨希望让所有星巴克的雇员都成为公司的伙伴，和他们一起分享公司的成功，并建立雇员和公司之间的利益共同点。当时，星巴克仍然是一家私营企业，这项计划要求按雇员基本薪资的等级，给每位雇员授予公司的股票优先认购权。

1991年5月，公司高层把计划提交给董事会，董事会一开始拒绝了这项提议。对于反对意见，舒尔茨这样说服他们：向员工赠股必然使公司获得强大的后援支撑，这样做有利于促进销售和利润增长。投资者的股份比例也许相对缩小了，但他们名下的股值却肯定会增长得更快。他告诉他们，如果能把每一个雇员都结合到一个整体中来，那么他们就会以CEO同样的态度来对待公司。虽然理事会担心这项计划会影响到老投资人对于公司的控制权和利益，但舒尔茨仍然坚持这项计划。董事会最终批准了这项计划。

1991年8月，星巴克向雇员推出了这项计划，舒尔茨告诉大家"这是我长久以来的一个念念不忘的梦想"。每个雇员都领到一个系着蓝丝带的小包，里面有一本详细解释咖啡豆股票方案的小册子。然后用苹果香槟和小饼干庆祝大家都成为"成长中的合伙人"。从那一天开始，星巴克停止使用"雇员"这个词，把公司所有的人都称作"合伙人"，凡是为公司工作6个月以上者，都是合法的股权持有者。甚至兼职人员，只要每周工作不少于20个小时，也有同等权利。

第一次股票赠予是在1991年10月1日，大约有一半的员工参与了至少其中的一项计划。员工按年薪的一定比例获得期权，通常这一比例是10%，但由于近些年公司盈利能力的增强，所以实际比例一直高于10%，每个合伙人大约都可以获得他的年基本收入的12%的股票期权，如果局面利好，比例则为14%。每个会计年度首日的股票价格即为期权的授予价格。星巴克公司的股票期权待权期为5年，任何“合伙人”在工作90天以后（90天内每周需工作至少20小时）都可按照股票购买计划购买股票，合伙人购买股票时可以通过薪水折扣获得15%的优惠。只要股票上涨，股票期权就越来越值钱。1991年一年挣20000美元的合伙人，五年后他们的股票期权，便可以兑换现金50000美元以上。

在咖啡豆股票还未来得及证明它的任何财富价值时，它对人们的职业态度和工作方法的影响就立竿见影了。舒尔茨注意到员工开始想方设法为公司节省开支，比如，有人乘坐周六夜间的红眼航班出差以节省机票钱，他们会说“我是有豆股票的”。大家琢磨着搞革新，降低费用，扩大销售和创造价值。作为一个公司合伙人，他们从心底里热情对待顾客。由于这项计划，20世纪90年代中期，星巴克的员工跳槽率仅为60%，远远低于快餐行业钟点工的140%到300%的跳槽率。

案例启示

没有巨额的广告费和促销预算，但星巴克的魅力却在顾客之间口耳相传，这得益于饱含情感的咖啡体验造就的品牌忠诚，这些品牌忠诚主要得益于星巴克员工的付出。无论是星巴克的员工医疗福利计划，还是咖啡豆股票计划，都是基于一个最基本、最古老的认识：把员工看作自己的家人，设身处地为员工着想，员工就会为你着想，他们会对公司报以忠诚。

服务必须由员工提供，由顾客的感知来评价其质量水平的高低，而服务质量会因服务提供者或顾客的差异而有所变化。因此在服务营销7Ps组合中，“人员”的要素就显得尤为重要，可以说服务人员是赢得顾客忠诚和竞争优势的源泉。一个高素质的员工能够弥补由于物质条件不足可能使顾客产生的缺憾感，企业管理好服务营销中的员工和顾客，能够有效提升服务质量，增加顾客的服务感知价值，促进企业服务绩效的提高。

任务一 服务营销中的人员

在服务营销组合中，人员是指参与服务过程并因此而对购买者产生影响的所有人员。这里的人员包括服务人员、顾客，以及处于服务场景中的其他顾客。这些人员都会对服务提供和服务质量产生影响，需要对他们进行有效的管理。

一、服务人员

（一）服务人员分类

服务人员是营销组合的重要元素之一，因为他们是服务营销的策划者也是服务的传递者。越来越多的企业认识到一线员工是企业提供优质服务、赢得竞争优势的关键因素。贾德（Judd）根据服务人员接触顾客的频繁程度不同和参与常规营销活动的程度不同把服务营销中的人员分为四类（表7-1）：改善者（Modifier）、隔离者（Isolated）、接触者（Contactor）、影响者（Influencer）。

表7-1　服务人员分类

	参与常规营销组合	不直接参与营销组合
频繁地或定期地与顾客接触	接触者	改善者
不频繁地或没有与顾客接触	影响者	隔离者

改善者是指经常与顾客接触，但是并不经常参加常规的营销活动的服务人员，例如企业的接待或登记人员、电话总机接线员等。由于这类服务人员需要经常与顾客接触，所以他们需要明确企业的营销战略，并且为满足顾客需求而服务。

隔离者是指既不经常与顾客接触，也不经常参与常规营销活动的服务人员，他们包括服务企业的很多内部服务部门，如采购、后勤、人事和数据处理部门等。对于这些部门的员工，虽然他们不需要与顾客发生接触，也不需要参与营销活动，但也应当让他们充分认识内部营销的作用，以及他们的工作在整个企业服务中的重要性和地位，他们的行动支持着企业的服务，影响着整个企业的服务业绩。

接触者是指频繁与顾客发生接触，也参与常规营销组合的服务人员。他们是企业服务的主要传递者，也是企业营销活动的主要执行者，所有服务行业的一线员工都属于接触者。这类服务人员尤其需要理解企业的营销战略，并对工作有责任感，保持好的工作质量，积极响应顾客的需求。

影响者是指不经常参与顾客接触，但是参与常规的营销活动的服务人员，如服务产品开发与设计人员、市场研究人员等在营销策略制定过程中起一定作用的人。这类服务人员应当有很强的顾客服务意识，会努力提高顾客接触水平。

（二）服务人员的重要性

提供服务的员工通常被顾客视为服务产品的一部分，顾客往往通过对企业服务员工的形象和行为举止来评价服务的好坏，因此顾客对服务质量的感知受到服务人员的极大影响。对于服务企业来说，对服务人员的管理，包括他们的服务态度、服务技巧、服务质量以及相关的培训等，都是提高服务体验的有效途径。因此，对服务人员进行有效管理是服务企业成功的重要保障。服务人员对企业的重要性主要体现在以下几个方面。

1. 服务人员对于企业信守承诺具有重要作用

在企业向顾客做出服务承诺后，承诺的实现必须依赖于企业的员工，只有员工积极地为顾客提供服务，才能持续不断地信守和兑现服务承诺，实现顾客满意，确保企业获得顾客的青睐。

2. 服务人员影响顾客满意度和企业利润

服务链模型指出了员工满意度、顾客满意度和企业利润之间的逻辑关系，如图7-1所示。

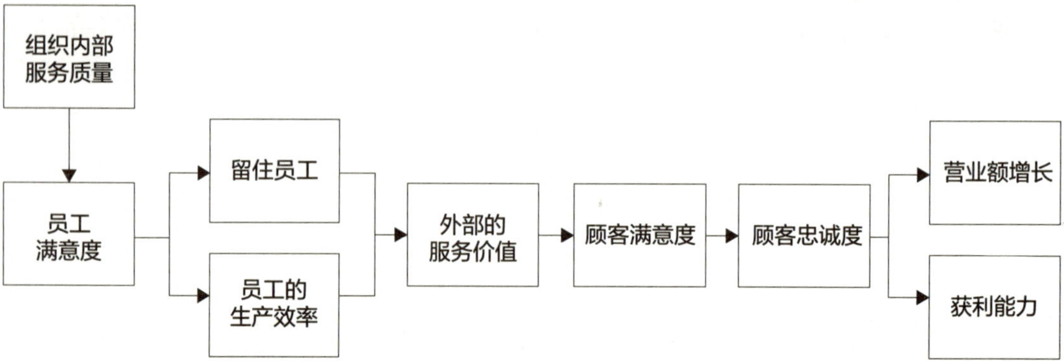

图7-1 服务利润链模型

从服务利润链的角度来看，企业的内在服务质量影响员工满意度；员工满意度会影响员工忠诚度；员工忠诚度影响员工工作效率；员工工作效率影响其提供的外部服务价值即顾客所获价值；顾客所获价值影响顾客满意度；顾客满意度影响顾客忠诚度，顾客忠诚度影响企业获利能力。因此，从源头来看，员工才是企业竞争力的核心，满意的员工才能够产生满意的顾客。

案例启迪

从服务利润链分析西南航空发展

即使许多航空公司试图模仿美国西南航空公司的很多作法，但他们无法模仿的是公司最重要的成功因素——员工队伍，员工是公司最宝贵的财富。正是他们的热情服务，对乘客的关心照料；工作激情帮助了西南航空公司成了全球最成功的航空公司之一。

公司花费了大量的时间和精力雇用、培训和保留员工。虽然是低成本航空公司，但公司向员工队伍提供了极佳的福利方案，员工一直享受航空界最高的薪酬和福利待遇。同时公司注重培养一种合作、信任和团队精神的工作氛围。西南航空公司成功推行组织文化建设，有效推行低成本战略成功的制胜法宝总结如下。

1. 强调公司“员工第一”的价值观

在西南航的组织文化中，其“员工第一”的信念在激发员工工作积极性中起着至关重要的作用。公司董事长Herb Kelleher认为信奉顾客第一的企业是老板可能对雇员做出的最大背叛之一。公司努力强调对员工个人的认同，如将员工的名字雕刻在特别设计的波音737上，以表彰员工在美西南航成功中的突出贡献，并将员工的突出业绩刊登在公司的杂志上，通过这些具体的做法，让员工认为公司以拥有他们为荣。不仅是泛泛地强调重视员工整体，更有对每个员工个人的关注。美西南航认为公司所拥有的最大财富就是公司的员工和他们所创造的文化，人是管理中第一位的因素。西南航空雇员的平均年龄为34岁，行业中最年轻的队伍，然而雇员的平均年薪是4.2万美元，位于行业中最高水平，并且雇员们拥有公司11%的股份。

2. 让员工享受快乐，并努力工作，对公司忠诚

“在美西南，我们宁愿让公司充满爱，而不是敬畏。”“不仅仅是一项工作，而是一项

事业”。从这一系列口号中可以看出美西南航组织文化的特质。在其员工培训中强调员工应该“承担责任、做主人翁”“畅所欲言”等在组织文化中真正引导员工形成一种主人翁意识，让其认为公司的发展也就是个人的发展，促使员工愉快地投入到工作中去。

员工努力奉献的结果是：西南航空公司始终保持着15分钟“掉头”速度，而通常的别的航空公司平均“掉头”时间是60分钟左右。飞机停留在地面上，每6个地勤人员（行业平均水平为12人）在15分钟内完成30项任务，在其中每一件事情都完美的完成，以最短的时间保障了航班的正点起飞。这也是西南航空低成本战略得以实施的重要环节。

西南航空公司员工忠诚度很高，其员工流失率尽为7%，是全行业中最低的水平。西南航空公司柜台上的自动售票机，能在20秒内吐刷信用卡，分发机票，大大缩短了登机时间。这样高效率的机器是西南航空的员工在他们业余时间设计的，这就是员工对西南航空忠诚的一个例子。

3. 鼓励创新

公司重视员工对具体问题的判断，而在管理实践上也强调员工主动、积极地寻求解决问题的对策。当中途航空公司（Midway Airlines，1991年3月25日提出破产保护，同年11月7日清盘）撤出芝加哥后，美西南航马上派出了一个20人的小组飞往芝加哥组建公司的相关机构。第二天美西南航的航班就从重新改造后的登机门出发了，这距离中途航空公司退出不到24小时。公司的动作是如此神速，以至于新闻媒体来不及拍摄他们在新的登机门悬挂标记的场景。而此前在公司并没有总体规划来考虑改造中途航空公司的登机门，也没有经过一个专门的委员会在行动前进行可行性设计。公司希望员工不要被一堆规则束缚，而是由他们自己做出最好的判断。此外公司追求工作、管理过程中一种非正统的境界，以及空乘人员所具有的幽默，都反映了公司文化中鼓励员工主动创新的一面。

4. 培养合作精神

美西南航强调组织内部以及在员工、供应商和顾客间建立一种积极的信任关系。在共同工作的过程中合作精神渗透到了企业的各个角落，人们积极寻求改进工作关系的方法，从而提高经营成果。大家都相信：与其彼此竞争，不如做得最好。

此外公司还提出了一系列口号，诸如“了解他人的工作”，鼓励员工了解其他部门、员工的工作，建立共同工作、合作的意识。共同的合作促使公司的生产率不断提高，也提高了部门间的相互协调能力。

5. 公司独特的“斗士精神”

美西南航建立之初曾面对行业中大公司的排斥和挤压。而面对外部的不利因素，在公司的员工中激发出一种“斗士精神”来应对外部的威胁和挑战。在克服最初的困难之后，这种“斗士精神”继续发扬、发展，引导公司成功地面对了战争、油价攀升、“9·11”等一系列危机和挑战。公司的员工凭借“斗士精神”所激发出来的旺盛斗志使得公司即便是在“9·11事件”后全行业普遍亏损及至破产的背景下仍然保持盈利的局面。

“9·11”事件后，几乎所有的美国航空公司都陷入了困境，都大量裁员，而美西南航则不一样，“斗士精神”再次激发了忠诚和保障飞行以及不裁减员工的决心。许多人义务加班，许多人将预扣税返还留给公司，还有人义务照管公司总部前的草坪等实际行动支持公司崛起。

案例启示：从美国西南航空公司的发展历程中可以看出，公司通过不断提高员工满意度，为最终提高自身竞争能力起到了极其重要的作用。美西南航空在激烈的航空市场竞争中能够始终保持领先的竞争地位（即便是在“9·11”的不利背景下仍能保持盈利），这在很大程度上得益于公司员工的凝聚力。美西南航空充分从服务利润链原理出发，强调提高内部服务质量，通过重视认同和激励员工、让员工快乐满意、鼓励创新、培养团队意识等途径提高员工满意度和忠诚度，从而保留员工和提高员工服务生产率，塑造一个外部客户满意的环境，使顾客满意，反复的服务满意最终使顾客变成忠诚客户，使企业收入增长，口碑宣传效果凸显，企业盈利能力增强。

3. 服务人员的行为直接影响服务质量

服务人员的行为会直接影响服务的质量。例如餐厅服务员如果反应迟钝，肯定无法适应不同顾客多变和多样化的需求；一名律师若是缺乏经验并对委托人流露出不耐烦的态度，会使顾客对律师事务所的服务质量感到不放心、不安全。对于服务工作而言，员工除了要投入脑力和体力外，还要求他们投入感情。如果在服务传递的过程中，员工对顾客的要求感到厌烦并将某些不满情绪表露出来，势必会严重影响顾客的服务体验。

4. 服务人员是服务营销的人格化

通常在顾客眼里，服务人员被视为就是服务本身。许多服务主要就是直接向顾客提供人员，如保姆、美容、律师事务、学校、医院等。这些服务机构的服务质量在很大程度上取决于服务人员。同时服务人员也代表着服务机构，服务人员的行为、素质和形象直接影响顾客对服务企业的感知，服务人员的一言一行都影响着整个服务企业的形象，客观上具有整体意义。同时，由于服务的无形性和同步性，顾客经常把服务人员的表现作为评价服务质量的重要依据。因此，服务人员本身就是服务的一部分，也是企业服务营销的人格化。

二、顾客

对服务企业的营销活动产生影响的另一个因素是顾客之间的关系，一位顾客对某项服务质量的感知很可能会受到服务现场其他顾客的影响。

（一）顾客

基于服务的同步性，在服务传递过程中，一定程度的顾客参与是必不可少的。在多数情况下，顾客对企业能否成功地提供服务发挥着重要作用。如果顾客对自己的角色缺乏理解，不愿意或者不能配合服务人员的工作，那么服务人员就难以提供令顾客满意的、优秀质量的服务，从而导致顾客对服务质量的感知水平降低。

根据顾客参与服务传递的水平可以划分为以下三种类型，即低水平的顾客参与、中等水平的顾客参与和高水平的顾客参与。不同的参与水平有不同的特征。

表7-2　服务传递过程中的顾客参与水平分类及特点

	低水平的顾客参与	中等水平的顾客参与	高水平的顾客参与
特点	产品标准化 服务提供时不考虑顾客的购买 付款可能是唯一要求的顾客参与	顾客参与使标准产定制化 提供服务要求顾客购买 顾客参与是必需的，但是由企业提供服务	积极的顾客参与指导定制化服务 离开顾客的购买和积极参与不能完成服务 顾客参与是必需的，并由顾客来创造共同服务结果

续表

	低水平的顾客参与	中等水平的顾客参与	高水平的顾客参与
消费者顾客举例	航空旅行 汽车旅馆 快餐店	理发 年度体检 提供全方位服务的餐厅	婚姻咨询 个人培训 减肥计划 重大疾病或手术
企业顾客举例	统一的清洁服务 虫害控制 室内草本维护服务	创造性的广告代理活动 工资代发 货物运输	管理咨询 行政管理培训 计算机网络安全

观点透视

不是所有的顾客都是上帝

“以顾客为中心”的概念首次由直销之父莱斯特·伟门（Lester Wunderman）提出，时间可以追溯到1960年年末。迄今为止，得益于业界人士和媒体的传播，“以顾客为中心”可以说是家喻户晓，然而事实上，关于“以顾客为中心”的定义和操作标准，学术界以及营销业界一直没有一致的意见。

这其中，一个非常流行的“以顾客为中心”理念就是“顾客服务”，即“为所有的顾客提供一流的服务”，这种“顾客永远是对的”“顾客即上帝”的想法在全球曾经一度风靡，成为众多企业的经营圣经。

然而，沃顿商学院营销学Fader教授指出，这都不是真正的“以顾客为中心”。他指出“很多人认为‘顾客中心’等同于‘顾客服务’，但是这不正确，后者只是前者的一部分。”相比拥护“顾客永远是对的”的“顾客服务”理论，“顾客中心”更进一步地提出“不是所有的顾客都永远是对的”，在世上存在着两种顾客，“好顾客”和“一般甚至坏的顾客”。

Fader教授指出“有区别地对待你的顾客”才是真正做到“以顾客为中心”的关键，也是他所定义的“以顾客为中心”最核心的含义。他认为最重要的顾客衡量标准就是顾客生命周期价值，即在品牌和顾客接触的整个周期中，顾客可能为品牌带来的价值。

（二）现场的其他顾客

在服务传递的过程中，除了要关注服务人员及顾客外，服务过程中其他在场的顾客的作用也不容忽视。因为顾客会与在场的其他顾客同时接受服务，或者会先后接受服务，那么其他顾客的存在可能影响服务的提供过程或服务结果，并对顾客的服务体验产生积极或消极影响。

对于积极影响方面，在场其他顾客的出现可能会增加顾客的服务体验。例如，在演唱会、电影院、体育比赛现场、游乐场等娱乐地点，顾客体验娱乐的时候，其他顾客的出现将有助于提升顾客的服务感知价值。在俱乐部等场所，其他顾客提供社交和建立友谊的机会，通过老顾客为新顾客讲授有关的服务和如何使用服务，彼此互相帮助，可以使新顾客更快地适应和接受服务，达到服务的目的和效果。但其他顾客也可能引发破坏性行为、服务耽误、过度拥挤等，对服务体验造成消极影响。例如因为某些乘客的疏忽延误登机，导致所有人都无法按时起飞；在餐厅里，若是顾客接受服务时拥挤在一起、大声喧哗、不排队不守秩序等，都会影响其他顾客的服务体验。

任务二 内部营销的概念

一、内部营销的概念

内部营销（Internal Marketing）并不是一个新概念，早在20世纪70年代就已有学者针对如何提升服务质量的研究中提出过此概念。从20世纪80年代开始，“内部营销”开始受到越来越多服务业学者的关注。内部营销是一种把员工当成顾客、主张应当取悦员工的哲学。内部营销的起源和发展都是建立在这样的假设下的：满意的员工产生满意的顾客，要想赢得外部顾客的满意，需首先让内部的员工满意。

尽管学者们对内部营销的定义各不相同，但达成的共识都认为满意的员工产生满意的顾客是内部营销的基本前提，内部营销的对象是企业的内部员工，目的是通过内部满意的员工来达到企业外部的顾客满意，从而获得企业竞争优势。因此，内部营销是指将营销管理的思维和技术运用到企业内部，实现企业内部员工的满意，最终达到外部顾客满意的一切企业协作活动和过程。

营销实践

只有员工满意，才会有顾客的满意

1981年，瑞典经济学院的克里斯琴·格罗路斯发表了论述“内部营销”概念的论文。“内部营销”首次出现在大众的视野中。其实，内部营销是与外部营销相对应的概念。其核心意思是，领导者应该使员工热爱企业品牌，然后再让员工去说服客户热爱这一品牌。

二十多年之后，“内部营销”风靡全球，已经成为领导者培养员工的法宝，企业创造效益的利器。2005年，《财富》“卓越雇主——中国最适宜工作的10家企业”的第二次评选结果揭晓，玫琳凯（中国）再度上榜。在美国，这个以粉红色Logo为主色调的化妆品直销企业，自1984年以来已经3次被《财富》杂志列为“全美100家最值得员工工作的公司”。

玫琳凯说，充分的内部营销是其成功的关键。

从创建伊始，玫琳凯就把自己的目标确定为，为广大女性提供收入、事业发展机会等，帮助她们了解自身价值并实现梦想。“我的兴趣在于，将玫琳凯公司办成一个其他地方所没有的、专门向妇女提供发展事业机会的公司。”其创始人玫琳凯·艾施如是说。而在为员工圆梦的同时，玫琳凯也放飞了自己的“粉红色梦想”。

当你走进玫琳凯公司在美国达拉斯的总部大厅时，迎面而来的不是油画、雕塑或产品，而是一幅幅比真人还大的首席美容顾问写真照。亲眼看见这一别有创意的设置，人们就会更加真切地体会到玫琳凯“我们是一家以人为主的公司”的深刻内涵。

员工是公司最重要的资产，要把他们作为第一营销对象——只有员工满意，才会有顾客的满意；而顾客满意了，企业才能获得利润并持续运行。正是基于这一认识，玫琳凯·艾施说，“一旦有人才加入我们公司，我们就会千方百计地使其安心在公司工作。如果他们不能在某一部门发挥出自己的才干，我们会尽量为他们调换合适的岗位。”她相信，每个人都有自己的专长，无论员工在哪个部门，都必须花时间使他们感到自己的重要性。

玫琳凯说：“员工是公司使命的一部分，员工的全面发展就是企业的目标之一；只有员工全面发展，企业才能全面发展。”因此，玫琳凯为员工制定了“关爱计划”和“职业培训发展计划”，以此来提升员工。

玫琳凯通过对员工的内部营销，帮助她们发掘自身价值，使得员工对企业品牌的认识逐步加深，现在的玫琳凯已经拥有了一支相当优秀的员工队伍。这支员工队伍不断地推进着玫琳凯的企业向前发展。

那些目光长远的企业把员工当作第一营销对象，并对其进行大力的内部营销。如此一来，员工会逐步理解和接受企业的价值理念、管理方式以及发展策略等，并反过来回馈企业。著名的营销专家黄先仁老师说过：“你在内部营销上花的每一个美元和每一个小时，对你的外部关系都会产生倍增的价值。”

因此，让员工满意，已经成为每一个企业领导者面临的最重要、最切实、最根本的问题。伟大的营销专家菲利浦·科特勒曾指出：“内部营销是指成功地雇佣、训练和尽可能激励员工很好地为顾客服务的工作。”显然，只要领导者向内部人员提供良好的服务，加强与内部人员的互动关系，一致对外地展开营销，就能获得成功。

当然，更重要的是，内部营销是每一位领导者不断与员工分享信息、交流感情、增进认识、分享经验、融合智慧、促进交汇的过程。如果没有这个“水乳交融”的过程，领导者就不可能融合员工，积聚能量，构建健康的企业文化基础。领导者只有像水一样遵循“我为人人，人人为客户”的理念，实施充分的内部营销，才能创建世界一流企业，获得更远大的发展！

你认为玫琳凯的成功对我国服务企业有何借鉴意义？

二、内部营销的重要性

内部营销是一个不断与员工分享信息，认可和激励他们为企业做出贡献的过程。这一持续的过程是构建健康企业文化的基础，员工在这样的文化氛围中遵循“我为人人，人人为顾客”的理念。持续不断的内部营销也是提升企业竞争优势的基石。内部营销的重要性主要表现为以下几个方面。

（一）激发员工的创新精神

服务企业通过提高对内部顾客，即对员工的服务，激发员工对工作的热爱与对外部顾客的热情，使员工从被动的工作状态变为积极、主动地工作，从单纯地被动管理变为积极参与管理过程，这必然会提高员工主动服务顾客的意识，充分发挥自身主观能动性，致力于改进服务流程和进行服务创新工作。

（二）减少内部矛盾

在服务营销过程中，需要不同部门的共同协作，各个部门处于工作流程的不同环节，内部营销通过有效沟通和管理可以减少工作中的误解，从而减少内部各部门之间的矛盾。

（三）提高工作效率

内部营销员工或者为顾客服务，或者为服务顾客的一线员工服务，这会使各部门员工提高内部服务意识，在服务企业内部营造出平等、和谐、互助的工作氛围，减少人际关系摩擦及不同服务环节的推诿扯皮现象，从而提高整体工作效率。

（四）推进企业文化建设

内部营销强调员工满意度的重要性，强调对员工价值的认同，这会增加员工的荣誉感和归属感，自觉维护企业的对外形象，并信守企业的对外承诺。且内部营销的信息沟通可以使员工及时了解企业的经营战略，当所有员工都响应企业经营的战略并相互合作时，企业文化才能真正深入人心。

三、内部营销的管理过程

内部营销的管理过程主要分为以下两种管理过程。

（一）态度管理

态度管理指有效管理员工的态度，提高员工的顾客意识和服务顾客，并对自觉进行服务的行为给予激励。态度管理是内部营销的关键组成部分，是一个持续的过程。

（二）沟通管理

经理、一线接待员和其他支持人员需要大量的信息来完成与他们职责相符的工作，进而为内部和外部顾客服务。这些信息可能包括工作计划、工作规范、产品和服务的特征、对顾客的承诺等。他们需要针对自身需求、改进工作的意见以及在服务提供过程中发现的顾客需要与管理层进行沟通，以便更好地为顾客服务，这便是内部营销的沟通管理。但不少企业在实际展开沟通管理的过程中，将沟通视为单向性的行为。例如向员工分发内部手册，在员工会议上向与会者提供书面或口头的信息，基本上没有什么沟通。甚至在多数企业的管理层看来，他们没有必要与员工进行双向式沟通，或对其意见进行反馈，也没必要对员工进行认同和鼓励。

如果企业想要获得良好业绩，以上两种类型的管理必不可少。在服务营销中，有两句格言流传甚广，经常为人们所引用，其一是“你希望员工怎样对待顾客，你就怎样对待员工”；其二是“如果你不直接为顾客服务，那么，你最好为那些直接为顾客提供服务的人提供优质服务”。这两句格言提示了两个原则：对人的尊重和树立集体主义观念。因此，企业可以通过内部营销，使“顾客至上”观念深入到员工的心里，从而使服务提供者更好地履行自己的职责。

知识拓展

内部营销在企业实施全面质量管理中的重要性

内部营销有助于企业树立顾客导向的质量观，这是全面质量管理实施成败的关键。通过内部营销可以形成由员工满意到顾客满意的价值链，因为员工对待外部顾客的态度总是反映了自己在企业内被对待的方式，越重视内部员工需求，员工的满意程度越高，员工也会越重视顾客需求，越有可能建成一个以顾客为导向的企业。

员工抵制是全面质量管理失败的主要原因之一，而内部营销可以有效地克服这个障碍。因为重视了内部顾客需求的全面质量管理突破了由质量提高、顾客满意，到企业盈利的模式，追求的是顾客、员工与企业的多赢目标，并且重视员工对变革目标的理解与接受，因而能够避免由于实施变革对员工利益造成损害或员工不理解变革而导致的员工抵制，促使其工作与全面质量管理战略保持一致。

实行内部营销有助于提高员工的积极性，提高全面质量管理的成效。仅仅是全员参与对于全面质量管理是不够的，更重要的是员工参与的积极性。通过内部营销，可以使员工满意并以自己的工作为荣，他们才会以积极的态度参与工作，才会提供更高质量的产品，为顾客创造更大的价值，质量管理才能达到目标。

实施内部营销有助于部门之间的协作与沟通，明确各部门的质量责任，更好地实现不同职能的整合，最大限度地减少部门冲突，提高全面质量管理的成功率。总之，实施内部营销能够有力地推动全面质量管理，而质量提升则是为了更好地服务顾客，达到外部营销的目标；反过来，外部营销的成功也可以促进企业更好地实施内部营销，从而可以形成企业内部营销、质量管理与外部营销之间相互促进的良性循环，这又成为全面质量管理对质量的不断改进的要求的保证。

任务三 内部营销的内容

在实践操作过程中，内部营销由7个主要部分构成（图7-2），它们相辅相成，共同促进企业目标的达成。

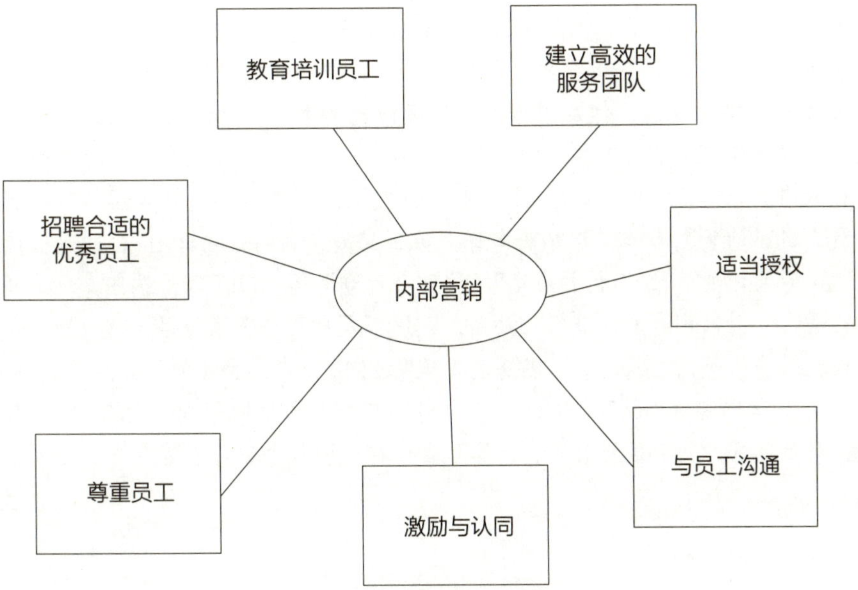

图7-2 内部营销的内容

一、招聘合适的优秀员工

服务人员在顾客面前代表着企业的形象，聘用优秀的、合适的人才来为企业传递服务，企业的服务质量才有保证。不同的企业组织需要招聘不同类型的人才，企业与员工之间的互相匹配是顺利开展内部营销的先决条件。对服务企业而言，最重要的是招聘那些具有服务意识和客户导向、头脑敏锐的人才。

二、教育培训员工

企业的每一个员工都担当着相应的营销角色，但大多数员工都没意识到这一点，或者缺乏服务技巧或者没有足够的服务意识，导致不能有效地传递企业形象。教育和培训作为员工增值、企业文化塑造的一种重要手段，越来越受到企业的重视。对员工的教育和培训主要包括三个方面：

（1）服务战略内容方面的知识和运作过程的培训。

（2）角色认知培训，包括个人与组织之间、个人与他人之间、个人所在部门与公司其他职能部门之间的关系、认知和交流，并且使员工在广泛的联系中为自己的角色定位。

（3）服务营销的特征、有关的沟通、销售和服务技能的培训。通过培训使企业的服务人员具有足够的服务知识和技能。

教育和培训应是持续的，在组织内部形成制度化和常规化，明确知道员工对什么感兴趣和需要学什么，并以此为基础制定培训计划；培训形式上可以采取课堂教学、在岗培训、外出观摩、案例分析、角色扮演等灵活的方式。培训结束后，应该及时进行效果评估和项目调整，逐渐形成学习型组织。

案例启迪

沃尔玛的内部服务营销

沃尔玛公司提倡“员工为顾客服务，领导为员工服务”。沃尔玛公司从来不会对员工的种种需求置之不理，更不会认为提出更多要求的员工是在无理取闹。相反，每当员工提出某些需求之后，公司都会组织各级管理层迅速对这些需求进行讨论，并以最快的速度清查员工提出需求的原因，然后根据实际情况做出适度的妥协，给予员工一定程度的满足。在沃尔玛，任何一个员工的铭牌上都只有名字，而没有标明之物，包括总裁，大家见面都互称姓名。“分红计划”以及“员工折扣规定”等制度的实施就是沃尔玛在实际利益方面对员工进行的长期合作。沃尔玛向每个员工实施“利润分红计划”，同时付诸实施的还有“购买股票计划”“工资折扣规定”“奖学金计划”等。除了以上这些，员工还享受一些基本待遇，包括带薪休假、节假日补助，医疗、人身及住房保险等。

据权威机构的研究表明，员工满意度每提高3个百分点，企业的顾客满意度将提高5个百分点：员工满意度达到80%的公司，平均利润增长要高出同行业其他公司20%左右。由此可见，对员工服务其实是使员工、顾客和企业在内的每个参与者都获得了最大程度的一种有益方式。

三、建立高效的服务团队

服务人员的工作是一种情绪劳动，许多服务工作是令人疲倦的。为服务人员提供协作伙伴，将他们组成团队，通过利用团队成员之间互相帮助、彼此理解和经常交流的方式来克服其服务热情的消耗是很有用的方法。在团队中，其他人都应努力帮助服务人员，而服务人员则尽力帮助顾客，形成良性循环，团队精神注入企业，加强企业的内部服务。

四、适当授权

授权是指通过赋予员工相应的权利和自主性，使其能控制与工作相关的情况和做决定的过程，意味着可以让基层员工做出正确的决定。顾客真正需要的是员工所提供的创造性的服务，严格的规定和工作程序可能会束缚服务人员的创造性。员工不应当只是制度的执行者，还应当是灵活运用制度和弥补制度不足的实践者。高质量的服务，首先意味着能够快速、容易地得服务。只有赋予员工现场做出决定的权力，才能确保服务过程的流畅和结果的质量。正确地运用授权，有助于减少员工的角色模糊性和角色矛盾，增强员工的适应性和工作满意度。

案例启迪

中国移动“大客户经理”授权

中国移动通信的大客户经理在2004年春节期间为大客户提供了7×24小时伴随的最真诚的服务承诺，以保障节日里每一位大客户手机的畅通。

“大客户经理”是中国移动通信特地为他们的个人大客户或者是集团大客户配备的专门的全天候服务人员。他们的职责是有针对性地为大客户提供适合他们的话费套餐或者是增值业务使用建议，大客户经理会经常与客户保持沟通，随时根据客户的要求调整移动通信服务方案，尤其是当地时间客户在使用移动通信设备中遇到特殊情况时，大客户经理的作用就会更加明显。

在客户临时需要停机/复机，开通国际漫游，国际长途等业务，又无法立即到营业厅输入相关手续时，就可以委托自己的大客户经理进行处理对中国移动通信“全球通”VIP客户，客户经理甚至可以在免保证金的情况下为客户先提供长途漫游服务；而对于经常出差和旅行的客户来说，为他们解决在异地遇到的移动通信问题更是大客户经理的重要职能之一，如异地的SIM卡补办，手机故障维修和备用机使用，备用SIM卡的开通等，只要客户打电话给自己的客户经理，他们会在最短的时间内为客户解决困难。

五、与员工沟通

很多企业不惜斥巨资在与外部顾客的沟通上，却忽视了内部沟通的重要性。对于企业内部来说，沟通有向上沟通、向下沟通和横向沟通三种形式。有效的沟通可以实现员工对企业目标的高度理解、认同和支持拥护。沟通能否有效实施主要取决于渠道的有效性和信息发送者与接收者之间的理解。企业内部刊物、内部网站、宣传栏、企业论坛等，都是行之有效的沟通方式和渠道。企业必须选择员工能够接受的方式和渠道，使组织目标潜移默化地被员工理解和接受。

案例启迪

企业的“无情”伤透员工的心

几天前，小张添置了一台新的电热水器，厂家是某地的知名企业。第二天，公司派了一位师傅来安装。因为电表的功率问题，从设计到安装，老李不辞辛苦地跑了几次，中途因堵车耽误了约定的时间，他两次给小张打电话，并发短信表示歉意。小张从头到尾都对老李的服务赞赏有加，由衷地对他说：“你们公司有你这样的员工真是幸运。”可是老李却闷闷不乐地对小张说，到年底他就要不干了。小张问为什么，他说不想再为这家企业卖命了。原来，老李的孩子几天前不小心被开水烫伤了，住院要交1万元押金，老李向所在公司求援，提出提前支付工资用于押金垫付，却被公司拒绝，公司只借了500元给他。500元实在是帮不了老李，他只好向亲友挪借，才让孩子住进了医院。老李说500元让他看到了企业的无情和对员工困境的无动于衷，所以他想跳槽。

案例启示：大多数企业非常重视外部顾客的满意度，无论是产品的设计，安装的效率，还是价格的透明度，都体现出了使顾客满意的理念，可是在处理员工的一些事情上却很不关心，甚至被忽视。殊不知，外部顾客价值是由内部顾客——员工创造的，内部顾客不满意就无法保证外部顾客价值。企业在追逐顾客满意和顾客忠诚的过程中，越来越发现服务提供者对最终服务效果具有重要作用。企业内部营销就是运用营销策略与方法协调和处理内部市场的各种关系，吸收、发展、刺激和保留优秀员工，达到外部顾客对公司及其产品的满意和忠诚，实现营销目标。

六、激励与认同

激励是指企业采用适当的刺激方式，鼓励员工以更高的水平、更大的主动性和自觉性投入工作，取得成就的方法。企业的激励不应当只是关注员工的产出，还应当包括对员工行为的评估。一个好的绩效评估系统和标准的要求是具有较好的透明度、时间性和公平性。简单明了的评估标准、持续有规律的评比活动以及公正的评估程序和评估方法才能真实地反映员工的工作状态。有效的激励系统对因某些原因工作业绩不佳的人、工作称职但算不上优异的人和业绩突出的人都有很好的激励效果。

七、尊重员工

员工是企业重要的资产，企业对待员工，物质奖励只是最基本的奖励。随着社会的发展，人们的要求不断提高，会更多地追求社会认同和得到他人的尊重。在提供服务的过程中，不尊重或者以高姿态对待员工，必将影响企业和员工的沟通以及信息流的通畅，这对企业的发展十分不利。企业应从理念到管理机制都要体现组织对员工的尊重和关怀，使员工能在企业中找到自己的心理支撑。在这样的环境下，每个员工都能得到充分的尊重，很容易将一个企业凝聚起来，员工也会心甘情愿地为企业做贡献。

任务四 顾客行为管理

一、顾客的重要角色

在服务供应中，顾客扮演三种重要角色；生产资源、服务质量和满意的贡献者以及竞争者。

作为生产资源的顾客被看作是组织的“部分员工”，是增加组织生产能力的人力资源。顾客参与服务生产就意味着服务产品的数量和质量与他们的行为产生联系，进而影响到企业的生产力。例如在医疗服务中，医生往往先要了解病人的实际情况才能对其有所帮助。那么，病人提供的信息的全面性和准确性就会直接影响到医生工作的质量和进程。

作为服务质量和满意的贡献者，顾客也会在服务提供的过程中受益。例如，提供美容服务的美容师，在顾客对服务的要求和期望描述较详细的情况下，美容师更有可能为顾客提供其满意的服务，这对顾客本身来说很明显是受益的。

顾客扮演的第三个角色是服务企业的竞争者。因为在某些情况下，他们可以选择自己为自己提供服务而不是从服务企业或服务人员处购买。这是顾客的一个很特别的角色，在一定程度上，顾客就称为提供服务的企业的竞争者。

二、增强顾客参与

服务为增强的有效参与并提升顾客的服务体验，提升顾客的服务感知质量，可以采取以下几方面措施。

（一）发展顾客自助服务

服务企业可以通过向顾客提供某些服务设施、工具或用品来让顾客自行生产和消费其所需的服务产品。目前许多企业为了提高生产效率或满足喜欢自助顾客群体的需求，都或多或少地制定和实施顾客自助服务，例如自助餐厅，公交车的无人售票以及银行的ATM等。

（二）选择、教育和奖励顾客

服务企业应该在与顾客沟通的过程中，界定希望顾客扮演的角色和应当履行的相应的责任。例如减肥俱乐部在招收成员时，传达了顾客必须节食以配合减肥过程的信息，在此基础上顾客可以预知自己的角色和相应的要求，他们可以选择是否接受该服务，有利于企业吸引到符合要求的顾客参与到服务中来。同时教育顾客能有效地使顾客扮演其在服务中的角色，如健身中心的健身教练需要告诉顾客如何使用健身器材和如何锻炼等。对于有效参与的顾客，企业也应适当给予回报和鼓励，以激励其继续积极参与服务活动。

另外要尽量避免行为不当的顾客带来的消极后果。如果顾客对服务系统或服务传递过程不了解，就会导致服务失败或服务滞缓，甚至有些顾客的不良行为会对在场的其他顾客的服务体验造成恶劣影响。

（三）管理顾客组合

顾客组合管理，也被称作顾客兼容性管理，是指企业通过先吸引同类型顾客进入服务环境，然后对有形环境及顾客之间的接触进行主动管理，以此来增加令人满意的服务接触，减少令人不满意的服务接触的过程。

实现顾客组合有效管理的办法之一是求同存异。求同是指服务企业通过市场细分，最大限度地确定相似的顾客群体，以增加顾客间的兼容性。存异是指服务企业或服务人员把具有相似需求的顾客群体安排在一起接受服务，或把差异性大的顾客分开接受服务。有效管理顾客组合的另一种方法是服务企业通过顾客“行为规则”，约束某些顾客的不良行为，减少顾客之间彼此的消极影响。

知识拓展

顾客的不良行为

顾客的不良行为是服务失误研究领域发展的新方向。关于顾客的不良行为的表达方式，根据不同的学者使用的词汇各不相同，如不良顾客（Jay Customer）、问题顾客（Wrong Customer）、不道德顾客（Unethical Consumer）、不合作顾客（Uncooperative Customer）、不正直顾客（Unfaircustomer）、顾客不良行为（Customer Misbehavior）、功能障碍型顾客行为（Dysfunctional Customer Behavior）、顾客异常行为（Aberrant Consumer Behavior）均是表达顾客的不良行为。

关于顾客的不良行为的具体表现，从顾客不良行为的产生意愿、顾客不良行为的产生规模、顾客不良行为的严重性程度、顾客不良行为的具体形态，将顾客不良行为分成以下几类：

（1）根据顾客不良行为的产生意愿来分，顾客不良行为可以分为顾客主动产生顾客不良行为和顾客被动产生顾客不良行为。主动产生的顾客不良行为是基于自身原因产生的，比如“强迫性消费”、顾客个性特征、道德缺乏等原因而产生的，此类不良行为具有破坏性的影响力。而被动产生顾客不良行为是由于受到他人的刺激而产生的，此类不良行为具有捍卫消费权益的性质。

（2）根据顾客不良行为的产生规模来分，顾客不良行为可以分为个体顾客不良行为和集体顾客不良行为。个体顾客不良行为是个体消费者基于个人事由而产生的不良行为，比如谩骂卖家、偷窃、欺骗行为。而集体顾客不良行为是群体消费者基于共同的事由而引起的不良行为，比如静坐、集体退货、游行、集体起诉等行为。相比较而言，集体顾客不良行为带来的影响比个体顾客不良行为要深远。

（3）根据顾客不良行为的严重性程度来划分，可以将顾客不良行为划分为微小的顾客不良行为（Petty Norminfringements）、严重的顾客不良行为（Felonious Norm infringements）、极其恶劣的顾客不良行为（Belligerentnorm Infringements）。微小的顾客不良行为涉及的内容较为广阔，影响力也较小，基本运用道德的手段来防止、发现并纠正此类行为。而严重的顾客不良行为所涉及的内容不多，影响力也一般，运用的调节手段基本是道德与法律并存。极其恶劣的顾客不良行为涉及的内容较少，影响力较大，已经达到违反社会公共秩序的层面，所运用的调节手段基本是靠执行法律来解决此类行为。

（4）根据顾客不良行为的具体形态，将顾客不良行为分成赔偿信的书写型、欲望难以满足型、恃财自傲型、过分要求服务型、情绪激动型、口头谩骂型、暴力型、性骚扰型。有些学者，在顾客不良行为的具体形态上再加以细化，如专业偷窃型、冲动盗窃型、习惯盗窃型、酗酒盗窃型和偷窃癖型。

资料来源：谢凤华，吴成．顾客不当行为研究热点：来自1990 – 2014年Web of science 的证据［J］财经论丛，2016（3）：78-85．有删减。

项目小结

对于服务企业而言，由于服务的自身特性，使得服务过程中人员的作用显得尤为重要。在成功的服务企业中，员工被视为企业的内部顾客受到重视和对待。从内部顾客的视角，内部营销的概念应运而生，其实质是强调企业要为员工服务，认同员工的价值和鼓励员工。内部营销有助于激发员工的创新精神，减少内部矛盾，提高工作效率，推进企业文化建设等作用。在内部营销实施的过程中，对服务人员的有效管理也是服务企业必须考虑的重要问题。

基于服务的同步性的特征，一定程度的顾客参与是必不可少的。顾客行为会对服务消费的过程和结果带来一定的影响，因此，为了提升服务结果，服务企业对顾客行为的管理也非常必要。

复习思考题

1. 服务人员在服务利润链中发挥着怎样的作用?
2. 内部营销的主要内容有哪些?
3. 企业如何实施内部营销?
4. 企业如何管理顾客行为?

实践活动

1. 实训内容

组织学生针对“在服务企业中是员工优先，还是顾客优先”的问题，分两组进行课堂辩论。

2. 实训目的

掌握塑造服务企业营销文化的措施和服务人员的管理方式。

3. 实训要求

以宿舍为单位选出辩手，组织学生座谈和讨论。

案例分析

海底捞，何许人也? 海底捞是一家誉满京城的火锅连锁店，发迹于四川简阳，成名于北京、西安等地。韩国、日本等据此认为中国的餐饮服务水准达到国际先进水平。1994年，海底捞8000元起家，如今60多家店，年营业额十几个亿。

北京的单店平均每天接待客户2000人。客户去吃火锅，等一两个小时是很正常的事情。三伏天也要排队吃火锅，而别的火锅店生意清淡。每天3～5桌的翻台率创造了业界翻台率最高纪录。50%的客户回头率，10%的员工离职率。

很多投资银行要给海底捞钱，他却不要。无数同行高薪挖海底捞的员工，都挖不动。无数同行学习他，模仿他，甚至派出卧底，上演无间道，也学不到精髓。必胜客、肯德基200人组团学习，海底捞认为这是大象向蚂蚁学习。为什么会这样? 为什么达到这种效果的只有海底捞，而不是河底捞、江底捞?

要求:

1. 实地走访或者收集二手资料，分析海底捞是如何开展内部营销的。
2. 你认为海底捞成功的秘籍是什么?

项目八　服务流程策略

学习目标

1. 理解服务流程的概念和类型。
2. 掌握服务流程设计的原则。
3. 理解服务流程设计的方法。
4. 理解服务流程再造的概念。
5. 理解服务流程再造的类型及方法。

能力目标

1. 能根据企业实际情况描绘服务流程图。
2. 能根据企业实际运行情况设计服务蓝图。
3. 能发现企业服务系统中存在的问题，并进行服务流程再造。

知识结构

服务流程策略

- 服务流程概述
  - ○服务流程的概念
  - ○服务流程的分类
  - ○服务流程的互动性
- 服务流程设计
  - ○服务流程设计的原则
  - ○服务流程设计的基本方法
  - ○服务蓝图法
- 服务流程再造
  - ○服务流程再造的概念
  - ○服务流程再造的衡量标准
  - ○服务流程再造的类型
  - ○服务流程再造的步骤

导入案例

麦当劳的服务流程

当前，快餐业的“服务效率”已成为竞争的关键，快餐消费者不仅希望所得到的食品是干净、卫生和有一定热度的，还非常注重所接受的服务效率，注重能否尽快地得到所要的食品。为此，麦当劳通过制定一系列制度和改进设备，通过改善服务流程来提高餐馆的服务效率，以满足顾客的需要。在麦当劳所制定的一些规则、设计的一些设备及工具上，都体现了麦当劳的匠心独具。

1. 点膳

自消费者踏入麦当劳餐厅开始，消费者就开始接收麦当劳的服务，也就进入了麦当劳高效率的服务体系中。在麦当劳餐厅里，收银员负责为顾客记录点膳、收银和提供食品。麦当劳在人员安排上，是将记录点膳、收银和提供食品等任务合而为一的，消除了中间信息传递环节，既节省了成本，又提高了服务效率。

麦当劳的菜谱很简单，一般只有9类（而原来有25类之多）食品左右，每类按量或品类分成2～3种规格；这样，顾客就不需要花很多时间去选择，节约了顾客选择的时间，无形中提高了顾客选择的效率。在顾客点膳时，收银员还会推荐“套餐”（买套餐往往就不再需要选择其他食品，也提高了效率），或建议“加大”（增大销售额），或推荐其他一些食品，以协助顾客下决策，缩短顾客点菜的时间。另外，麦当劳有严格的规定，对一个顾客只推荐一次。这意味着顾客不需要在点菜员的推荐中进行选择，也降低了“推销”色彩。

另外，当顾客排队等候人数较多时，麦当劳会派出服务人员给排队顾客预点食品，这样，当该顾客到达收银台前时，只要将点菜单提供给收银员即可，提高了点膳的速度；同时，让服务人员对顾客实施预点食品，还能降低排队顾客的“不耐烦”心理，提高了顾客的忍耐力，可谓一举两得。这样，麦当劳通过减少食品数量、提供套餐、协助顾客点菜就大大地降低了顾客点菜所消耗的时间，提高了点膳环节的效率。

2. 收银

在顾客点膳结束后，接着就是收银员的收银和找零环节。麦当劳通过使用收银机（日本麦当劳首创，后在全世界推广）提高了账目结算的速度，还可将所点的食品清晰的反映给备膳员，提前做好备膳的准备。

麦当劳规定收银员在收银过程中必须清晰地说出顾客交付的金额，让顾客清点。这样，就能减少或消除收银过程中出现的纠纷。排除了纠纷，也就是减少了对正常服务流程的干扰，自然也是提高了服务的效率。

为了提高服务的效率，麦当劳规定；当某个收银员出现空闲时，应该向在其他收银台前排队的顾客大声说：“先生女士，请到这边来”，以提高顾客排队的效率。另外，如果麦当劳内突然出现高峰人群，那么，其他空闲的收银台马上就会启动。由于，麦当劳对各个店门经营数据进行了详细的统计分析，并参考周边地区的有关活动，进而能比较准确地估计出一个店门出现高峰人群的时间；因此，会提前准备人手，以应付高峰人群的突然到来。找零后，收银员还要及时提供顾客所点的食品和饮料。

3. 供应

麦当劳在食品供应上的效率非常高，顾客点膳后只需要等30秒左右就能拿到所点的食品。在食品供应方面，麦当劳采取了不同的方式以提高效率。

麦当劳规定员工在食品供应时都应该带小跑，以提高行动的速度。为了防止行动速度提高而影响食品滑落和外溢，麦当劳对饮料都加了塑料盖、对食品加了纸盒。当然，饮料都加了塑料盖也能防止顾客饮用时外溢，食品加纸盒可以延长保温时间，对顾客来说，也是有利的。

除此外，麦当劳还对供应设备进行了改革。如在饮料供应方面，饮料设备提供多个饮料出口，员工只需要按一下按钮，就能保证定量的饮料流到杯中。这不仅节省了服务人员“看护”“等待”饮料充满的时间；而且，在填充饮料时，员工还可做其他的事情。在食品供应方面，通过工艺改进，只需要将半成品加热（主要是高温油炸的方式）即可，大大地提高了食品的生产速度，而且顾客还能拿到刚出锅略微发烫的食品。

在食品供应流程中，麦当劳通过提高员工行动速度、改进食品制作工艺、统筹安排适量库存，大大地提高了食品的加工速度和供应速度，将顾客等候时间从最初的50余秒缩短到30秒。

4. 消费

有在麦当劳就餐经历的顾客都知道，麦当劳是不提供筷子、叉子、调羹等就餐辅助工具的，所有固体食品都是通过手来抓取，饮料使用吸管（吸管的管径往往较粗）。顾客用手抓取不仅方便，而且，抓取的效率要大大高于使用筷子和叉子等工具时的效率。因此，顾客直接用手拿着薯条、汉堡包、派、鸡翅等就餐，就不知不觉地提高了就餐速度。

另外，麦当劳的座位和餐桌往往偏小，不宜久坐，如果长时间坐着往往有不舒服的感觉，这就使得顾客不愿意长时间地坐着，自然提高了餐位的使用效率。还有，麦当劳往往使用小型餐桌，最多配给2～4个座位；因此，麦当劳餐厅内不太适合较多朋友聚会。

通过餐厅的设计，顾客往往不会长时间地停留在餐厅；而且，麦当劳也将那些消费时间很长的潜在消费者排除在顾客之外了；同时，小的座位和餐桌也提高了有效营业面积。

同时，麦当劳还提供外带服务，这些外带食品是不占用麦当劳的营业空间的；因此，麦当劳专门为外带服务的饮料提供专门设计过的塑料袋，方便顾客携带和使用。这在某种程度上，也鼓励了顾客外带食品。

5. 清洁

在清洁方面，麦当劳也有一套方法和体系保证清洁的速度。首先，麦当劳大量使用纸质、塑料等一次性餐具，在清洁顾客留下的餐巾纸、吸管、可乐杯、纸杯时，只需要将这些餐具倒在垃圾桶里即可，就节省了餐具回收、餐具清洗、消毒、干燥等诸多工序。其次，使用托盘和托盘纸，不仅方便顾客携带，还能为餐厅做广告，减少了桌面被弄脏的概率，节省了桌面清洁的时间。

麦当劳还制定了员工要随手清洁的规定，任何人在任何岗位都要顺手将周边的岗位用抹布抹扫干净。这样，油渍等废弃物不容易沉积，经过多次打扫，也很容易打扫。除此外，麦当劳的桌子、凳子等需要清洁的表明都采用塑料等覆盖，厨房设备都采用不锈钢表面，不仅容易清扫，而且清洁的效果也容易显现，提高了清洁工作的效率。麦当劳没有采取如一般餐厅采用覆盖桌布等做法，既降低了成本，也提高了效率。在打烊时，麦当劳还要组织员工对所有的器具再进行一次清洁；因此，由于员工随手进行清洁，最后再清洁的时候也变得很容易了。

对于被顾客打翻的饮料，麦当劳规定要立即进行清洁，以防止污染扩大。同时，麦当劳还有多种配方的清洁液，针对不同的污渍采取不同的清洁液进行清洁，以提高清洁的针对性。

案例启示

麦当劳能从一个小小的快餐店发展成为世界快餐业的巨人，在其服务流程背后有其独到的设计和考虑，包括对顾客行为、心理的研究和重视。从以上实例来看，麦当劳在服务流程改进、厨房设备创新、餐厅员工培训、食品种类删减等诸多方面，都考虑到了快餐业所需要的“快”，实现高效率的服务，这就保证了麦当劳餐厅的成功。

相对而言，国内快餐连锁店在快餐运营上还缺乏系统的设计和统筹管理，一方面，没能针对性地开发一些新型、有效的设备和工具；另一方面，也没能从干净、卫生和健康的角度完善服务流程，提高服务效率的同时保证服务质量。为此，国内快餐连锁店，应该针对自身所提供的产品，在提高生产、服务效率、稳定产品质量方面多下些功夫，开发一些结合人机工程的、新式的、专用的厨房设备，制定一套完善的和高效率的服务体系，才能扭转当前不利的局面，最终打响“中式快餐”的品牌。

在有形产品消费中，顾客只消费作为生产结果的产品，是典型的结果消费。顾客不需要与生产者接触就可以独立消费。而由于服务的同步性特征，在服务消费中，顾客不仅仅消费了服务结果，还消费了服务过程，因此，服务消费是结果消费与过程消费的统一。前面我们提到的服务产品策略主要决定企业为顾客提供什么服务，而企业创造服务产品，以及将服务产品传递给顾客都必须具备相应的服务流程。服务流程直接关系到一个企业内部服务系统的运作效率、运营成本和服务质量的好坏，对服务企业竞争力的提升有着非常重要的影响。因此，对于企业营销管理者来说，要重视服务流程的设计和管理，并在服务流程运作过程出现问题时进行服务流程再造。

任务一 服务流程概述

一、服务流程的概念

服务流程是指与服务生产、交易和消费有关的程序、任务、日程、结构、活动等日常工作。服务流程从本质上来说，就是服务活动的先后顺序。在服务企业中，流程要运作得顺利和高效，就必须要有与流程相适应的制度和绩效评估标准，否则，流程就没有存在的必要。服务流程、流程管理制度和绩效评估标准，是企业的无形资产，都需要定期或不定期进行管理。但大多数服务企业对实物资产比较重视，对于像服务流程这样的无形资产重视不足，是企业运行效率不高和效果不佳的重要原因。

服务产品的生产和传递给顾客的过程是服务营销组合中一个主要因素，顾客通常把服务传递系统视作服务的一部分。顾客所获得的利益或满足，不仅来自于服务本身，同时也来自于服务的传递过程。因此，服务系统运行管理的决策对服务营销的成功十分重要。

在服务企业管理中，服务流程对于企业内部不同层级的人，其意义是不同的。对于企业高层管理人员来说，服务流程是一种盈利模式；对于中层管理人员来说，服务流程是一种管理的思路和方式；但对于企业低层操作人员来说，服务流程是一种操作规范和手册。

二、服务流程的分类

根据服务过程形态、服务接触程度及服务复杂程度的不同，服务流程可分为以下几种类型。

（一）按照服务对象及服务活动的性质分类

根据服务活动是否有形，服务的接受对象是人还是物，可将服务流程划分为以下四种类型，四种服务流程的适用服务项目如表8-1所示。

表8-1 四种不同的服务流程

		服务的直接接受者	
		人	物
服务活动的性质	有形活动	针对人体的服务： √ 健康护理 √ 客运 √ 美容美发 √ 外科手术 √ 健身	针对物品的服务： √ 家电维修 √ 货运及包裹快递 √ 服装干洗 √ 住宅保洁 √ 园艺及草坪维修
	无形活动	针对人大脑的服务： √ 教育 √ 娱乐 √ 信息服务 √ 电视广播节目 √ 音乐会	针对无形资产的服务： √ 金融服务 √ 法律服务 √ 会计服务 √ 咨询服务

资料来源：詹姆斯A菲茨西蒙斯，莫娜J菲茨西蒙斯．服务管理：运作、战略与信息技术[M]．第7版．张金成，范秀成，杨畅，译．北京：机械工业出版社，2013.

1. 针对顾客人体的可接触服务流程

针对人体的服务常使人在生理上更健康或更舒适，例如医疗、美容美发、健身服务等。要接受这类服务，顾客通常要进入服务场所或者有时由服务人员提供上门服务，而且还要求顾客与服务员工合作。在这个流程中，顾客需要亲自参与服务过程才能接受服务，因此，服务营销者必须依据顾客的需求角度来设计服务流程，要充分考虑服务流程中的各个环节能向顾客提供的价值与要求顾客付出的时间、精力和体力等成本，让顾客感知的服务价值最大化。

2. 针对顾客物品的可接触服务流程

针对顾客所拥有的物品的服务很常见，如衣物干洗、汽车保养和电脑修理等，此类服务的目的通常是延长这些物品的使用寿命。与大多数服务不同，这类服务的生产与消费并不一定要同步进行。在这类服务活动中，顾客不一定需要出现在服务现场，他们与服务人员接触的时间可以很短，其参与服务活动的程度也很有限，他们的主要关注点是安全与便捷。

3. 针对顾客精神的不可接触服务流程

娱乐、教育和宗教等活动针对的都是顾客的精神，可能会影响其态度和行为。此类服务通常要求顾客投入一定的时间、精力才能从中获益，但并不一定要求顾客亲临服务现场。此类服务可以先生产出来以后，再通过网络或电视等新媒体渠道传递给顾客，也可以以文字或其他方式来储存，例如可以录制成音频、视频资料等。这类服务的流程设计中，管理者需重点考虑技术的因素。随着互联网和信息化技术的发展，服务企业要充分利用新技术来传递服务。例如学校或者培训机构可以通过网络课程来吸引更多的顾客。

4. 针对顾客无形资产的不可接触服务流程

保险、法律、金融和会计等服务主要是针对顾客相关的信息进行处理，这类服务活动的无形性表现得尤为明显。例如，以银行的取款、汇款服务为例，顾客不一定非要接触银行的服务人员才能获得服务，他们可以通过互联网、手机和自动柜员机完成服务。在这种情况下银行向顾客提供的服务是无形的。处理信息的服务成功的关键在于能否对信息的进行有效收集和加工。在这类服务的流程设计中，技术也是企业应该重点考虑的因素。

（二）按服务接触程度分类

按服务接触程度可将服务过程分为高接触程度服务和低接触程度服务。

通常与顾客接触程度不同的服务，其在作业上也存在较大的差异，因此对管理者的要求也各不相同。高接触度的服务与低接触度的服务相比，具有以下特点：

（1）高接触度服务业比较难以控制，因为在服务提供和传递的过程中顾客也是服务过程的一种投入，甚至会影响过程。

（2）高接触度服务业中，顾客会影响和妨碍需求的时效性，同时其服务系统在应付需求上较难以均衡其产能。

（3）高接触度服务业中的工作人员，对顾客的服务印象有极大影响。

（4）高接触度服务业中的生产日程较不容易编制。

（5）高接触度服务业较难标准化，例如难以用技术取代人力。

（6）将服务系统中的高接触度构成要素和低接触度构成要素予以分开管理较为有利，同时可因此激励员工在各种不同功能中的技能专门化。

（三）按服务的复杂程度和差异程度分类

（1）复杂程度和差异程度都较高的服务过程。例如外科医生的手术过程，既比较复杂，又随病人的不同或医生的不同而出现较大的差异。

（2）复杂程度较高而差异程度较低的服务过程。例如酒店的服务过程，比较复杂，但比较标准化，一般不会因为顾客的不同而产生很大的差异或出现很大的改变，而且酒店普遍重视对人员统一进行培训，这也降低了服务过程的差异程度。

（3）复杂程度较低而差异程度较高的服务过程。例如理发、美容、照相等服务过程，不是很复杂，但差异程度比较高，不同顾客要求不同的发型，甚至要求同一发型但要有细微的差别，美容、照相等也是如此。而且理发师之间、美容师之间、摄影师之间手艺的差异也比较大。

（4）复杂程度和差异程度都比较低的服务过程。例如超市的服务过程，既不复杂，也没有多少差异。

三、服务流程的互动性

对于大多数服务来说，其生产过程与消费过程同时进行，这就使得服务流程始终处于一种互动状态，这种互动包括顾客之间的互动、顾客与员工之间的互动、员工之间的互动。

1. 顾客之间的互动

顾客之间的互动是指顾客在消费服务过程中，因共享人员服务、服务环境或服务设施等，顾客直接通过各种方式产生的相互联系和相互影响。顾客之间的互动可能是直接或间接方式、面对面或以通信网络技术为媒介；可能是主动或被动的，在服务现场或服务现场外；也可能是在两个或更多的顾客之间进行的语言或非语言的沟通。顾客之间的互动有的发生在体验服务的过程中，如航空旅行；有的互动发生在购买之前或之后的阶段。顾客之间的互动不一定是两个顾客之间的直接互动，还可能包括一个顾客在服务现场作为被动观察者。例如，在观看演唱会时，坐在我们邻座或附近的观众会影响我们观看演唱会的体验，尽管我们根本没有直接看到他们或与他们交谈。

在服务过程中，顾客之间的相互影响相当普遍，这种影响既有积极的一面，也有消极的一面。因此服务企业必须对顾客之间的互动给予充分考虑，可以对整个服务过程进行监测，通过不断实践来使大量顾客相互兼容，防止和避免出现负面的顾客影响，以提升顾客的服务体验满意度。

2. 顾客与员工之间的互动

服务提供者与顾客密不可分是服务的一大特征。在众多服务企业中，顾客必须与服务提供者即员工发生有序的相互作用，以保证服务的有效传递。顾客与员工之间的互动包括以下三类。

（1）友好的互动。顾客与服务员工之间的友好互动，可以使服务组织达到最佳状态。在服务过程中，顾客既是服务的接收者，同时也是服务生产的合作者，积极配合、协助服务人员，友好地对待服务员工，能为服务员工留下美好的服务经历，从而使服务员工更加积极、主动地为顾客提供优质服务。

（2）不友好的互动。任何不友好的互动事件发生时，都会危及服务企业的经营绩效。顾客与员工之间的误解、不理解常常是引发不友好互动的原因。服务企业想要求顾客在接受服务的过程中表现得彬彬有礼是比较困难的事情，但为了减少顾客不友好互动行为的发生，服务企业应当为顾客如何参与服务过程提供正确的引导。同时，对于服务员工，企业应通过一系列规章制度和培训来约束其行为，才能保证企业长期健康发展。

（3）过于友好的互动。顾客与服务员工之间的互动若过于友好，也可能会影响服务提供的质量。例如，餐厅服务人员与顾客聊个不停，乘坐飞机的乘客想与空乘人员成为密切关系的朋友等，这些行为的发生往往会使服务人员分心，进而耽误或推迟其为其他顾客服务的时间。

3. 员工之间的互动

服务员工之间的互动体现在服务过程中的各个环节的衔接与配合中。在为顾客提供服务的过程中，任何一个员工，在任何一个环节的失误或对顾客的怠慢，都将使其他员工的努力毁于一旦。服务企业若想让员工之间友好互动，必须首先，让相关员工了解企业的服务流程；其次，强调服务过程每个环节的互相支持和互相补救与及时沟通；最后，大力提倡实行“首负制”，即当顾客提出问题并寻求帮助时，第一个接触此问题的服务人员要尽力给顾客一个满意的解决文案。

任务二 服务流程设计

一、服务流程设计的原则

科学合理的服务流程设计有利于服务企业提高服务效率，提升顾客服务体验，提高顾客满意度。在进行服务流程设计时，既要考虑与顾客配合，也需要考虑是否与企业的经营理念和营销目标相一致。因此，在进行服务流程设计时，应遵循以下原则。

1. 注意与顾客需求相吻合

服务企业在进行服务流程设计时，应当站在顾客的角度，针对顾客的真正需求来设计各项服务活动，做到有的放矢，使服务内容和服务形式与顾客的需求相吻合。

2. 注意灵活性

服务流程中的各个环节和系统的设计要具有相应的灵活性和机动性，根据情况设置例外流程，从而增强服务流程的适应性和可变性。

3. 注意特色创新

服务企业在决定服务内容和形式时，要注意为顾客提供不同于竞争对手的特殊优势，要注意服务产品的创新和特色，不能让竞争对手轻易模仿或抄袭，且具有持久性。

4. 注意成本收益最大化

服务的创新，服务流程的重新整合和再造都需要考虑服务企业投入和产出的关系，既要考虑企业当下的利润水平，同时也要考虑服务对于企业的战略性利益。

案例启迪

顺丰的服务流程

顺丰的服务流程包括收件、分拣、运输、分拨和派送几个不同的环节。

一、收件

客户通过电话或网络下单后，收派员接受信息并检查客户信息是否有误，若有误则进入内部服务流程，来确认和再次检查信息，如果信息不匹配，顺丰的客服人员将会与客户联系，无误则到客户处收件，本着“收一”的原则，收件会在一小时内完成，收件时检查寄托物是否符合要求，具体要求包括对长度、形状是否适合速运等。若不符，则进入内部服务流程，进行再次的检查和确认，并由客服人员与客户联系，若符合要求，则指导客户填写运单，随后收派员需要清点寄托物数量，这个过程主要由巴枪完成，每天都需要及时更新信息，之后检查、加固、包装、称重、计费、跟客户确认付款方式，随后将快件运回点部，交单交件后寄托物就进入发件流程，而收派员需要将收到的款项上交，并严格记录信息（图8-1）。

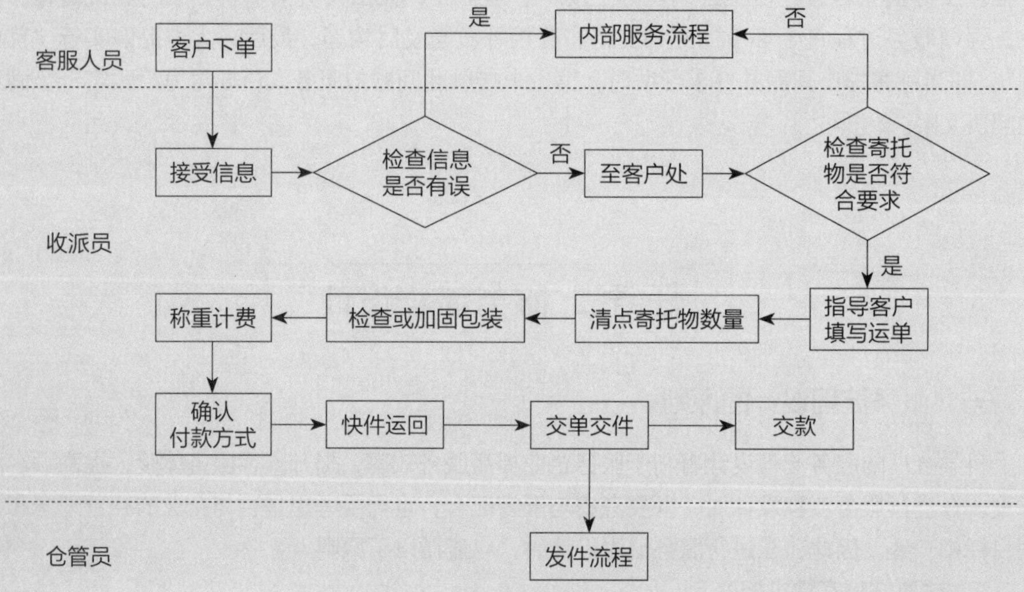

图8-1　顺丰收件服务流程图

二、分拣

根据顾客的订单要求或配送计划，迅速、准确地将快件从其仓位拣取出来，并按一定的方式进行分类集中以便运输到上一级网点。在顺丰的分拣过程中，先进的自动分拣系统提升了分拣效率，一方面，顺丰的分拣系统采用红外线扫描代码的方式，通过对代码信息的分类来分拣寄托物，不需要耗费时间去人工确认；另一方面，对于分拣系统无法识别的寄托物，流水线会将它们直接转入人工区进行人工分拣，减少了人力的耗费，以最少的消耗取得最大的效率。

三、运输

顺丰根据目的地选择运输方式，一般省际运输采用航空运输，省内运输采用公路运输。频繁的航班和发车保证了运输环节的流畅和高效，实际上产生“飞机比汽车快”的效率差异的最重要的原因在于航班的密集频率，往往要比陆地运输的次数多出一倍以上。另外，顺丰在飞机与汽车抵达后有着高效及时的接收程序，能够将飞机运输所带来的“快一点”最大限度地转化为效率。

四、分拨

按照用户的要求，及时将各种已经配装好的货物分派至下一级网点，顺丰运用了巴枪扫描并进行快速分拨以保证效率。顺丰采取改进技术的形式，通过巴枪来将整个顺丰的信息网络连接在一起，既保证客户的信息对称，做到信息零失误，也为收派员提供便利，不用频繁地确认和对比信息，省去在信息的收集和保存传送的时间，提高员工效率，使收件效率最大化。

五、派送

下单受理之后，收派员根据客户信息将寄托物出仓交换并确认交接是否异常，主要内容是确认信息及寄托物的安全。若异常，则按照相应规章办法处理，客服会在确认问题后第一时间与客户联系；若无异常，则分配好点部速运半径，在最短时间内送至客户，随后核实客户身份并对比有效证件确认相关信息，并提醒客户检查快件。如客户拒绝签收，则进入内部服务流程，对客户所提出的要求予以调查和回复；客户签收后确认付款方式，确认金额并收款后收派员回到所在集散中心交款，同时记录相关信息（图8-2）。

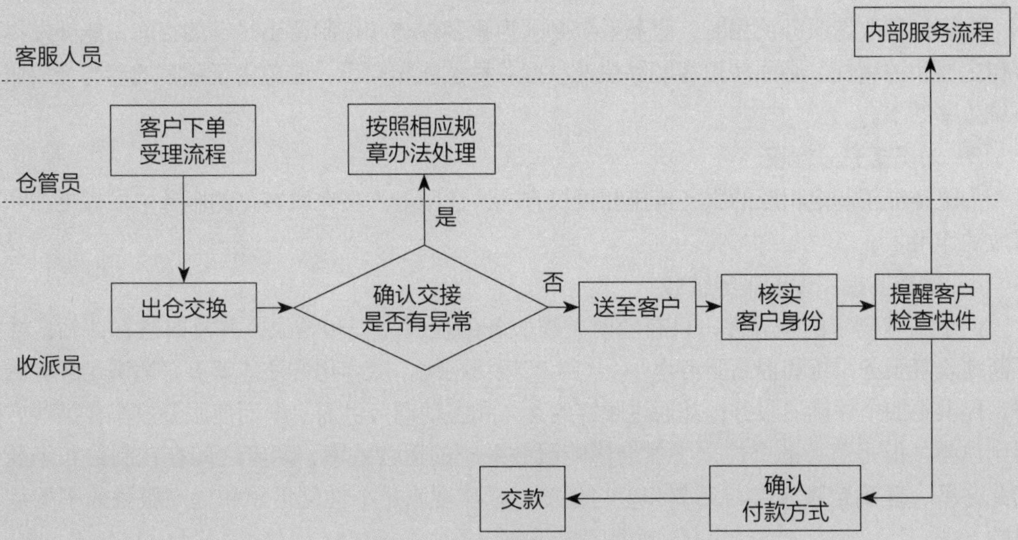

图8-2 顺丰派件服务流程图

资料来源：张淑君，王月英. 服务设计与运营[M]. 北京：中国市场出版社，2016.

二、服务流程设计的基本方法

服务流程的设计必须根据服务企业的具体情况以及所处行业的特殊性，用专业方法进行设计。在服务过程中，服务流程的设计方法主要有以下几种。

（一）生产线法

生产线法是指将制造业的生产线流程和管理方法应用于服务业中，从系统化、标准化的观点出发，将小规模、个人化、无定性的服务系统改造为大规模、标准化、较稳定的服务系统，提高服务效率和服务质量。这种方法的主要工作内容是服务标准化、系统标准化、过程可控制化。

服务标准化是通过对服务本身进行分析，尽力减少其中的可变因素，为顾客提供稳定的、一致的服务。系统标准化是指在服务运营的各个阶段，适当的位置采用设备来代替人员密集型劳动，以提高标准化程度和效率，减少人为失误，例如超市使用计算机管理存货比传统的人工方式更为及时准确，同时还能节省大量的人力和物力。过程控制化是应用系统化的方法来加以设计和控制服务过程，使得服务传递过程的各个阶段都得到精密的组织和控制，增加系统运作的稳定性，提高运营效率。

（二）顾客参与法

由于服务的不可分离性，在有些服务场合，顾客需要为服务付出劳动，例如自选商场、自助餐厅、体育场等。此时，顾客预约、材料准备等环节也会影响到顾客满意度。因此，在服务中应将顾客的合作互动视为服务流程的一个必要组成部分。顾客参与法主要包括以下几种。

1. 准确把握顾客的个性化需求

根据服务的类型，正确把握目标顾客的需求和心理特点，分析顾客在服务过程中可能的行为，考虑各种可能出现的情况，对服务提供的整个流程进行分析，避免由于顾客的参与造成服务系统效率低下。

2. 服务提供系统应当灵活应用

在设计和改造服务流程时，服务系统必须为顾客参与和控制留出足够的空间，能够发挥顾客自主性和控制性。必须使顾客能够快速掌握各种技能和知识，避免由于顾客的参与造成服务系统效率低下。

3. 对员工充分授权

为服务员工制定相应的服务措施和授权方式，让服务人员在顾客化的服务中发挥更加积极有效的作用。

4. 动态监控和评价服务绩效

由于顾客需求的差异性，只有随时关注服务的提供过程和结果，并及时进行评估，才能不断地改善服务系统和提高服务水平。与生产线法相比，顾客化方法能够更好地满足顾客的偏好，提供更加个性化的服务，并通过顾客的参与和主动调节供需平衡而使服务效率在某些方面得到改善，但是服务的个性化必然会影响服务系统的运营效率，两者之间存在制约和矛盾。因此必须合理确定顾客参与环节和参与程度，以实现满足个性化需求和提高服务效率的综合目的。

（三）顾客接触法

顾客接触法是一种折中的方法，这种方法将服务生产系统分为高顾客接触作业（前台）和低顾客接触作业（后台），低顾客接触作业使用生产线法像工厂一样运行以提高效率，高顾客接触作业则注重顾客利益。例如，航空公司在流程设计中通常能很好地使用顾客接触法，机组人员与地勤人员统一着装，为顾客提供优质服务，而飞机的维修保养则在一个远离顾客的地方进行。

顾客接触法的设计思想是将高接触程度的要素和低接触程度的要素区分开来，将服务活动分成不同的类型，由不同的员工来完成。这种方法实际上是将那些不要求与顾客联系或联系程度不高的工作从前台工作中分离出来，这样可以确保技术核心不会受到干扰，从而提高生产效率。例如，餐厅的大厅属于顾客高接触区域，厨房则属于低接触区域。此时餐厅可将厨房这一低接触区域的作业从中分离出来，在该低接触的技术核心区域，可使用生产线法来提高运行效率，而在高接触区域的大厅，营销管理的重点是强化顾客体验，提高顾客的满意度。顾客接触法能让顾客感受到个性化的服务，同时也可通过大批量生产达到规模经济。

（四）信息授权法

如今信息技术已成为我们日常生活不可或缺的一部分。人们可利用信息技术来购买商品和服务。我们的日常服务产品，例如交水电费、叫出租车、转账汇款等，都要用到信息技术。服务企业可以利用信息技术向员工和顾客授权。

1. 员工授权

服务企业利用信息技术可以向服务员工授权以便能更好地为顾客提供服务。有些服务企业为了方便与顾客和供应商保持联系和便于沟通，建立了顾客和供应商相关信息的数据库。一线服务员工可以通过存货清单数据来起草订单，而不必再通过订货员，这就意味着员工授权的时代已经来临，同时员工之间现在可以通过网络相互影响，甚至可以与其他企业的员工进行沟通。

2. 顾客授权

服务企业使用信息技术和计算机也可以向顾客授权。信息技术对人们的日常生活影响越来越大，信息技术使顾客有更多的机会主动参与服务过程。顾客可以不必完全依赖于当地的服务企业，他们可以利用互联网就可以购买到世界各国的产品。顾客也不必再跑到餐厅点餐，在手机上点击就能下订单，短时间内就可以得到一份服务人员递送上门的外卖。

（五）服务图法

服务流程图是一种常用的手段，通常称为服务蓝图（Service Blueprinting）技术。服务流程图是管理和提高服务质量的基本工具。对于服务企业而言，可以预先设计好服务的整个过程，考虑一切可能会遇到的细节和问题，并且还包含与顾客的接触过程。服务流程图设计的目的是帮助服务员工或管理人员对即将付诸实施的服务进行设计和规划，以便减少意外及不能控制的情况出现。

在流程图设计的过程中，可以用符号的形式将各作业步骤表示出来，如图8-3所示，流程图中常用的标准符号：长方形表示流程中的具体工作（作业或事件）和行动步骤；箭头（流向线）表示作业进行的方向；到三角形表示库存和延误（库存点或处于等待状态）；菱形表示决定。

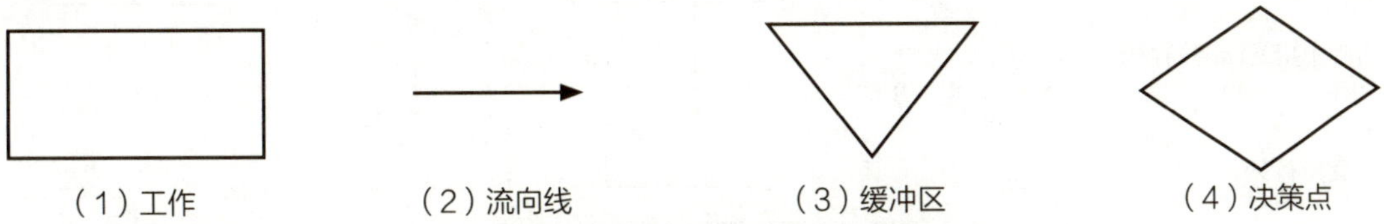

图8-3 服务流程图中常用的标准符号

服务流程图包括以下几个方面的内容：整个服务流程的进行方向；从一个工作步骤到下一个步骤所需的时间；每个工作步骤所需成本；服务系统的瓶颈所在。瓶颈是限制服务产量的因素，服务流程中的瓶颈往往会限制服务任务的完成，瓶颈作业通常是最慢的作业，如果瓶颈作业处耽误半小时，那么就相当于整个服务流程延误半小时，因此识别出服务系统的瓶颈所在非常重要。

三、服务蓝图

顾客期望服务企业能全面了解自身与企业之间的关系，但服务流程却往往是由一系列分散的活动组成的，这些活动可能是由若干不同的服务员工完成，因此顾客在接受服务过程中较容易迷失方向，感到没有人了解他们的真正需求是什么。为了使服务企业了解服务过程的性质，企业有必要把这个过程的每个部分按步骤画出流程图来，这就是服务蓝图。由于服务具有无形性的特点，较难进行沟通和说明，这不但使服务质量的评价在很大程度上依赖于顾客的感觉和主观判断，更给服务设计带来了挑战。

服务蓝图（Service Blueprinting / Service Blueprint）是详细描绘服务系统的图片或地图，它把整个服务流程合理地分为不同的区域，再逐一描述流程的步骤、顾客的行为与员工的职责，以及服务中的有形要素呈现。服务蓝图是一种基于流程图的设计工具，它客观地描述出服务过程的特点并使之形象化，这样管理者、服务员工和顾客都知道企业提供的服务是什么和自己在服务过程中所应扮演的角色和相应的职责。

（一）服务蓝图的构成

服务蓝图从描绘服务实施的过程、接待顾客的地点、顾客与员工的角色以及服务中的可见要素等方面来展示服务。在绘制服务蓝图时，如图8-4所示，每个行为部分的方框表示相应水平上执行服务的人员所经历的服务步骤，箭头表示流向，它指明行为步骤的顺序。整个服务蓝图被三条线（外部互动分界线、可视分界线和内部互动分界线 ）分成四个主要行为，包括顾客行为、前台员工行为、后台员工行为和支持过程。

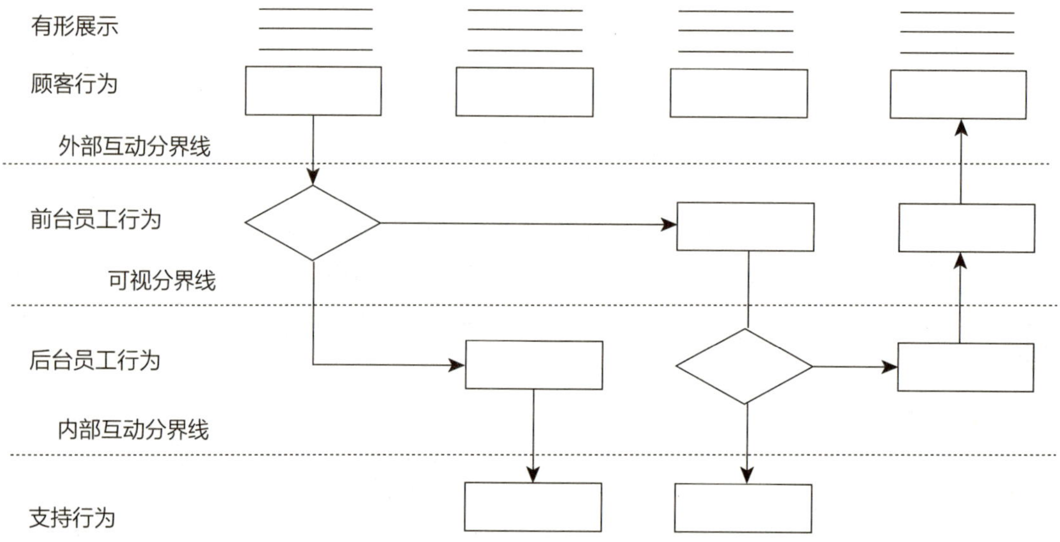

图8-4　服务蓝图的基本构成要素

资料来源：李克芳，聂元昆. 服务营销学[M]. 北京：机械工业出版社，2016.

其中，外部互动分界线表示顾客与服务企业之间直接的互动。如果有一条垂直线穿过活动分界线，则表明发生一次服务接触。可视分界线则将顾客能看到的服务行为与不能看到的服务行为分开。在服务蓝图中，处在可视分界线下方的区域都是顾客不能看见的服务行为区域，这样就很容易从中看出服务企业为顾客提供了哪些可视服务。同时这条线还可以将员工在前台和后台所做的工作区别开来。例如，教师课堂授课属于前台工作，而课后批改作业和备课等属于后台工作。内部互动线将服务人员的工作与其他支持服务的工作区别开来。内部互动分界线是后台活动区域与支持性活动区域之间的分界线，也是服务企业外部服务和内部服务的分界线。若有垂直线穿过内部互动线，也同样意味着在服务企业内部有服务接触发生。

（1）顾客行为。顾客行为是指顾客在购买、消费和评价服务过程时所采取的一系列行动和互动。以病人去医院接受诊疗服务为例，此时顾客（病人）的活动可能有选择医生（普通V S

专家）、与医生面谈、接受治疗和付款等。

（2）服务员工行为。服务员工行为包括前台员工行为和后台员工行为。前台员工行为是指顾客能看到、接触到的服务员工的行为。例如，在咖啡厅，顾客可以看到的服务人员的行为包括最初见面时的打招呼、态度和表情。后台员工行为是指发生在幕后、支持前台员工行为的员工行为。例如，咖啡豆的采购。

（3）支持过程。支持过程是为支持服务人员的服务活动顺利进行而产生的各种内部服务的步骤和行为。例如，律师事务所的工作人员进行的法律调查、文件准备、秘书为会面所做的准备工作等都是支持行为。

在绘制服务蓝图时最上方是服务的有形展示，常用的方法是在每一个服务接触点上方都列出相对应的有形展示要素。服务本身具有无形性的特点，顾客在购买之前往往通过有形线索来判断服务质量。例如，酒店里的有形展示有大堂、客房、酒店服务员的着装等。此外，在服务蓝图中还应标明潜在的失误点。服务失误点具有三个特征：工作失误的可能性较高、失误所导致的结果会被顾客看见、顾客认为很重要的失误。失误点的存在易导致顾客对服务的不满，服务营销者可以通过分析失误点并指导服务员工应如何应对这些失误来减少服务失误。

营销实践

华星影城的购票流程图

近年来，我国电影票房连年增长，到电影院观影已成为人们日常文化消费和生活休闲的主要方式之一。影院是提供观影服务的主要娱乐服务场所，但如今国内影院的服务质量参差不齐，尤其是大影院和小影院、大城市影院和地方影院之间的服务差距很大。

UME华星国际影城是UME电影专业集团管理公司在北京下设的首家UME国际影城和五星级影城，UME的英文含义即U—Ultimate（意为终极），M—Movie（意为电影），E—Experience（意为欣赏、体验）。UME华星国际影城贯彻集团公司终极电影欣赏体验的理念，采用了国际最先进的视听设备，包括了2D、3D、IMAX和中国巨幕这几种主流放映形式。观影条件应用了与国外先进影厅接轨的方式，采取了高坡度无遮挡、低视点及宽排距座椅设计。最大的电影厅还有一块全国罕见的430多平方米的巨幕，全影城拥有四千多平方米的营业面积，有7个电影厅，共有1400余个座位。由于良好的硬件设施和软件条件，影城自开业至今已获得观众良好的口碑，“看电影，就去华星。到华星，还要去电影头等舱”已成为北京城电影观众的一种时尚。

华星影城具有网上购票系统，观影顾客还可以通过猫眼电影等网上购票平台购买电影票，所以进影城观影的顾客被分为两批，即已经网上购票的和未购票的，已购票的顾客可以在售票处或者自动取票机处排队，输入相关验证信息后取票上楼等待观影；未购票的顾客则需在售票处或UME会员处排队购票。华星影城有两条购票排队队伍，排队速度也比较快，售票时，服务员会告知前一天排片经理根据影城营业情况与按片源提供商、加盟商提出的要求发布的电影排片信息以及电影的票价信息，在顾客选择场次后再提供给顾客影厅的座位信息供顾客选择，顾客确认购票信息后，服务员会打印出票，交给顾客在入场检票时使用。华星影城的购票流程如图8-5所示。

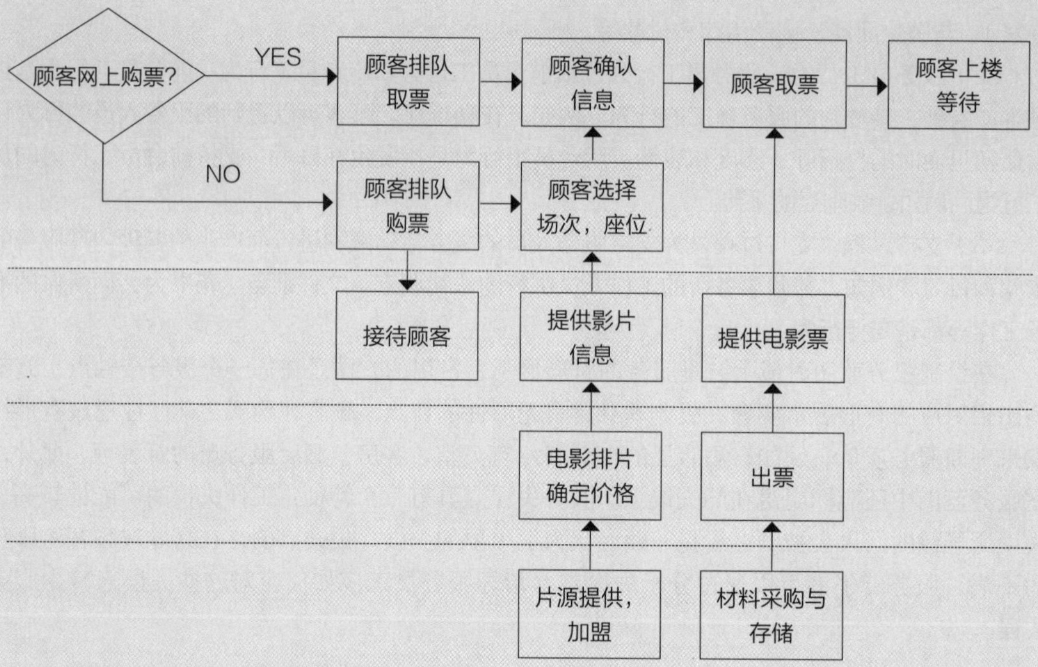

图8-5 购票流程图

华星影城的购票流程优缺点如下。

1. 优点

（1）服务效率高。华星影城的购票流程讲求效率，服务员反应机敏，如果购票服务过程顺利，除去排队时间，一般不会超过2分钟。

（2）有效的顾客分流。如今网上订票逐渐成为观影人群的主要选择，华星影城设置的自动取票机能够分担大量网上订票的顾客，从而减轻了售票处原本需要处理大量顾客的服务压力，防止售票处人流拥堵情况的发生。

（3）高接触与低接触服务的搭配。高接触服务在这里指的是售票处提供的服务，低接触服务即网络购票和自动取票服务。这两种服务类型的混合搭配，在提高服务效率的同时，也为顾客提供了更多的选择。

（4）会员服务处的单独设立。这是影城差异化服务的一种表现。单独设立的会员服务UME使会员附加值瞬间飙升，在让顾客感到影院对他们重视的同时，也提升了顾客的优越感。

2. 缺点

（1）售票处的队伍数量少。售票处的两排队伍虽然能够应对影城大部分时间购票顾客不多的情况，但在应对黄金时间或节假日等人流量多的情况时，两排队伍未免过少。

（2）自动取票机数量较少。影院的自动取票机集中在一楼且只有2台，在取票顾客较多的情况下会让顾客排队耽误过多的时间。

✧ 思考与讨论：

请根据自己的观影经历，试画出影院的观影流程图。

资料来源：张淑君，王月英. 服务设计与运营[M]. 北京：中国市场出版社，2016. 有删减。

（二）服务蓝图的作用

服务蓝图对于服务企业来说，具有以下几个作用：

（1）服务蓝图能帮助企业更全面、深入、准确地了解所提供的服务，有针对性地设计服务过程，更好地满足顾客的需求。尤其是服务蓝图可为企业提供一个全局观点，让员工把服务视为不可分割的整体，时刻明确自己在服务提供过程中的职责，加强以顾客为导向的服务观点。

（2）服务蓝图有助于企业建立完善的服务操作流程，明确服务职责，有针对性地开展员工的培训工作，同时为外部营销、内部营销构建合理基础。

（3）服务蓝图有助于各部门理解的各自的角色和作用，增进提供服务过程中的协调性，明确企业内部部门之间的界面，促进持续不断的质量改进。

（4）服务蓝图有助于企业有效地引导顾客参与服务过程，并发挥积极作用，提升顾客的服务体验。同时，服务企业明确质量控制活动的重点，使服务提供过程更合理，更能让顾客满意。

（5）服务蓝图有助于识别服务提供过程中的失败点和薄弱环节，帮助企业改进和改善服务质量。

（三）构建服务蓝图的步骤

对于服务企业来说，服务蓝图的绘制工作是一项系统工程。它的构建需要服务企业内部相关职能部门或来自顾客的信息，且协同完成。通常服务蓝图的构建分为以下七个步骤，如图8-6所示。

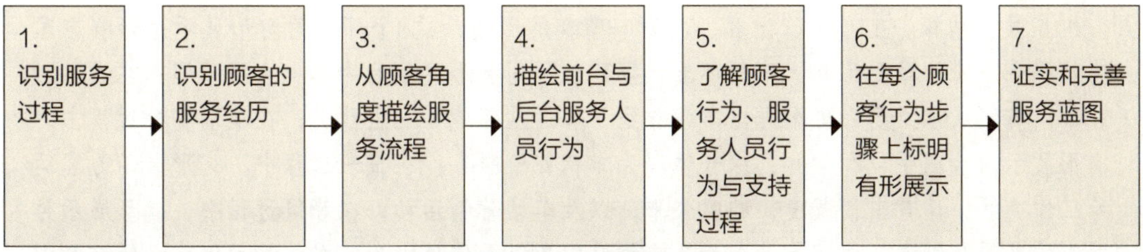

图8-6　服务蓝图绘制步骤

1. 识别服务过程

服务企业首先需要分析服务流程设计的目的，弄清所要绘制的服务蓝图究竟是什么样的服务流程。服务企业必须在绘制服务蓝图前对企业的服务进行详细的调研，理解服务流程的全过程。

2. 识别顾客的服务经历

在了解服务流程的基础上还需要站在顾客的角度来进行分析，不同的细分市场中的顾客对服务的需求是不同的，对服务过程的各个环节的感受和评价也存在差异。通常企业可通过观察法、实验法等手段对顾客参与服务的过程进行记录和分析，作为绘制服务蓝图的依据。

3. 从顾客角度描绘服务流程

该步骤包括从顾客的角度来描绘顾客在购买、消费和评价服务中执行或经历的选择和一系列行为。从顾客的角度来识别服务，可以帮助企业有效避免把注意力过多集中在对顾客没有影响的过程和步骤上。在这一步骤，企业必须要明确顾客是谁，并调研确定顾客将如何感受和体验服务过程，若存在差异，服务企业则需要为每个不同的细分市场绘制单独的服务蓝图。

4. 描绘前台与后台服务人员行为

服务企业应该首先确定互动分界线和可视分界线，再从顾客和服务人员的角度出发绘制服务流程，辨别出哪些是前台服务人员的工作，哪些是后台服务人员的工作。

5. 了解顾客行为．服务人员行为与支持过程

在服务蓝图的下方画出内部互动分界线，即可识别出服务人员行为与内部支持各职能部门

之间的联系。在这个过程中，内部行为对顾客的直接或间接影响会显示出来。从内部服务过程与顾客关联的视角出发，它会直接关系到服务流程能否有效运转。

6. 在每个顾客行为步骤上标明有形展示

最后在服务蓝图上添加有形展示，包括顾客看到的以及顾客经历每个步骤时所能得到的有形物质。这些有形展示应与服务企业的营销战略和服务定位相一致。

7. 证实和完善服务蓝图

对于开发新服务或对现有服务流程的优化，所绘制的服务蓝图通常是服务企业的一种预期，这种预期与实际运行是否相符有待验证，并根据结果进行调整和完善。

案例启迪

客运站服务蓝图

CJY客运站站务中心是中国西南某市一家大型国有企业，现有资产总额约6亿元人民币，员工2000多人，拥有全市7个一级车站，420余条营运线路。该客运站的服务蓝图如图8-7所示。

图8-7中，整个车方服务流程在服务蓝图中被3条线分为5个部分，前后左右内外关系一目了然。基于车方司乘人员感知建立的服务流程，是为运营车辆提供进站、安检、报班、等候、结算、上车位、上客、出站一整套的服务，这8个环节的有形展示是影响旅客感知服务质量的重要因素。不同环节根据职能不同有形展示的内容也有所不同：在进站过程中，有形展示主要为班车进出车站流线，客运站环境和卫生状况；在车辆安检过程中，有形展示为检测手段和时间，综合体现为车辆安检服务；在报班过程中，有形展示为客运站工作流程，运营车辆调度，调度公平，以及车站营销活动；在等候过程中，有形展示为停车位数量与管理，住宿条件，加油或维修服务以及信息服务；在结算过程，一般有车方专门负责人员与客运站财务中心联系，有的客运公司由指定司乘人员办理，有形展示主要客运站收费是否合理，结算是否及时；在上车位过程中，有形展示为站内信息和路线指

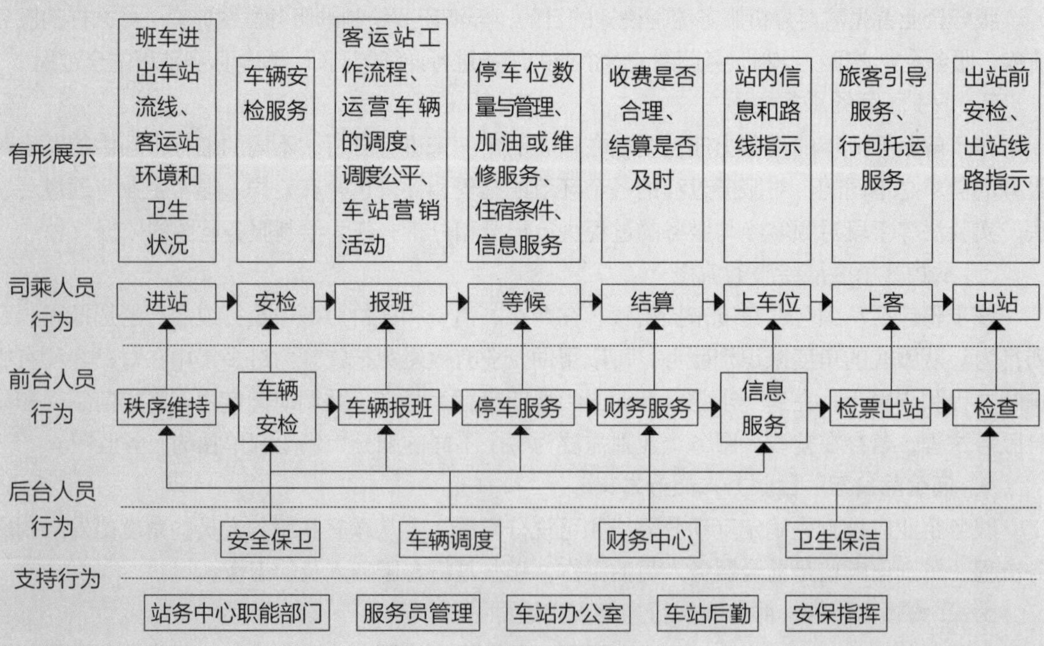

图8-7 客运站车方服务蓝图

示；在上客过程中，有形展示为旅客引导服务，行包托运服务；最后在出站过程中，有形展示为出站前安检，出站线路指示等。

此外，隐含在这8个环节的每一个环节中的无形接触，概括为一线工作人员在为车方客户服务接触过程中所展示的服务意识、服务态度和服务能力。从客户感知的角度出发，车方客户并不关心服务蓝图中后台人员的行为以及背后的客运站支持行为，而只通过对有形展示的直接感受以及与一线工作人员的无形接触体会，形成预期与体验之间的差别，即形成服务质量的评价。

资料来源：王升，樊根耀，吴兵涛．基于服务蓝图理论的客运站车方服务质量评价研究[J]．长安大学学报，2016，18（2）：43-48．有删减。

（四）构建服务蓝图应注意的问题

通过服务蓝图可以为服务企业提供一个全局观点，也能让服务人员把服务视为不可分割的整体，明白自己在服务系统中的角色和地位，从而加强以顾客为导向的服务理念。此外，服务蓝图为外部营销提供服务全景，便于其与顾客之间的信息沟通。同时服务蓝图使管理层能够识别出在一线工作的基层员工为提高服务质量做出的努力，并加以引导和支持。但在构建服务蓝图是应当注意以下几个问题。

1．明确构建服务蓝图的目标

服务企业构建什么样的服务流程依赖于组织或团队的目标。如果目标未被确定或准确定义，识别过程将非常困难。因此，企业在构建服务蓝图之前，必须知道构建服务蓝图的原因、目标、服务流程的起点和终点等问题。

2．不要把多个细分市场构建在一张蓝图上

各个细分市场具有不同的服务流程或服务特征，两个不同细分市场的服务蓝图会显示出巨大差异。因此服务企业应尽量避免将两个或多个细分市场构建在同一张蓝图上。

3．构建服务蓝图应当由团队来完成

服务蓝图是团队共同协作的结果，不能再开发阶段制定个人来做这一项工作。所有有关的方面都要参与蓝图的开发工作，或者派出代表，包括组织内部各职能部门的雇员，例如营销、运营、人力资源、设计部等，必要时也需要顾客参与其中。

任务三　服务流程再造

一、服务流程再造的概念

服务流程再造是指服务企业针对现有服务流程的更新。许多因素的变化都会使服务企业现有的服务路程运转不畅，这就要求服务企业结合自身所处的市场环境，从顾客需求出发，对现有服务流程进行调研分析，调整原来的服务流程，或是进行全新服务程序设计，提升企业的运营效益。

服务流程运转不畅主要有两个方面的原因：一是外部环境的变化。科学技术的发展、竞争企业提供新的服务产品、顾客需求的改变等，都会使原有的服务流程变得不合理。二是企业内部的原因。服务流程在运营过程中，可能会因为种种原因而发生偏移走样，或者变得越来越复

杂、烦琐。当出现信息冗余、增加不必要的程序、顾客对程序的抱怨数量增多等现象时，说明服务流程已经出现了问题，需要进行服务流程再造。

二、服务流程再造的衡量标准

营销管理者应该通过服务流程再造努力提高企业生产率与服务质量，进而帮助提升顾客的服务体验。衡量企业服务流程再造好坏的标准主要有以下四个：

（1）减少服务失误的数量。

（2）缩短从顾客开始接受服务到完成的时间。

（3）提高服务效率。

（4）提高顾客满意度。

三、服务流程再造的类型

服务流程再造包括重新建立、调整改善或替换服务流程。服务流程再造包括以下几种类型。

1. 删除没有价值或意义的步骤

在进行服务流程再造时，服务企业可以通过删除一些没有价值或没有任何意义的步骤来简化流程。这样既可以提高生产效率，又能提升顾客满意度。

2. 向自助服务转变

这种服务流程再造是将顾客纳入服务系统中作为劳动力，从而提高生产率，降低企业运营成本。随着信息技术的不断发展，越来越多的服务企业通过网络向顾客提供服务，顾客可以自己在查询所需产品信息、下订单、订单追踪、查找解决问题的相关信息等，通过这样的方式，服务企业能以少量的服务人员就可以为众多顾客服务。

案例启迪

丰巢自助快递服务

丰巢于2015年6月6日由顺丰、申通、中通、韵达、普洛斯领航共同投资创建，致力于研发运营最优质的智能快递柜，破解快递最后100米难题，服务于全行业末端快件运营，打造全方位开放共享自助智能平台。

作为专业的快递末端服务平台，丰巢已经形成可提供硬件研发、软件服务、网点运力调配的行业解决方案服务商，支持为其他物业、企业、校园服务商提供业务服务接口，提升末端物流行业整体运营效率。未来将不断完善末端物流服务，通过提升硬件设备的使用率、降低人力投入不断优化末端物流成本，以全面电子化流程服务于末端快递网点及消费者。

3. 向顾客直接提供服务

这种流程再造将原来要求顾客到服务网点或服务现场接受服务的方式转变为直接为顾客提供服务的方式。也就是说通过这种服务流程再造，顾客可以在家里或工作单位直接接受服务。例如远程教育、网络培训等都为顾客提供了便利。

4. 合并某些服务流程

这种方式是将多种服务组合在一起提供给特定的目标市场的顾客。这样既可以降低交易成本，又能为顾客增加价值。

5. 重新设计服务流程的有形展示

这类服务流程再造主要集中体现在对服务场景方面，更换服务设备和工具、更换新的建筑物以改善顾客的服务体验。通过这种方式不但能为顾客提供便利，也能帮助企业提高员工的生产率和服务质量。

四、服务流程再造的步骤

服务流程再造的具体实施过程可以按照以下步骤来完成。

1. 对原有服务流程进行全面分析，发现存在的问题

通常，企业原来的服务流程是根据当时市场需求、技术条件来绘制和构建的，并由一定的组织结构、作业规范作为保证。但当市场需求、技术条件发生变化时，企业必须对现行服务流程是否存在功能障碍、效率低下等可能引起顾客不满的问题，进行深入的调查和分析。

2. 设计新的流程改进方案，并定期进行评估

服务企业为了设计更加科学、合理的服务流程，必须集思广益、鼓励创新。对于提出的多个流程改进方案，营销管理者还需从成本、效益、技术条件和风险程度等方面进行评估，以选取可行性强的方案。

3. 制定相应的保障规划

制定与服务流程改进方案相匹配的组织结构、人力资源和业务规范等方面的改进规划，形成系统的服务流程再造方案。企业服务流程的实施，得益于相应组织结构、人力资源配置方式、业务规范、沟通渠道甚至企业文化的保证。

4. 组织实施于持续改善

服务企业实施服务流程再造方案，必然会触及原有的利益格局。因此，企业必须精心组织，谨慎推进，以保证服务流程再造的顺利进行。

知识拓展

流程再造的重要原则

（1）流程再造始终围绕于客户需求。

以技术为导向或产品为导向的流程重组是很难在市场中获得成功的。对客户需求的理解流程再造始终围绕于客户需求与把握，是业务流程重组的第一步，也是企业构建核心能力的关键。了解不同细分市场的客户偏好（如客户的生活习惯，对产品服务方式与服务渠道的偏好），从而构建客户喜欢的服务体系与服务环境，提供吻合客户需求的个性化产品与服务，目标是创造最佳的全面客户体验，从而让客户心甘情愿地付费，提升真正的忠诚度。

（2）流程运作需要全体员工共同努力。

企业需要明确，谁应该对顾客的不满负责以英国对移动通信企业的客户满意度评价为例，在衡量客户满意度方面，除了客户服务之外，网络质量、客户费用、计费账单、品牌形象、营销促销、手机捆绑等都是非常重要的衡量指标，不能把客户不满意的压力都集中在前台（包括营业厅、热线中心）；尽管前台是电信运营商与客户之间最重要的触点，但其自身提升客户满意度的能力有限，必须由后台的各个系统都建立以客户为中心的流程，才能全面提高客户满意度。

（3）将客户需求尽可能地在前端予以满足。

业务流程再造应立足于将客户服务的重心不断前移，使客户需求在与客户接触的前端日益迅速地得到满足，前台服务于客户，后台服务于前台。

（4）流程再造应提高运营效率。

仅有好的流程，没有好的客户服务意识，或者是仅有好的客户服务意识，而缺乏高效的流程，都是无法令客户满意的。最佳的状态是，结合高效的流程与一流的客户服务意识，这样才能提供令客户满意的优质产品与服务。一个非常有趣的现象，在餐厅，内部流程是高效的，一切都是有条不紊地进行着，顾客可以享受到高质量的美食，很少出什么差错，然而服务生的态度是冷冰冰的，客户感受不到尊重，因此常常觉得不满意。在餐厅，服务生非常彬彬有礼和蔼可亲，客户一开始往往会觉得很舒服，但是当上错菜、点餐姗姗来迟、账单出错之类的差错频繁发生，尽管服务生一再有礼貌地致歉，客户也难以觉得满意了。

（5）设计绩效度量体系。

仅仅是规划了以客户需求为导向的业务流程重组是不够的，还需要改变公司内部的游戏规则，最为重要的是企业的目标管理体系激励机制考核机制，要与以客户需求为导向的业务流程体系相匹配，只有这样才能有效改变一个企业多年来形成的传统与经营惯性。许多企业的现有流程设计中往往没能充分体现责权利结合，流程责不到位，责任界定不清，流程执行的成果与部门及岗位绩效或利益关系不大，而错误的度量必将导致错误的行为。

（6）流程再造离不开客户的参与。

邀请重要客户参与到流程重组中去，体验重组前后的客户服务流程，与客户实现真正的互动，只有这样才能使业务流程做到围绕客户需求而组织。客户（包括最终用户与经销商）是流程重组中新办法和新创意的最好、最大来源，经常能对与其相关的流程设计提出有价值的看法和建议，邀请他们参与流程设计会产生积极的影响。

资料来源：王升，樊根耀，吴兵涛. 基于服务蓝图理论的客运站车方服务质量评价研究[J]. 长安大学学报，2016：43-48. 有删减。

资料来源：杜向荣. 服务营销管理[M]. 北京：清华大学出版社，2014.

项目小结

服务流程是指与服务生产、交易和消费有关的程序、任务、日程、结构、活动等日常工作。服务流程从本质上来说，就是服务活动的先后顺序。根据不同的划分标准，服务流程可划分为不同的类型。对于大多数服务来说，其生产过程与消费过程同时进行，这就使得服务流程始终处于一种互动状态，这种互动包括顾客之间的互动、顾客与员工之间的互动、员工之间的互动。

服务流程的设计必须根据服务企业的具体情况以及所处行业的特殊性，用专业方法进行设计。服务流程的设计方法主要有生产线法、顾客参与法、顾客接触法、信息授权法和服务蓝图设计法。服务蓝图设计必须遵循相应的原则和步骤来完成。

服务流程再造是指服务企业针对现有服务流程的更新。许多因素的变化都会使服务企业现有的服务路程运转不畅，这就要求服务企业结合自身所处的市场环境，从顾客需求出发，对现有服务流程进行调研分析，调整原来的服务流程，或是进行全新服务程序设计，提升企业的运营效益。

复习思考题

1. 服务过程设计的基本方法有哪些?
2. 服务蓝图应由哪些部分构成?
3. 服务流程再造类型有哪些?
4. 服务流程再造的衡量标准是什么?

实践活动

1. 实训内容

组织学生对某咖啡店进行调研，学习、了解和分析企业的服务流程。

2. 实训目的

利用服务过程策略的理论，分析、研究和解决企业存在的实际问题，并提出解决方案，提高学生的实践能力。

3. 实训要求

（1）组织学生以5～6人为一组，由组长负责，利用方便时间进行实地调研和学习。

（2）以小组为单位座谈讨论，并分工协作撰写调研报告。

案例分析

Sang M. Lee谈起他在日本的一段经历。为了筹划一个关于研究日美管理系统的日美联合会议，Sang在东京与两个日本商人碰面。午餐时间，东道主很高兴地告诉他，要向他展示“日本最有生产力的运作方式”。

Lee回忆起当时的情景：“他们带我到了一家寿司店，著名的100日元寿司店，它住于东京新宿。寿司是日本最受欢迎的快餐，这种简单的快餐是由小鱼和米饭及其他不同东西混合而成的，例如，海带、生金枪鱼、生沙丁鱼、炸虾、章鱼、煎蛋等。每一份寿司都刚好适合嘴的大小，以便人们可以用筷子捧起来直接送入口中。用姜丝将寿司调拌得又香又好看，实在是一门艺术。”

“100日元寿司店不是普通的寿司餐厅，是日本生产力的代表。当我们踏入这家餐馆时，便听到‘欢迎光临’的话语。厨师、招待、店主、店主的孩子等在招呼我们。房中间开辟出一个椭圆形的服务区，里面有三四个厨师正忙碌着准备寿司。有30个座位环绕着服务区。我们在柜台边坐下，很快就瞄上了Misoshiru（一种豆酱汤），一双筷子，一杯绿茶，一个放自用寿司的小碟和一个中式的筷子架。此时，还看不出与其他寿司店的服务有什么不同。随后，我便发现了不同之处：围绕椭圆形服务区有一条输送带，像一个玩具轨道车，在输送带上有一列寿司碟子，你可以从中挑到任意一种寿司，从便宜的海带或章鱼到昂贵的生沙丁鱼或虾。但是，每盘的价钱都是100日元。我的目光快速地跟上转动的盘子，进一步观察，我发现最便宜的海带盘有四个寿司，而最贵的生沙丁鱼盘中只有两个，我坐下看了看四周其他的顾客，他们都在一边津津有味地品尝各自的寿司和汤，一边在读报纸杂志。”

“我看见一个人将八个盘子整齐地叠在一起。当他离开时，收银员看了看说‘800日元’。收银员没有收款机，因为他很容易可看出盘子的数目，乘以100即可。当顾客离开时，我听到‘谢谢你’的话语。”

Lee继续讲述他对寿司店的观察：“在100日元寿司店，一个东道主向我解释这种家庭餐馆的高效率。店主通常都具有很强的组织能力，为顾客服务，为社会做贡献，或为社区的福利尽力。此外，组织的目的是经过长期的努力达到的，要有所有视企业为家的员工共同努力。”

“店主每日的工作是建立在细致的信息分析基础上的。店主有一个关于不同寿司需求信息的概要，因此他知道何时何地应准备多少数量的各种寿司。此外，整个运作是建立在以‘准时’为原则的重复生产和质量控制基础上的。例如，这个店铺冰箱容量有限（我们可以看到一批活鱼或章鱼在柜台前的玻璃缸里）。因此，店铺采用‘准时’原则来控制存货。他们不购买新的冰柜来提高冷冻能力，而是让小贩们一天送几次鲜鱼，以保证原料及时到达，用准时到达的原料来制作寿司，从而达到存货管理费用最小化。”

“在100日元寿司店，工人和他们的设备离得很近，寿司的制作是用手传递的流水线式，而非各自为政的操作。仓库间没有墙，这样，店主和工人都可以参与到整个制作过程中，从欢迎顾客到为顾客送上他们点的寿司，在整个工作过程中，工作任务是紧密联系的，每一个人都可以冲到出问题的地方，以防止问题扩大。”

“100日元寿司店是劳动密集型的，与美国人想的相反，这里没有高技术，只是简单的重复操作。这一点我印象深刻。当我吃完第五盘时，我看见同样的章鱼寿司在我面前经过了30次，或许我发现了其中暗伏的问题。我问店主，‘当一个盘子整天不停地围绕柜台旋转，他们是如何保持卫生的，是否有的顾客使用后会中毒’。他报以微笑，鞠躬说，‘先生，我们不会出售30分钟还未售出的寿司’。接着他挠了一下头说，‘当一个员工休息时，他会取下未售出的寿司，吃掉或者扔掉。我们相当重视寿司的质量问题’。”

案例思考：

1．100日元寿司店的服务特色是什么？

2．该店的服务流程为企业和顾客带来哪些好处？

3．该店的服务流程可能会存在哪些不足之处？你认为应该如何改进？

项目九　服务有形展示策略

学习目标

1. 理解服务有形展示的含义、类型和作用。
2. 掌握服务场景的作用。
3. 掌握服务场景设计的原则和方法。

能力目标

1. 能熟练应用有形展示管理方法的理论，对某一服务企业的服务有形展示工作的现状进行分析和评价并制定相应改进方案。
2. 能应用影响服务场景的关键因素的理论，对某一服务企业的服务场景现状进行分析和评价并制定相应改进方案。

知识结构

服务有形展示策略

- 有形展示概念
  - ○有形展示的概念
  - ○有形展示的作用
  - ○有形展示的要求
- 有形展示的类型
  - ○根据有形展示的构成要素划分
  - ○服务有形展示的其他分类
- 服务场景设计
  - ○服务场景的功能
  - ○影响服务场景设计的因素
  - ○服务场景设计的内容
  - ○服务场景设计的步骤

导入案例

星巴克的咖啡体验

星巴克（Starbucks）是在1971年由杰拉德·鲍德温、戈登·波克和泽乌·西格尔杰拉德·鲍德温、戈登·波克共同创办于美国西雅图的一家连锁咖啡公司。现如今已经成为全球最大的咖啡连锁店。1999年1月11日，在北京国贸中心，中国第一家星巴克咖啡店开业了。接下来，星巴克相继在中国的上海，广州等六十多个城市陆续开了近千家咖啡连锁店。到目前为止，除美国本土以外，中国市场已经发展成第二大市场，在我国的很多较发达的城市，星巴克门店已经随处可见。

星巴克企业零售产品包括手工制作的浓缩咖啡、顶级咖啡豆、卡布奇诺、摩卡、拿铁、星冰乐、美式咖啡，许多冷热的咖啡饮料以及茶饮料，还有糕点食品以及咖啡机、咖啡杯等商品。和同类商品相比，星巴克在中国市场的定价是比较贵的。可是昂贵的价格并没有阻止中国人对星巴克的喜爱和消费忠诚度。这与星巴克的营销策略必然是密不可分的。

星巴克公司认为咖啡是一种载体，是一种媒介，是顾客与企业之间沟通的最有效方式。星巴克出售的并不只是一杯咖啡，而是一种体验，一种星巴克独有的咖啡体验。星巴克公司正是利用这种独特的体验营销策略，使星巴克公司发展成现在这种跨国企业。

星巴克里舒适的环境，舒缓的轻音乐，周到的服务，充满活力的氛围，加上对产品种类和质量的要求，使顾客在星巴克里感受到完美而又独特的体验。在中国市场，星巴克已经成为人们约见朋友，商务会谈，休闲娱乐的重要场所。独特的体验营销已经让星巴克不只是一杯咖啡，而变成时尚和文化的代名词。

案例启示

为了使消费者在情感和心理上得到满足，提供给消费者星巴克独有的“星巴克体验”，用这种方法成功地吸引了顾客，而且提高了顾客忠诚度，成功地创造了其咖啡品牌。

一、高品质的咖啡体验

咖啡是消费者在星巴克消费的有形产品，是顾客与企业之间的媒介，为了保证星巴克咖啡有一流纯正的口味，星巴克设有专门的采购部门，他们常年活动在拥有世界上最好品质咖啡豆的地区。他们与当地的种植户和出口商进行沟通、协商和洽谈，为的就是能够采购到一流的咖啡豆。购买后的咖啡豆会被及时送往炒制车间，熟练的工作人员必须按照高标准的方法进行混合炒制，随后咖啡豆会被密封包装送往星巴克连锁店。咖啡的调制几乎有着苛刻的要求，负责调制咖啡的员工都要专门接受“煮制极品咖啡”的课程，如每杯浓缩咖啡的煮制时间为23秒，拿铁的牛奶至少要加热到华氏150度，但是绝不能超过170度等。星巴克的咖啡可以按照风味进行分类，顾客可以根据自己的喜好进行挑选。从咖啡豆的采购、炒制到咖啡的调制，每一个步骤都有着严格的要求，为的就是能让消费者喝到纯正的一流的咖啡，这是星巴克体验营销的核心。

二、感性色彩的环境体验

咖啡店环境是顾客体验咖啡的场所，而环境也是人们得到美好体验的来源之一。完美的体验塑造要带给消费者全面的感官刺激，在咖啡的嗅觉、味觉刺激之外，星巴克还追求对顾客视觉、听觉、触觉的全面的刺激，使人们的感受更加深刻。好的消费环境是完成这一切的必需，也是打造 顾客难忘体验的重要因素。星巴克的美国总部拥有一批专业的设计师和艺术家，专门设计全世界的星巴克店铺。他们在设计每个连锁店的时候，会考虑当地那个商圈的特色和店址建筑物的风格，然后思考如何把星巴克融入其中，所以星巴克的每一家店，在品牌统一的基础上，还拥有自己的个性特色。人们来到一家咖啡店，不仅仅为了咖啡，更可能是为了摆脱繁忙的工作、休息放松或是约会，环境的营造使得星巴克咖啡店成为人们除家庭和公司以外的“第三生活场所”。这种生活场景的环境设置，让某些不喝咖啡的人，也会选择星巴克作为独处或会友的休闲场所，从这个意义上说，星巴克是在大城市中营造着小绿洲，远离尘嚣的氛围吸引人们前来体验。

三、品质一流的服务体验

星巴克的咖啡不仅口感好，而且种类繁多，在用品区，顾客还能根据自己的喜好来添加各式各样的调味品。如果想喝到属于自己的独有风味，调配师还会单独为顾客泡制，让消费者体会到独一无二的享受。星巴克咖啡的颜色可以模仿，但它的独特风味却无法模仿，通过每一杯优质的咖啡为顾客营造独特的星巴克体验。针对不同地区的饮食文化差异，星巴克还制定了不同的美食菜单。

四、店铺之外的延伸体验

星巴克通过设立会员俱乐部的方式让所有星巴克的粉丝可以交流互动。星巴克在给顾客提供店内的优质服务的同时，还会用电子邮件等方式和顾客进行互动，让顾客和星巴克的关系更加紧密。星巴克的会员期刊也是精心设计的产物：精心策划的期刊主题、雅致的页面、多元化的参与活动，打开电子刊物，星巴克店内的温馨气氛仿佛在其中得到了延续。在会员期刊中，铁杆星巴克顾客们看到的不仅有更新的产品信息、新的店内活动介绍和为会员量身打造的服务内容，更有为他们提供的参加店外活动的机会。从活动的设置上，可以看到星巴克营造体验时的良苦用心：所有的活动，都是在充分考虑星巴克顾客兴趣点的基础上设计的，为的是让顾客把来星巴克店后的美好体验延伸到更广阔的外部世界里去。现在，体验经济时代已经到来，体验营销模式和理念的不断发展，使得很多的服务型企业也越来越重视顾客的消费体验，而星巴克的体验营销策略给了我们很好、很重要的启示。随着国家经济的快速发展，人民生活水平的日益提高，人们将更加注重精神方面的消费需求，更加注重有个性化的消费体验，因此，这将为我国体验经济的发展提供一个良好的机遇。抓住消费者消费体验的个性需求，设计符合其体验需求的产品和服务，让顾客体验到独一无二的消费体验，才能够得到他们的忠诚和青睐。

根据环境心理学理论，顾客利用感官对有形物体的感知以及由此所获得的印象，将直接影响到顾客对服务产品质量及服务企业形象的认知和评价。消费者在购买和体验消费服务之前，会根据自己可以感知到的有形物体所提供的信息来对服务产品做出判断。例如，初次光临某家餐厅的顾客，在走进餐厅之前，餐厅的外观设计、门口的招牌等已经使他对这个餐厅有了一个初步的印象，如果印象好，他可能会走进这家餐厅；而如果此时这个餐厅的内部装潢、干净程度以及服务人员的礼仪形象等吸引他，他就会选择在这个餐厅用餐。通过这个例子可以看出，对于服务企业来说，借助服务过程的各种有形要素有助于其服务产品的有效推广。因此，采用有形展示策略，有助于服务企业开展营销活动。

由于服务产品具有不可感知性的特征，所以对于服务企业来说，不能像产品营销那样使用一些抽象的概念来推广服务产品。但可以使用一些有形的手段来使服务产品尽可能具体化，能让顾客感知到并获得一个初步认知和留下印象。有形展示是服务营销组合中的重要因素，服务营销者可以通过对一切有形要素的管理来尽量缩小服务质量差距模型中的差距。

任务一　有形展示概述

一、有形展示的概念

有形展示是指在服务营销管理的范畴内，一切可帮助服务企业传达服务特色及优点的任何有形要素。产品营销的有形展示基本上就是产品本身，而在服务营销中，有形展示的范围就广泛得多。有形展示包括内外部有形设施（即服务场景）和其他有形要素，如表9-1所示。

表9-1　服务有形展示的构成要素

有形展示	具体有形要素
内部设施	内部设计装潢、指示标志、内部配套设施、内部布局、空气质量、空气湿度等
外部设施	建筑物设计、标志或标记、停车场、景观设计、周围环境等
其他有形要素	员工着装、宣传册、网页、名片、办公用品等

服务本身具有无形性的特征，顾客很难了解和评价服务质量，因此，顾客通常在购买前依赖于服务有形物证（或有形线索）来帮助他们进行判断。服务企业通过有形展示可以使无形的服务更具体、更明确、从而影响消费者的购买行为和购买决策。

有形展示的应用广泛性与服务企业的类型相关。有形展示通常在医院、度假村和幼儿园等服务组织中被广泛应用，而在保险公司、快递公司和干洗店等服务企业则应用较为有限。

二、有形展示的作用

有形展示在服务营销中的作用主要有以下几点。

1. 通过感官刺激，让顾客感受到服务产品带给自己的利益

顾客在购买无形的服务产品时，往往希望能从自身感官刺激中寻求自己的真正需求。对于服务企业来说，应努力在顾客的服务经历中注入一些新颖的、令人激动的、娱乐性的因素，从而改善顾客的厌倦情绪，提升顾客的服务体验。

案例启迪

星巴克门店设计的一点小心思

近年来，小众个性咖啡馆在中国兴起，咖啡连锁巨头星巴克也在某种程度上受到影响。2014年，星巴克在中国投资组建了自己的门店设计团队，这支45人的设计团队包含了建筑师、室内设计师、平面设计师和工业设计师，除了负责中国新开门店的设计，原有的店也被陆续改造。

星巴克的门店选址主要集中在商业区、社区、办公区、交通站点、学校、度假胜地等，它会根据选址的不同来敲定整体的装修风格，一家位于甲级写字楼的门店设计会偏向日间小憩，会配备更多的高脚凳；而一家社区门店则更多偏向休闲和放松，沙发和矮桌会更多。

虽然门店风格各异，但作为连锁门店，每家星巴克还是有着一些共性的东西。

1. 动线

“当你靠近星巴克入口时，你所看到的，是人们坐在那安静地喝着咖啡，它不会把最嘈杂的吧台展现给你，其实这是通过设计，规避了不好的视觉感观，同时遵守了人体动态游走的原则。”MINGS设计工作室的设计师郑明龙介绍，顾客走向吧台后，首先看到的是琳琅满目的展示柜，各种咖啡杯和点心，这使得顾客在等候点单时不至于无所事事。

这种设计被称作动线设计，其可促成商品销售。每个星巴克的展示柜、点单区、操作台、取单区、自助区的排列顺序都是从入门处开始向店内延伸，使得人流可以有序地向内移动，之间不会产生交叉；纸巾、搅拌棒等自取物会被单独安置在顾客前往座位的必经之路上。

2. 隔断

星巴克门店的座位区包括工作区、休闲区、洽谈区等多个区域，动线设计也体现在区域的进出路径上。譬如休息区虽然是一个独立的区域，但它一定不会是密闭式的，你可以从这里进来，也可以从那里出去，而不是必须从某一个出口进出，这就是它开放性的思路，使得在店里的客人不会产生很大的压迫感、受限制感。

不同的区域主要通过桌椅的式样，以及高度进行区隔。在星巴克，有4种高度的桌子和3种不同等级的椅子的高度，样式则有100多种。休闲用的桌椅较低，固定式的稍微高点，咖啡馆式的再高一点，吧台椅子最高，方便和咖啡师面对面交流。吧台椅子还会被设置在窗户或者有玻璃的门旁边，方便看外面的景色。

对于一家门店来说，灯光的设计也是重头戏。例如区域之间，除了通过不同的桌椅加以区隔，也可通过灯光的明亮和阴影间隔，做出区隔。

不过，虚拟的隔断虽然可以使人出入自如，但也有其短板。随着门店人流的增多，虚拟隔断造成的嘈杂环境，日渐成为人们进入星巴克后最大的抱怨。

3. 灯光

星巴克门店多使用点光，星星点点的射灯位置很有讲究。每盏灯之间的距离都是经过测算的，所以会有阴影区和明亮区，且这种射灯可以360度旋转调整方向，你可以发现，

无论你坐在哪一个方向，灯光都不会直射在你的脸上、晃眼。

不同店面的灯光和采光途径也不同，有的是靠自然采光，有的是靠人为采光。比如在风景区的店主要是靠自然采光。在年轻人多的区域，光线可能就不会那么充足；但在金融区，活动人群年龄为30～50岁的话，对光的要求就会变得较高。星巴克的颜色并不多，除了最显眼的墨绿色，其余则以咖啡色、原木色、黑色为主。繁复温馨的设计可能会受到女性的喜欢，但不一定适合商务人群。

2. 有形展示会影响顾客对服务产品的第一印象

对于新顾客来说，在购买某项服务之前，他们往往会根据该服务企业留给自己的第一印象来对服务产品做出判断。有形展示的好坏将直接影响顾客对企业服务的第一印象的评价。

顾客在购买有形产品时，可以凭借产品的款式、颜色、商标、包装和价格等多种标准来判断产品的质量。但顾客在购买和消费服务前，服务的核心内容往往是非实体的，但客户还是能看到服务位置、服务环境、服务设施、服务价格、装饰风格、室内陈设布置和标识等有形因素，这些都是顾客了解无形服务的有形线索和证据，他们对服务水平起着重要的作用。

尤其对于新顾客而言，在购买和消费某项服务之前，他们往往会根据第一印象对服务做出判断。例如，一位初次光顾某家餐厅的顾客，在走进餐厅之前，餐厅的外观、门口的招牌等已经使他对这个餐厅有了一个初步的印象。如果印象好的话，他会径直走进去，而此时餐厅内部的装修风格、室内的干净整洁程度以及服务员的礼仪形象等都将直接决定他是否会真的在此用餐。如果餐厅内部环境污浊、服务人员穿着邋遢、不修边幅等，显然会令顾客望而却步，至少顾客会将其定位为低档消费场所，并会认为这个餐厅根本不可能提供好的服务。

3. 有形展示会引导消费者对服务的合理期望

由于服务的特殊性，顾客很难在购买之前对服务有个全面的了解和认知。为了促使消费购买其产品，服务企业必须首先使顾客对企业本身或企业产品产生信任感和建立合理的期望。例如，参加某旅行团出去旅游的旅客，当抵达目的地时，若接待旅客去酒店的专车是残年旧车，顾客便会产生“酒店环境估计不会很好”的感觉，便不会对投宿的酒店环境抱有太大的期望。反之，若接送的专车及导游能让人喜出望外，则会增加顾客对旅游公司服务质量的信心和期望。

4. 提高顾客感知质量，提升服务体验

服务质量的好坏并不是由某一单一因素决定的。与服务传递相关的每个有形展示都会影响顾客对服务质量的感知。优良的有形展示及管理会给顾客留下服务质量“优质”的感觉，服务企业应重点强调和使用适用于目标市场和整体营销目标的服务展示，为顾客创造良好的服务环境，提升顾客的感知的服务质量。

5. 塑造企业形象

服务有形展示是最能直接地、有形地、具体地向顾客传达企业形象的工具。企业形象或服务的优劣直接影响着顾客对服务产品及企业的选择，影响企业的市场形象。服务企业必须向顾客提供看得见的有形展示，生动、具体地宣传自己的市场形象。

6. 协助培训服务员工

从内部营销的角度，服务员工是企业的内部顾客。服务企业的营销管理人员应该利用有形展示突出企业自身服务产品的特征及特点，并针对员工进行专业培训，使员工掌握服务知识和技能，指导员工的服务行为，为顾客提供更优质服务。

案例启迪

音乐的魔力

国外一些学者曾经专门对背景音乐对饭店顾客惠顾行为的影响问题进行了研究，该项研究得出了许多重要的研究结论（表9-2）。

表9-2　背景音乐对饭店顾客惠顾行为的影响

顾客行为	音乐类型	
	慢节奏音乐	快节奏音乐
服务时间	29分钟	27分钟
顾客在餐桌停留时间	56分钟	45分钟
进入饭店的顾客离去率	10.5%	12%
食品购买金额	55.81美元	55.12美元
饮料及酒类购买金额	30.47美元	21.62美元
毛利	55.82美元	48.62美元

从上述证实研究资料我们可以看出，在饭店中，背景音乐会对顾客消费行为产生很大的影响。在快节奏背景音乐中，就餐的顾客会相应缩短就餐时间，其消费金额也会相应下降。例如，音乐节奏不同时，毛利的差距竟然达到了7.2美元，这是一个相当惊人的数字。

无论是背景音乐，还是服务场所的灯光、温度、装饰等，都会对顾客的服务质量感知，对顾客的心理和消费行为产生重要的影响。企业应当善于利用有形证据，最大限度地将无形的服务“有形化”，从而降低顾客对服务质量感知的难度，顾客的购买动机顺利转化为购买行为。

三、有形展示的要求

服务企业通过有形展示向顾客传递服务产品线索，帮助顾客根据这些有形展示提供的线索来判断服务的质量和服务特点，对于服务企业来说，有效的服务展示应该满足以下几点要求。

1. 突出服务产品的利益点

由于服务产品的不可感知性，服务企业应善于利用服务的有形展示因素，充分突出服务的特色，使无形的服务变得相对有形和具体化，让顾客在购买服务之前，能根据这些有形展示来判断购买该服务产品后，自己可能会获得的利益。

2. 与顾客建立相互关系

服务企业通过有形展示的最终目的是建立和发展企业与顾客之间的有效沟通和长久的合作关系。因此，有形展示的设计都应遵循这一目的，努力为顾客提供优质的服务环境和服务体验。

3. 顾客易于识别

由于服务产品的本质是通过有形展示表现出来的，因此，有形展示越容易理解，服务就越容易被顾客接受。服务企业的有形展示必须使顾客认为非常重要，且也是他们在购买服务时所需的一部分；同时还必须确保这些有形展示能暗示企业的服务承诺。

任务二 有形展示的类型

根据不同的划分标准，服务有形展示可以划分为不同的类型。

一、根据有形展示的构成要素划分

根据有形展示的构成要素划分，服务企业的有形展示可分为实习环境、信息沟通和价格三种要素。

1. 实体环境

服务企业的实体环境主要是包括周围因素、设计因素和社会因素。

周围因素是指顾客不会立即意识到，也不会让顾客感到特别兴奋，但如果缺少顾客所需的某种背景因素则会让顾客感到不愉快的环境因素，例如气温、湿度、噪声、气味、通风、干净等。顾客往往假定服务现场的背景环境应该是完美无缺的。一般来说，良好的背景环境并不能促使顾客做出购买决策，但糟糕的背景环境却会使顾客退却。

案例启迪

麦当劳的空间消费策略

去过麦当劳的人大多都会有这样的感受：在这里，人们并不仅仅是为了吃一个汉堡，或喝一杯咖啡，而是为了寻找一种精神上的完全放松和休闲的感觉。

提供清洁的消费空间是麦当劳进入中国市场的第一步。东亚国家的客户，过去几乎没有想象过餐厅的厕所会有很高的卫生标准。传统中国家庭中最脏乱的地方曾经就是厨房和厕所。麦当劳则可以成为一个体面的场所来解决人们的个人急需。特别是对于妇女而言，她们在家庭和办公室之外很难找到方便之处，在上街时又常常要面对由于找不到公共厕所而带来的尴尬场面。

麦当劳为青少年提供娱乐空间。麦当劳在门口显眼处，设立了喧闹的“儿童天堂”，供孩子们边吃边玩，游乐园里播放用重金聘请的美国著名小丑演出的电视节目，这些滑稽逗乐的节目，常使孩子们笑得前仰后合。麦当劳快餐店还专门为小孩举办生日庆祝会，吃什么，花多少钱，由家长决定，一切游乐服务则由快餐店长负责。

麦当劳也是成年人的社交空间。为了适应一些青年人在餐厅里谈恋爱的需求，北京麦当劳特地开辟了一些较为私密的空间，提供两人座位，称为恋爱角。与美国的快餐店不同，也迥异于传统的中国茶馆，麦当劳清洁、明亮的消费环境吸引了许多人，人们在这里聊天、看报甚至开会，实际上，店内的人气本身就是最鲜活的广告。

资料来源：刘湘萍．麦当劳的空间消费策略[J]．企业管理，2005（4）：43-44．有删减。

设计因素是指刺激顾客视觉的环境因素，也是顾客最容易察觉的刺激因素。这类要素常被服务企业用于改善服务产品的包装，使服务的功能更为明显，以建立有形的、良好的服务形象。设计因素包括美学因素（建筑物式样、风格、颜色、规模、材料、格局等）与功能因素

（布局、舒适程度等）。设计因素相比周围因素更能引起顾客的注意，有较强的竞争潜力。例如，星巴克咖啡的外部店面设计就会根据周围环境的不同，而设计出欧式、现代、古典中式风等不同的风格。

知识拓展

颜色的奥秘

研究者发现颜色对人们的情绪有重要的影响。颜色具有“刺激、镇静、富有表现力、令人不安、易受影响、文化、旺盛、象征性”等特点，它渗透到我们生活的方方面面，并给我们的日常生活赋予了美丽和戏剧性的色彩。

真正用于心理研究的是孟塞尔表色系统，它从明度、色相和色度三个方面对颜色定义。色相是颜色的色素（即颜色的名字，如红、橙、黄、绿、蓝或紫）。明度是指颜色亮或暗的程度，从纯黑色延伸到纯白色的跨度。色度是指色相强度，饱和度或光亮度；高色相颜色的色素强度高，被视为丰富而生动，而低色度的颜色则被视为乏味。

色相分为暖色（红色、橙色和黄色）和冷色（蓝色和绿色），其中橙色（红色和黄色的混合）是最暖的颜色，蓝色是最冷的色彩。这些颜色可以用来调整环境的温暖程度。暖色能使人增加快乐和兴奋的过程，但同时也会加剧焦虑感；冷色能减少兴奋程度，也能使人产生平静、安静、喜爱和幸福的感觉。表 9-3 总结了人们对颜色普遍的反应。

表9-3　人们对颜色的普遍联系和反应

颜色	温暖程度	自然符号	由颜色产生的反应和联想
红色	暖	地球	高能量和激情，可使人兴奋，激发情感和热情
橙色	最暖	日落	情感、表达和温暖
黄色	暖	太阳	乐观、纯净和理解力，调动情绪
绿色	冷	成长、小草、大树	培育、治疗和无条件的爱
蓝色	最冷	天空和海洋	放松、宁静和忠诚
靛蓝	冷	日落	冥想和灵性
紫色	冷	紫罗兰花	灵性，减少压力，可以创造一种内在的平静感觉

尽管人们对于颜色有不同的偏好，但大多数人还是更容易被暖色环境吸引。然而矛盾的是，人们发现红色的零售环境被看作是消极的，使人产生紧张感，其吸引力不如冷色环境。同时暖色能鼓励人们产生快速购买决定，比较适合低参与决策或冲动购买的服务环境。当顾客需要时间来做高参与度的购买决策时，冷色环境更合适。

资料来源：克里斯托弗·洛夫洛克，约亨·沃茨．服务营销[M]．第7版．韦福祥，等，译．北京：机械工业出版社，2015．有删减。

社会因素是指参与服务过程中的顾客和服务人员。他们的行为和态度都会影响顾客对服务质量的期望、感知与评价。在顾客看来，服务人员往往代表着服务企业，服务人员的仪态仪表则成了服务企业极为重要的实体环境。只有服务人员训练有素、着装整洁、令人愉悦，消费者才会相信他们能够提供优质服务。例如，我们往往通过不同国家航空服务人员的形象，来判断一个国家、一个城市的形象，因为在她们身上可以找到相应的国家或城市的特征和风情。

案例启迪

回味无穷的仙踪林

提到“仙踪林”，熟悉的人马上就会联想到绿藤缠绕的秋千、可爱的小兔子标志还有醇香的奶茶。来自台湾的上海仙踪林餐饮有限公司于1996年踏足上海，以“仙踪林”为品牌经营正宗台式泡沫红茶店。时至今日，“仙踪林”品牌的含义，已远不只是好喝的泡沫红茶，而是一个集自然、休闲、专业和茶文化为一体的多元化人文空间。

“仙踪林”进入上海市场的第一个分店就选在复旦大学旁边的五角场。复旦大学有许多学生，他们在学校时其消费观念、消费习惯还正在培育期，而且很容易接受新鲜观念和文化，他们走向社会后对“仙踪林”自然而然就容易接受。之后，“仙踪林”又在上海最贵的黄金地段淮海路上设立分店，尽管200平方米店面的月租达到了20万人民币，但其营业额增长最快，为“仙踪林”树立了良好的品牌形象。接下来，“仙踪林”在上海的繁荣地段淮海中路、福州路、四川北路、西藏南路等地设立了多个分店。“仙踪林”在上海的店址主要集中在办公区和商业区。现在很多上海人把“仙踪林”当成生活的一部分，他们并不是特意来这里，而是抱着一种休闲心态，即便是谈事情也要在轻松氛围下进行，这正是“仙踪林”的追求目标。

随着上海国际化程度的加深，上海地区的人们也趋向于国际消费习惯。因此，“仙踪林”在环境设计上追求国际化潮流，在卖场线条、空间取向上更加简洁，在大厅里有大树、秋千、各种图形、雕塑，规划比较高档，充分体现潮流化和休闲化的特征。进入“仙踪林”，你马上会感觉到扑面而来的青春气息和浑然天成的绿树垂藤。置身其间，你会有点飘然成为绿林仙子的感觉。处处可见几人合抱的“参天大树”、原木桌椅、秋千式的吊椅，三五成群的年轻男女白领，在秋千上荡来荡去聊天品茶。而在门口的吧台前，调茶师正在把滚烫的红茶与冰块混合放在不锈钢的调酒器里，手法娴熟地摇晃着，一切显得那样轻松惬意。“仙踪林”经营的奶茶，不仅原料新鲜丰富，而且含有极高的营养价值，就连装奶茶的杯子也十分新奇。坐在绿树葱茏间，手握精致新奇的杯子，轻醇香可口的奶茶，倚窗而望马路上来去匆匆的人群，你会感觉仿佛来到了世外桃源……

2. 信息沟通

信息沟通也是服务有形展示的一种形式，这些信息来自企业本身以及其他能够传播信息的渠道。从赞扬性的评论到广告，从顾客口碑宣传到公司宣传手册，这些不同形式的信息沟通都传播了跟企业的服务产品相关的信息线索，使服务和信息更具有有形性，这些信息影响着顾客的购买行为。服务企业可以通过强调现有的服务展示并创造新的展示来有效地传递服务相关的信息。例如，保险业通常通过保险单、收费单、广告、公司手册、信笺和卡片等来传递信息。

3. 价格

价格是一种对服务水平和服务质量的可感知性展示。因为顾客在购买服务产品时，通常会根据服务的价格，判断服务档次和服务质量。服务企业制定价格过低，暗中贬低了自身提供给顾客的服务价值；价格制定得过高，又会给顾客“宰客”，不关心顾客的印象。因此，价格能培养顾客的信任，对于服务企业来说，制定合理的价格尤其重要。

二、服务有形展示的其他分类

1. 根据有形展示的性质进行分类

（1）任何服务工作都或多或少地需要一些有形物品作为支撑。有些有形展示和服务过程有关，例如顾客接受美容服务时，需要使用美容仪器等，在服务过程中使用的各种服务工具和服务设备都会在一定程度上影响顾客对服务质量的感知。而有些有行展示则与服务结果有关，例如室内装修公司为顾客设计和装修好的房间，能向顾客表明服务企业的服务质量和专业技能。

（2）与服务人员有关的有形展示。与服务人员有关的各种有形展示会直接影响顾客对服务质量的感知。包括服务人员的外貌、服装和员工使用的销售资料。服务企业，特别是接待人员、模特、客户经理等的容貌，会对顾客的感觉产生较大的影响。顾客往往对某些服务人员的外貌持有特殊的期望，例如，保安人员的外表应能使顾客产生安全感。服务人员的工作服装不仅要合身，而且应增强顾客的信任感。服务人员使用的销售资料也是服务企业向顾客传递服务质量和服务水平的重要有形因素。

2. 根据有形展示向客户显示的频率进行分类

有些顾客从未和服务企业接触过，他们并不了解该服务企业的各种有形展示；而另一些顾客却经常和服务企业接触，对该服务企业的有形展示非常了解。通常，顾客的知识和经验越多，服务企业的有形展示对其购买决策造成的影响就越小。相反，对于初次购买本企业服务产品的顾客来说，他们往往会根据各种有形展示加以判断，形成自己特有的初步印象，进而推测服务质量的好坏和服务水平的高低，有形展示对这类顾客的购买决策会产生较大的影响。

3. 根据有形展示影响对象进行分类

服务企业的有形展示不仅会影响顾客的购买行为，同时对员工、潜在顾客及公众等产生一定影响。据此可划分为影响顾客的有形展示、影响员工的有形展示、影响公众的有形展示等。

4. 根据有形展示对服务质量的影响进行分类

根据有形展示对服务质量产生的影响进行分类，第一类有形展示可证明服务质量，例如广告可证明广告公司的服务质量。第二类有形展示只能向顾客表明服务质量。在服务过程中使用的服务工具或服务设备并不能证明服务质量的好坏，只能为顾客推测服务质量提供一定的依据。例如，美容院使用的美容仪器或护肤品如果是名牌产品，则可能向顾客暗示服务质量可能很好，但并不能保证。第三类有形展示可象征服务质量，例如，保险公司在广告中表现得一把大伞，象征投保的顾客可得到保险公司的全面保护。

5. 根据有形展示是否被顾客所拥有进行分类

核心展示是指在购买服务产品的过程中，不能被顾客所拥有但却会影响顾客购买决策的展示，例如酒店的等级、银行的形象、出租汽车的品牌等，都是顾客在购买这些服务时首先要考虑的核心展示。核心展示比边缘展示更重要，多数情况下，只有这些核心展示符合顾客要求时，顾客才会做出购买决策。

边缘展示是指顾客在购买服务产品的过程中，能够被顾客实际所拥有的展示。这类展示很少或几乎没有价值。例如演唱会的入场券，它只是一种观众接受该服务的凭证；酒店客房里的旅游指南、住宿须知、服务指南等边缘展示，这些展示服务的实物设计，都是从顾客需求出发，是对服务企业核心展示的补充和完善。

营销实践

悦榕庄

在泰语里，悦榕叫作YungShue Wan。悦榕湾坐落于中国香港南丫岛的一个渔村，在继承家族事业之前，何光平和他的妻子曾经在这里住过三年。即使村庄本身略显简朴和破败，但在夫妻二人心中，那里永远是浪漫与亲密的所在。大榕树巨大的树荫更是象征着亚洲热带丛林提供的天然避难所。于是，何光平和他的妻子决定给他们的度假村起名为悦榕，同时将其定位于一个感官的庇护所。

与其他大部分的度假村截然不同的是，悦榕由许多带有私人游泳池和水疗中心的独栋别墅组成，力图带给顾客特殊的体验和绝对的隐私。客人能够在不被其他人打扰的情况下在自己的别墅中裸泳。

所有的悦榕酒店在设计时都秉承这样一个理念带给顾客充满地域文化特色的“地方感”。这一点在建筑风格、家具选择、园林景观、周边环境以及提供的特色服务中都有所体现。为了在保护客人隐私的前提下又带给客人充满异域风情的感官体验，这些度假村将自然环境与酒店设计巧妙地融为一体。落叶、石块被充分利用，成为保护客人隐私的天然屏障。酒店的家具陈设也同样匠心独具，传达了一种当地特有的异域风情和奢华感受。塞舌尔悦榕的水疗亭被大块的花岗石环绕，树木亭亭如盖，创造出一种室外水疗的体验，更完美地保护了客人的隐私。酒店的当地特色也体现在他们所提供的独家服务之中，这些服务往往是为特定酒店定制的。雇员可以根据当地文化特点来改变提供服务的方式，只要这些服务与酒店亲密浪漫的品牌承诺相符即可。正因如此，普吉岛悦榕的客人可以在泰国独有的长尾船上，伴随着泰国音乐家演奏的音乐享受晚餐，这种体验与传统的餐厅餐截然不同。普吉岛悦榕还向客人提供了“婚宴套餐”，选择这个套餐的新人将会受到泰国僧人的祝福。在马尔代夫悦榕，婚礼可以在被珊瑚礁环绕的水下环境进行。客人可以选择在远离尘嚣的沙滩上用餐，享受着专属大厨烹饪的美味佳肴，与满天繁星为伴；或者在观赏海豚嬉戏游玩之后，在归途的土耳其小船上对着落日的余晖啜饮香槟。

这些产品和服务都是在充分考虑了客人的期望和需求的前提下开发的。其中一种服务是专为情侣提供的“亲密瞬间”套餐。这个套餐的宗旨是给客人意外之喜，让他们在回到酒店的时候看到摇曳的烛光、富有情调的熏香、满地娇艳的玫瑰花瓣、丝滑柔软的绸缎床单以及床边的一瓶冰镇香槟。室外浴室也被花朵蜡烛和沐浴精油装饰得面目一新，放在旁边的是一小碟一小碟的珍馐佳肴。情侣们可以在种类多样的芳香按摩精油中做出选择，为他们的甜蜜瞬间更添几分浪漫色彩。

悦榕另一个吸引人的地方则是他们独有的，每一家酒店都会配备的悦榕水疗。作为热带花园水疗这一领域的领军人物，悦榕水疗提供一系列的芳香精油按摩，以及各种使用亚洲传统配方的面部身体护理。客人还可以选择在室内或者室外进行护理。水疗产品的原料都采用当地纯天然的草本植物和香料。为了将他们的服务与传统的“临床”美容区分开来，悦榕水疗的服务侧重于来自按摩师的娴熟手法，而不是冷冰冰的高科技仪器。水疗体验被描述为侧重感官、亲密无间的体验，能够使得同时享受水疗的情侣们的“灵与肉”都感觉到焕然一新。

与悦榕保护当地文化遗产和宣传家庭手工的理念一致，何光平的夫人成立了“悦榕画廊”，展示源于当地的艺术品。每一家悦榕度假村都配有一间悦榕画廊，画廊中摆满了种类多样的商品：当地手艺人做的传统工艺的手工地毯、衣饰、珠宝、小工艺品、部落艺术品；还有各种水疗周边产品，如香薰蜡烛和按摩油，让客人回到家后也可以重温他们的“悦榕之旅”。

不仅如此，悦榕还开展了支持酒店所在地社区的项目。悦榕画廊与当地村庄合作机构以及非营利手工市场代理紧密合作，力求为当地手工艺人提供更多的就业机会。作为亚洲工艺品的一个市场渠道，悦榕向顾客提供针对亚洲工艺品的基本教育，用简短的文字向他们介绍手工编织的篮子来自山中部落的十字绣，还有制作精美的漆器。在悦榕画廊的努力下，他们的服务从泰国延伸到了老挝、缅甸、印度、尼泊尔、斯里兰卡、印度尼西亚、马来西亚和新加坡。

悦榕努力打造的是一种“非常独特、私人的节日感受”，一名顾客描述道。另一位顾客则给出了这样的评价：对于一些特殊场合，如蜜月和纪念日，选择悦榕会给你带来极大的享受。这种享受的来源是建筑风格，是地方风情，更是浪漫的承诺。

请谈谈悦榕庄为了提升顾客的服务体验都做了哪些努力？对我国酒店业有何借鉴意义？

资料来源：克里斯托弗·洛夫洛克，约亨·沃茨．服务营销[M]．第7版．韦福祥，等，译．北京：机械工业出版社，2015．有删减。

任务三 服务场景设计

服务场景是指服务企业向顾客提供服务的场所环境，包括服务执行、传递与消费所处的内部和外部设施，即有形展示中的所有有形设施。服务场景有助于树立企业形象，创造顾客体验和实现服务企业的差异化。

一、服务场景的功能

对于多数服务企业来说，服务场景的设计和创造并不容易。且服务场景在整个服务服务营销管理中起着贯穿始终的重要作用。服务场景具有以下四个方面的功能。

1. 装饰功能

与有形产品的包装相似，服务场景和有形展示的其他因素都可以看作是服务的“包装”，通过其外在的形象向顾客传递服务产品的“内在信息”。产品包装的设计既可帮助企业树立某种特殊形象，又能引发顾客某些特殊的视觉或情感反应，服务产品的有形展示部分通过相应的刺激物也可以发挥同样的作用。服务场景在吸引顾客的注意力，创造顾客的服务体验方面发挥着重要的作用。对于刚开业的服务企业来说，服务场景的这种装饰功能尤为重要。

2. 帮助使用功能

服务场景也能为身处服务现场的顾客和员工提供帮助。服务场景的设计能促进或阻碍服务提供活动的进行，使顾客和员工更容易或更难达到目标。例如，顾客逛商场时发现通风不好、气味难闻、指示牌难找等，他们便会感到不满。此外，服务场景除了能装饰和暗示服务产品外，也能在顾客消费服务时发挥各种功能。例如，银行的ATM机，既有展示的功能，又方便存取款服务活动的展开。

3. 交际功能

服务场景的设计有助于员工和顾客进行交流、沟通，帮助服务企业传递其所期望的作用、行为和关系等。例如，香港恒生银行的非现金服务采取开放式的岛行设计，员工可以和顾客面对面坐在沙发上交流，与以前那种齐胸高的柜台和厚厚的玻璃相比，这种服务场景促进了顾客和银行员工之间进行平等友好的交流。设施的设计也能让顾客了解自己和员工的职责是什么，服务场景是什么样的。例如，咖啡厅播放舒缓的音乐，配备有舒适的沙发座椅，以此暗示和鼓励顾客之间可以在此进行交际活动，并可停留很长时间。

案例启迪

主题餐厅：文化搭台，百花齐放

在北京的方家胡同46号艺术园区，有家名为“猜火车”的电影主题餐厅，餐厅最大的特色就是每周做一场电影导演的活动，因此这里成为电影圈中人、喜爱电影的人以及诸多文艺青年、时尚青年聚会交流的场所。猜火车电影餐厅是一种开放简约的风格，高6米，有就餐区、休闲区、放映区、交流区等，环境氛围很优雅，但是装饰方面，除了一面墙上是电影活动照片以及导演、影迷签名电影海报外，并没有太多与电影相关的元素，餐厅更多是从电影文化氛围的营造来体现电影特色。

首先是每周举办一场导演的活动，主要是放映交流会，活动会在豆瓣猜火车电影小组定期发布。每次放映活动，影片导演都会到场阐述自己的创作意图及感受并与观众做全方位交流。导演活动来的多是一些青年导演，片子则是导演所拍的第一部或者第二部电影，一般都是独立制作的小成本电影，这就增加了定位消费群体的实际体验，满足了他们就餐外的兴趣培养，通过实操牢牢抓住客户。第二个活动则是每年夏天在餐厅外面的广场放露天电影，这一活动会从5月初一直持续到9月底，放的电影都是当年露天电影放过的老片子，像《人证》《追捕》《流浪者》等，这为目标消费群体提供了进店消费的可能性，也通过这样的活动培养了消费者的忠诚度。

主题餐厅的出现给中国传统的餐饮行业带来了一股生机。它以主题方式营造出一种深层的文化经营理念，并因为其高利润率引发人们对主题餐饮的研究、思索和实践，从而形成一个发展提高的竞争态势。这对优化餐饮市场结构、促进餐饮业全面繁荣发展产生了一定的推动作用。主题餐厅创设主题的关键不纯粹是为了制造热点和亮点，而是为了避免或减少重复性的市场竞争，实现有序和细致的市场分割，避免社会资源的浪费。餐饮市场的发展态势可归结为两种基本模式：一种是规模化、集团化运作模式的出现，在餐饮市场上，将会出现多个航空母舰式的超大型餐饮集团；另一种发展态势就是中小餐厅，尤其是具备差异化文化内涵的主题餐厅将会在餐饮市场上掀起不同的消费趋势，满足大众文化填补的需求，形成文化搭台、百花齐放的餐饮大市场，拉动真正的内在消费需求，在这个突破口实现文化的传递和融合。

4. 区别功能

服务场景的有效设计可将一家服务企业与其他竞争对手区别开来，并吸引目标市场顾客。正因如此，服务企业可使用形有环境的变化来重新占领或吸引新市场。例如，在购物中心，室内装潢和陈列商品时使用的标志、颜色及音乐都能表明其期望的市场区隔。

二、影响服务场景设计的因素

对于服务企业来说，设计理想的服务场景并不是一件容易的事情。有效的服务场景设计除了需要投入大量的资金以外，还会受到一些不可控制因素的影响。服务场景会对顾客、服务员工以及服务企业的运营造成影响，服务企业在进行服务场景设计时，应该考虑如下因素，如表9-4所示。

表9-4　影响服务场景设计的因素

影响因素	内容
企业性质与目标	服务企业的性质和目标在很大程度上决定服务场景设计的具体参数和内容
企业柔性	服务企业应在进行服务场景设计时考虑未来，考虑如何设计才能适用于将来提供新的服务，做一个动态柔性的服务组织
顾客与员工的要求	服务场景的设计主要是面向顾客的，在进行设计时要保证其有利于顾客与员工之间的交互活动，因此必须从考虑员工和顾客的需求出发来设计服务场景
社会与环境	服务场景设计时必须考虑是否对社会和环境造成影响

三、服务场景设计的内容

服务场景的内容主要包括所有能被企业控制，用来加以强化或约束员工和顾客行为的有形要素。这些因素之间相互作用，共同影响人们对环境做出反应。有效的服务场景的设计，必须要协调统一，从整体的角度上创建一个被顾客感知和理解的环境。具体主要有以下三个方面的内容。

1. 周边环境

周边环境主要包括温度、照明、噪声、音乐、气味和颜色等。所有这些因素都会影响顾客对某个特定服务场景的感知、想法和反应。有效的服务场景设计会引发顾客做出企业所期望的行为反应。此外，顾客可以单独感知周边环境中的某些因素，但更倾向于从整体上感知整个环境，例如灯光和颜色的搭配，声音、噪声和音乐，温度和气味等，因此，服务企业应从整体上来协调这些因素为顾客创造一个理想的服务场景。

2. 空间布局与功能

空间布局是指家居陈列、设备和设施的摆放，它们的大小形状和空间布局的关系。功能是指这些设备、设施等方便顾客和员工使用的能力。因为服务场景的存在一般是为了满足顾客的需求和目的的，服务环境的空间布局与功能就显得尤为重要。空间布局与功能为服务提供构建了视觉及功能的服务环境，它们共同决定了服务设施为顾客提供服务的便利性，会影响服务的效率和顾客的服务体验。例如，停车位不足、网页打不开等可能会影响顾客的服务体验。在自我服务场景中，顾客不能依赖服务人员的帮助，一些都要靠自己完成，此时，设备的使用功能和易用性对于顾客独立完成服务活动是非常重要的。

案例启迪

屈臣氏、宜家的卖场设计

1. 针对女性消费者的购物空间环境——屈臣氏

屈臣氏个人护理用品商店自1989年第一间店在香港诞生以来，目前在店铺装饰方面已经发展到了第五代执行标准，然而无论你到了任何地区的任何分店，除了店铺经营面积的大小与形状差异，你都很难发现其他方面的变化，店铺门面、墙壁的颜色、店铺布局、员工的服装都一模一样，所有的店铺在进行同一样的促销活动。店铺招牌统一以中文“屈臣氏”与英文“Watsons”在轻质材料和绿色LED灯光底边映衬下，变得格外显眼、清晰，这种独有的形象，在很远的地方就能在众多商业标志中迅速辨认出来，店铺内明亮的灯光更让顾客充满愉悦感，从而激发顾客的消费意念。

屈臣氏制定了《发现式陈列手册》，“发现式陈列”的精髓是：“在合适的时间、提供合适的商品、以合适的价格、陈列合适的数量于合适的地方”。当顾客站于门口位置时，客人可即时察觉到主要的推广主题，能清晰无疑地从门外看到店内，从而吸引客人进入店内选购产品。为实现这一点，屈臣氏采取了漂亮的门面设计，明亮的灯光，降低货架高度，门口清楚的推广信息等措施。宽敞整齐的通道，能鼓励客人进入店内。在门口位置或者方便客人取到的地方放置购物篮，并要求购物篮的高度保持在客人不用弯身情况下取到。为营造促销气氛，在货架的顶端，应摆放充足的货量，并摆放宣传牌与价格牌；在货架前端的胶条中，用各种颜色的色条来区分各个部门，共有三个颜色，蓝色代表健康，主要用于药方、婴儿用品、卫生用品等部门；紫色代表美态，主要用于护肤品类商品；黄色代表欢乐，主要用于玩具、饰品、食品等部门商品。在屈臣氏这一类陈列叫“非货架陈列”，由于屈臣氏的商品都属于比较小的，所以这些促销商品的陈列方式比我们看见超级市场内的显得更加精巧，主要是放在一些小推头架上，用层板隔层支撑。还有一种叫作“胶箱”的陈列货架，“胶箱”有三层，最合适盛载一些散装的货品，前面挂一个大的价格牌，最底层适合放置一些大件及大量的货品，“胶箱”上商品的陈列也要严格按照促销主题，同一推广主题的货物放在一起，并刻意把商品放置凌乱，产生一种凌乱美，如果商品数量不足时，可以用纸箱垫在下面，但是必须用专用的包装纸将纸箱包住，一些都是这么讲究。非货架陈列促销商品，对增加销售数量，加强商品形象，增强商业味道及气氛都有非常大的帮助。

2. 体验式消费环境——宜家

“自主、自助购物在宜家——我们一直保持低价”没有任何家居企业像宜家的品牌定位品牌承诺如此清晰。在卖场的每个角落、每个产品、每个细节顾客都能体悟到这句话。包括其卖场设计。宜家卖场里的产品演示道具之一：模拟椅子连续被人坐的测试。典型的眼见为实。文字介绍和上面的LED屏告诉顾客，每个出厂的椅子都要经此连续被坐几万次的“酷刑”方可出品。这是在传递宜家“设计优美、功能实用、价格合理”承诺的重要现场演示道具。

傻瓜化式，体现自主自助，产品选购流程：最复杂的橱柜产品最能说明宜家的“自主和自助”：有人人能从宜家网站下载的厨房设计软件（HOMEPLANER）——让你如设计师一样轻松绘制你的梦想厨房；从橱柜内部五金配件—踢脚和支脚—柜身—门板—台面—水槽及水龙头的一站式“所看即所得式”的产品陈列和产品选购流程，轻松惬意，一气呵成，明明白白消费，实实在在优惠。宜家，不管卖场多大，地形多复杂，不用担心迷路，每隔一段的醒目的黄色指示箱和下面的指示牌让你应对自如。太人性化了。触手可及的铅笔、购物清单记录单页、纸质量尺让你购物倍感人性和方便。

资料来源：钟文莉. 消费空间的展示与设计——以届臣氏、宜家为例[J]. 文艺争鸣，2010（14）：139、140. 有删减。

3. 标志、符号和制品

服务场景中有许多事物可以作为显性或隐性的信号将信息传递给顾客。标志可以非常清楚地传递信息，可以是标签（如公司名称）、方向指示、行为准则、传递服务的脚本（如取号排队）等。其他环境象征和制品不想标志这么直接，但它们就地点和准则以及在此服务场景中所希望的行为给顾客以暗示的作用。例如餐厅的白色台布、高脚玻璃杯和灯光暗示着全套服务和相对较高的价格；而自助的柜台服务、塑料餐具和明亮的灯光暗示的含义则是相反的。

案例启迪

迪士尼创造顾客高满意度的关键——SCSE法则

在全世界5个迪士尼乐园之中，东京迪士尼的造访人数高居世界第一；同时，它还能在每年服务1500万名游客的情况下，以高水准的服务品质吸引游客再次造访，创下每年高达98%的回客率。更令人不可思议的是，这些在最前线服务的迪士尼员工，有九成是工读生。

曾经担任东京迪士尼乐园第一期正式员工、现任JS Partner负责人的福岛文二郎，在《没经验的新人，也能成为100分员工》一书中，公开分享东京迪士尼的领导哲学：

首先，迪士尼在招募工读生时，原则上都会先预设为“全部录用”，然后，从中挑选出“喜欢教人”“有热忱”的工读生，询问他们是否有意愿担任训练员。通常，在经过公司内部训练后，即使是只具备工读生的身份，也能扮演起传承公司文化的要角，甚至成为新进人员的榜样。

在如此特殊的人力结构下，迪士尼的企业文化及工作规则是否明确，就显得非常重要，否则年轻又经验不多的工读生，在面临各种突发状况时，很容易手忙脚乱，导致服务品质低落。

为了防止这样的状况发生，迪士尼在进行员工训练时，都会反复教育一套独门的“SCSE法则”（Safety、Courtesy、Show、Efficiency），协助员工建立一套可用于任何状况的思考原则；而迪士尼员工在面对各种问题时，也都必须以“S→C→S→E”的优先顺序来衡量：

（1）安全（Safety）：对于每天平均有4万名游客造访的迪士尼，“安全第一”是不容忽视的最高指导原则。游客的安全先获得保障，才能享受美好的消费体验。因此，迪士尼要求全体员工，只要遇到危险状况或感觉到危险时，就要立刻执行因应的相关措施。

（2）礼貌（Courtesy）：迪士尼秉持“所有游客都是Vip”的理念，要求员工对待所有游客，一律要恭敬有礼，并且面带笑容；与游客面对面接触时，也要直视对方的眼睛。此外，员工也要懂得发挥同理心，自动自发提供游客需要的协助。

（3）表演（Show）：在迪士尼，所有的工读生都被称为“Member”（剧组人员，意指表演的一分子），不仅意谓“员工”，同时也代表“演员”。由于迪士尼将园区内顾客所感受得到的消费经验，都称为“前台”，员工无论是戴头套表演，或担任解说员、卖东西，一律视为“表演内容”，因此演员（员工）一上台就必须切换前后台之间的开关，个人情绪只能留到下班后，即使是亲友问起后台的秘密，也必须保密。

（4）效率（Efficiency）：游客付出金钱与时间专程前来，倘若工作人员无法使游客感受到对等的享受，游客就不会想再光顾。因此，精简而有效率地达成游客的期望，也是迪士尼要求工读生努力的目标，以不做无谓浪费为诉求，用最精简的方式为游客带来更多欢乐。

四、服务场景设计的步骤

服务企业在进行服务场景设计时，首先需要进行服务环境调研，在此基础上设计服务场景设计的具体目标，并在服务蓝图中描绘和构建出服务场景中的有形证据，通过组建跨职能小组来向顾客传递统一的信息。具体流程如图9-1所示。

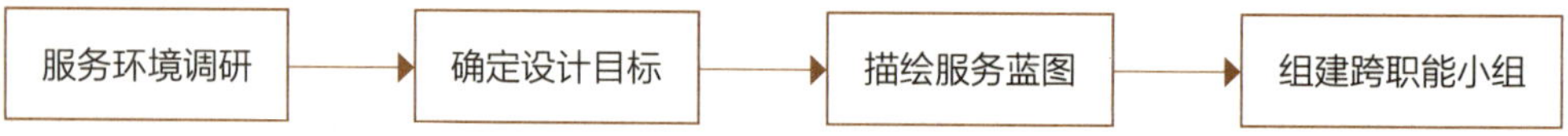

图9-1　服务场景设计的步骤

1. 服务环境调研

企业在进行服务场景设计之前的首要任务是进行服务环境的调研。通过调查了解顾客对不同类型服务环境的偏好和行为反应。无论企业作何营销决策都必须坚持以顾客为导向的理念，只有建立在顾客感知基础上的服务场景设计才能达到企业的预期效果和目标。通常，企业可采用问卷调查、直接观察法和实验法来进行服务环境的调研工作。

2. 确定设计目标

在设计服务场景之前，企业首先要明确通过服务场景要达到一个什么样的目标。通常服务场景的设计目标要根据企业的总体目标和营销目标来制定，设计者需要知道各层级的目标分别是什么，以及基本的服务概念、目标市场、未来的构思等。

3. 描绘服务蓝图

一旦明确设计目标后，可采用服务蓝图来绘制出服务场景中的有形证据。服务蓝图的好处便是可以把人、过程和有形展示非常清晰地显示出来，通过服务蓝图可以看出服务传递所涉及的行为、过程和复杂性、人员交互作用的接触点。这些接触点提供了展示的机会和每一步的具体表示方法。顾客在服务传递过程中的每一步都可以利用设计元素和有形线索记录下来，照片或视频资料能让设计图更为生动逼真。

4. 组建跨职能小组

服务场景具有整体性，服务场景必须从整体的角度出发来设计，服务场景就需要由企业多个职能部门共同做出相应的决策。在这一环节中，尤其要注意各个职能部门之间的协调工作，努力做到传递信息的一致性，传递顾客所期望的企业形象。

项目小结

有形展示是指在服务营销管理的范畴内，一切可帮助服务企业传达服务特色及优点的任何有形要素。有形展示包括内外部有形设施（即服务场景）和其他有形要素。有形展示在服务营销中的作用主要有以下几点：① 让顾客感受到服务产品带给自己的利益；② 有形展示会影响顾客对服务的第一印象；③ 有形展示会引导消费者对服务的合理期望；④ 提高顾客感知质量，提升服务体验；⑤ 塑造企业形象；⑥ 协助培训服务员工等。对于服务企业来说，有效的服务展示应该满足以下几点要求：① 突出服务产品的利益点；② 与顾客建立相互关系；③ 顾客易于识别。

按照有形展示的构成要素划分，服务企业的有形展示可分为实体环境、信息沟通和价格三种要素。服务企业的实体环境由周围因素、设计因素和社会因素构成。服务有形展示还可以根据其他的分类方法进行分类。

服务场景是指服务企业向顾客提供服务的场所环境，包括服务执行、传递与消费所处的内部和外部设施，即有形展示中的所有有形设施。服务场景有助于树立企业形象，创造顾客体验和实现服务企业的差异化。

复习思考题

1. 有形展示的作用是什么？
2. 有形展示的类型有哪些？
3. 服务场景的设计有哪些内容？

实践活动

1. 实训内容

学生到商场或购物商店调研，了解和分析该企业是如何将服务有形化的？

2. 实训目的

利用服务有形展示管理的理论，分析。研究和解决企业存在的实际问题，提高学生的实践应用能力。

3. 实训要求

以小组为单位座谈讨论，分工协作完成调研报告。报告的内容主要包括：企业是如何使服务有形化的？采取的措施和取得的成绩是什么？存在的问题和原因是什么？解决问题的可行性对策和建议是什么？

营销体验

互联网+开启了银行业面向未来的进化之门，为消费者提供了更多便利的服务渠道。但线下的银行网点和银行面对面服务，仍是消费者与银行加深信任、深入了解的重要渠道。为此，招商银行在全国银行网点推行了“感动服务场景化”项目，进行了全行服务管理的全面升级。

对于推出“感动服务”的初衷，招商银行有关负责人表示，客户的认可才是商业银行的核心竞争力，在金融业竞争日益激烈的今天，商业银行网点进入了比拼服务的专业化、体验好、一站式的“大时代”。通过发挥线上线下服务渠道的特色，招商银行将在人与人、人与场景、人与网点的融合方面大幅提升金融服务的效率。

招商银行推行的“感动服务场景化”包含为营业前就到达门外等候的客户提供便利服务，引导客户到自助银行区域等候，并放置了临时座椅供他们休息，为早上首批到访客户送上热茶等贴心服务。

招行网点的大堂经理介绍，这些都是招行今年推行的“感动服务场景化项目”的成果。为了提升网点服务，招行总行今年推出了8大“感动服务场景”和25项“感动服务举措”，包括热情接待、个性识别、最佳温度、等候关怀、需求预见、温馨送别、延伸服务及客户奖励等。“这些服务举措不仅能让网点的整体服务更上一层楼，特别是让新来的员工也能很快进入热情服务的角色，体会客户的感受，尽可能为客户提供更方便、快捷的服务。由于客户反馈也很好，大家就更有动力。”大堂经理自豪地说。

招行每一个感动场景对应若干感动服务举措，如：客户带着孩子来办理业务，怎样让他们放心？客户生病来办理业务，如何缓解他们身体的不适？午餐时段仍在等候办理业务的客户，怎样让他们不用饿着肚子排队？ 在这些服务场景中，招行均以追求“客户最感动的服务”为目标，创新服务举措，提供更加人性化的网点体验。

此外，招行很多网点还在原有的便民服务设施基础上，设置了无障碍通道提示、爱心窗口、爱心座席、理财备忘录、盲文键盘、轮椅、宠物箱、手机充电站等多项便民服务举措。

对于招行推出的一系列服务提升举措，许多客户表示认可和期待。“招行能站在我的角度，帮我解决问题，我觉得这虽然说起来简单，但很不容易，招行的管理还是不错的。”在招行办完业务的刘先生如是说。

随着体验经济时代的来临与银行竞争的不断加剧，银行服务水平的提升将是所有银行绕不过去的一道考题。优秀的服务意味着在未来能拥有更多的客户和更强的竞争力。尽管招商银行“因您而变”的服务招牌深入人心，但服务无止境，新时期的服务标准与服务定义需要一系列“感动服务”等举措的推广。

招商银行有关负责人坦言，作为一家以“服务立行”的商业银行，始终坚持以客户为中心，不断丰富服务内涵和外延，为客户提供有温度、有广度、有深度的服务是招行一直不变的追求。

由此可见，今后银行业的竞争不再是资产规模的竞争，而是服务的竞争、中间业务的竞争。银行业的本质是服务业，为不同的客户提供更为定制化、更为专属、更有针对性的各类金融服务和增值服务将是银行未来竞争的方向。在提升客户体验水平及满意度方面，线下服务具有天然的优势。虽然线上金融具有足不出户就可办理金融服务的优势，但线下金融更重视人与人之间的交往、更易博得客户青睐。要想提升银行服务水平，进一步优化升级线下服务优势必不可少。

案例思考：

从服务有形展示和服务场景的角度来评价招商银行此次“感动服务服务”。

模块四

服务营销管理

项目十　服务质量管理

学习目标

1. 理解顾客服务期望内涵及类型。
2. 了解顾客容忍域的含义。
3. 理解服务质量差距模型（SERVQUAL）的含义。
4. 理解产生服务质量差距的原因。
5. 掌握服务承诺的设计方法。
6. 掌握服务补救的设计原理。

能力目标

能应用所学的提高服务质量的制度、方法、策略和服务承诺、服务补救的理论，针对企业服务质量管理中的实际问题，并提出解决问题的系统方案。

知识结构

服务质量管理

- 有形展示的概念
  - ○有形展示的概念
  - ○有形展示的作用
  - ○有形展示的要求
- 有形展示的类型
  - ○根据有形展示的构成要素进行分类
  - ○服务有形展示的其他分类
- 服务场景设计
  - ○服务场景的功能
  - ○影响服务场景设计的因素
  - ○服务场景设计的内容
  - ○服务场景设计的步骤

导入案例

营销胜经："100-1=0"定律

100个顾客中有99个顾客对服务满意，但只要有1个顾客对其持否定态度，企业的美誉就立即归零。

"100-1=0"定律最初来源于一项监狱的职责纪律：不管以前干得多好，如果在众多犯人里逃掉一个，便是永远的失职。在我们看来，这个纪律似乎过于严格了。但从防止罪犯重新危害社会来说，"百无一失"是极为必要的！后来，这个规定被管理学家们引入到了企业管理和商品营销中（包括服务行业），很快就得到了广泛的应用和流传。它告诉我们：对顾客而言，服务质量只有好坏之分，不存在较好较差的比较等级。好就是全部，不好就是零。

下面两个案例充分体现了这一定律：

案例一：福建的海山宾馆在服务质量上就以"100-1=0"这个等式来要求职工。他们向员工们强调：入住海山宾馆的旅客只要有一件事对宾馆失望，就会使整个旅馆的形象受损，无论其他的事情做得多么周到，也无论其他的旅客多么满意。有一天，一位日本朋友从宾馆乘车去机场，人下车了，却把两串香蕉遗下了。正在失望之际，只见宾馆的车飞驰而来，给他送来了那两串香蕉。香蕉送上，日本朋友大为感动。香蕉虽小，但它向顾客表明了自己能做到怎样的细致和周到。正是这些小事的累积，使得海山宾馆经济效益喜人。

根据系统论的原理，任何一个系统都是由相互作用和相互依赖的若干组成部分结合成的具有特定功能的有机整体。服务就是这样的一个系统，它的每个环节都相互作用、相互依赖，一荣俱荣、一损俱损。顾客对整个服务工作中的任何一项不满意，都会对整体的服务质量带来否定。

服务工作的整体性以及服务质量的等级不可分，使服务质量的评定难以进行。我们不能按歌坛比赛评委打分那样，"扣掉一个最高分，去掉一个最低分"，再取平均值。因为，服务质量的最终评判人是顾客，他们的打分要么是满意，要么是不满意。企业只有让所有顾客都满意，才能达到市场的要求。就像100-1=0一样，只要一百个顾客中有一个不满意，我们的服务质量就不能说没有问题。

案例二：有一次，一个法国农场主驾驶着一辆奔驰货车从农场出发去德国。一路上凉风习习，路况良好，法国农场主不由哼起了小曲。可是，当车行驶到了一个荒村时，发动机出故障了。农场主又气又恼，大骂一贯以高质量宣传自己的奔驰骗人。这时，他抱着试一试的心情，用车上的小型发报机向奔驰汽车的总部发出了求救信号。没想到，几个小时后，天空就传来了飞机声。原来，奔驰汽车修理厂的检修工人在工程师的带领下，乘飞机来为他提供维修服务。一下飞机，维修人员的第一句话就说："对不起，让您久等了。但现在不需要很久了。"他们一边安慰农场主，一边开始了紧张的维修工作。不一会儿，车就修好了。

"多少钱?"看见修好了，法国农场主问道。"我们乐意为您提供免费服务！"工程师回答。农场主本来以为他们会收取一笔不菲的维修金，听到这些简直大吃一惊，"可你们是乘飞机来维修的呀?""但是是因为我们的产品出了问题才这样的。”工程师一脸歉意，“是我们的质量检验没做好，才使您遇到了这些麻烦，我们理应给您提供免费服务的。”法国农场主很受感动，连连夸赞他们，夸赞奔驰公司。后来，奔驰公司为这位农场主免费换了一辆崭新的同类型货车。

100多年来，奔驰得以永葆自己青春的法宝是什么？是质量，是服务！优质的服务让奔驰跑得更快。正是这种一个都不放过的服务精神，才造就了奔驰今天当之无愧的汽车王国的地位。

案例启示

在服务业领域里，顾客对服务项目的任何一项不满意，他们的满意度不会因此按减法递减，而是全面否定，因为他不可能体验所有的服务项目。在他看来，他体验的那个项目就代表了所有项目的服务质量。在市场竞争的环境条件下，他不会当“回头客”，再消费这家服务商提供的服务。对这家服务商来说，他的服务收益等于零。

其实，顾客的购物标准很简单：谁对我好，谁的服务能让我满意，我就买谁的东西。国外的企业早已抛弃了“我卖你买，我说你听，你不听我就把声音说大点，或者你再不听我就降价求售”的做法。他们在比“谁对顾客更好”。因此，提升服务质量对企业长足发展来说非常重要。

企业在为顾客提供服务的过程中，只有基于以顾客为中心的理念来满足甚至超越顾客的服务期望，才有可能提高顾客满意度，并形成自身的核心竞争优势，实现企业的持续性发展。在服务营销理论研究与实践中，服务质量差距模型作为基本的营销框架，体现了服务的本质及其价值传递，是评价服务质量的基础方法之一。服务质量是顾客感知服务、评价服务的关键因素。服务质量对于不同的角色，有着不同的含义。对于服务提供者来说，服务质量意味着企业的服务活动与规定或要求的吻合程度，即要以服务生产为中心，强调生产率和内部效率，追求以最小的成本获取最大的服务产出。但从服务接受者的角度来说，服务质量则意味着服务可以达到或者超越其期望的程度。不同的顾客对同样的服务会产生不同的质量水平感知，这是受特定因素影响顾客购买服务行为的必然结果。服务质量发生在服务生产和服务交易的过程中，是在服务企业与顾客交易的真实瞬间实现的。

任务一 顾客的服务期望与感知

服务企业在向顾客提供优质服务时，了解顾客的期望是首要的也是关键的一个环节。服务企业应该深入了解顾客对服务的期望，并通过一定的营销手段对顾客期望进行有效的管理。充分去了解、满足并超越顾客期望。

一、顾客的服务期望

（一）顾客服务期望的含义

顾客的服务期望是指顾客希望企业提供的服务满足其需求的水平，达到了这一期望，顾客会感到满意，相反则会不满意。服务期望是评价服务绩效的标准和参考点，由顾客认为应该发生或将要发生的事件组成。

顾客期望具有两面性。一方面，它有助于吸引顾客消费服务。顾客服务期望是顾客对服务企业应当提供的服务的一种预期，反映了顾客的期望和愿望，若没有这些被满足的期望和欲望，顾客可能就不会对某项服务产生购买行为。相反，正是因为顾客有了某种期望，才会通过购买行为来满足自己的期望。另一方面，顾客的服务期望给企业绩效设定了最低标准。如果企业的服务绩效低于这个标准，顾客就会不满，甚至会转向其他服务供应商。因此，顾客的期望管理要尽可能地在两者之间寻求一个平衡，即企业建立的顾客服务期望既要对顾客有充分的吸引力，又要保证企业能达到这个标准。

（二）顾客服务期望的类型

根据美国学者帕拉舒拉曼（Parasuraman）、泽丝曼尔（Zeithaml）和贝里（Berry）（以下简称PZB）的研究，按照顾客服务期望的水平高低来划分，可分为理想服务、合格服务和宽容服务，如图10-1所示。

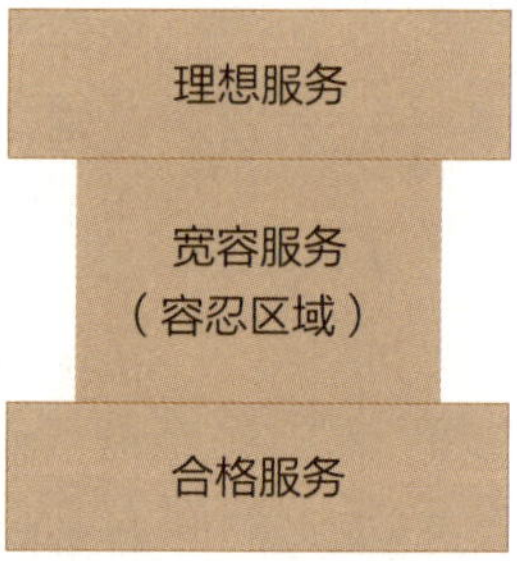

图10-1 服务期望的类型

理想服务是指顾客所相信的企业应该能提供的服务，是顾客心目中所向往和渴望得到的最高水平的服务。若顾客感受到的服务水平落在理想服务区域，顾客的满意度就会很高，若该服务水平越接近理想服务区域上方，顾客越会感到惊喜。合格服务是指顾客能接受的最低水平的服务。合格服务是一个波动的区域，若顾客感知到的服务水平落在合格服务区域范围之内，表明顾客还能容忍，也能勉强接受这种低水平的服务。宽容服务是指顾客承认并愿意接受的、处于理想服务于合格服务之间的服务水平。

宽容服务的波动范围被称作服务的容忍区域。若顾客实际体验的服务落在容忍区域内，顾客会认为这是正常的服务，表明在这个范围内的服务水平，顾客都可以接受。容忍区域的波动主要来自于合格服务水平的变化。在容忍区域内，顾客服务期望的变化，并不会引起顾客满意度的明显变化。但是，作为服务企业来说，仍然需要关注顾客容忍区域的变化，不同的顾客其容忍区域是不同的。影响顾客容忍区域不同的因素主要有以下几个方面。

1. 不同的服务维度导致不同的容忍区域

顾客的容忍区域会随着服务维度或服务特征的不同而发生变化。每种服务都有多个服务维度和服务特征，顾客认为的服务维度或特征越重要，容忍区域就会变得越狭窄。例如，餐厅的服务包括就餐环境、口味、等候时间等维度，若顾客认为就餐环境比口味更重要，那么，顾客对就餐环境的容忍区域就会变窄，对口味的容忍区域就会变宽，在选择就餐时，就会更多地关注餐厅的就餐环境如何。

2. 不同的顾客具有不同的容忍区域

有些顾客的容忍区域比较窄，导致服务企业提供服务的范围也变得比较窄。

如果顾客赶时间，那么他在购买服务时所想的就是尽量缩短等候时间，并对可接受的等候时间的长短有一个范围。而对于时间较充裕的顾客来说，他们的容忍区域就较宽，允许企业提供范围宽松的服务。

案例启迪

海底捞是一面镜子，别让老鼠打翻了你的锅底儿

说到海底捞，很多人会想起“海底捞服务有毒”这个流传已久的梗，说的是其服务极尽体贴周到：下雨了帮忙打车，给用餐的孩子送礼物，顾客洗手帮开水龙头等。可前不久法制晚报的某记者用四个月的暗访，给我们呈现了一个不一样的海底捞：老鼠钻食品柜，火锅漏勺掏下水道，员工将扫帚、簸箕、抹布与餐具一池清洗，洗碗机内部积累一层厚厚的油污……海底捞后厨卫生问题被曝光。

而海底捞官方后来做出回应称问题属实、十分愧疚，已经部署全部门店的整改计划。

以服务享誉餐饮业、引领了国内餐饮业高配服务标准的海底捞，竟出现了那些多出现在黑店里的卫生乱象，这在网上激起一片“不敢相信”的声音。毋庸置疑，海底捞臻于极致的贴心服务值得赞许，可如果周到服务的背后还掩盖着污浊不堪的卫生环境与违规的操作流程，那这就是典型的表里不一，既欺骗了消费者，也伤害自家品牌。

海底捞是一面镜子，人们会拿着它去观照整个行业。当问及对此事的看法时，网上有人说，“当然是选择原谅海底捞啦”，理由是这些问题可能不单是海底捞才有。

这无疑是底线下移：餐饮店后厨卫生堪忧，问题就是问题，不能因为有的店更严重就觉得没事。只要有问题，就该“零容忍”，何况令人作呕的老鼠钻食品柜等问题并不轻。

越是大品牌，越应该爱惜羽毛。在口碑传播的互联网时代，再牛的企业，不珍惜名誉，生死也就是一瞬间的事。不爱护自身信誉，哪怕外在服务再好，也可能被一粒老鼠屎坏了一锅粥，被一只老鼠打翻信誉的锅底儿。这也是此次海底捞后厨卫生丑闻留给海底捞和餐饮业的警示。

3. 初次服务和补救服务的容忍区域不同

对于初次服务，由于顾客缺乏相应的服务经验，不了解企业能提供的服务水平处在什么范围之内，此时顾客的容忍区域会相对较宽。但对于补救服务，顾客已有过相关服务经验，并已形成自己的服务期望，此时顾客的容忍区域相对较窄。如果企业第一次提供的服务不是很好没有达到顾客的期望，企业还有补救的机会，但若是在服务补救时表现得不好，那么顾客会不满，容易造成顾客流失。

（三）影响顾客服务期望的因素

顾客服务期望是评价服务质量的重要因素，它的形成受许多因素的影响，具体如下。

1. 影响理想服务期望的因素

对理想服务期望影响较大的因素有个人需求、个人服务理念和他人的服务期望。

（1）顾客的个人需求。个人需求是指顾客生理或心理健康方面的需求，它是形成理想服务的关键因素。不同顾客的个人需求有明显的差异性，对理想服务的期望也各不相同。通常个人需求按照重要性程度可分为只需求和辅助需求。主需求对顾客来说是最重要的需求，而辅助需求则相对次要。顾客对满足主需求的理想服务期望相对较高，对满足辅助需求的理想服务的期望则较低。例如，观众看电影时，他们对主需求即电影的精彩程度和内容要求很高，但对于辅助需求，如座椅的舒适程度、爆米花等小吃是否好吃则不会过多关注。

（2）顾客个人的服务理念。个人服务理念是指顾客对服务的意义和企业恰当的服务行为所持的态度。服务理念强烈的顾客往往对企业的服务期望也会很高。此外，顾客的服务经历和是否从事过服务工作等因素也会影响到顾客的个人服务理念。例如，经常网购的消费者从自身服务经历中形成了关于快递服务的时间标准，认为购物后三天就应该收到商品，难以容忍更长的等待时间。

（3）他人的服务期望。一般而言，顾客在购买服务时，会受到相关群体成员的期望驱使产生新的期望。例如在安排家庭旅游时，母亲对度假地点的挑选上会受到其他家庭成员的影响。

2. 影响合格服务期望的因素

合格服务期望的稳定性比理想服务期望的低。合格服务期望的影响因素主要有以下几个方面：

（1）暂时性的服务需求强化因素。暂时性的服务需求强化因素通常是短暂的、个人的因素，这些因素使顾客更加意识到自己对服务的迫切需要。例如，用户的打印机在繁忙期间坏了，此时顾客就会提高其服务期望，希望尽快修好。

（2）可替代的服务供应商。如果可供顾客挑选的服务供应商越多，顾客的合格服务期望水平就会越高，其容忍区域就会变窄。例如，顾客往往很难忍受在便利店长时间的排队付款等候，因为他们知道便利店有许多可替代的供应商。相反，如果顾客可以选择的服务供应商越少，在没有多少选择余地的情况下，顾客对服务的要求就会降低，容忍区域就会变宽。

（3）顾客自我感知的服务角色。所谓自我感知的服务角色是指顾客对所接受的服务水平施加影响的感知程度。例如顾客在餐厅点餐时，若是没能清楚表达自己希望所提供的牛排要五分熟时，则顾客可能将全熟牛排归咎于自己的失误。反之，顾客则会表现出不满和抱怨。

（4）环境因素。环境因素对企业来说是难以控制的。企业在提供服务过程中如果遇到不可控制的环境因素时，顾客对合格服务的期望会降低，同时其容忍区域也会变宽。例如，乘客一般不会因为天气原因导致飞机不能按时起飞而埋怨航空公司。

3. 影响理想服务期望和合格服务期望的共同因素

除了上述分别影响理想服务期望和合格服务期望的因素外，还有一些因素会同时影响这两种服务期望。

（1）企业明确的服务承诺。企业明确的服务承诺能帮助企业传递服务相关信息。企业可通过广告、宣传、推销人员等市场沟通方式向顾客公开提出服务承诺，会直接影响顾客服务期望的形成。

（2）企业暗示的服务承诺。企业也可以利用服务产品的价格和服务环境等向顾客暗示其服务质量的某种承诺。例如，顾客会对高价格的服务有较高的期望，酒店门前的豪华轿车、服务人员标准化的服务礼仪、酒店内的豪华装饰都使顾客对该酒店的服务形成较高的期望。

（3）企业的口碑。服务企业的口碑影响顾客服务期望的形成。对于口碑好的企业，顾客会对其提供的服务形成较高的服务期望；相反，负面的口碑会对企业形象产生消极影响，顾客会形成较低的服务期望。

（4）顾客的服务经历。顾客过去的服务经历也会影响其服务期望的形成。顾客对某项服务的经验越多，对服务企业的服务水平就越了解，会不断把较高的服务水平转换成自己的理想服务期望，从而其服务期望会变高；而经验较少的顾客的服务期望水平则通常较低。

二、顾客的服务感知

顾客的服务感知是指顾客在接受服务的过程中，顾客对服务企业提供的服务实际感知水平的高低。顾客感知是顾客对真实服务体验的主观感受和评价。若顾客对服务的期望水平高于感知水平，顾客则会认为企业的服务质量偏低，引起不满；反之，则会认为企业的服务质量较高，并感到满意。

（一）服务接触

服务的生产与消费的同步性决定了服务人员在为顾客提供服务时，无论参与程度的高低，顾客都需要参与到服务中来，与服务人员发生接触。服务接触是企业向顾客展示服务的时机，也是顾客感知服务的基础。

1. 服务接触的定义

服务接触是指在服务过程中服务企业或员工与顾客之间发生的接触。顾客通过与服务人员或服务企业接触的过程中去感受服务的内容、服务特色和质量。服务接触也被称为“真实的瞬间”，用来描述服务企业与顾客相互作用的重要性。顾客正是通过这些“真实的瞬间”形成了对企业和服务质量的第一印象。例如首次接触服务的瞬间，服务人员的一声问候、一个微笑都会给顾客留下好的印象。

2. 服务接触的分类

服务接触一般可分为以下三种类型：

（1）面对面接触。面对面接触是指服务人员与顾客发生直接接触。面对面接触的这种方式给顾客带来的感觉非常强烈，决定和理解服务质量问题也是最复杂的。顾客对服务的感知取决于语言因素和非语言因素（服务人员的仪态仪表、服装、服务设备等服务标志）。

（2）电话接触。电话接触是指顾客与企业之间以电话为媒介进行接触和沟通。在很多服务企业中，例如银行、保险公司、电信公司等，服务人员往往通过电话与顾客进行接触。此时，顾客可以通过接听电话服务人员的语气、专业知识、沟通能力、处理问题的速度及效率等方面的具体表现来感知和评价服务质量。

（3）远程接触。远程接触是指顾客与企业之间以服务设备、服务设施或服务系统为媒介进行接触。例如，自动取票机、自动取款机、网络订购系统的接触都属于此类远程接触。顾客虽然没有直接与服务人员发生接触，但同样可以起到增强顾客对企业服务质量认同的效果，帮助企业树立良好的企业形象。

（二）服务质量

服务质量从本质上来说是顾客对服务质量的感知。在服务行业中，特定产品或服务质量是顾客主观感知的质量。因此，服务质量是顾客通过对服务的感知来决定，其最终评价者是顾客而非企业。

1. 服务质量的构成要素

以格罗鲁斯为代表的学者认为，服务质量包括技术质量、功能质量和有形环境质量。

（1）技术质量。技术质量主要强调顾客接受什么样的服务，是服务过程的产出质量。即顾客从服务过程中所得到的东西，也是企业为顾客提供的服务结果的质量，有时又叫作结果质量。例如，酒店为顾客提供的房间和床位，航空公司为乘客提供的飞机舱位，咨询公司提供解决方案等。这些都是顾客接受服务后所能得到的，也就是整个服务过程的产出或结果。技术质量常常涉及有形要素，易于被顾客感知和评价。

（2）功能质量。功能质量主要说明的是顾客是如何接受服务的，涉及与人有关的表现。当企业利用机器、设备取代人力的时候，功能质量仍然存在。顾客接受服务的方式及其在服务生产和消费过程中的体验，都会对顾客所感知的服务质量产生影响，企业应充分利用功能质量突出自身优势。此外，由于不同的服务员工提供服务的方式不同，不同顾客对如何获得服务的要求也不相同，因此功能质量通常取决于顾客的主观感受，较难进行客观估计或评价。

（3）有形环境质量。有形环境质量主要说明顾客在怎样的环境中接受服务。企业在提供服务的过程中，服务场景也会影响顾客对整体服务质量的感知。例如，酒店凌乱的大堂和破旧的房间使旅客对该酒店的总体服务质量评价较差。

2. 服务质量的维度

服务质量包括可靠性、响应性、安全性、移情性、有形性五个方面的内容，如表10-1所示。

表10-1　服务质量的维度

维度	特征	问题举例
可靠性	可依赖且精准的服务	我的电脑第一次就修好了吗? 我的电话账单没有错误吗? 客服会如其承诺的那样给我回电话吗?
响应性	及时、随时准备提供帮助	当出现问题时，企业迅速解决了吗? 我的股票经纪人愿意回答我的问题吗? 有线电视公司愿意约定安装人员到达的具体时间吗?
安全性	可信性、保证性、能力和礼仪	晚上使用ATM机安全吗? 我的信用卡能够防止未经授权的使用者使用吗? 我能确信保险公司会提供完全理赔吗?
移情性	容易接近、良好的沟通以及理解顾客	航空公司有24小时免费电话服务吗? 酒店的地理位置方便吗? 酒店里有人认出我是常客吗?

续表

维度	特征	问题举例
有形性	有形要素的外观	我的银行对账单清晰明了吗? 健身房的设备很有吸引力吗? 餐厅的服务人员穿着很得体吗?

（1）可靠性。可靠性是服务质量维度中最关键的因素。可靠性是指企业在提供服务的过程中能准确、可靠地履行所承诺服务的能力。例如，如果飞机能准时起飞或按时抵达，在顾客看来，该航空公司提供的服务是可靠的。

（2）响应性。响应性是指企业愿意主动、及时帮助顾客，为顾客提供服务。响应性强调在处理顾客要求、询问、投诉和问题时的专注和快捷，主要体现在顾客获得帮助、解决方案的提供以及等待时间等方面。为了达到快速反应的要求，企业必须从顾客的角度来审视服务的传递流程。例如，简化语音系统，减少顾客在电话系统的等待时间，提高网站的登录速度等都可以增强顾客对响应性的感知。

（3）安全性。安全性是指员工的专业知识和谦恭态度，以及能使顾客信任的能力。当顾客感知的服务风险较高或自身缺乏评价服务产出的能力等情况下，安全性就变得尤为重要。服务人员态度诚恳且具备解决顾客问题所必需的知识和技能时，也能增强顾客对企业的信任。因此，企业要尽量提高服务员工的素质，使一线服务员工与顾客建立信任，以此激发顾客对企业的信任和忠诚。

（4）移情性。移情性是指企业给予顾客的关心和提供个性化的服务。其本质是要求企业设身处地为顾客着想，对顾客给予特别的关心，并在对顾客深入了解的基础上，为顾客提供个性化的服务。使顾客感到自己与众不同，自己的服务需求得到了企业的理解，自己受到了企业的重视。

（5）有形性。有形性是指各种有形要素，如服务设备、设施、员工的形象和沟通材料的外观等。由于服务具有无形性，顾客往往依靠一些有形要素来判断服务质量。

任务二 服务质量差距模型

一、服务质量差距模型的含义

1988年，帕拉舒拉曼、泽丝曼尔和贝里提出了一种用于服务质量管理的服务质量差距分析模型（SERVQUAL），其目的是分析服务质量问题产生的原因，并帮助服务企业的营销管理者如何去改进服务质量。如图10-2所示，该模型揭示了以下三方面内容。

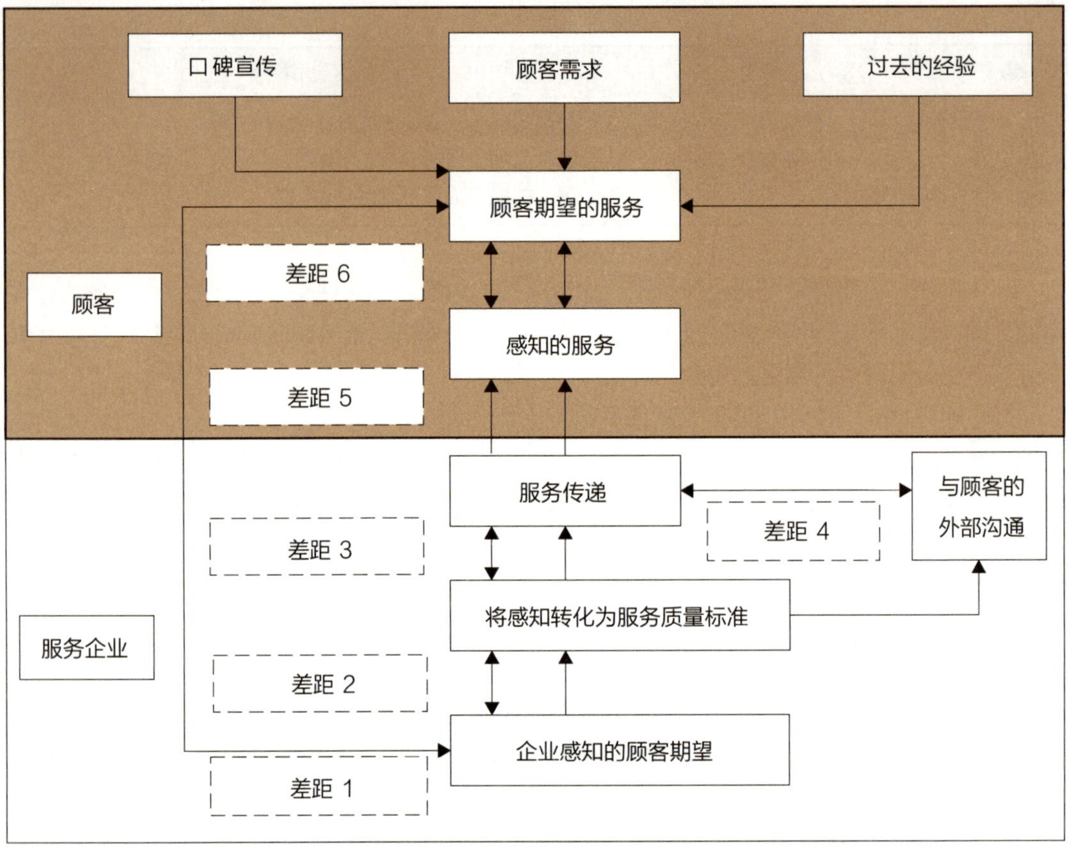

图10-2 服务质量差距模型

资料来源：资料来源：克里斯托弗·洛夫洛克，约亨·沃茨. 服务营销[M].第7版.韦福祥，等，译. 北京：机械工业出版社，2015.

1. 服务质量的形成

该模型以水平线为界分为上下两部分。上半部分包括了与顾客期望和感知相关内容，下半部分展示了与服务提供相关内容。其中差距1至差距4是差距5产生的原因。顾客期望的服务是建立在自身过去服务经历、个人需求以及口碑传播共同作用的基础上产生的。

2. 顾客经历的服务

该模型中的“感知服务”是服务企业一系列内部决策和活动的结果，是服务企业管理层依据自己对顾客期望的理解的基础上，做出服务质量承诺。然后承诺在服务组织内部按照一定标准或规则进行传递；当传递过程中进行到顾客参与阶段，就形成了被感知的服务质量，这是决定服务质量的关键阶段。虽然服务质量的感知处于服务承诺传递链的下方，但服务质量的控制是全局性的。

3. 表明服务质量问题产生的根源

该模型在揭示了服务质量产生问题的根源基础上，提出了分析和控制服务质量的步骤。在服务设计和服务提供的过程中，不同阶段可能产生不同的差距。因为这些差距是质量管理过程中的偏差或失误造成的，因此又叫质量差距。对于服务企业来说缩小最终差距5是其目的，即顾客期望的服务于顾客亲身经历的服务之间的差距。此差距是由其他4个差距共同作用的结果。

服务企业利用服务质量差距模型，可将服务质量管理工作进行简化跟踪。了解这些差距产生的原因、如何影响服务结果以及如何进行管理和控制，对企业来说都是非常必要的工作。

二、服务质量差距模型分析

（一）管理者认知的差距（差距1）

管理者认知的差距是指管理者对顾客服务期望的理解与顾客实际的服务期望之间存在的差距。企业管理者若不能理解顾客服务期望或未能准确理解顾客的服务期望都会导致此差距的产生。

市场调研和需求分析不充分、不准确等会使得企业难以获取顾客服务期望的准确信息，企业也就无法达到或超越顾客的服务期望。不注重关系营销也是产生差距的原因之一，关系营销的目的在于留住老顾客，而交易营销则更多关注吸引新顾客，往往忽略老顾客不断变化的需求和期望，从而导致老顾客的流失。此外服务企业内部组织层次过多，管理者和一线服务人员缺乏沟通或沟通不畅等，都会导致管理者很难及时、准确地获取顾客服务期望的相关信息。因此，对于服务企业来说，缩小此差距的措施可以通过顾客访谈、投诉系统以及小组座谈等形式准确把握顾客需求；精简组织层级结构，使企业内部信息得以迅速传达。

（二）服务标准差距（差距2）

服务标准差距是指服务企业管理层认知的顾客服务期望与为服务传递所制定的质量标准不一致而产生的差距。

这里的标准差距产生的原因，是因为管理者制定的标准不能准确反映出他们对顾客服务期望的理解，缺乏顾客导向的标准。服务设计不良也是标准差距产生的原因。例如服务设计与服务定位不能有效联系起来，或者服务设计模糊、缺乏柔性等。服务流程如果设计不合理或管理不当，也可能导致向顾客传递的是质量较低的服务。此外，有形展示和服务场景不恰当也会扩大差距2。

营销实践

某通信企业服务质量差距改革

某移动通信企业通过分析当前客户服务中存在的主要问题，制定了客户满意度提升措施，开展了系列满意度提升工作，缩短与竞争对手、与客户预期的服务差距。

一是建立压力传递机制。该公司通过建立客户压力传递机制，实现省市联动，将客户满意度考核指标进行跨部门分解和考核，充分调动省市各部门积极性，为客户满意度提升工作提供机制保障。在省公司层面，制定各部门的绩效考核时，将关键商业过程和窗口满意度分解到相关部门，纳入其部门的年度考核，并确定其考核的目标值。在分公司层面，各分公司纷纷成立了客户服务中心，根据满意度各项指标与各部门工作的相关性，确定相关部门应具体承担的客户满意度指标及权重，并纳入其部门年度考核中。省市同步，共同对满意度进行指标分解，完善了压力传递机制的建设，为满意度提升提供了有力的制度保障。

二是建立起了一套完善的服务例会制度。省公司、分公司两个层面每周召开服务例会，分管领导出席每次会议，并及时编发会议纪要。会议重点从不同纬度层层剖析服务问题，制定切实措施、明确责任单位、确定完成时限。例会制度动态优化了服务管理流程，快速促进服务管理能力的提升，实现了客户需求快速响应的同时，形成了一支跨部门问题解决型的专家虚拟团队。

三是开展了“便捷服务满意100”活动，推出了六项便捷服务，在创新服务举措、提高服务品质方面又迈出了重要一步。

资费套餐量身优选：优化简化资费套餐设计，加大优惠力度，推出全新的优惠数据流量套餐，对全球通、动感地带、神州行等各品牌客户推出优惠计划；提供资费优选服务，客户可以通过主动资费导购服务、自助资费测算、个性化账单等方式选择合适的资费套餐；提供数据流量套餐流量提醒服务，让客户消费更放心。

异地交费随时随地：客户可以在全国各地中国移动自办营业厅为自己和他人跨区交费；客户可在全国各地利用中国移动手机充值卡为手机充值交费。

电子渠道以指代步：客户可以通过短信、WAP、网上营业厅办理各项移动业务；网上营业厅24小时在线客户服务，为客户提供业务咨询和业务协助办理。

积分兑换足不出户：客户可以通过全国统一的积分商城方便地进行积分的兑换，所兑换礼品送货上门。

4G业务无障碍办理：不换卡、不换号、不登记即可使用中国移动的4G业务4G业务的服务流程与3G一致，同类4G业务基础资费与3G保持一致，并对4G特色业务使用进一步优惠。

垃圾信息自主屏蔽：客户可以到移动梦网和中国移动的门户网站下载安装“信息管家”软件，并免费使用垃圾信息拦截功能，还可以一键把收到的垃圾信息举报到中国移动10086999垃圾信息举报平台。

✧ 思考与讨论：

1. 根据服务质量差距模型图对该公司的服务质量进行分析。

2. 你认为这个移动通信企业在缩短服务质量差距方面还有哪些可以改进？

（三）服务传递差距（差距3）

服务传递差距是指服务企业实际提供的服务与企业制定的服务标准之间存在的差距。

导致差距3产生的原因主要有以下几个方面：

（1）企业对服务人员管理不当。例如企业招聘了不合格的员工、人员配置错误、未培训上岗、缺乏激励机制、授权和团队支持等。

（2）顾客未履行自身角色和责任。例如顾客不按照说明使用产品、大声喧哗、顾客不配合或者不愿意配合服务人员的工作等。

（3）服务供给与需求不匹配。服务的无形性与易逝性使企业缺少储存服务产品的能力。因此，服务企业会经常面临需求过度或需求不足的情况，若企业不能有效地管理服务供给与需求时，差距3便会产生。

（4）服务中介。通过服务中介传递服务时，也可能导致企业传递给顾客的服务与原来设想的服务不一样。

（四）营销沟通差距（差距4）

营销沟通差距是指企业在营销沟通过程中做出的承诺与实际传递给顾客的服务之间存在的差距。

导致差距4产生的原因主要有以下几点：

（1）企业内部没有很好的沟通协调。在企业内部，各部门之间存在一定的差异，例如营销部门与运营部门、人力资源部门之间若缺乏沟通或沟通不充分，就会造成向顾客承诺的服务与企业实际传递的服务不一致。

（2）企业做出过度承诺。为了吸引顾客消费服务，企业有时会在广告中或人员销售中做出一些不切实际的承诺，这些承诺可能会提高顾客的服务期望，从而使得企业实际提供的服务与所承诺的服务不一致。

（3）缺乏整合营销传播或对顾客期望管理无效。理顺企业内部沟通机制、设计合理的服务承诺，避免过分夸大宣传，管理好所有与顾客沟通的方式。

（五）感知服务质量差距（差距5）

感知服务质量差距是指顾客感知的服务与顾客期望的服务不一致。要提高服务质量，就要尽可能缩小差距5，该差距在所有差距中是很重要的。差距5是由前四个差距共同作用的结果。差距五产生的原因是差距1到差距4中的一个或几个差距的组合导致。因此，为了缩小顾客感知服务质量差距的重点就是持续消除或缩小差距1到差距4。

（六）服务质量差距（差距6）

服务质量差距是顾客所期望的服务与他们对实际所传递的服务感知之间的差距。为了减少此差距，企业应通过充分的调研，把握顾客的真实需求与服务期望，努力提供和传递顾客期望的服务产品。切勿将自己的服务产品夸大其词，让顾客对本企业产品产生过高的期望，而与实际接受的服务差别太大。

任务三 服务承诺

一、服务承诺的含义和类型

（一）服务承诺的含义

服务承诺是指企业以顾客满意为目标，在服务销售之前对顾客承诺若干项目从而引起顾客的好感和兴趣，招徕顾客积极购买服务产品，并在服务活动中忠实履行承诺的制度和营销行为。

跟有形产品相比，由于服务具有异质性和易逝性的特点，服务一旦提供给顾客就无法退回，因而很长一段时间内人们认为服务是无法做出承诺和保证的。但越来越多的优秀服务企业在实践中成功地使用服务承诺并获得了良好的成功。服务承诺通常是由经济补偿来加以兑现的，同时与服务绩效密切相关。服务承诺是对顾客的保证、员工的激励，也是企业扩大市场占有率、促进利润持续增长的重要途径。

（二）服务承诺的类型

1. 服务特性承诺

服务特性承诺的范围相对较窄，承诺中只包含服务的一个或几个重要特征。例如顺丰快递向顾客承诺的“次日达”，某快餐店“30分钟送达，超时免单”等承诺。这些承诺只针对服务传递时间进行承诺。在这类承诺中，企业通常只对服务的一些具体特征给予承诺，通常有非常明确的服务标准，一旦提供的服务未达到规定标准，企业承诺将进行补偿。

2. 完全满意承诺

完全满意承诺是一种无条件的满意承诺，承诺范围最广，服务的所有方面都被包含在承诺之中。例如，某酒店向顾客承诺“100%满意”，不满意可以不付款。这就涵盖了服务的所有要素，其实质是让顾客完全满意。

3. 联合承诺

联合承诺是在特定服务绩效的基础上，大范围内的服务整体满意度承诺。联合承诺优于服务特性承诺和完全满意承诺，它吸取了两者的优点，将服务的具体特性和完全满意相结合，对具体的服务重要特性设有最低服务标准，有助于顾客明确自己所能得到的，降低购买风险。同时，又能使顾客完全满意，因此，联合承诺比前两种承诺更有效果。

案例启迪

超时全免单——用30分钟换来营业额增长

2004年，酒店在专业指导老师梁澜的指导下，实施《服务快速感动十大标准》，深圳富龙山大酒店服务好得出奇，客人口口相传，奔走相告，结果，天天客似云来，这时上菜速度慢已经成为制约企业发展的一道屏障。如何满足日益增长的顾客需要呢？

针对企业现状，梁澜老师建议“搞搞新意思（粤语，翻译成普通话大概是搞搞新创意）”，于是“30分钟上菜承诺制”策略正式提起，而富龙山酒店叶董事长果断做出决定，表示同意实施。很快，这一策略被顺利应用于工作上。

“30分钟上菜承诺制”这一招一经推出，生意更加火爆并持续至今。现在，富龙山大酒店各分店大厅的每一张餐台上仍然摆放着一个别致的石英钟，用于计时，墙壁上有一幅巨大的宣传画，上面的大字赫然在目：乾坤定于30分。富龙山大酒店对上菜速度做出承诺：三十分钟内必须将菜全部上完，否则，超时五分钟全单打九折；超时十分钟全单打八折；超时十五分钟全单打五折；超时二十分钟全单免费。

在大厅试行了“上菜速度承诺制”至今，仍然没有一个人能够打破免费用餐的纪录，即使在中秋节的晚市三轮翻台，生意火爆的情况下，酒店仍坚持上菜速度承诺。

富龙山自实施“30分钟上菜承诺制”后，凡是进入大厅的客人再也不为上菜慢催菜而烦恼了，客人竟然希望菜上得越慢越好，这样他（她）就可以享用免费大餐的滋味和乐趣了。显然，这个做法赢得了广大客人的喜爱。正如一位客人点评：“环境不错，菜式也地道，最主要的是点完菜马上开始计时，超过二十分钟上菜就给打折，超过三十分钟上菜免单。特适合深圳这种快节奏的城市。”

二、服务承诺的作用

1. 有利于顾客导向型组织的形成

企业为设计一个有效的服务承诺并履行，首先要求企业把目光聚集于理解顾客和他们的服务期望，这样才能明确顾客认为的有价值的服务属性，并形成计划去满足顾客的需求。通过制定服务承诺，可以促使企业对顾客的需求和服务期望有更多的了解，有助于企业向顾客提供优质服务。

2. 有利于服务过程中风险的降低

由于服务的无形性，服务交易的结果不像有形商品交易，顾客在购买之前很难判断其质量如何，往往会担心出现一些不好的结果。对于顾客而言，若能在购买服务之前获得相应的信息以降低不确定性，而服务承诺本身就是一种承诺，能先顾客提供服务质量方面的一些暗示和担保，可以消除顾客的疑虑，有助于降低顾客购买服务的感知风险，增强对企业的信任感。

3. 有利于提供服务补救的机会

服务承诺为企业提供了一个弥补错误的机会。服务承诺为顾客提供了判断服务失败的依据，使顾客能较容易地识别出服务失误，并能有理有据地向企业投诉。企业便能很快确认失误，找出失误原因，对服务失误做出快速反应，积极地进行服务补救，使顾客满意并挽留住顾客。

案例启迪

支付宝联合口碑外卖推出“晚就赔”

自从互联网+兴起之后，传统的餐饮行业也面临着新的挑战和颠覆，与时俱进与互联网的结合也愈发重要，而现在最火热的便是三大外卖网——美团外卖，口碑外卖，百度外卖。

为了争夺市场，这三家经常斗的不可开交，而这一次口碑外卖打响了新年的第一枪，支付宝近期宣布，联合口碑外卖推出外卖延误险“晚就送”，这个险并不需要消费者购买，只要在口碑外卖提供该保障的商家点单就能享受。

“晚就送”顾名思义，消费者于商家约定的外卖送达时间内，外卖没有按时送到，用户就可以获得赔偿，根据延误时间，赔偿金额也不同，具体来说，只要外卖延误，就赔偿订单实付金额20%，延误超过半小时，就赔偿50%，如果延误一小时，那么就将给用户免单。

而这项保险，只要消费者下单之后，商户确认接单，便立即生效，页面将显示送达倒计时。据悉，单笔订单的累计最高金额为100元上限，如果延误，赔偿金额会转入消费者相应的支付宝账号内。

目前，口碑外卖启动“晚就赔”试点城市为杭州和深圳，而加入的餐饮商户包括黄焖鸡米饭、麻辣香锅等，未来将会有更多商户加入其中。

如果这一项政策“晚就赔”能覆盖全部口碑外卖商家，那么对于消费者还是口碑外卖来说，都是一个双赢的局面，还能起到监督商户的作用，而延误险这一措施也弥补了如今外卖点餐时间方面没有服务保障的一个空白。

三、服务承诺的设计标准

1. 无条件

服务承诺应该没有任何附加条件。有些企业的服务承诺中通常附加有很多限制和约束，从而削弱了服务承诺的力量。附加许多条件的服务承诺反而会弄巧成拙，虽然它能为企业的服务失败进行一定程度的补救，但顾客往往会因为自身不符合附加条件而无法得到赔偿或补偿时更加不满，为企业传播极坏的口碑。

2. 容易理解与沟通

企业所做的服务承诺要易于被顾客所理解、便于沟通。有效的服务承诺应该通俗易懂、具体明确，顾客从中知道能得到什么，员工也能从中明确知道自己该做什么。例如，“10分钟之内提供服务，否则退款”比“向顾客提供快速服务”的承诺更容易让人理解。在现实生活中，不少服务承诺的内容过于冗长、术语较多，另一些承诺则含糊其词，模棱两可，这样的服务承诺都会失去意义。

3. 有意义

有效的服务承诺应是有价值的。具体应包含以下两方面：一方面，服务承诺的事项对顾客来说是很重要的服务要素。如果企业对自己义务范围内应该提供的服务进行承诺担保，对顾客是毫无意义的，而是需要从顾客的角度来设计服务承诺。另一方面，对顾客的赔偿应该能够充分弥补顾客的损失。

4. 易于使用和赔付

有效的服务承诺应易于使用，容易获得赔偿。一旦发生服务失误，顾客应该能通过简单的方式都寻到服务承诺，并且在使用服务承诺时不会遇到障碍，使顾客只需花少量时间与精力就能得到应有的赔偿。

5. 值得信赖

企业提供的有效服务承诺还应该是值得信赖的。最好的服务承诺就是能当场兑现。在现实中，有些企业往往承诺的与现实中履行的不一致，让顾客失去信任，造成顾客流失。

四、不适合使用服务承诺的情况

服务承诺虽能为企业带来益处，但并非所有的企业都需要使用服务承诺，服务承诺也并不是在任何情况下都适用。在决定引入服务承诺前，企业需要进行慎重考虑。在以下几种情况下，企业可能不太适合使用服务承诺。

1. 企业的服务质量低劣

如果企业当前向顾客提供的服务质量本身就很糟糕，此种情况下，引入服务承诺并非明智之举。当企业存在严重的服务质量问题时，向顾客提供服务承诺反而引起顾客对质量问题的关注，企业也可能无法按照承诺的那样向顾客兑现承诺，这样会对企业形象造成负面影响。

2. 企业已拥有较高声誉

有些企业在市场上已经树立了良好的企业形象，且一直为顾客提供优质服务。在这种情况下，企业就没有必要再引入服务承诺了。因为企业形象本身就向顾客传递优质服务的信息，已经不需要再用服务承诺来证明自己的服务质量。

3. 难以控制服务质量

外部因素对服务质量产生影响，使服务企业无法控制服务质量时，也不宜引入服务承诺。例如，航空公司向乘客承诺飞机将准时到达，但天气是无法控制的，天气因素可能导致飞机不能按时到达目的地。

4. 承诺的成本超过收益

当服务失误时，按照服务承诺的规定，服务企业往往要付出一定的成本。承诺的成本包括因服务失误而产生的赔偿与改善顾客关系的费用。服务承诺所产生的收益主要来自老顾客重复购买与交叉购买、口碑宣传、吸引来的新顾客以及服务质量的改善。若企业提供服务承诺的成本高于所带来的收益，则没有必要提供服务承诺了。

5. 顾客感知不到风险

服务承诺的作用之一就是能降低不确定性，减少顾客感知风险。因此，当顾客对服务企业不了解，不能确定服务质量时，服务承诺是非常有效的。但若顾客对服务较熟悉、顾客感知风险较小时，企业若引入服务承诺，不但不会增加价值，反而需要对服务承诺进行设计和管理，增加成本。

6. 顾客认为服务质量无差异

当顾客感知不到企业与竞争者之间的服务质量差异时，服务承诺就很难产生效果。若在不同企业之间的服务质量存在巨大的差异，服务承诺会为企业带来竞争优势。

任务四 服务失误与补救

一、服务失误

任何企业在提供服务的过程中都可能出现失误，当顾客认为企业提供的服务水平没有达到自己期望的服务水平时，服务失败就产生了。例如，快递公司没有按时送货，快递员态度冷漠，包装破损，包裹丢失等都是服务失误。

由于服务的无形性、同步性、异质性和易逝性等特征，以及有些外部因素，例如自然灾害、政治冲突、气候情况等，企业无法控制，会对服务的成功传递造成影响，因此服务失误是无法完全避免的。

服务失误的类型可以分为以下四类。

1. 服务提供系统的失误

服务提供系统的失败是指企业为顾客提供核心服务时出现了失败。例如，航空公司航班取消或不能按时起飞，酒店房间未进行清扫和整理等，都是服务企业没有为顾客提供他们所期望的服务结果，出现了服务失败。

服务提供系统的失败是由于企业的服务架构缺陷而造成的，一般表现为企业的服务系统不完善，服务流程设计粗劣，缺乏有效的监管体系，保障措施不力，员工能力缺乏等。这些都会影响核心服务的传递，使顾客获得的服务结果达不到他们的期望，导致顾客不满。通常服务提供系统的失败主要包含以下三种类型：顾客无法得到服务、不合理的缓慢服务和其他核心服务失败等。

2. 对顾客服务要求响应的失误

这种服务失败是对顾客所提出的服务要求无响应或未及时响应而产生的失误。这种服务失败具体可以分为以下两类：对顾客明确提出的服务要求反应失败和对顾客隐含的服务要求反应失败。例如顾客不小心打翻了咖啡，将咖啡洒在了桌上和自己身上，这时当然希望不用向服务人员提出要求，服务人员就会主动地递上毛巾，而且将桌子擦干净。顾客具有隐含的服务需求时，如果服务人员没有察觉或未及时察觉到顾客的要求，可能就会引起顾客的不满。

3. 员工的不当行为引起的失误

这种失误是由于员工不合理的举动所造成的。员工的这种举动并不是顾客所期望的，也不是常规的服系统所要求的。在与顾客直接接触的过程中，一线服务人员的言行举止都会受到顾客的关注，并影响到顾客对服务的体验。员工的不当行为通常表现为服务态度恶劣或生硬、用词不当、行动迟缓、不熟悉业务，这些行为违反了企业的服务规定，会让顾客觉得自己没有得到应有的尊重和重视，容易造成服务失误。

案例启迪

洗手盅被顾客当菊花茶喝了

某餐厅内，一桌客人正在用餐，值台服务员在为客人上了基围虾后，又按常规给客人端上了洗手盅。服务人员并没有告诉客人水的用途，只说了一句："先生，请慢用"后就离开了。一位客人见水上飘着几朵菊花，以为这是菊花茶，便一饮而尽。当客人们正在为这位客人解释时，被正在上菜的服务员听到了，服务员禁不住笑出了声，使此位客人弄了个大红脸。

试想如果你是顾客，在这里丢了脸还被服务员笑话了，下次还会来吗？维护顾客的脸面，在服务中必须谨记。

4. 顾客的不当行为引起的失误

这种失误是由于顾客的不当行为所引起的失误。服务是一个互动的过程，顾客参与服务的生产过程，顾客不合理的行为同样会导致服务失误。例如，在电影院里大声接电话的人；饭店里醉酒顾客的行为会对在服务现场的其他顾客、员工产生消极的影响等。

二、服务补救

服务补救是指企业针对服务失败和出现错误的情况下，对顾客的不满和抱怨当即做出的主动性补救行为。其目的是通过这种反应，重新建立顾客满意和维持顾客忠诚。服务补救对企业具有重要意义，企业应积极进行服务补救。

（一）服务补救的特征

主动性：服务补救要求服务提供者主动地发现服务失误并及时采取措施加以弥补和解决问题。

实时性：服务补救通常在服务失误出现的现场，服务结束再补救的成本就会上升并会导致服务补救的效果不尽人意。

全程性：服务补救是全员性和全过程的管理工作，企业一般授权一线员工在服务失误发生时就采取补救措施。

（二）服务补救的重要性

服务补救与服务过程质量关系紧密，它会影响服务质量以及顾客对服务质量的感知，有效的服务补救是提高对服务质量感知的重要因素，可以挽回服务失误给顾客带来的不良影响，将顾客和企业的损失降到最低，同时使企业和员工也可以从中获益。

1. 持续提高服务质量

服务补救是企业不断努力改进服务质量的一部分。服务补救是高度互动的服务过程，服务补救在展开工作时会研究顾客需求偏好，加深员工对顾客的了解，可以在服务失误处理、分析、原因总结以及预防、服务标准制定、服务保证设计时充分考虑顾客期望。同时服务补救要求服务企业对服务系统进行不断改善，通过补救的实施，提高服务质量。

2. 提高顾客忠诚度

顾客在服务出现失误之后产生的不满情绪或者是失望心理，如果不能被一线员工及时发现和处理，他们就会转向其他服务提供者。而服务补救可以最大限度地缓解顾客的不满心理，并且使顾客得到原本该得的利益，有时甚至会超出预期的利益。因此，服务补救是防止顾客流失，提高顾客忠诚度的有力措施。

3. 控制负面口碑传播，塑造企业良好形象

对于企业来说，虽然采取服务补救措施会产生一定的成本，但也能带来更多收益。服务补救可以使顾客再次满意，从而进行积极的口碑传播，提高企业的知名度和美誉度。对企业员工来说，通过服务补救，可以提高员工的素质，增强员工的使命感和成就感。

案例启迪

聪明的员工

一位顾客请他的三四个朋友去海底捞火锅店吃饭，由于饭点已客满加上没有提前订位，所以找不到位子坐，虽然这里开辟有专门的等候区，有免费的饮料、零食、扑克等可供打发时间，但这位顾客因为赶时间所以又不愿意排着号等。

当该顾客得知没位置就要走时，专门在门口安排位置的一位男服务员用一只胳膊轻轻挡在他前面，说："先生，请您再等一等，我再帮您问一下。"然后他用对讲机再次和每层的服务员通话，确认是否有位置，当得知确实没有时，服务员对顾客说："先生，对不起，实在安排不了位置了，您要不想等，可以去参观一下我们的后厨。"

这位顾客本来想走，但听服务员这样一说就很感兴趣，因为很多饭店的后厨是不允许被参观的。走入后厨，顾客只有一个感受：干净。顾客几乎没见过这么干净的后厨，装修很简单，就是白色的瓷砖，没有任何水污、油垢和脏灰尘，所有菜品都是配送好的，顾客看得有兴致，在征得服务员同意后，甚至拿起一个柠檬切起来，服务员当然在旁边"指导"着他怎么切才能把柠檬片切得又薄又均匀。后来的结果是顾客在后厨里度过了等位置的时间，服务员用自己的智慧挽回了一位本来要流失的顾客。

（三）服务补救的类型

服务补救可以分为主动型服务补救、被动型服务补救和超前型服务补救，如表10-2所示。

表10-2　服务补救的类型

服务补救类型	基本内容
主动型服务补救	服务在出现失败和错误的情况下，不等整个服务流程结束，顾客也不必到规定的部门去提出正式的意见，问题就会得到有效的处理
被动型服务补救	被动型服务补救是等服务流程结束后，由专门处理顾客不满和抱怨的部门加以解决，而不是立即在服务流程尚未结束时加以处理和解决
超前型服务补救	超前型服务补救是指现场服务提供者在服务出现失败和错误时立即解决问题，服务提供者提前做好多种服务补救方案，由顾客自己来选择

（四）服务补救策略

企业对顾客实施服务补救主要包括两个方面，即心理方面（如道歉、善待顾客、解释等）和物质方面（物质补偿）。当服务失误发生后，顾客不管提出抱怨与否，实际都非常期待企业能有所响应，并能妥善处理。因此，对于企业来说，当认识到服务失误发生时，不管失误的原因是来自企业或是顾客，都应有承担责任的态度，并且尽量采取主动或超前型补救措施。具体的服务补救策略如下。

1. 第一次就把事情做好

与有形产品不同，许多服务是不可重新生产的，所有的服务补救所能做的就是尽量给顾客从精神和物质上的补偿。因此，服务质量的第一条规则就是避免工作失误，可靠性是所有行业关于服务质量的最重要的指标。大多数公司通常会采用类似“零缺陷”行动，但仅仅这些并不够，提高服务质量涉及了服务文化层次，内容营销及企业服务流程管理等多个方面。

2. 建立服务失误识别系统

企业需要建立一个跟踪识别服务失误的系统，使其成为挽救和保持顾客与企业关系的重要工具。有效的服务补救策略需要企业通过听取顾客意见来确定企业服务失误之所在。这不仅仅是被动地听取顾客的抱怨，还要主动地查找那些潜在的服务失误。

3. 开辟顾客沟通渠道

服务失误发生后，实际上大多数不满的顾客不直接向企业抱怨，而是向周围朋友、亲戚及同事传播关于企业的负面信息，不再购买本企业的产品，默默地更换服务供应商。许多顾客不愿意投诉的原因是因为他们不知道跟谁投诉，过程是什么，或者觉得投诉太麻烦，耗费时间、精力和金钱，可能还得不到解决。因此，企业不仅要及时妥善地处理顾客投诉，更重要的是鼓励顾客投诉，简化投诉程序，为顾客的投诉提供更方便、快捷的方式。

4. 对员工进行授权

抱怨的顾客希望得到公司快速的回应。服务补救越缓慢，顾客越有可能向其他人传播公司的负面消息，容易导致公司的服务补救失败。有研究表明企业受理的投诉中，65%是直接为顾客提供商品或服务的一线员工接到的，因此对员工授权可以保证对顾客投诉问题的及时解决或反馈，从而避免了顾客因不满投诉程序烦琐或没有及时反馈而产生的一系列不利影响。

5. 分析服务补救数据

服务补救不仅仅是企业对其失误进行补救，提高顾客满意度，对企业来说，也是一次学习的机会。通过处理顾客投诉和抱怨，企业可以发现经营过程中潜伏的危机及问题的根源，及时地解决问题，提高管理水平。通过对服务补救过程的跟踪分析，管理者可以从中识别出具有共性的问题，找到问题的根源，完善服务系统或改进服务流程，彻底消除对服务补救的需要，从而以后的工作中避免类似的失误。此外，从已经离开的顾客身上也可以了解到企业的不足之处。

项目小结

顾客的服务期望是指顾客希望企业提供的服务满足其需求的水平，达到了这一期望，顾客会感到满意，相反则会不满意。服务期望是评价服务绩效的标准和参考点，由顾客认为应该发生或将要发生的事件组成。按照顾客服务期望的水平高低来划分，可分为理想服务、合格服务和宽容服务。对理想服务期望影响较大的因素有个人需求、个人服务理念和他人的服务期望。

顾客的服务感知是指顾客在接受服务的过程中，顾客对服务企业提供的服务实际感知水平的高低。顾客感知是顾客对真实服务体验的主观感受和评价。若顾客对服务的期望水平高于感知水平，顾客则会认为企业的服务质量偏低，引起不满；反之，则会认为企业的服务质量较高，并感到满意。

服务接触一般可分为面对面接触、电话接触和远程接触。服务质量包括技术质量、功能质量和有形环境质量。服务质量维度包括可靠性、响应性、安全性、移情性、有形性五个方面的内容。

企业通过服务质量差距分析模型（SERVQUAL），可以分析服务质量问题产生的原因，并帮助服务企业的营销管理者去改进服务质量。

服务承诺是指企业以顾客满意为目标，在服务销售之前对顾客承诺若干项目从而引起顾客的好感和兴趣，招徕顾客积极购买服务产品，并在服务活动中忠实履行承诺的制度和营销行为。它包括服务特性承诺、完全满意承诺和联合承诺三类。企业通过服务承诺的实施，有利于顾客导向型组织的形成；有利于服务过程中风险的降低；有利于提供服务补救的机会。

任何企业在提供服务的过程中都可能出现失误，服务失误的类型可以分为以下四类：① 服务提供系统的失误；② 对顾客服务要求响应的失误；③ 员工的不当行为引起的失误；④ 顾客的不当行为引起的失误。

服务补救是指企业针对服务失败和出现错误的情况下，对顾客的不满和抱怨当即做出的主动性补救行为。企业通过以下策略进服务补救：第一次就把事情做好；建立服务失误识别系统；开辟顾客沟通渠道；对员工进行授权和分析服务补救数据。

复习思考题

1. 顾客服务期望的类型有哪几类？
2. 影响顾客服务期望的因素有哪些？
3. 服务质量的维度包含哪几个方面？
4. 服务质量差距模型包括哪几个差距以及产生的原因？
5. 服务承诺的类型和作用是什么？
6. 服务失误的类型及补救策略有哪些？

实践活动

1. 实训内容

组织学生以不同服务行业中的某一家企业为例，收集该企业服务失误及补救的资料。

2. 实训目的

了解不同服务行业中企业经常出现的服务失误，并根据实际情况制定切实可行的服务补救策略，锻炼学生处理服务失误的能力。

3. 实训要求

（1）学生以5~6人为一组，以小组为单位，通过角色扮演的方式，将该服务企业所出现的各种失误表演出来。

（2）小组座谈讨论后，组长向全班同学展示该企业开展的服务补救策略。

案例分析

阿米达·鲍耶尔是一家大型保险公司的会计师，她的丈夫查德是个全日制的研究生，他们决定到沃尔蒙特金灵顿的滑雪场去度周末。阿米达意识到金灵顿是个很受欢迎的度假胜地，因此早早地在这一地区预订了酒店。无论是阿米达还是她的丈夫都没有时间也没有打算对金灵顿的小型客栈做实践体验，于是他们选择了一家质量上乘的克里蒂山庄，这是一家全国著名的连锁店，刚刚在这一地区开设了一个汽车旅馆。他们俩以前都曾经在这家连锁店其他地区的分店住过，对其服务质量非常满意。这一次他们为能够在这一地区成功地预订到这个酒店而高兴，心想他们的服务一定会令人满意。星期五的下午，他们驾车离开辛辛那提市，期待着一个轻松愉快的周末。

他们开车行驶了12个小时，最后一段路程还是在大雪中穿过的，到达克里蒂山庄时已经接近午夜，这对夫妇已是精疲力竭，非常渴望能美美地睡上一觉！克里蒂山庄占地面积很大，由许多两层楼的建筑组成，每座楼内有数个房间。前台登记处设在一个独立的建筑内，没同任何客房相连。这对夫妇一到，就去前台办理入住登记。等待的时候他们同服务员闲聊着，询问周末的情况。从闲聊中得知，由于有寒流，气温有可能要下降，大约会降到零下30~60摄氏度，但服务员让他们放心，说这个新酒店的隔温效果非常好，而且暖气非常足。阿米达和查德于是开车向他们入住房间所在的那个建筑驶去，盼望着赶紧走进温暖舒适的房间。但是没想到的是，等待他们的却是冷冰冰的客厅和比客厅更冷的卧室。室内的暖气根本没有启动，温度计上显示的温度是华氏40度。他们打开暖气和空调，调到最高档，但是听着它们叮叮当当地响了五分钟之后，发现只有一点点暖意，于是他们给前台打电话说明了这一情况。接电话的还是刚才那位服务员，她立即对给他们造成的不便表示道歉，说可以给他们调换到另外一个房间。阿米达怀疑酒店的房间已经全满了，但服务员肯定地说等他们开车来到前台，就可以有空房间腾出来了。他们只好再次驱车来到前台，可是到了那里，服务员却再次道歉："噢，我搞错了，本周末我们的房间都满了，所以你们只好还住在原来的房间。"接着，她又继续灿烂地微笑着，"不过，我们这里有一个大马力的暖气可以供你们使用，打开以后房间马上就会温暖起来。"前台服务员指着一个笨重的足有40磅重的电暖气说。这时已经是子夜一点差一刻了，阿米达明白如果当晚他们想睡上一会儿，或者想取一会儿暖的话，他们是别无选择的，只能毫不耽搁地自己把暖气搬回去，再说多了也没用。于是他们一起把暖气塞进已经满满当当的车后座，然后搬回房间。

尽管他们没有当着前台服务员的面表示出明显的不满，但是他们对自己受到的这种对待感到气愤和震惊。他们觉得自己是被骗到前台去取暖气的，那位服务员完全应该自己想办法把问题解决好，至少她可以让负责这方面事情的后勤工作人员把暖气送来。他们得出的结论是克里蒂山庄根本就不为顾客着想，因为那位服务员更担心的是别惊扰后勤负责这方面事情的工作人员，而不是立即解决顾客的问题。尽管现在电暖气已经插上了，但是房间里唯一有点热量的就是阿米达和查德夫妇。刚来到酒店就碰到这么个糟糕的开始，他们未了的怒火影响了他们接下来在酒店要度过的整个周末，以后他们遇到的每一点点不周之处，都让他们感觉非常不愉快，而且很快做出结论——这个连锁店原来就是这个样子的！

案例思考：

1．在该案例中，影响顾客期望的因素有哪些？

2．运用服务质量维度来分析克里蒂山庄的服务质量。

3．从服务质量差距模型的角度来分析顾客在克里蒂山庄碰到上述糟糕情况的原因。

项目十一 服务供需管理

学习目标

1. 了解服务能力及其限制因素。
2. 理解服务需求的波动性。
3. 掌握服务能力管理与需求管理的策略。
4. 掌握排队等候管理的策略。
5. 了解排队结构与排队规则。

能力目标

1. 能熟练应用服务供需管理的理论知识，为企业制定合理的服务供需解决方案。
2. 能熟练应用排队等候管理的理论知识，结合企业实际情况，制定合理的排队等候方式及管理策略。

知识结构

服务供需管理

- 服务能力管理
  - ○服务需求与服务能力的关系
  - ○服务能力
  - ○服务能力的限制因素
  - ○服务能力管理策略
- 服务需求管理
  - ○服务需求的波动性
  - ○了解服务需求模式
  - ○需求管理策略
- 排队等候管理
  - ○排队管理策略
  - ○排队结构
  - ○排队规则

导入案例

铁路春运供需问题

随着我国经济的发展，人口流动性不断增大，形成了我国旅客运输中的特有的周期性现象——春运。春运，主要是指春节期间的旅客运输，其根源在于我国人民“春节回家团圆”这种根深蒂固的思想。铁路作为一种价格低廉，安全性高，服务环境相对较舒适的运输方式，一直是春运期间广大旅客的首选。铁路所担负的艰巨任务可想而知，尤其是春节前后这20多天，每一天都是对我国铁路运输能力的严峻考验。而每年的“抢票”则成为国人过年回家的必经考验。

2018年1月3日春运售票正式启动，售票被视为春运“第一仗”，是其中最为重要的“战役”之一。从早上8点开始，12306开始发售春运首日票。为了保证系统稳定运行，今年12306使用了两个公有云，实现“双云互备保障”，日均售票能力从1000万张提升到1500万张。2011年，中国铁路实现网络售票。2012年春运，12306即备受各界“拷问”：系统处理能力不足、用户反映访问慢、报错多，体验不佳。为改变这一状况，12306不断“变身”。几年间，12306先后采用多种举措，包括采用排队机制、实现有序处理海量购票请求、优化余票查询算法、推出手机APP、实现网上购票实名认证等，不断提高购票体验。如今，12306已能够承受每日最高400亿次的点击，最高峰时日售票接近千万张。售票压力的缓解不仅因为系统扩容，背后更有我国高铁网快速延伸的影响。

春运客流的组成主要包括四个方面，即民工流、学生流、探亲流和旅游流。其中，民工流占旅客发送量的60%以上。随着我国城市化进程的加快，农村产生的大量的剩余劳动力转移到城市的经济建设中，然而城市并没有为他们提供安身立命之所和应有的归属感，使得这些数以亿计的农民工们明知春运难，却毅然返乡。其次是学生流，一方面，这与我国各大中专院校近年来纷纷扩招有关；另一方面，铁路票价对于大中专院校学生实行半价优惠政策，因而铁路自然而然成为绝大多数学生回家首选的交通方式。剩余的便是探亲流和旅游流，这一群体相对于农民工和学生来说有更为稳定的工作和相对较高的收入，他们出行时可以选择的运输方式也就更为广泛，如公路，航空，因而没有给铁路带来太大的压力。

每年的铁路春运都是广大人民群众关注的热点，这不仅仅是因为春运客流牵涉的人数、家庭多，更是与铁路自身在春运过程所暴露出来的诸多问题密切相关。主要由于春节期间火车票票源不足、铁路运输服务质量下降和票务信息不够公开、透明所导致。

案例启示

铁路春运供需矛盾的解决对策

1. 出行产生阶段

在出行产生阶段尽量减少出行的产生。尽管我国农民工大多数时间是在异乡漂泊打工，但他们很难在城市找到属于自己的家，所以才会义无反顾地去挤春运的火车，如果政府能加快改革现行的户籍制度、住房制度和社会保障制度，让农民工在打工地建立自己能够长期或永久居住的家并真正融入当地社会，成为城市的主人，就可以使他们不必像候鸟一样在家乡和城市之间来回奔走。在农民工发源地政府也要加强农村建设，增加农民收入，将农民工留在农村。对春节期间某些特殊岗位行业仍然坚持上班上岗的，政府企业也要加大津补贴的力度，从政策上鼓励他们不回家。

此外，在社会上也要倡导移风易俗，转变传统观念，逐渐改变人们“春节回家团聚”的想法。这样一来从客流根源上为铁路减轻压力。

2. 出行分布阶段

在出行分布阶段，将出行由交通拥挤的终点向非拥挤的终点转移。铁路运输部门应从春运大局出发，统筹安排，活用车辆。一方面，充分挖掘已有车辆的运用潜力，使其发挥最大效用，如当某站客流以到达为主时，可主动组织列车到外站接流，提高临客车的开行数量，缓解人流拥挤站的客流压力，又如针对春运期间大部分长途跨局列车为单向客流的特点，可采取措施，充分利用其“回空”方向组织短途客流。另一方面，统筹安排租借的外局车辆，打破局、公司、地区的使用和维护权限，根据客流密度及时进行调整配置，这就要求铁路部门制定合理的收入分配政策和绩效考核机制，确保各地区各铁路局利益一致，从根本上避免矛盾冲突，促使它们主动进行协作，进而实现双赢甚至多赢。

3. 出行方式选择阶段

在出行方式选择阶段将出行方式由拥挤的方式向非拥挤的方式转移，从而在一定程度上减少出行中的时空消耗。旅客运输主要有四种运输方式即铁路、公路、水运、航空，但一直以来这四种运输方式的建设和规划均各自为战，部门之间互不协调，相互割据，造成信息交换不畅，综合运输网络效益差，在春运过程中更是对各自的特点认识不到位，因而无法充分发挥它们自身的优势，为春运排忧解难。为此，国家应针对春运这一特殊时期成立一个综合交通运输协调委员会，从宏观上协调交通运输部、铁道部、民航局、公安部等部门，共同完成春运组织工作。如利用价格手段帮助铁路分流，通过铁道部与交通运输部协商定价，适当提高铁路短途票价，将短途客流分流给公路，或者协商民航推出机票优惠政策，吸引长途客流。

4. 空间路线选择阶段

在空间线路选择阶段将出行由交通拥挤的路线向非拥挤的路线转移。近几年，铁道部为解决铁路运力不足的问题，出台了《中长期铁路网规划》，大规模的路网建设正在进行。目前已建成北京－上海、武汉－广州、西安－郑州、石家庄－太原、宁波－厦门等客运专线，现在正在建设北京－武汉、天津－秦皇岛、厦门－深圳等客运专线，建立省会城市及大中城市间的快速客运通道，规划“四纵四横”铁路快速客运通道以及三个城际快速客运系统。建设客运专线1.2万公里以上，客流速度目标值达到每小时200公里及以上。到2018年年底，全国铁路营业里程达到13.1万公里以上，其中高铁达2.9万公里以上。随着路网规模的扩大，铁路运输能力将大幅提高。

5. 时间选择阶段

在时间选择阶段将出行由交通拥挤的时段向非拥挤的时段转移。对学生流，密度大的城市和地区可以将学校放寒假的时间适当错开，部分学校提前一周，其他学校再放，开学时间亦可如此安排，这样既不影响学生回家过年又可分散客流。对探亲、旅游流，国家可以出台政策延长五一、十一假期，使探亲旅游的乘客可以选择在这个时候出行，而不必春运期间去“凑热闹”。对农民工流，要利用新闻媒体、社会舆论的宣传作用，使广大群众认识到铁路为做好春运所做的工作和面临的困难，同时让新闻单位提早报道民工流启动的消息，使那些在城市无固定长期工作或者提前结束劳动合同的农民工避开春运高峰，提前回家。

春运难题在短期内还无法解决，这一点需要人们予以充分的理解。铁路部门也需要未雨绸缪，提前做好客流调查，以便合理安排运能，提高组织的计划性和科学性，同时在社会中广泛征集群众的意见建议，努力提高服务水平，让旅客度过一个温馨的春节之旅。

资料来源：李晓梦，刘文宇.对铁路春运供需矛盾问题的研究[J].中国科技信息，2010（10）：294、295. 有删改。

对于服务企业来说，在服务过程中往往会面临的一个基本问题便是缺乏服务库存能力。服务企业不像制造企业产品能被储存和运输，且可以在需求处于淡季时，通过建立库存以备需求增加时使用。这种缺乏库存的能力是由于服务的易逝性、同步性和需求的波动性所致。缺乏库存的能力与市场需求波动共同导致了服务企业在提供服务过程中的基本矛盾，即服务供需之间的矛盾产生，这一矛盾几乎困扰着所有的服务企业。

任务一 服务能力管理

一、服务需求与服务能力的关系

在多数情况下，服务的供给能力是固定不变的或者短期内很难改变，而顾客获取服务的需求却经常波动，且往往难以准确预测。当顾客的需求不足时，服务企业的供应能力得不到充分的应用，资源闲置，出现浪费；而当顾客的需求超过企业提供服务的能力时，服务业中特有的排队等候现象就出现了。因此，服务企业应该关注服务能力与服务需求的均衡匹配问题，从而提高服务质量和服务效率。

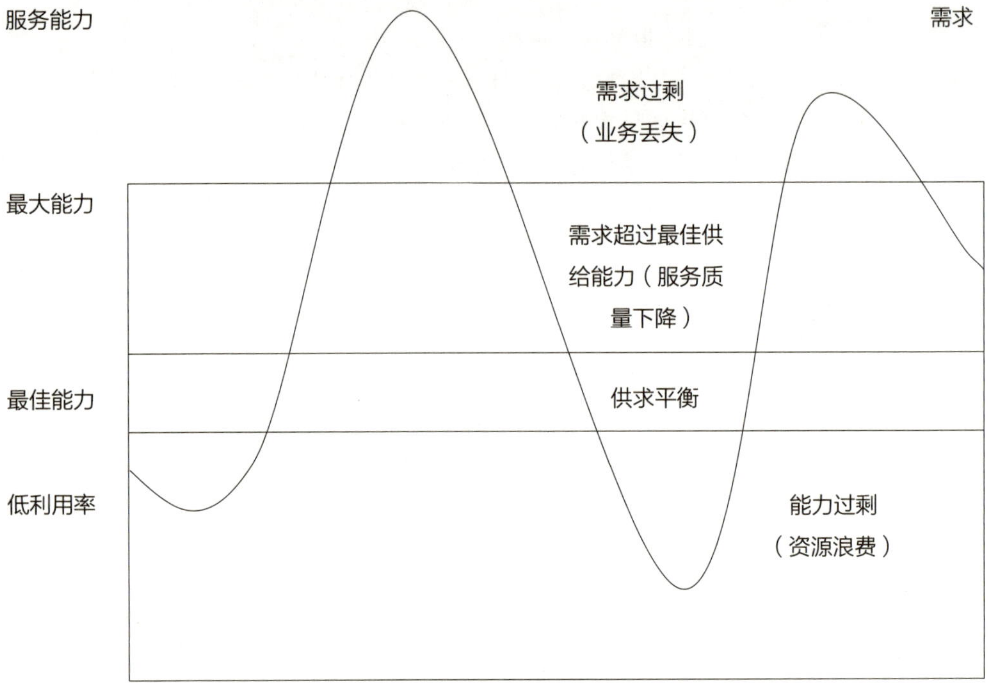

图11-1 服务需求与服务能力的关系图

服务具有无形性、生产与消费同步性的特征，这使得服务供给与需求管理因缺乏库存能力而成为服务供应商面临的一个基本问题。服务库存能力的缺乏与需求的波动导致多种服务结果的变化。如图11-1所示，图中水平线表示服务能力，曲线表示顾客对服务的需求。许多企业的服务能力是固定的，服务能力在一定时间内用水平线表示，而服务需求却是经常变化的，如图中曲线所示，最上方的水平线代表最大能力，第二条水平线与第三条水平线之间的区域代表最佳能力，第三条以下代表对服务的利用率较低。服务需求与服务能力的关系可能出现以下四种情况。

1. 需求过剩

当需求远远超过最大生产能力时，会出现需求过剩的现象。在服务行业中，当这种情况出现时，一些顾客因得不到服务而离开，从而导致服务企业的业务丢失。同时，服务质量也会因为顾客过多和服务设施的超负荷运行而无法达到事先承诺的水平，引起顾客的不满。这种现象在服务的高峰期表现尤为突出。例如餐厅的就餐高峰期、旅游旺季的酒店服务等。

2. 需求超过最佳供给能力

当需求超过服务最佳供给能力但还在最大供给能力范围之内时，虽然不会出现顾客离开的现象，但由于设备被过度使用，顾客拥挤或者员工过于忙碌，会导致服务质量下降，引起顾客不满。

3. 供求平衡

服务的供需平衡是一种最理想的状态。服务设施和服务人员均处于理想水平，没有超负荷运转，此时顾客不需要等待，并且能得到高质量的服务。

4. 能力过剩

当需求低于最佳能力时就会出现能力过剩的现象。此时服务人员、设施和设备等生产资源未得到充分利用，导致生产力和利润都降低。对顾客而言，他们不需等待就可以得到服务，也可以自由地使用设备。但如果服务质量与其他顾客有关，顾客可能会不满意。例如，顾客到一个冷冷清清的游乐场后可能会觉得玩得没意思。

许多服务企业都面临着供给与需求管理的挑战，但并不是所有的服务企业都是如此，这主要取决于需求波动程度的大小以及供给是否受限。

二、服务能力

服务能力也称作服务生产能力，是指一个企业能够拥有的用来创造产品和服务的资源或资产。服务能力包括三个方面的内容：服务设施（如银行、酒店、飞机场等）、劳动力（医生、发型师、教师等）以及工具和设备（如手术刀、计算机、电影放映设备等）。

服务企业的总体服务能力依据其所具备的相应有形设施、服务人员和工具设备而定。确定合理的生产能力包含以下两个层面：

（1）较长期的、重大的生产能力扩大。当需求持续超过企业的服务能力时，企业需要考虑能力扩大的问题。长期的能力扩大是由企业最高层管理者决定的。它涉及多个方面费用的开支，对公司的战略和竞争力有直接影响。

（2）采取一些短期措施来提高服务企业的生产能力。在服务需求周期的高峰期，企业经常采取加班、倒班、临时修改作业计划等措施，这些措施只适用于短期内使用，这些短期措施可以在几周内制定好，其中只牵涉到有限的资金问题，通常由运作部门层次的人员来决策。

三、服务能力的限制因素

服务企业可以在短期或者长期内扩展或收缩服务能力，但在某一给定的时刻，其服务能力是固定的。服务生产能力的限制因素主要有人力资源、服务设施、设备和工具、时间和顾客。如表11-1所示。

表11-1　服务能力的限制因素

限制因素	服务案例
人力资源	咨询公司、医疗诊所、律师事务所、会计师事务所
服务设施	酒店、餐厅、剧院、医院、学校
设备和工具	快递服务、通信服务、网络服务、公共事业服务
时间	咨询服务、会计服务、法律服务、医疗服务
顾客	自助餐厅服务、ATM服务、自动收货服务

四、服务能力管理策略

服务企业要实现供给与需求均衡的目标，可以通过调整服务能力来满足顾客需求的波动。服务企业可以从时间、劳动力、设施和设备等方面来调节服务生产能力的总体水平，以适应顾客需求的变化。服务能力管理的具体策略如下。

1. 需求处于低迷时安排修正时间

在服务需求的低谷期，服务企业可以充分利用这段时间，进行机器设备的保养和维修、更新等工作，以保证这些资源在需求高峰期处于最佳状态。在此期间，可以安排员工进行培训或休假。

2. 扩展现有服务能力

在需求高峰期，服务企业使劳动力、设施和设备工作时间更长、强度更大来适应增加的需求，这样可以在不增加资源的情况下来提高服务能力。服务企业在高峰期往往要求员工延长其工作时间、增加工作强度。

3. 交叉培训员工

有些服务系统由多种不同的服务环节构成，当其中某一个环节繁忙时，另一个环节可能处于闲置状态。交叉培训员工让其能从事多种工作，当某个服务缓解的顾客需求过多时，可以将他们转移到该服务点，从而提高整个服务系统的能力。

4. 雇用临时工

在服务需求的高峰期，很多企业会使用临时工。如果要求的技能和培训是很少的，那么就很容易找到合适的临时工，例如有很多企业雇用勤工俭学的学生来做兼职，这样能帮助企业应付节假日的需求高峰期。

5. 鼓励顾客自助服务

在旺季，可以鼓励顾客自行完成某些工作。在服务过程中，顾客作为生产合作者会增加服务能力。例如，餐厅可以请顾客自己取餐具、倒水和取菜，以及在用餐后将餐具放到指定的地点放好，这样减轻了餐厅服务人员的劳动负担。服务企业能从中收益，可以减少服务人员，从而降低成本。在顾客参与的情况下，服务企业的服务能力不再是固定不变的，而是会随着需求的变化而变化。

6. 租用或共用设施、设备

租用或共用设施、设备可以扩展服务能力。例如，在节假日，一些酒店之间互相借用房间或设备。在高峰期，服务传递系统的设施和设备往往显得不足，难以满足顾客需求。如果要购买这些设施和设备，服务企业通常需要投入大量资金。为了减少在这些资产上的投资，服务企业可以在高峰期向其他企业租用设施和设备，或者与相关企业签订协议，彼此共享服务场地和机器，这样既能应对旺季增加的需求，又不需要大量投资采购相关的设施和设备。

任务二 服务需求管理

服务需求与生产能力之间的不均衡问题普遍存在，这是由于服务的不可储存性和需求的波动性特征造成的。如何调节服务需求，以适应服务生产能力，是服务企业获取竞争优势的关键所在。

一、服务需求的波动性

在服务业中，服务消费需求的波动性较大，服务需求的波动性主要有以下几个因素造成。

1. 服务的易逝性

大多数服务具有易逝性，同时服务的生产与消费又是同步进行的，这使得服务提供商无法用存储的方法来平衡供给。

2. 服务企业的最大供应量无弹性

酒店、餐厅、剧院、医院等有生产能力限制的服务企业，在生产能力饱和的状态下，即使加班加点地工作，也未必能为顾客增加服务供给能力。

3. 服务需求难以预测

服务需求的变化大，且大都在短期内发生，随机性较强。例如，突然生病看医生、外出就餐等服务活动经常是临时性发生的。

4. 服务时间具有不确定性

服务时间的不确定性是由服务提供的多样性、服务的个性化以及顾客需求的多样性造成的，因此，预测为一定数目的顾客提供服务所需的时间较难实现。

5. 大多数服务的提供受地域的限制

服务大多数都不可运输，因此只能在一定的时间、空间提供服务。多地点服务提供商往往会遇到某一地点的服务供不应求，而另一地点则无人问津的情况。此时无法像实体产品那样，将服务由一地运往另一地来满足不平衡的需求。

二、了解服务需求模式

有效管理服务需求波动的前提是了解服务的需求模式，这就需要描绘需求模式，明确属于何种变化及其变化原因，以及分辨出各细分市场的需求模式。

1. 描绘需求模式

服务企业需要描绘相关事件段的需求水平。那些拥有良好计算机系统的组织可以较好地完成这项工作，其他组织则只能粗略地描述需求模式。跟踪并描绘不同时段内的需求水平曲线，如年度、季度、每月、每周、每天甚至每小时。有些服务企业的需求模式非常明显，而有些则不明显，只有描绘出来后，模式才能显露出来。

2. 可预测的循环变化

观察需求水平曲线是否存在有规律的需求周期变化。当存在可预测的循环变化时，要弄清变化的原因是什么。例如，酒店的需求变化与季节性、假期和气候变化有关。不同的服务行业需求波动的原因可能不尽相同，同一行业在不同时间周期内的需求变化也有其特定的原因。

3. 随机需求的变化

有时需求的变化表现是随机的，不可预测其循环规律。在这种情况下，服务营销者应尽可能地找到原因。服务企业可以通过组织控制、人力资源的开发和采用先进的信息控制技术使顾客变动的需求与受限制的能力相匹配，如快递行业正是利用这一点获得了快速的发展。

4. 各细分市场的需求模式

如果企业有相关的顾客交易详细记录，就可以识别出不同细分市场的需求，揭示出细分市场的需求模式。有些细分市场的需求是可以预测的，有些细分市场的需求可能是随机的。例如，银行的企业账户的服务需求是可以预测的，个人账户的服务需求却是随机的。

案例启迪

如何解决黄金周景区拥堵问题?

近年来，随着我国旅游市场的散客化、网络化趋势发展迅速，越来越多的旅游者会选择通过网络提前预订优惠的景区门票。携程旅游的统计显示，黄金周携程票券频道门票预订量同比去年增长超过500%。此外，还有大量旅游者在预订机票、酒店、自由行、自驾游等产品时一并预订折扣门票。据统计，黄金周游客网上订票，相比现场买票平均折扣约为8折。

在线旅游网站在推动门票电子商务方面发挥了主力军作用，培养了更多游客上网预订。何勇表示，携程旅游“票券”频道与境内外热门目的地和景区合作，可提供票种数千种。从实际效果看，大部分游客都提前网上预付购票，平均在出发前三天预订，基本上没有当天预订。

中国旅游研究院院长戴斌也认为，加强发挥信息技术在旅游管理领域的作用，能够有效解决旅游信息不对称的问题，让游客更加便捷地了解景区的游客接待状况。从发达国家的经验来看，利用信息技术，可以开展参观预约服务，让消费者及时得到景区的全面信息，减少消费者旅游的盲目性。

三大建议解决旺季景区拥堵问题。

第一，景区要建立预警机制。几乎所有景区都有最佳接待能力的客流量，但往往在旺季，接待量远超甚至数倍于流量极限。已有部分知名景区意识到了这个问题，大客流未必能带来大收益，过于庞大的客流反而会影响到真正有消费能力客人的出行意愿以及景区的口碑。

第二，快速入园技术的成熟。今后的趋势应该是，客人通过网络、手机预订，在景区可刷手机、身份证直接通关入园。

第三，建立类似酒店的预付价格机制。虽然游客通过网络已经可以享受更为便捷的门票预付服务，但目前占市场份额最大的网络售票方式是现付：网上预订，然后去窗口付钱取票。而现付对于缓解客流的作用有限，甚至因为多了查找订单这个步骤，还会影响到换票速度。所以，合理的方法是通过价格区隔引导客人的选择，预付更便宜，现付略贵，现场买票更高。

三、需求管理策略

面对服务需求的波动，服务企业可以改变需求来适应现有的服务能力，即管理需求水平。需求管理包括降低顾客的服务需求与增加顾客的服务需求，在需求过高与需求过低时改变需求以适应能力的具体方法。

服务企业可以采用营销组合要素来调节需求，通过对价格、产品、配送和沟通等一个或多个要素的使用，在产能不足时降低需求，在产能过剩时刺激需求，从而实现服务的供需平衡。常见的需求管理策略有以下几点。

1. 改变服务产品

服务企业可以通过改变服务产品或创新服务来吸引新的顾客，从而促进对非高峰期服务能力的创造性使用。例如，酒店可以在旅游淡季将其大部分空余的客房用于招待商务人员或用作会议场所。

2. 与顾客沟通

服务企业通过与顾客沟通也能调整需求。通过信息沟通预先提醒顾客企业的繁忙时间段，促使顾客选择其他时段获得服务，以均衡不同时段的服务需求。标识、广告、宣传和销售信息都可以用来告知顾客高峰期的情况，鼓励他们将需求转移到其他时段。

3. 调整服务地点和时间

服务企业也可以通过改变提供服务的地点和时间来应对市场需求，主要有以下三种策略。

（1）改变服务地点。在靠近顾客的新地点提供服务，将服务带给顾客。例如，移动快餐车、外卖送餐、上门维修等都属于这种情况。

（2）调整服务时间。服务企业可以根据服务需求状况，改变提供服务的时间来应对顾客对不同季节、不同时间的偏好。例如，夏季咖啡厅可以将营业时间延长，因为夏季人们更愿意享受户外的夜晚。

（3）同时调整地点和时间。服务企业可以利用新技术同时改变提供服务的时间和地点。例如，无论顾客身在何处，银行都可以利用互联网为顾客提供24小时服务。

4. 使用价格来改变需求

服务企业可以直接使用价格来调整服务需求，以降低服务供需不平衡的程度。服务企业可以在需求高峰期提高服务的价格或减少服务优惠，在需求低谷期降价或打折。例如，酒店在国庆节期间提高房价，航空公司在旅游淡季提供航班低价票等。

为了达到预期的效果，采用价格策略调整需求时，要对产品需求曲线和顾客对价格的敏感度有所了解。过分依赖价格策略来调整需求会带来风险，一是引发价格战，使整个行业利润下降；二是会让顾客习惯于低价，使顾客在其他时间只愿意支付同样的低价；三是可能会对企业形象和目标市场造成潜在风险。

任务三 排队等候管理

一、排队管理策略

在服务需求大于服务能力或平衡两者的成本过高的情况下，企业需要对排队等候进行管理。当到达其设施的顾客数量超过该设施的系统处理能力时，就会出现等候队伍，从根本上看，排队是产能管理问题未能得到解决的表现。

对于服务企业来说，顾客等待可以让有限的服务能力得到更充分的利用，因此，可以将顾客等待视作对生产力的贡献。顾客排队接受服务的情况类似于制造企业的在制品存货，在服务企业中就是将顾客作为存货来提高服务过程的整体效率。顾客等待经常不可避免，因此，服务企业要采取有效的措施解决顾客排队等待的问题，具体策略如下。

1. 建立预订系统

当顾客等候不可避免时，可以利用预订系统来管理服务需求。预订服务的优点有以下几点：

（1）可以避免顾客因过度等待而引发不满。预订系统可以通过减少等候时间和保证顾客在到来时获得及时的服务而使顾客收益。

（2）预约使得需求控制与调节更容易实施。预订系统可以将服务需求从高峰期转移到其他适宜的服务时段，也可以从顾客选择的地点转移到其他地点。

（3）有助于管理收入。预订系统可以将需求转移到低峰时期而获得潜在利润，还可以为不同的顾客群体预售服务以增加收入。

（4）预订系统的数据能为服务企业今后的服务运营和财务保障提供参考。

但是，如果顾客未能履行服务预订，就会出现问题。面对顾客爽约的情况，有些服务企业会采用超额预订的方法解决。例如，酒店就经常遇到一些爽约的顾客，酒店就会接受超过其客房数量的预定客户，以减少酒店客房空置率等。但若是企业接受了太多的预订，就可能出现已经预订的顾客无法得到服务的风险。这是企业可能需要向那些已经预订却未得到服务的顾客进行补偿。

因此，一个好的超额预订策略应既能最大限度地降低由服务设施空闲产生的机会成本，又能最大限度地降低由于未能提供预订服务而带来的成本。总之，在顾客未能履行服务预订或者企业过量预订的情况下，可以采用的营销策略包括预交保证金，超过规定时间未付款即取消预订、对因过量预订给顾客造成的损失进行补偿等。

案例启迪

高铁外卖提前订，提升了服务满足了心意

从2018年1月18日起，铁路部门对互联网订餐服务进行升级，订餐预订时限由开车前2小时压缩至开车前1小时，同时推出动车组列车地方特产预订服务。

20世纪80年代，绿皮车里列车售货员推着小车，一声声“花生、啤酒、泡面、八宝粥有卖了啊”充满了车厢；时光飞逝，新时代已经展开，“复兴号”高铁已经正式“上线”，铁路部门的服务质量也“更新升级”，叫卖变成了“咖啡红茶有需要的旅客吗?”。如今，高铁人性化的服务进一步提升，铁路部门对互联网订餐服务进行升级，订餐预订时限由开车前2小时压缩至开车前1小时，同时推出动车组列车地方特产预订服务。不仅提高了旅客选择的空间，提高铁路运行的综合实力，在全球化经济的今天，进一步提高铁路部门的综合竞争力。

人民对美好生活的向往总是在不断进步，在改变的。这几年，铁路部门服务质量的提升在其中发挥了积极的作用。不管是高铁外卖+APP点餐模式，让乘客的用餐需求得到一键满足，还是高铁车站的刷脸技术，让旅客提前进入“看脸”时代，提高了验票效率；到最能够体现广大民众需求的高铁线路4G网络全覆盖，使得回家的旅途变得更加精彩的等措施，都反映了铁路部门不断提升服务质量的态度。

2. 区分排队等候的顾客

服务企业可以根据顾客需求或顾客优先级，将顾客区分成不同群体，允许一部分顾客等候的时间比其他顾客短。服务企业可以按照以下标准来区分顾客群体。

（1）顾客的重要程度。对那些经常光顾企业的老顾客或对企业经营有重要贡献的顾客，服务企业可以为他们提供特殊的排队区域给予优先处理。

（2）服务需求的紧迫性。对急需获得服务的特殊顾客，可以优先安排。

（3）服务时间的长短。对于那些所属服务时间较短的顾客，服务企业可以开辟专门的区域为他们服务，减少这些顾客的等待时间。

（4）支付价格的高低。那些支付高价的顾客可以享受优先服务，如航班上的头等舱旅客比

经济舱旅客获得优先权，有专门的检票窗口为他们服务。

服务企业的排队系统可以根据市场细分进行研究调整，但需注意的是，在为优先级别高的顾客提供优先服务时，要将服务柜台设在远离普通服务队列的地方，以隐藏这种优先对待，否则可能引起正常排队顾客的不满。

3. 使排队等候变得有趣或至少可以忍受

当某项服务的提供要求顾客必须等待时，服务企业最好使等候时间成为顾客的一段愉快经历，至少是可以容忍的。顾客在等待期间的满意度主要取决于顾客对等待的心理感受，它比顾客等待的实际时间长度更重要，因此，服务营销者要了解顾客在等待过程中的心理特点，并采取有效措施加以应对。

（1）空闲时间比忙碌时间感觉要长。当人们无所事事的时候，就会感觉时间过得很慢。顾客在空闲时间内很容易产生厌倦心理，因此，服务企业的任务就是在等待期间给顾客一些事做来分散他们的注意力，以使等待显得不那么漫长。填充空闲时间的方法很多，例如读物，电视，广告，玩具，饮料和水果等。例如，海底捞为顾客提供美甲服务和杂志阅览，这些活动可以分散顾客的注意力，有助于改善等候顾客的服务感知。

（2）服务前的等待比服务过程中的等待感觉时间更长。等待买票进入景区与在景区内等待坐车，两者的感觉是有所不同的。如果等候时间被与服务相关的活动所占用，顾客可能会感觉服务已经开始，这会使顾客感到等待的时间更短。因此，服务企业可以通过尽快与顾客沟通并尽早让顾客进入“服务过程”来缩短其感觉到的等待时间。

（3）焦虑使等候时间感觉更长。顾客如果感觉被遗忘，不确定的或未解释的等待时间都会让顾客感到焦虑。不知道对方是否接到订单、不知道所排队列是否正确、不知道自己是否还能获得服务等，这些担心都会使顾客感到等候时间更长。服务企业可以通过员工、显示屏和指示牌等各种形式来提供关于等候时间长度的信息，或者使用单队列排队，以减轻顾客的焦虑情绪。

（4）不确定的等待时间比确定的等待时间感觉更长。当顾客不清楚还要等候多长时间时，会紧张不安甚至愤怒。因此，服务企业应该及时与顾客沟通，向他们提供关于预期等待时间的长度或在队列中的相应位置等信息。

（5）没有解释的等待比有解释的等待时间更长。当顾客能理解等候原因时，将有更大的耐心等候，尤其是等候理由合理充分时。相反，若是不知道等候原因的顾客会感到无助、沮丧甚至被激怒。因此，在更需要顾客等候时，服务企业要及时向顾客说明等候的原因。

（6）不公平的等待时间比公平的等待时间更长。不公平的等候（如优先接待其他人）将会使顾客感觉等待的时间更长，这通常发生在没有明确规定的等待场所以及有大量顾客都在等待服务的情况下。合理的排队结构与排队规则是处理不公平服务的最好办法，区分不同顾客群体并“隐藏”优先对待也是可行的解决办法。

（7）服务越有价值，顾客愿意等待的时间更长。获得的服务越有价值，顾客愿意等待的时间会越长。因此，服务企业要了解所提供的服务对于顾客而言价值有多少，并不断提高服务价值。

（8）单独等候的时间比集体等候的时间感觉更长。一群人等候时，可以通过交谈来消磨时间。例如，一起排队进入景区的游客之间虽然是陌生人，但是因为共同的兴趣爱好而开始交谈，这种等候体验可以使等候变得有趣，并成为顾客服务体验的一部分。

4. 采用运营原理

如果顾客等待的情况很普遍，那么服务企业首先应当分析运营过程以消除所有无效率的工作。服务企业可以重新设计服务系统或服务流程，以缩短服务交易的时间，使顾客能尽快获得所需的服务。

二、排队结构

排队结构是指排队的数量、位置、空间要求及其对顾客行为的影响。研究表明，合适的排队形式对顾客满意度十分重要。在服务业中，例如银行、邮局或机场的检票口等设置多个服务柜台的地方，常见的可供企业选择的三种排队结构如图11-2所示。

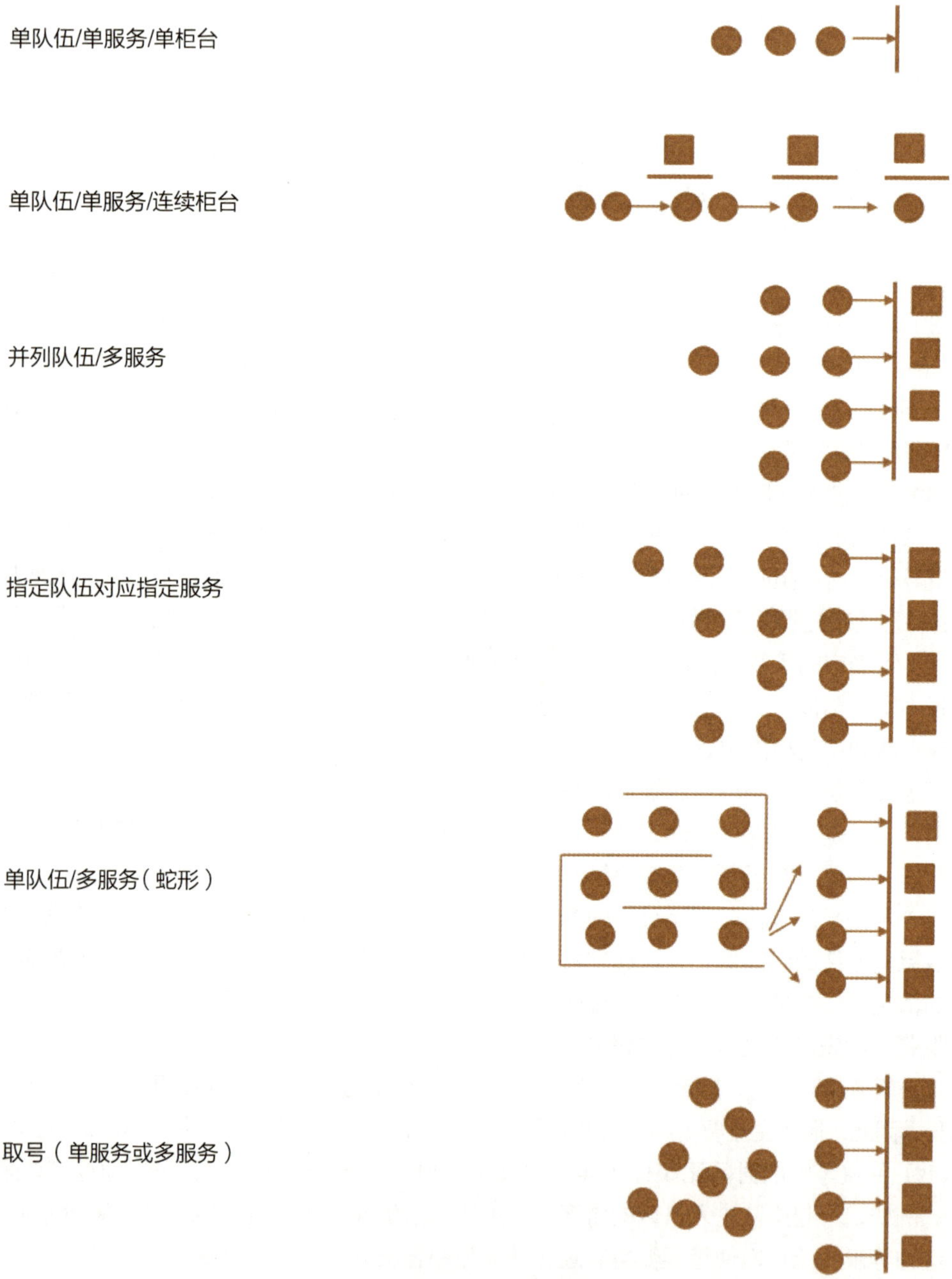

图11-2　等待区域排队结构的备选方案

资料来源：克里斯托弗·洛夫洛克，约亨·沃茨. 服务营销[M]. 韦福祥，等译. 7版. 北京：机械工业出版社，2015：213.

1. 多列排队/多柜台

服务供应商提供多个服务柜台，顾客可从多个队伍中自由选择要等待的队伍排队。大型超市收银台和售票处通常都是采用这种排队结构。在多条排队结构中，到达的顾客需要考虑加入哪一条队伍。多条排队的缺点是各条队伍的移动速度可能不同，先到的顾客不一定能先得到服务。看到自己排的这条队伍不如旁边的队伍移动得快，顾客可能会转移到另一条队伍的尾端。但多条队伍的排队结构具有如下优点。

（1）可以提供差别服务。例如有些飞机场为头等舱与经济舱的乘客设置不同的柜台。

（2）顾客可以选择自己喜欢的某一特定柜台。

（3）有助于减少顾客不加入队伍的现象。若顾客到达时，看到只有一个服务台并且排了一条长队，他们会认为要等待很长时间而决定不加入队伍，这样无疑会因顾客流失而造成企业利益受损，多条队伍分散了排队人群，更能留住等待的顾客。

2. 单列排队/多柜台

这种排队结构虽然也有多个柜台，但顾客排成一条蛇形队伍，一旦某个服务柜台出现空闲，对首的第一位顾客就上前接受服务。这种排队结构在游乐场很常见。其优点有：所有顾客都遵守先到先得的服务规则，保证了公平；在只有一条队伍的情况下，顾客不会因为发现其他队伍移动得更快而着急；只在队伍的尾端有一个入口，这使得插队和退出队伍变得困难。

3. 单列排队/多服务

这种排队结构通常被称为“蛇形”队伍。等待队形方式能解决多排多服务中队伍行进速度不同的问题，较常见于邮局或机场验票登记口。

4. 领号排队

到达的顾客领取一个号码，这样顾客无须站着排队就可以按照号码的先后顺序来接受服务。领号常见于银行和医院门诊处。顾客可以在等待期间坐在椅子上休息或做其他事。但顾客需要随时关注自己的号码是否被叫到，否则就有可能错过接收的机会。

5. 指定队伍

这种排队结构主要是为特定种类的顾客指定不同的队伍。例如快速通道、超市结算处的特定出口，以及机场头等舱、商务舱、经济舱顾客的特定检票登机口等。

6. 等候名单

这种排队结构常见于餐厅，顾客留下自己的名字然后等待，叫到自己后接受服务。常见的等候名单排队方式有：① 多人座，人数和桌子座位数相匹配；② VIP座，给予最惠顾客的特殊权利和待遇；③ 电话订座，允许在到达餐厅前先打电话预订，以便在等候名单中保留座位；④ 大型聚会预约。为特定聚会根据到场人数提前预约相匹配的位置。

总之，选择最合适的排队形式对顾客满意度非常重要。排队等候区的排队组织方式对顾客能产生公平或不公平的感觉。由于等待中的顾客通常关注自己接受服务的过程，顾客感知公平的问题就会产生。例如在一个忙碌的餐厅中，比你后来的顾客却比你优先接受服务，你可能会对此感到很愤怒，觉得不公平，尤其是当你在非常饥饿的时候。

三、排队规则

排队规则是由服务企业制定的从排队顾客中挑选下一位顾客接受服务的管理规则。一般常见的排队规则可以分为以下几类。

1. 先来先服务

先来先服务规则是指先到达服务窗口的顾客先获得服务的排队规则。它是根据顾客在队伍中的位置来确定接受服务的顾客，而不需要其他信息。这种规则是服务企业中最常用的排队规则。

2. 后来先服务

后来先服务是指后来者先获得服务的排队规则。这一规则恰好与先来服务规则相反，在许多库存系统中会出现这种情况。例如，在搭乘长途汽车时，最后存放行李在存储仓的乘客会先取到行李。

3. 紧急优先

紧急优先是指根据服务的紧急程度提供服务的规则。紧急服务通常有最高优先权。

4. 最短服务时间

最短服务时间规则是指服务企业为服务时间较短的顾客单独设立队列。例如，有些超市为购物量不超过5件的顾客设立专门的收银台。

5. 预约优先

预约优先是指对之前已经做过预约的客户优先服务的原则。这一规则在酒店等服务企业中常常被用到。

6. 最大盈利顾客优先

这一规则是指那些能给服务企业带来最大盈利的顾客提供优先服务。例如，银行为大额存款客户、航空公司为头等舱顾客提供优先服务。

7. 随机服务

随机服务是指对到达服务场所不成队伍的顾客，随机选取下一位顾客提供服务的无秩序排队规则。

营销实践

主题乐园在淡季时的经营之道

淡旺季更替是主题乐园全年经营的正常现象，对于一般的乐园来说，淡季从每年春节后至4月底、国庆节后至次年春节前，时间长达180天左右，占全年49%的经营时间，如何度过这“漫漫长夜”，是每个乐园经营者最为苦恼的问题。在这期间，乐园在经营上普遍面临着三大困境：①客流量下降，收入严重缩水；②游乐设施设备接待量不足，经营成本居高不下，人力浪费现象严重；③品牌推广乏力，营销宣传内容缺少亮点。

主题乐园可通过以下方法改善淡季的运营状况。

一、巧用淡季时间“投机取巧”

在淡季客流相对较小的情况下，可以对游乐设备进行错峰运行，既能保障游客在乐园的游乐体验，同时还能节能减耗，降低经营成本；对长期大负荷运行的设备在淡季进行错峰养护、年检，确保旺季客流高峰设备安全运行的同时降低了检修的机会成本。

二、巧用价格激活存量用户

淡季对于乐园来说核心客户并没有减少，因为天气寒冷导致体验度下降，但是体验不变的时候客户满意度反而会容易提高，所以我们要把消费群体激活起来，利用消费特点和互联网思维开发市场，在“旺季获取利益，淡季获取优势”这应该是淡季营销的核心思想。对于大众来说，最直观可以感受到的就是性价比，为此可以采取组合促销模式刺激消费需求：①设备单促，这类促销主要以有游乐需求的消费群体为主，对长期关注乐园产品的群体来说，每年不定期的促销可以对这类人群进行消费吸引，达到乐园淡季创收目的；②设备与二次消费联合促销，乐园设备单促远远不足以吸引游客撬动消费欲望的前提下，二次消费与游乐设备结合不仅能锦上添花增强了促销力度，而且就商业本身来说也是一次有效的清仓机会，促进资金快速有效回笼；③以主题活动与乐园设备和二次消费进行三方联合促销，其重点是注意把握活动的力度和节奏，可以循序渐进按照活动的推广周期逐步递减，注重提前锁定客流，保持政策上的前后连贯，才不会出现消费排斥；④利用场景氛围促销，满足消费者在特定场景下的兴奋感。乐园成功用包场、分享将活动氛围丰富的免费畅玩场景进行全方位诠释。

三、巧用活动串联应季产品

淡季的活动需要统一的规划，每一期的活动应像有故事主线一样来与乐园的主题进行关联，打造属于乐园自己的经典品牌活动。在每年的特定时间段都能形成一个固定的氛围，方便大家一起参与和记忆。一方面，要形成乐园自有活动IP；另一方面，要形成强烈的客户认知感，从而在淡季中通过活动串联出了自有产品。要做到这点，可以通过以下几个方法来进行操作。

（1）首先重新定位乐园淡季经营主题，通过与其他平台进行联合合作，激活精准客户群体，打造各类活动，增强客户黏性，进行精准互动。

（2）其次通过主题深化，对目标群体进行分析，深度挖掘渠道活动资源，针对性地整合、评估和包装淡季游乐新产品。比如淡季的学生客流是我们消费群体的重要组成部分，乐园就联合基地、培训机构打造《学生春秋游》；针对淡季周末短途亲子游升温，面向家庭客户抓住季节的机会打造《春季踏青活动》《水上乐园开园活动》《万圣狂欢节》《圣诞跨年狂欢》等系列活动。

（3）站在目标客户群体角度，提炼出最能打动消费者的乐园活动卖点进行口碑营销，消费者购买体验后的转告会为乐园产品带来新的用户，营销第一步是要为消费群体建立一个好的购买理由。特色好记口语化的文案，对购买后的口碑营销也是非常重要的。乐园宣传案例："春天花花同学会""万圣狂欢""甜蜜圣诞"在乐园自身宣传推广的同时，游客简单易记，真正做到了要让乐园产品为用户发声，让消费者体验后对产品认同。

（4）活动和产品卖点真实，能有效体验，不能浮夸、吹嘘，大到自己的产品都满足不了。每年淡季乐园打造线上线下活动80余场，每场活动针对不同圈层、不同职业、不同需求的消费者进行专属打造。在活动产品的宣传和定位上讲究真实有效，坚决不做虚假广告，让游客经历宣传和现场的"零落差体验"，口碑依靠的是持续的积累。

四、巧用全员互联网的力量

借助互联网的力量，组建强大的互联网内容营销团队，利用年轻化主题营销——"年轻人的快乐基地"，并在此基础上整合内容渠道，成功在消费者心中建立对乐园和活动产品的感知。

（1）自媒体是乐园营销的重要渠道之一，自媒体功能的逐渐完善是粉丝数量逐年上升的关键。乐园官方微博、微信从单一的信息发布、游客咨询逐渐演变成乐园强大的自媒体推广和消费系统。乐园利用粉丝流量的优势和品牌影响力与其他异业自媒体形成联盟，形成"渔网式"自媒体宣传矩阵。

（2）互联网内容宣传上应当强化乐园自身产品符号，不为他人作嫁衣。在市场竞争激烈的今天，乐园除了找准自身定位和消费群体，在宣传推广上不断展露自身的品牌形象，不断强化品牌与产品特征，避免游客认知随着时间和竞争对手的宣传而弱化；

（3）互联网内容应当突出热点和情怀，在网络世界，情感和“傍热点”也是一种卖点，在宣传包装上“卖情怀”也是吸引眼球和关注的重要手段。在感恩节、妇女节、植树节、重阳节、教师节等众多特定节日中，打造传递真正能量的线上线下活动，弘扬传统文化，在消费者心里荡起涟漪，加深乐园的社会责任感烙印，赢得游客的好感与赞誉。

综上所述，淡季主题乐园的运营总体思路其实就是错峰操作，巧用淡季较为宽松的资源，通过整合实现资源的高效利用，从而实现淡季创收。运营团队应该不断推陈出新，从精细到精致，从优秀到卓越，实现淡季运营的“保流增效”。

请思考该案例中体现了哪些营销策略？

项目小结

服务能力也称作服务生产能力，是指一个企业能够拥有的用来创造产品和服务的资源或资产。服务能力包括三方面的内容：服务设施（如银行、酒店、飞机场等）、劳动力（医生、发型师、教师等）以及工具和设备（如手术刀、计算机、电影放映设备等）。

服务企业的总体服务能力依据其所具备的相应有形设施、服务人员和工具设备而定。服务生产能力的限制因素主要有人力资源、服务设施、设备和工具、时间和顾客。服务能力管理策略主要有：需求处于低迷时安排修正时间；扩展现有服务能力；交叉培训员工；雇用临时工；鼓励顾客自助服务；租用或公用设施、设备等。

服务需求与生产能力之间的不均衡问题普遍存在，这是由于服务的不可储存性和需求的波动性特征造成的。主要原因包括：服务的易逝性；服务企业的最大供应量无弹性；服务需求难以预测；服务时间具有不确定性；大多数服务的提供受地域的限制。

有效管理服务需求波动的前提是了解服务的需求模式，这就需要描绘需求模式，明确属于何种变化及其变化原因，以及分辨出各细分市场的需求模式。常见的需求管理策略有以下几点：改变服务产品；与顾客沟通；调整服务地点和时间和使用价格来改变需求。

在服务需求大于服务能力或平衡两者的成本过高的情况下，企业需要对排队等候进行管理。当到达其设施的顾客数量超过该设施的系统处理能力时，就会出现等候队伍，从根本上看，排队是产能管理问题未能得到解决的表现。

复习思考题

1. 服务能力的限制因素有哪些?
2. 服务能力管理的策略有哪些?
3. 导致服务供需波动的原因是什么?
4. 服务需求管理的策略有哪些?
5. 排队等待策略的基本内容有哪些?
6. 如何让顾客等待变得更有趣或更可忍耐?
7. 排队规则有哪些?

实践活动

1. 实训内容

以自己的开户银行、美发店、餐厅或其他服务机构为对象，选择高峰时段前往体验排队等待并记录。

2. 实训目的

让学生通过体验，理解排队等待对顾客情绪的影响；感受等待的心理学规则是否实际发生作用，并体会解决排队等候给服务企业带来的负面影响。

3. 实训要求

（1）访问、观察其他顾客的排队等候体验，并做好记录。

（2）访问该服务企业的管理者、员工，了解他们对顾客排队等候的看法，所采取的解决措施及其效果。

（3）对该服务企业的现行排队等候策略进行评价，并提出你的改善建议。

（4）课堂PPT报告。PPT汇报应包含以下内容：所选定服务企业的企业简介及业务简介；你对该服务企业排队等待系统的体验、观察和访问情况总结；你对该服务企业的排队等候系统、规则及效果的评价；你的建议方案。

案例分析

排队现象改观：中资银行顾客满意度快速提升

“中资银行顾客满意度快速提升。其中，国有银行升幅最快。”这是北京市银行业协会2008年12月19日在媒体座谈会上公布的一项北京市银行业客户服务评估结果。

“最近协会做了一项调研：北京市各银行机构服务质量大幅提升。”北京银行业协会专职副会长杜志亮介绍，从网点布局、硬件设施、自身服务能力、业务种类和服务文明程度看，各家银行在北京地区的营业机构经营水平高、服务质量优，在总行系统内均位列前茅。

一方面，北京奥运金融服务质量反映了北京银行业服务能力和水平的真实情况。国际上各方面和国外消费者对北京银行业的服务给予了相当高的评价，从总体上说明北京银行业的快速进步，与国际先进银行的差距在迅速缩小。

据悉，奥运期间，银行业协会与北京市12345热线共建了银行服务投诉机制，开通了投诉热线，但最终仅接到10起投诉，且各行均实现快速反应，快速解决。

另一方面，多措并举，使消费者反映强烈的银行排队问题，得到实质性的改观。据了解，2008年前10个月，建行网点平均客户量为246.9人，平均客户等候时间为8.35分钟，7成以上客户等候时间小于10分钟。在农行，城区大部分网点客户等候办理业务的时间不超过20分钟。

而工行则聘请调查公司就排队问题专门进行了调查，今年三季度的测评数据显示：95.2%的顾客办理业务在30分钟以内，8成以上客户在20分钟以内。“排队时间长可能在个别网点和特定时间存在，但不是普遍情况，排队问题目前已经大为改观。”杜志亮说。

为了解决排队时间长的问题，各家银行大力提高服务的技术含量。特别是在服务奥运的准备过程中，许多银行进行了系统升级改造。一些银行还请专业人员对业务流程进行简化、优化，通过仔细审视临柜服务各个环节，将其中不必当场处理的手续移到后台办理，以减少客户的等待时间。另外，通过实行综合柜员制，使各个窗口既可办理对私业务，也可办理对公业务，从而提高了资源使用效率。“现在什么样的人排队多？我观察，主要是退休人员，年轻人虽然少但是也有。”北京市消费者协会副会长张明认为，解决排队问题，除了银行采取措施外，还要加强宣传教育，让消费者转变观念，尽量使用现代化手段，比如自助工具、电子银行等。

事实上，近年来，各家银行都纷纷加快了自助机具的布设，网上银行和电话银行客户也不断增多。据统计，近两年在北京地区，工、农、中、建、交五家国有大型银行新增的自助设备分别达到509台、366台、325台、770台和420台。招行和北京银行等股份制银行增加的数量也在100台以上。“由于持续加大电子银行渠道建设，我们的电子银行业务量已经占到全部业务总量的69%。”工行北京分行工会办公室主任刘瑕告诉记者。

由于各家银行加大宣传力度，加之监管部门开展“金融知识宣传普及”系列活动，目前自助设备、网上银行的使用率大大提高。据悉，除工行外，农行自助设备网上银行交易笔数，也占到了全部业务笔数的40%。此外，招行占比高达80%；而中信、民生、邮储和农商行亦均超过30%。

为减少单笔业务处理时间，各行还通过招聘人员、加大培训力度等增加服务人员、提升柜员处理业务熟练度，并完善考核激励机制，提高员工主动服务的意识。

值得一提的是，目前，多数银行对规模较大、业务较多的营业网点配备了专兼职大堂经理，其中，工、中、建、交四家国有银行和招行在所有网点均配备了大堂经理，而农行98%的网点设有大堂经理。大堂经理通过提供咨询服务并事先进行客户疏导，从而提高了临柜业务的处理效率。

在进行网点优化的同时，各家银行还不断增加网点数量、加大网点改造投入，并不断加强与政府各行政事业主管部门的协调沟通，进一步扩大了各类代缴业务的代理行范围和办理时间。

应该说，通过上述科技、管理、服务等多种措施，目前，北京地区银行网点的排队现象已经大大改观。不过，业内人士认为，要从根本上解决排队问题，单靠银行自身的力量是不够的，还需要各个相关部门的通力配合与配套。

目前，排队现象除集中在领取养老金的时间段以外，主要出现在缴纳水电费等公用事业费的时候。据悉，北京市政府与银监局已经开始研究相关措施，“公用事业缴费（有望采取新的途径）的事情解决了，也能大大缓解银行的排队现象。”杜志亮说。

案例思考：

请分析北京银行业采取了哪些措施使排队现象得到实质性的改观，从而快速提升了银行顾客满意度的。

项目十二　顾客关系管理

学习目标

1. 理解关系营销、顾客满意与顾客忠诚之间的关系。
2. 认识顾客忠诚对企业赢利的影响和关系营销为顾客带来的好处。
3. 明确建立顾客忠诚的基础及策略。
4. 认识顾客流失的原因和减少顾客流失的策略。

能力目标

1. 能熟练应用有形展示管理方法的理论，对某一服务企业的服务有形展示工作的现状进行分析和评价并制定相应改进方案。
2. 能应用影响服务场景的关键因素的理论，对某一服务企业的服务场景现状进行分析和评价并制定相应改进方案。

知识结构

顾客关系管理

- 关系营销
  - ○关系营销的含义
  - ○关系营销与交易营销的区别
  - ○关系营销、顾客满意与顾客忠诚之间的关系
  - ○关系营销为顾客带来的利益
- 创建忠诚关系
  - ○创造顾客忠诚的基础
  - ○创造忠诚关系的策略
- 顾客抱怨管理
  - ○顾客的抱怨行为
  - ○抱怨者的类型
  - ○了解顾客抱怨或不抱怨的原因
  - ○鼓励顾客抱怨的策略
- 顾客流失管理
  - ○顾客流失管理的重要性
  - ○顾客流失的原因
  - ○减少顾客流失的策略

迪士尼乐园

作为世界最大的传媒和娱乐巨头之一，迪士尼是一个魅力无穷的商业品牌。迪士尼在全球十大国际品牌排名第5，品牌价值超过600亿美元，它的形象涉及影视、旅游、网络、服装、玩具等众多领域。

迪士尼乐园含魔术王国、迪士尼影城和伊波科中心等若干主题公园。整个乐园拥有大量娱乐设施、32000余名员工、1400多种工作。通过主题公园的形式，迪士尼致力于提供高品质、高标准和高质量的娱乐服务。迪士尼乐园的生命力在于能否使游客欢乐。由此，给游客以欢乐成为迪士尼乐园始终如一的经营理念和服务承诺。

迪士尼乐园每年接待着数百万计慕名而来的游客。人们来到这里，仿佛到了童话般的世界，令游人流连忘返。然而，人们更为称赞的是它高品质的服务质量，清新洁净的环境，高雅欢乐的氛围以及它热情友好的员工。究其成功的原因，主要有以下几点。

（一）迪士尼乐园的魅力在于它为顾客所创造的独特体验

游人中的大多数人来自美国和其他国家发达的大都市，人们对城市的高楼大厦和现代化的一切感到厌倦。而在迪士尼乐园里，人们则会产生一种回归大自然的满足感。

迪士尼乐园还拥有许多独具特色的娱乐性建筑。如天鹅宾馆棚顶的一对29吨重的天鹅雕塑，海豚旅馆栩栩如生的海豚塑像，为迪士尼的景观增添了不少特色。这两家旅馆由著名的后现代派建筑师麦考尔·格然吾斯设计，充满了创造性的富丽堂皇和诙谐生动的视觉感受，扩展了主题公园的梦幻感觉。

迪士尼乐园不仅是大人们娱乐休息的地方，也是儿童们游乐的世界。景区里不仅有各种用金鱼、火箭、大象等形状制作的游艺车，还有米老鼠童话世界的小房屋、小宫殿、小风车，这一切使孩子们产生了平时在学校里和大城市生活中难以激发的美好神奇的幻想。此外，迪士尼还时时刻刻为儿童设想周全。以喝水池为例，都是一大一小两个。垃圾筒的高度也让孩子们伸手可及。更有动听的音乐随时陪伴，还有专供小朋友们照相的卡通人物，连公园里的食品都是孩子们喜欢吃的，孩子们到了这里就如同爱丽丝漫游仙境一般。此外，在各种游乐节目中，迪士尼都十分注意培养顾客的参与性，总是创造机会让人们发挥自己的主观能动性，让孩子们从小培养做人的能力。

（二）迪士尼提供周到的服务和良好的卫生环境

在乐园大门口有旅客接待站，对带孩子的旅客可以免费提供童车和婴儿车；门口还有狗舍，狗不得入园，但可以寄养；进入大门后还有轮椅供残疾人使用。在园内许多景区也都有许多的童车、婴儿车及轮椅供人使用。

（三）迪士尼善于营造欢乐的氛围

迪士尼乐园不只是游乐场，更是现实的“乌托邦”。通过一系列游戏设施和表演，游客在早已预设的轨迹和效果中，与各人物一同历险。最后在迪士尼世界固有而唯一的规律下，游客所感受到的是一段既惊险，又安全，却又充满快乐的旅程，这种旅程的欢乐氛围是由员工与游客一起创造的。其中，员工起着主导作用。主导作用具体表现在对游客的服务行为表示上。这种行为包括微笑、眼神交流、令人愉悦的行为、特定角色的表演以及与顾客接触的每一细节。

在迪士尼乐园中，员工们得到的不仅是一项工作，而且是一种角色。员工们身着的不是制服，而是演出服装。他们仿佛不是为顾客表演，而是在热情招待自己家庭的客人。他们根据特定角色的要求，扮演真诚友善的家庭主人或主妇。

（四）迪士尼研究顾客，了解顾客

迪士尼致力于研究“游客学”，了解谁是游客、他们的起初需求是什么。在这一理念的指导下，迪士尼站在游客的角度，审视自身每一项经营决策。为了准确把握游客需求动态的工作，公司设立了调查统计部、信访部、营销部、工程部、财务部和信息中心等部门分工合作。

营销部重点研究游客们对未来娱乐项目的期望、游玩热点和兴趣转移。

信息中心存储了大量关于游客需求和偏好的信息，具体有人口统计、当前市场策略评估、乐园引力分析、游客支付偏好、价格敏感分析和宏观经济走势等。

信访部每年要收到数以万计的游客来信。信访部的工作是尽快把有关信件送到责任人手中；此外，把游客意见每周汇总，及时报告管理上层，保证顾客投诉得到及时处理。

工程部的责任是设计和开发新的游玩项目，并确保园区的技术服务质量。例如：顾客等待游乐节目的排队长度、设施质量状况、维修记录、设备使用率和新型娱乐项目的安装，其核心问题是游客的安全性和效率。

现场走访是了解游客需求最重要的工作。管理上层经常到各娱乐项目点上，直接同游客和员工交谈，以期获取第一手资料，体验游客的真实需求。同时，一旦发现系统运作有误，可以及时加以纠正。

（五）迪士尼致力于提高员工的素质，培养热情友好的员工

许多游客远道慕名而来，在乐园中花费时间和金钱。迪士尼懂得：不能让游客失望，哪怕只有1次。如果游客感到欢乐，他们会再次光顾。能否吸引游客重复游玩，恰是娱乐业经营兴旺的奥秘和魅力所在。为了实现服务承诺，迪士尼公司将“给游客以欢乐”的经营理念落实到每一员工的具体工作中，对员工进行评估和奖例，凡员工工作表现欠佳者，将重新培训，或将受到纪律处罚。

同时，迪士尼还十分注重对全体服务人员的外貌管理。所有迎接顾客的公园职员（“舞台成员”）每天都穿着洁净的戏服，通过地下阶梯（“地下舞台”）进入自己的活动地点。

此外，公司还经常对员工开展传统教育和荣誉教育，告诫员工：迪士尼数十年辉煌的历程、商誉和形象都具体体现在员工们每日对游客的服务之中。创誉难，守誉更难。员工们日常的服务工作都将起到增强或削弱迪士尼商誉的作用。

公司还指出：游客掌握着服务质量优劣的最终评价权。他们常常通过事先

的期望和服务后的实际体验的比较评价来确定服务质量的优劣。因此，迪士尼教育员工：一线员工所提供的服务水平必须努力超过游客的期望值，从而使迪士尼乐园真正成为创造奇迹和梦幻的乐园。同时，为了调动员工的积极性，迪士尼要求管理者勤奋、正直、积极地推进工作。在游园旺季，管理人员常常放下手中的书面文件，到餐饮部门、演出后台、游乐服务点等处加班加点。这样，加强了一线岗位，保证了游客服务质量。

案例启示

迪士尼深谙顾客掌握着服务质量优劣的最终评价权，因此，迪士尼要求和教育一线员工所提供的服务水平必须努力超过游客的期望值，从而使迪士尼乐园真正成为创造奇迹和梦幻的乐园。同时，准确把握游客需求动态变化也是迪士尼取得成功的秘诀所在。通过打造不同的场景，为顾客营造不同的场景体验，提升服务质量等都是迪士尼致力于以顾客需求为中心的服务营销策略的体现。迪士尼通过这些服务营销策略的实施，使他们更加吸引顾客，也使顾客更加乐于来到迪士尼乐园。

服务营销是一种通过关注顾客，进而提供服务，最终实现有利的交换的营销手段。企业实施服务营销首先必须明确服务对象，即“谁是顾客”。作为服务营销的重要环节，“顾客关注”工作质量的高低，将决定后续环节的成功与否，影响服务营销整体方案的效果。只有深入了解顾客不断变化的需求与期望，更好地满足顾客的需求，企业才能获得长期的发展。

任务一 关系营销

一、关系营销的含义

在服务过程中，顾客要想获得服务，总免不了会与服务提供者进行或多或少的接触，这意味着顾客与服务提供者之间存在着互动关系。服务的本质特性就是关系特性，服务营销也是建立在关系基础上的。实施关系营销，有利于提高顾客的忠诚度，使各方都能从中获益，最终实现各方的目的。

关系营销是指为实现各方目标而识别、建立、保持并加强与利益关系者之间的关系的过程。根据这一定义，可以将关系营销的概念归纳为以下几个要点。

1. 关系营销是一种营销理念

关系营销是一种营销理念，是一种企业与顾客合作、共同创造价值的理念。这种理念非常重要，它决定了企业与顾客的关系以及企业如何管理顾客关系。从交易营销转变为关系营销，实质上是一种营销理念的转变，即以交易为中心到以关系为中心的观念的改变。

2. 关系营销的核心内容是与顾客建立合作关系

关系营销要求企业与各个利益相关者建立长期的合作关系，这些利益相关者包括顾客、员工、供应商、中间商、竞争者、政府和其他相关组织。其中，顾客是最重要的利益相关者。企业必须要处理好与这些利益相关者之间的关系，才能获得良好的关系营销效果。

3. 关系营销的重点是保持现有顾客

关系营销包括建立新的关系、维持和强化现有的关系，以及终止与某些顾客的关系。吸引新顾客仅仅只是关系营销的第一步，营销的重点在于保持与增进与现有顾客的关系，企业要努力提高现有顾客的满意度与忠诚度。

二、关系营销与交易营销的区别

关系营销与交易营销有很多不同的地方。关系营销以长期关系为导向，注重保留住老顾客，着力于提高顾客的忠诚度，以获得持久的竞争优势；交易营销看重短期利益，以获取新顾客为主，关注一次性的交易，营销的目的是盈利。两者的区别如表12-1所示。

表12-1　关系营销与交易营销的区别

关系营销	交易营销
重视顾客忠诚度 保留现有顾客 动态视角 着眼于长期利益 双方都能从长期关系中获利 相互合作，共同创造价值	重视市场占有率 吸引新顾客 静态视角 着眼于短期利益 企业能从交易中盈利 利用已有的产品来交换货币
高度接触 员工较为重要 相互依赖程度高 较多顾客承诺	中等接触 员工不太重要 相互依赖程度低 有限的顾客承诺

案例启迪

韩国总裁的饭店之旅

韩国某大集团副总裁到澳大利亚出差。当他住进丽滋·卡尔顿饭店（Ritz Carlton hotel，美国国家品质奖服务类奖得主）后，他打电话给该饭店客房服务部门，要求将浴室内原放置的润肤液换成另一种婴儿牌的产品。服务人员很快满足了他的要求。但事情并没有结束。

三周后，当这位副总裁住进美国新墨西哥的丽滋·卡尔顿饭店时，他发现浴室的架子上已经摆放着他所熟悉的乳液，一种回家的感觉在他心中油然而生……

“凭借信息技术和多一点点的用心，丽滋·卡尔顿饭店使宾至如归不再是口号。”丽滋·卡尔登饭店澳大利亚地区品质训练负责人琴·道顿道出了卡尔顿饭店成功的秘密。保持客户绝不是信手拈来的成果，而是要通过企业的优质服务使客户满意。只有客户满意了，才会保持客户与企业长久的关系。如何使客户满意？丽滋·卡尔顿饭店可以说是匠心独运，它在全球联网的电脑档案中，记载了超过24万个客户的个人资料，根据这些资料，有针对性地提供个性化服务，满足客户需要，使得客户宾至如归，满意在他乡。

三、关系营销、顾客满意与顾客忠诚之间的关系

顾客满意就一定会忠诚于企业吗？答案是否定的。顾客满意只是顾客忠诚的前提条件。为了提高顾客的忠诚度，企业可以通过关系营销影响顾客关系中的关系强度和关系长度，从而将顾客满意度和顾客忠诚度联结起来，如图12-1所示。

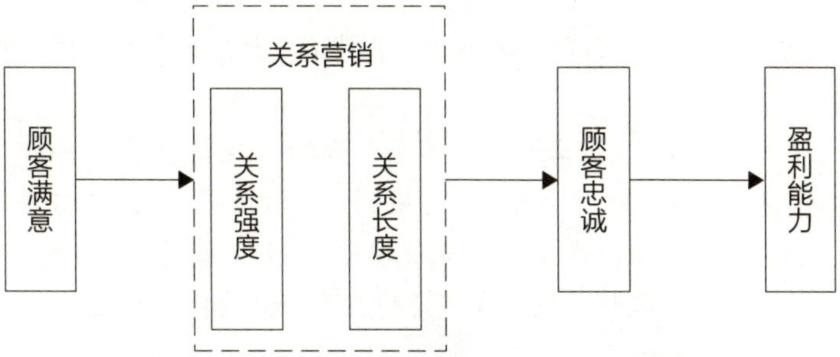

图12-1　关系营销、顾客满意与顾客忠诚的关系

其中关系强度是指企业与顾客关系的密切程度或牢固程度。关系强度会影响到关系长度。关系长度是指顾客与企业之间的关系寿命期，也就是顾客与企业合作时间的长短。关系强度越大，顾客与企业维持关系的时间就越长。企业与顾客的关系决定了顾客忠诚。关系强度越强，企业与顾客的关系越牢固，顾客重新选择服务的范围就越小，这也就意味着顾客重复购买企业服务的可能性越大。

知识拓展

CRM（客户关系管理：Customer Relationship Management）

CRM概念引入中国已有数年，其字面意思是客户关系管理，但其深层的内涵却有许多的解释。

从字义上看，它是指企业用CRM来管理与客户之间的关系。CRM是选择和管理有价值客户及其关系的一种商业策略，CRM要求以客户为中心的商业哲学和企业文化来支持有效的市场营销、销售与服务流程。如果企业拥有正确的领导、策略和企业文化，CRM应用将为企业实现有效的客户关系管理。

CRM是一个获取、保持和增加可获利客户的方法和过程。CRM既是一种崭新的、国际领先的、以客户为中心的企业管理理论、商业理念和商业运作模式，也是一种以信息技术为手段、有效提高企业收益、客户满意度、雇员生产力的具体软件和实现方法。

CRM的实施目标就是通过全面提升企业业务流程的管理来降低企业成本，通过提供更快速和周到的优质服务来吸引和保持更多的客户。作为一种新型管理机制，CRM极大地改善了企业与客户之间的关系，实施于企业的市场营销、销售、服务与技术支持等与客户相关的领域。

随着4G移动网络的部署，CRM已经进入了移动时代。移动CRM系统就是一个集3G移动技术、智能移动终端、VPN、身份认证、地理信息系统（GIS）、Webservice、商业智能等技术于一体的移动客户关系管理产品。移动CRM将原有CRM系统上的客户资源管理、销售管理、客户服务管理、日常事务管理等功能迁移到手机。它既可以像一般的CRM产品一样，在公司的局域网里进行操作，也可以在员工外出时，通过手机进行操作。移动CRM主要实现了经常出差在外，以便随时随地掌握公司内部信息所提供的手机版管理软件，客户只需下载手机版软件，然后安装在手机上就可以直接使用了。同时，账户就用电脑申请的组织名和账户名就能直接使用该系统，这样客户不仅可以随时查看信息，也可以通过手机给公司内部人员下达工作指示，还可以使用平台所提供的所有功能。

直到今天，云计算的全球化使得传统CRM软件已逐渐被Web CRM（又称为“在线CRM”“托管型CRM”和“按需CRM”）超越的杰出代表。越来越多的客户倾向于采用Web来管理CRM等。

作为解决方案（Solution）的客户关系管理（CRM），它集合了当今最新的信息技术，它们包括Internet和电子商务、多媒体技术、数据仓库和数据挖掘、专家系统和人工智能、呼叫中心等。作为一个应用软件的客户关系管理（CRM），凝聚了市场营销的管理理念。市场营销、销售管理、客户关怀、服务和支持构成了CRM软件的基石。

四、关系营销为顾客带来的利益

在关系营销中，顾客从这种关系中得到的好处可以归纳为以下几点。

1. 信任利益

信任利益包含了顾客在确定的关系中的感觉以及对企业的信心，即顾客清楚知道企业的服务水平，了解所期望获得的服务，对企业的服务表现有信心等，这些都会让顾客在购买服务的过程中的焦虑感下降，能够信任企业。对于顾客来说，信任利益是最重要的一种关系利益。因为这种关系利益可以减少不确定性，降低购买服务的风险和成本。

2. 社会利益

社会利益包括顾客与服务人员之间的相互认同感，与服务人员或企业之间的友谊，以及这种关系在社会层面上给顾客带来的愉悦感。通过与企业建立一种长期的合作关系，顾客不仅与企业保持了一种服务层面的关系，还建立了一种社会关系，扩大了社交范围，企业此时成为顾客社交圈中的一员。这种社会利益可以满足顾客的社交需求，提高顾客的生活质量和工作质量。

3. 特殊对待利益

特殊的服务或价格，比其他顾客优先接受服务。特殊对待利益包括获得大部分顾客都无法得到的特殊价格折扣、额外服务、受到优先接待，比其他大部分顾客得到的服务要便利和快捷等。

营销实践

猎犬计划

乔认为干营销这一行，需要别人的帮助，乔的很多生意都是由“猎犬”来帮助的结果，乔的一句名言就是“买过我的汽车的客户都会帮我营销”。在生意成交之后，乔总是把一叠名片和猎犬计划的说明书交给客户。说明书告诉客户，如果他介绍别人来买车，成交之后，每辆车他会得到100美元的酬劳。几天之后乔会寄给客户感谢卡和一叠名片，以后至少每年他会收到乔的一封附有猎犬计划的信件，提醒他乔的承诺仍然有效。如果乔发现客户是一位领导人物，其他人会听从他的话，那么，乔会更加努力促成交易并高兴让其成为猎犬。实施猎犬计划的关键是守信用——一定要付给客户100美元。乔的原则是：宁可错付50个人，也不要漏掉一个该付的人。2007年，猎犬计划为乔带来了110笔生意，约占总交易额的1/3。乔付出了11000美元的猎犬费用，收获了210000美元的佣金。他的方法是简便有效的。

✧ 思考与讨论：

1. 分析营销员乔使用了什么方法寻找客户？
2. 这种方法有什么特点？

任务二 创建忠诚关系

一、创造顾客忠诚的基础

企业在与顾客建立长期合作关系中涉及不少因素，企业要考虑关键的影响因素，应该关注那些与自身能力相匹配的有价值的顾客，通过传递高水平的差异化服务来奠定基础。建立顾客忠诚的基础是对市场进行细分，选择合适的顾客，设计差异化的服务，向顾客提供高质量的满意服务。

1. 细分市场，使顾客需求与企业能力相匹配

企业为了实现自身能力与顾客需求相匹配，最终实现双赢的目的。首先，企业要对各个细分市场进行详尽的分析。要针对不同顾客群体对服务的需求进行深入调研分析，如顾客希望获得的服务类型、服务质量、提供服务的时间和地点、服务价格等。其次，要对企业本身有充分的认识，企业要结合自身的目标和资源来考虑。最后，企业还要能超过竞争者，为顾客提供更优质的服务。

2. 选择符合企业核心价值的目标市场

选择目标市场，也就是要确定企业的服务对象是谁。企业要创造忠诚的顾客关系，就需要有明确的目标市场。明智的企业要善于分辨哪些顾客是企业根本没有能力满足的顾客，哪些是不能给企业带来利润的顾客。企业若是选择错误的顾客群，其结果是顾客感到失望，企业的声誉逐渐下降，员工在提供服务时遭受挫折，以及顾客流失给企业带来损失。在选择目标市场时，企业不仅要考虑自身的能力，还要考虑顾客的价值，选取企业能比竞争者更好地满足其需求而又能给企业带来利润的那些顾客。

案例启迪

海尔的“三全服务”创造中国彩电服务新概念

在天津，流传着一个“董积忠百里送嫁妆”的感人故事：一对新婚夫妇到天津市区买

彩电，下定决心要买海尔彩电作为陪嫁，可是他们要买的这种型号恰好都卖光了。望着小夫妻依恋又失望的样子，负责商场销售的董积忠站长赶紧过来安慰，并答应送货上门。将信将疑的用户走了。回到中心后，董积忠立即多方联系，经过核实，静海国合专卖店有这种彩电，但两地相距两百余里，运费昂贵，调动手续复杂，怎么办？董积忠想到用户的需求就是命令，终于在万家灯火中用海尔服务车把一台崭新的海尔彩电“影音王”送到了小夫妻家中。正在准备婚事的小夫妻几乎不相信自己的眼睛，姑娘激动得跳起来。新郎面对准备整齐的嫁妆，连声致谢说：“海尔彩电让我们的幸福生活更美满。”

3. 采用差异性营销战略

企业可以按照顾客获利能力细分市场，从中选出一些合适的目标市场，然后根据各个目标市场的需求来提供差异化的服务，以便更好地满足不同顾客的需求，提高企业的利益。

（1）顾客金字塔。依据顾客获利能力对市场进行细分，其结果是形成了一个顾客金字塔。顾客获利能力包括顾客现在和未来为企业带来的利润。根据顾客获利能力，可以将市场细分为白金层客户、黄金层客户、铁层客户和铅层客户，如图12-2所示。

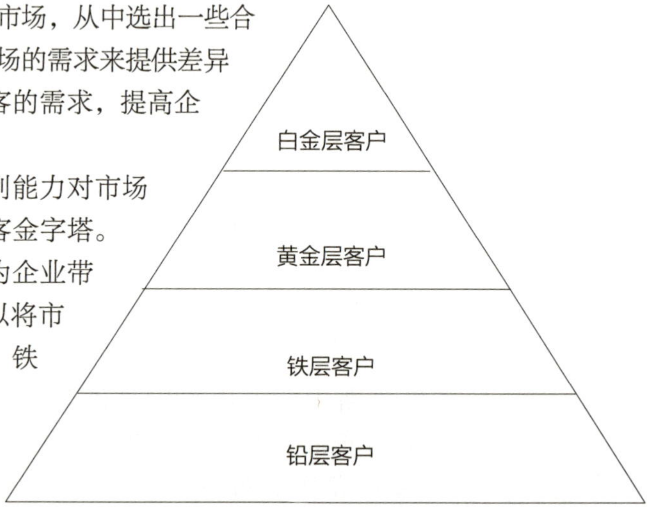

图12-2　顾客金字塔

① 白金层客户。白金层客户是企业最忠实的顾客，也是最有价值的顾客。尽管他们只是市场的一小部分，但他们都是大客户，对企业的盈利贡献最大。这些顾客对服务价格不太敏感，他们希望得到最高水平的服务，愿意尝试新的服务。

② 黄金层客户。黄金层客户为企业带来的利润少于白金层顾客。与白金层顾客相比，他们对价格较为敏感，希望在交换中获得价格折扣，以更优惠的价格获得服务，因此为企业带来的利润就会减少。这些客户的忠诚度低于白金层顾客，他们可能是大客户，但为了降低风险，他们会与几家服务供应商保持关系，以避免由于过分依赖于一家企业而受制于人的状况出现。这个层次的人数可能比白金层顾客多。

③ 铁层客户。铁层客户的盈利空间小，但他们对企业很重要。这些顾客在市场中占有很大的比例，较多数量的顾客使企业具有了较大规模经济，因而能使企业保持一定的基础结构，充分利用现有的设备和劳动力，这些都为白金层和黄金层客户传递高质量服务提供了可能性。但是，铁层客户的盈利水平低，不足以得到企业的特别对待。

④ 铅层客户。铅层客户会让企业造成亏损。铁层客户给企业带来的收入很低，但他们要求企业提供的服务水平与铁层客户一样，这会使企业得不偿失。

（2）向不同层次客户提供差异化的服务。企业应根据消费者的期望与需求，向不同层次的顾客提供定制化的服务。对于高端客户，企业营销工作的目的是应该培养、保护和维系这些客户。白金层和黄金层客户都是有价值的顾客，也是竞争者一心想要挖走的顾客，企业可以专门为这些顾客设计特有的利益，向他们提供其他目标市场不能得到的服务，实现保护和留住顾客资源的目的。对于铅层客户，可以使之升级为铁层客户，或者与其终止关系。

4. 向顾客提供高质量的满意服务

创造顾客忠诚的前提条件，是企业能够比竞争者提供更好的服务质量和更多的价值。服务质量是决定顾客满意的关键因素，而顾客满意在一定程度上又会对顾客忠诚产生重要的影响。高质量的服务与高度的顾客满意是顾客忠诚的前提条件和基础。

观点透视

如何提升客户忠诚度?

随着我国市场竞争的日趋激烈，提升顾客忠诚度已成为促进服务营销、最终实现营销绩效、确保企业成长壮大的决定性因素。顾客忠诚度是指顾客对企业服务营销满意的基础上，坚持长期购买形成的消费偏好，也就是说在此过程中表现出感知认可、心理满足、意向忠诚和行为忠诚的有机结合，是顾客对企业服务营销在市场竞争中所表现出的优势的综合评价和肯定。具体表现为：顾客忠诚于特定企业的购买意愿和消费行为。其衡量标准大体有四：一是顾客重复消费次数；二是顾客对服务质量的承受能力；三是顾客对服务价格的敏感程度；四是顾客挑选服务所需的时间。

如今，在买方市场条件下，忠诚度高的客户才是企业最宝贵的无形资产。企业拥有的高度忠诚顾客越多，就越有利于企业在市场竞争中出奇制胜，而且可以确保企业科学发展。具体来讲有三点。

1. 降低成本，增加利润

通常讲“不要回头货，只要回头客”。由于顾客的忠诚，从而为降低成本、增加利润创造了条件。首先，是节约了成本。据调查，确认获取新顾客的成本是保留一位顾客成本的五倍。由于与老顾客沟通起来容易，企业不必花大量的时间和精力进行促销，从而减少了运营成本。其次，是顾客的忠诚不仅可以拒绝同行业促销的诱惑，而且还会主动向亲朋好友和周围的人推荐，为企业进行义务宣传，成为不花钱却最具有价值的广告，从而为稳定现实顾客、增加潜在顾客打下基础。最后，是忠诚顾客以克服服务易逝性所导致的供需矛盾，减少因服务能力过剩或短缺造成的大量利润损失的机会，增加利润，减少成本。

2. 为顾客获得优质服务创造条件

由于服务营销本身的过程性、无形性和易逝性，顾客在接受服务过程中，心理感知是顾客满意的重要因素。由于顾客与服务组织建立的这种忠诚关系，服务组织可以满足顾客受尊重、社交及消费心理的需求，从而为顾客提供优质服务，获得超值享受创造条件。

3. 降低经营风险

由于顾客忠诚度的提升，减少了对潜在客户的开发与管理不善所形成的企业经营风险。一是对潜在客户目标方向把握不准带来的资源浪费的风险；二是在开发潜在客户的过程中带来的泄露商业机密的风险；三是为吸引潜在客户对商品打折降价所带来的企业利润、信誉降低的风险；更为重要的是忠诚顾客会很乐意尝试同一企业其他的产品，这就使得交叉销售得以成功，从而实现了企业经营的多元化，降低了企业的经营风险。

那么，对企业来讲，如何来提升客户忠诚度呢？可以从哪些方面去做呢？具体的可以从以下六个方面着手：

1. 提高内部服务质量

美国哈佛商业杂志发表的一项研究报告指出：公司利润的25%~85%来自于再次光临的顾客，而吸引他们再来的原因，首先是服务质量的好坏；其次是产品本身；最后才是价格。服务质量是提高顾客忠诚度的最重要的因素。

（1）有效控制顾客期望的服务质量。顾客所期望的服务质量受到价格、营销传播、口碑、企业形象、公共关系、顾客需要和价值定义等因素的影响。其中营销传播包括广告、销售促进、网站、人员销售活动等，营销传播和价格均可被服务组织直接控制。对于口碑、形象、公共关系等因素，服务组织无法控制而只能施加影响。顾客的需要和对价值的理解也对顾客期望值的形成构成重要的影响。

（2）不断提高顾客所体验的服务质量。顾客所体验的服务质量可分为技术质量和功能质量。技术质量是指顾客在服务过程结束后的"所得"，通常顾客对技术质量的衡量是比较客观的。如对于入住酒店的顾客，技术质量是客房；对于餐馆，技术质量指食物。为了提高技术质量：一是要有科学的标准，如对不符合质量要求的食品，不进入超市；二是通过对服务设施的改善使无形服务有形化；三是使服务自助化、自动化。服务功能质量的高低取决于服务提供者与顾客的互动和接触。

为了不断提高功能质量必须做到：一是对服务过程的透明。如麦当劳向社会开放其操作间，增强消费者的信心，满足对服务过程的好奇，从而提高了满意度。二是进行CS观念教育，使"顾客第一"的观念深入人心，让全体员工能真正了解和认识到CS行动的重要性，并形成与此相适应的企业文化，一种对顾客充满爱心的观念和价值观。三是积极倡导微笑服务，增强顾客在服务过程中的愉悦感。四是引导顾客投诉。有研究显示，一个最好的顾客往往是受过最大挫折的顾客，得到满意解决的投诉者，与从没有不满意的顾客相比，往往更容易成为企业最忠诚的顾客。顾客投诉是发现服务失误的一个重要来源，所以，企业必须设计方便顾客投诉的程序，引导顾客投诉。并做到一旦发现服务失误，尽快解决问题，防止失误升级。

2. 制定合理的服务价格

合理地制定服务价格是提高顾客忠诚度的重要手段。企业要以获得正常利润为定价目标，坚决摈弃追求暴利的短期行为。制定服务价格时要考虑三个因素：成本、顾客感知价值和竞争者。其中成本是决定价格的主要内部因素，感知价值和竞争则是决定价格的主要因素。服务的成本决定了服务价格的底线，服务的感知价值决定了价格的上限，当顾客认为服务的价格远远高于其感知价值时，需求大大减少。竞争者对同类服务或替代品的要价也是一个重要的参考指标，可以决定在最高和最低价格范围内参考价格水平。当然，在考虑成本、顾客感知价值和竞争者定价时必须同服务的基本特征联系起来。

3. 举办各种感恩回报活动，维系客户关系

在市场竞争越演越烈的今天，必须开展多种形式的感恩回馈活动维系客户关系。首先是常客回报活动。采用这种方法不仅可以提高服务业绩，更重要的是可以提高商业信誉。如航空公司和酒店采用免费机票、免费住宿、价格优惠，对奖励忠诚的顾客有较大作用。其次是特殊赞赏和特殊对待。如有些连锁超市对重要客户授予"优秀顾客"称号、联通公司对手机积分在3000分以上的客户给予100元以上的物品奖励等，这些奖励措施都会吸引大批回头客。最后是进行联谊和感情交流活动，建立顾客对服务组织及其供应品的依恋之情，加强顾客相互之间的情感联系。

4. 建立服务营销的管理信息系统

在现代信息社会中，信息已成为企业不可缺少的重要资源，通过建立信息系统来收集、分析和处理信息是赢得市场竞争的重要手段，也是提升服务管理水平、改进服务质量、提高顾客忠诚度的前提和基础。为提高顾客忠诚度服务，营销的管理信息系统必须具有以下特点：一是有一个核心顾客识别系统，从中可以得到一个清晰的核心顾客名单，而这些顾客就是企业实行顾客忠诚营销的重点管理对象。二是有一个顾客购买行为参考系统。企业运用顾客数据库，可以使每一个服务人员在为顾客提供产品和服务时，明了顾客的偏好和习惯购买行为，从而提供更具针对性的个性化服务。三是有一个顾客退出管理系统，研究分析顾客退出的原因，总结经验教训，利用这些信息改进产品和服务，以培养忠诚顾客。

5. 重视员工的忠诚培养

哈佛大学商学院的教授认为，顾客保持率与员工保持率是相互促进的。这是因为企业为顾客提供的产品和服务是由内部员工完成的，他们的行为及行为结果是顾客评价服务质量的直接来源。一个忠诚的员工会主动关心顾客，热心为顾客提供服务，并为问题得到解决感到高兴。因此，企业在培养顾客忠诚的过程中，除了作为外部市场营销工作外，还应重视内部员工的管理，努力提高员工的满意度和忠诚度。即充分调动企业员工的积极性、主动性和创造性，使其充分参与企业的经营管理活动，从而激发其成就感、事业感和自豪感，最终实现由员工满意向顾客满意的转变。

6. 不断创新服务营销方式

服务创新具有资金投入少、开发过程短、更新扩散快等特点，使创新的服务可获得性、可靠性强，风险较小。在当前企业普遍面临资金、技术约束的情况下，要快速地建立竞争优势，服务创新是一种经济而有效的重要手段。由于服务的品质差异性特征，使服务创新的方式具有多样性，服务创新已逐渐成为企业获取竞争优势的一个重要基点。服务创新在以服务为载体与顾客进行动态交互接触的过程中，能更直接、更详细地了解顾客心理偏好的变化，以差别化、个性化的服务方式，弹性地扩展产品整体的内涵，灵活、及时地满足顾客的多样化需求，从而培养忠诚的顾客。一方面，通过服务等手段增加提供给顾客的价值，以此形成差异化优势；另一方面，要向客户提供超常服务，即将服务的广度和深度超越常规，使其既超出企业承诺，也超出客户期望的范围，从而给客户一个意外的惊喜，使顾客对服务留下一个深刻的印象，达到提升顾客忠诚度的目的。

二、创造忠诚关系的策略

创造顾客忠诚关系的具体策略包括以下三方面。

1. 会员制与顾客忠诚计划

（1）会员制。在许多交易中，企业通常与一些陌生的顾客打交道，双方讨价还价，最终达成交易。直至顾客付款走人后，企业仍然不知道顾客是谁。在首次向企业购买的顾客中，有些可能转向了其他企业，而有些可能还会再次向企业购买。当这些顾客向企业重新购买时，服务人员可能还会问他们与上次相同的问题，再次花时间探寻顾客的需求，了解顾客需要哪种服务。也就是说，这种零散交易行为需要企业为建立顾客关系做出更多的努力。

企业可以通过会员制来把这些零散的交易关系转化为稳定的会员关系。会员关系是企业与可识别的顾客之间的正式关系。采用会员制时，企业可以通过给予申请成为会员的顾客一些奖励，或者通过批量销售服务与顾客建立起会员关系。建立会员关系对双方都有好处，顾客可以从中得到额外的利益，企业从顾客提交的申请表中可以提取顾客详细的个人情况，利用这些有价值的顾客信息，能使企业通过电话、传真、电子邮件、互联网等手段与特定的顾客沟通，实现直复营销。通过会员卡还可以获得顾客进行的全部交易情况，如顾客的喜好、需求和购买方式等。对于企业而言，掌握顾客的需求偏好和了解他们的购买行为是非常有用的，这不但可以避免企业的重复劳动，还可以通过为顾客提供个性化的服务和增加更多的价值来锁定顾客，与顾客建立长期稳定的合作关系。

（2）顾客忠诚计划。顾客忠诚计划是指企业根据顾客的重复购买行为奖励顾客的营销计划。顾客忠诚计划是企业发展与顾客长期关系的一种策略，它通过鼓励顾客不断重复购买，以培育顾客对企业的忠诚，使企业获得更多的收益。

忠诚计划中包含一系列建立在购买价值或购买频率基础上的激励措施。企业可以采用经济形式的奖励，也可以采用非经济形式的奖励，对顾客进行激励。经济形式的激励主要是向顾客提供金钱或物质方面的奖励，如特价、折扣、现金返利、乘客飞行里程计划等。非经济形式的激励是为顾客提供除了金钱或物质之外的利益或价值。例如，一些航空公司的特定乘客，具有优先办理手续、享受专用候机室、优先登机等特别待遇。

2. 关系联系

企业可以向顾客提供他们想要的利益，促使顾客主动与企业加强联系，从而将顾客与企业紧密联系起来。

（1）财务联系。企业可以通过增加财务方面的利益来增强与顾客的联系。例如，航空公司实施频繁飞行者计划，电信企业设计的预存话费送礼品计划等。企业还可以通过捆绑销售和交叉销售来加强与顾客之间的关系。

（2）社会联系。这种联系是建立在企业和顾客之间的人际关系基础之上的。人际关系在服务提供者与消费者之间很常见。企业员工通过这种良好的人际关系来与顾客建立起社会联系，可以增加企业与顾客之间的感情，促使顾客与企业保持良好的关系，形成长期的顾客关系。

（3）定制化联系。企业向老顾客提供个性化服务时，双方就形成了定制化关系。这种关系的建立要求企业员工熟悉顾客的个人情况、需求偏好，能针对不同顾客提供个性化的服务。企业可以通过大规模定制来实现企业与顾客之间的定制化联系。定制化联系可以使企业向顾客提供更多的价值，增进企业与顾客之间的关系，提高顾客忠诚度。

（4）结构化联系。在企业与顾客之间增加结构性联系也能激发顾客忠诚。这种联系常用于B2B和B2C环境中。例如向顾客提供网络订单服务，跟踪包裹等。有些专业电子服务商为顾客提供了建立定制化网页的机会，顾客可以进入自己的网页，自行订购服务或商品，支付账款、跟踪物流、查询个人的消费金额和账户余额。当再次购买这种服务时，顾客就能快速提取以前形成的具体信息加以利用，简化了订购手续，使顾客能便捷地获得服务。

3. 调整转换障碍

转换障碍是制约顾客离开企业的因素，这些因素使得顾客不得不与企业维持关系。具体策略如下。

（1）顾客惯性。顾客不满意但仍与企业打交道的一个原因是转换服务供应商需要改变他们的习惯。顾客惯性从某种程度上解释了不满意的消费者仍可能会留在企业的原因。企业可以利用顾客惯性来留住老顾客。顾客认为转换供应商需要付出更多努力时，他们会更愿意与原有服务供应商保持关系。企业可以利用顾客惯性来吸引新顾客，将竞争者的顾客转化为本企业的顾客。

（2）转换成本。转换成本是另一个限制顾客离开的因素。例如，要更换银行账户，顾客就需要做很多事，会产生转换成本。转换成本是顾客从一家企业转换至另一家企业过程中发生的全部成本，包括搜寻成本、建立成本、学习成本和违约成本。顾客转换服务供应商时支付的成本有货币方面的，也有时间、精力和体力方面的成本。企业可以通过调整转换成本来维持或建立与顾客的关系。

案例启迪

戴尔营销员的偶遇

一个戴尔营销员，利用“偶遇”获取了一个订单。当时，某电信公司有一个项目，戴尔、惠普等几家公司都在竞争。戴尔没有任何优势，没有客户关系。大家知道电信行业的销售，都以客户关系为导向。所以他几乎没有机会。但是，他非常成功地运用了“偶然相遇”的方法。因为他了解到处长要坐飞机出差，所以购买了同样一个航班的飞机票，然后想办法坐在处长的旁边。而且，做了精心准备，去之前把处长过去写过的各种文章都整理成册。当坐在处长旁边的时候，他故意拿出来翻来覆去看，这自然引起了处长的注意，“哇？你怎么看我写的文章啊？小伙子，你是哪个公司的呀？”就这样，飞机飞行的一个多小时中，两个人建立了良好的关系，处长下飞机的时候，留下一句话：“小伙子，我两天以后回公司，有时间你打电话给我。”这位戴尔的营销员马上买了一张机票返回，做准备和那位处长碰面。后来这个项目就给他了。

任务三 顾客抱怨管理

一、顾客的抱怨行为

尽管服务质量和服务生产效率的第一标准可能是“第一次就将事情做对”。但服务的特殊性决定了服务失误的在所难免。在服务失误发生后，顾客通常会产生负面的情绪，如不满、失望、愤怒、焦虑等，这些情绪会影响到顾客的行为，进而会对顾客是否会继续选择原有服务供应商的决策产生影响。当服务出现失误时，不同的顾客会出现不同的反应，如图12-3所示。该图描述了顾客对服务失误的各种反应。

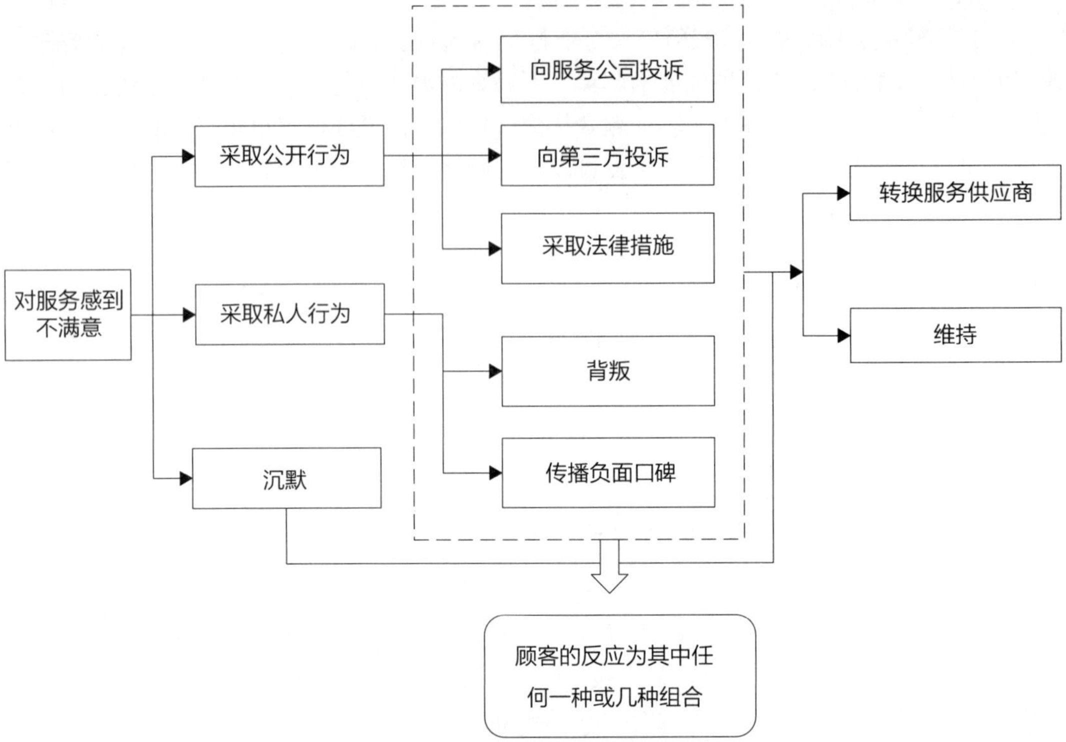

图12-3　服务失误后顾客的反应

从图12-3中可以看出，顾客对服务失误的反应是不同的，有的顾客选择沉默，有的顾客采取公开或私人行动。尽管服务失误会引起顾客的不满，但在这些不满意的顾客中，大部分顾客都不投诉，真正投诉并采取行为的顾客只占少部分。研究表明，在不满的顾客当中，只有约5%~10%会真正进行投诉。

有些顾客会选择向服务企业投诉，有些顾客则更倾向于将企业的负面信息传播给亲朋好友和同事。这种抱怨行为中，顾客没有将负面信息传递给服务企业，使企业丧失了服务补救的机会。负面口碑会强化顾客的消极情绪，导致顾客流失，也会影响到其他人。这类顾客的抱怨行为对服务企业来说是极为不利的，尤其是在当今的网络时代。近年来，越来越多的消费者开始使用网络进行抱怨。网络为人们提供了更加方便快捷的投诉渠道，也使负面口碑迅速而广泛传播到大量的人群中，会对服务企业的声誉产生负面的影响。在极端的情况下，有些顾客会成为"恐怖分子"，在遭受到严重的服务失误后，他们会在网络上公开抱怨，对服务企业的不当行为过分进行渲染，将他们所经历的不愉快的服务体验告诉成千上万的网民，通过网络来宣泄他们的不满和愤怒，甚至报复得罪过他们的服务企业。

另外一些顾客则选择向第三方投诉。第三方包括政府相关机构、保护消费者权益的组织、行业协会和法律机构等。在这三种投诉行为中，顾客可能会采取其中一种，也可能会同时采取好几种行为。总之，不管顾客是采取行为还是保持沉默，最终消费者必须要做出决策，是继续光顾这家服务企业，还是更换原来的服务企业而转向其他服务供应商。

案例启迪

顾客对某旅行社的投诉

刘某等24名游客在去年国庆期间，参加某旅行社组织的九寨沟四姑娘山九天豪华团，团费3920元/人。由于旅行社提供的服务存在质量问题，遂向旅行社投诉，在得不到及时解决的情况下，向省质监所投诉。投诉内容包括：①旅行社住宿安排严重违约，安排他们到一些无星级及卫生条件差的旅店入住。②用餐条件差，三顿正餐吃冷饭菜。③全陪服务水平不达标。④缩减行程安排。⑤做虚假广告宣传，欺骗游客。由于双方未能达成一致意见，交省质监所处理。

经质监所调查核实，旅行社存在以下质量问题：①合同规定该团为豪华团，九寨沟和成都安排入住三星或相当三星标准的酒店，四姑娘山住标准间，茂县和汶川入住二星或相当二星标准酒店。而实际上旅行社只在茂县和四姑娘山安排了符合约定的标准，其余都安排入住无星级旅店。②旅行社导游没有跟团往返，只在目的地陪同游客参观游览，没有提供全陪服务，且部分景点导游没有讲解。③部分用餐标准不达标。④没有按行程安排参观小熊猫馆等景点。⑤广告宣传有夸大成分，但不存在欺骗游客的问题。根据双方举证和《旅行社质量保证金赔偿暂行标准》第六条、第七条、第八条第1款、第十条及第十一条等规定，质监所做出了该旅行社应赔偿游客每人410元的处理决定。

刘某等游客对质监所的处理决定不服，上诉到人民法院，后经法院就此案进行调解，最后当事人双方以旅行社给刘某等游客每人800元经济赔偿，诉讼费各付50%为条件，达成和解。

该案由于旅行社没能及时、有效地处理，也就是没有及时地缩短服务质量差距，引起游客投诉不断升级，最后起诉到法院，对簿公堂。纠纷虽然在法院的主持下得到调解，但旅行社为此耗费了大量的人力、物力和时间，支付了较大的经济赔偿，并严重影响了旅行社的声誉。

二、抱怨者的类型

根据顾客对服务失误产生的不同反应，可以将顾客划分为以下几种类型，如表12-2所示。

表12-2 抱怨者的具体行为表现

抱怨者种类	抱怨反应方向			是否传播负面消息?	是否转换供应商?
	供应商	周围人	第三方		
消极者	×	×	×	×	依据抱怨处理情况而定
发言者	√	×	×	×	
发怒者	√	√	×	√	
积极分子	√	√	√	√	

1. 发言者

这种类型的顾客更愿意向服务人员抱怨。对于服务企业来说，发言者应该被看作是企业的好朋友。发言者向服务人员投诉，为企业提供了一次及时改正错误的机会，使企业还有第二次机会来满足顾客的需求，以留住顾客，并避免了负面口碑的传播和扩散。发言者相信向服务人员抱怨会产生积极的结果，对社会也是有益的，因此他们会主动向企业员工抱怨，而不太可能向其他人或第三方表达不满。

2. 发怒者

这类顾客更有可能向亲戚、朋友传播负面口碑并更换原有的服务供应商。发怒者对所经历的服务失败很生气，对提供服务的企业的行为感到很愤怒，他们不太可能为服务企业提供第二次服务补救的机会，而是向周围人传播该服务企业的负面信息，并选择离开，不再使用该企业提供的服务，转向了其他服务供应商。

3. 积极分子

此类顾客更有可能向企业、亲朋好友及第三方抱怨。积极分子喜欢抱怨，他们的个人观念或标准较强烈，并支持抱怨。他们拥有抱怨的习惯，乐于向人们诉说自己的委屈和不满。他们会向各种人和机构抱怨，如服务企业、其他人和第三方。他们对抱怨产生的结果抱有积极的预期。

4. 消极者

此类顾客保持沉默，很少采取行动。在遇到服务失误时，消极者不采取任何行为，他们不太可能向服务人员抱怨，也不可能进行负面口碑传播，更不会向第三方进行投诉。他们的个性或观念不支持抱怨，他们认为抱怨要花费许多时间和精力，怀疑抱怨所取得的成效。

三、了解顾客抱怨或不抱怨的原因

如果服务企业想要消除顾客的不满，就需要深入了解顾客相应行为后面的原因。即当顾客对服务失误产生不满情绪时，为什么有的顾客会抱怨，而有些顾客则选择不抱怨呢？具体原因如表12-3所示。

表12-3　顾客抱怨和不抱怨的原因

顾客抱怨的原因	顾客不抱怨的原因
√ 获得退款或赔偿 √ 泄愤 √ 帮助改善服务质量 √ 利他主义	√ 不方便 √ 对投诉结果持怀疑态度 √ 不值得 √ 角色意识和社会规范的影响

（一）顾客抱怨的原因

1. 获得退款或赔偿

一般情况下，顾客抱怨是要求服务企业通过赔偿来弥补自己的经济损失。他们认为由于服务企业的失误，自己应该获得某种形式的经济补偿，例如退款、打折、重新提供服务、在未来提供免费服务等。

2. 泄愤

一些顾客通过抱怨重建自尊或发泄愤怒和挫折感。在服务过程中，如果服务人员粗暴无礼、故意冷嘲热讽或威胁顾客，顾客的自尊心、自我价值和公平感将受到负面影响，他们会很生气并且容易情绪用事。

3. 帮助改善服务质量

当顾客高度参与到服务中时（如大学生会主动对教学质量、食宿管理提出建议和要求），他们往往会希望服务机构能不断改善服务质量，使自己获得更优质的服务，因此，为了促进服务质量的提高，他们会不断努力和贡献力量，积极向服务机构反馈信息。

4. 利他主义

在某些情况下，有些顾客具有利他主义思想，他们在社会责任感的驱动下投诉，通过自己的抱怨希望其他人不要在遭遇类似的问题，避免他人经历同样的服务经历。他们希望通过投诉引起公众的关注，使服务企业纠正错误的行为。

（二）顾客不抱怨的原因

1. 不方便

有时顾客很难发现有合适的投诉渠道或投诉程序，他们根本不清楚应该到哪里投诉，不了解有哪些渠道可供他们投诉，甚至不知道该如何投诉。即使知道，有些投诉可能相当麻烦，顾客需要花费大量时间和精力写邮件和提供相关证据，填写大量表格，在这种情况下，很多顾客都不愿意去做这些事情，他们把抱怨看作是一件烦琐的事情，不想浪费时间和精力。

2. 对投诉结果持怀疑态度

不少人认为投诉是不会产生什么效果的。尤其是在服务水平较低的行业中，人们不相信服务企业会关心顾客所遇到的问题，不能确定该服务企业是否会解决顾客抱怨的问题。他们认为即使自己向服务企业抱怨，也是白费力气，抱怨不会导致一些对自己或别人有利的事情发生，也不会带来任何好处。

3. 不值得

有时顾客认为廉价的服务、经常使用的服务对于自己并不是特别重要，不值得花费时间与精力抱怨，因此，对于这种服务投诉较少。但顾客当时不抱怨，若下次需要使用这些服务时，顾客可能会转向企业的竞争对手。相反，顾客对那些价格高、高风险的服务则投诉较多。

4. 角色意识和社会规范的影响

有些服务具有较强的专业化或技术性，需要服务提供者拥有专业知识或技能，如果服务人员是这方面的专家，具有影响交易的能力，处于强势地位，而顾客认为自己缺乏评价服务质量的专业知识，处于“弱势”地位，在这种情况下，顾客投诉的可能性就较小。例如面对医生、律师或建筑师等专业人士时，情况更是如此。社会规范并不提倡公开批评这类专业人士，因为他们被认为是专家。

四、鼓励顾客抱怨的策略

营销管理者如何应对不高兴而又不愿意对服务失误进行抱怨的顾客呢？最好的办法就是首先了解他们不愿意进行抱怨的原因。表12-4总结了能够采取的可行性策略，以鼓励不满顾客进行抱怨。如今，许多服务企业改进了搜集抱怨的程序，如增加特定的免费电话、网站链接、在分支机构显眼的地方设置顾客意见反馈薄，还有的提供录像终端来录制投诉等。

表12-4　减少顾客投诉障碍的策略

不满意顾客遇到的投诉障碍	减少这些障碍的策略
不方便 ● 很难找到合适的投诉程序 ● 耗费精力，如写信或寄信	使反馈容易、方便 ● 在所有与顾客沟通的材料上印上顾客服务热线号码、电子邮箱、邮政地址（信函、网站、清单、宣传册、电话黄页等）
对结果持怀疑态度 ● 不确定企业是否会解决或采取什么措施解决顾客不满意的问题	使顾客放心，他们的反馈会得到认真对待并会带来好处 ● 按服务补救程序实施，并将其传递给顾客，例如，通过顾客通信及企业网站 ● 专门报道由顾客反馈而获得的服务改善
不愉快的感觉 ● 害怕受到粗鲁的对待 ● 害怕发生争执 ● 感觉尴尬	使提供反馈成为顾客积极的体验 ● 感谢顾客提供的反馈（可以通过公开的方式，感谢全体顾客） ● 培训服务人员不与顾客争论，让顾客感到舒适 ● 允许匿名反馈

资料来源：克里斯托弗•洛夫洛克，约亨•沃茨.服务营销[M]. 第7版.韦福祥，等，译.北京：机械工业出版社，2015.

任务四　顾客流失管理

降低顾客的流失可以提高顾客的保留率。企业需要识别出导致顾客流失的原因，然后努力消除这些流失的原因，采取相应策略来减少顾客流失。

一、顾客流失管理的重要性

顾客流失指本企业的顾客由于各种原因转向购买其他供应商的现象。顾客流失是一种常见的现象，过多的顾客流失会影响到企业的经济效益和品牌形象。为了减少顾客的流失，企业需要对顾客流失进行管理。

顾客流失管理是企业努力留住有价值顾客的一种系统化管理过程。流失管理的关键是要认识到企业能够对有价值的顾客流失进行管理，管理的重点是在顾客流失之前采取保留措施留住他们，在顾客流失时，找到流失的原因，并采取相应的策略，以减少顾客流失。减少顾客的流失对企业是有好处的，降低顾客流失率可以提高企业利润。

二、顾客流失的原因

顾客流失的原因主要有以下三点。

1. 服务失误与补救

（1）服务失误。顾客因为服务失误而离开企业，这是造成顾客流失最重要的一个原因。这主要有以下几种情况：第一，服务过失。在服务过程中，如果出现了很多差错或发生了重大的失误，使企业不能向顾客提供完整的服务，甚至根本无法提供服务，在这种情况下，顾客就会主动离开企业。第二，错误的账单和未及时纠正错误的账单。第三，服务灾难，服务产品的使用对顾客个人、顾客的物品造成了伤害，或造成了顾客的损失。第四，服务交互的失误。在与顾客接触时，服务人员不关心顾客、对待顾客不礼貌、缺乏经验和专业知识都会引起顾客的不满，可能会导致顾客转向其他服务供应商。

（2）对服务失误响应不当。服务出现差错并不一定就会导致顾客转向，有时，顾客流失是因为服务提供商对服务失误做出了不恰当的反应所致。这些反应包括消极的反应、没有反应和不情愿的响应。

2. 价值主张不符合顾客要求

（1）价格。顾客因为服务的价格因素而转向购买，具体可以分为四种情况。一是定价过高。如果顾客认为服务的定价高于竞争对手的价格，或服务的性价比低，就可能会转换服务提供商。对价格敏感的顾客对企业的忠诚度最低，哪一家企业的价格低，他们就会转向哪家企业。二是涨价。顾客由于企业提高服务价格而离开。三是不公平的价格。顾客认为企业的价格措施不公平。四是欺骗性定价。

（2）不方便。接受服务的地点和时间、需要花时间排队等候和提前预约等都会影响顾客的购买决策和重购行为。如果顾客认为企业提供服务的地点和时间不能让他们方便地获得所需服务，而使用竞争者的服务更为便利，则可能会转换服务提供商。

（3）发现有更好的服务。顾客在使用企业服务的过程中，发现其他企业提供的服务更可靠，或更具个性化，从而转向了企业的竞争对手。顾客一旦离开，并从竞争对手那里得到了更高品质的服务，就很难再返回。因此，企业要不断关注顾客需求，持续改进服务。

3. 其他因素

（1）道德问题。顾客因企业在经营中存在欺骗、不安全、强迫销售和利益冲突而退出购买。

（2）非自愿流失。这种流失是由于某种客观因素所造成的。例如，由于顾客搬家或服务供应商倒闭，迫使顾客与企业中止关系。这些顾客流失不是人为因素导致的，是在所难免的。

三、减少顾客流失的策略

企业可通过以下策略来有效防止顾客流失。

1. 加强企业的内部管理

顾客流失表面上看可能是营销活动或服务差错反面的原因造成的，但深层次其实是企业内部管理方面的问题所导致的。因此，企业要从内部管理入手，倡导零缺陷的文化，并培训和激励员工保留顾客。

2. 监控忠诚度下降的顾客，调查流失的顾客

在顾客尚未流失之前，企业要监控那些忠诚度下降的顾客，分析他们购买服务的数据，预测哪些顾客可能会出现转换行为。对于那些有转换倾向的顾客，要积极采取措施进行保留。当顾客流失后，企业还要对流失的顾客进行调查，以更好地了解顾客流失的原因。

3. 防止服务失误，进行有效的服务补救

服务失误及对失误的响应不当是导致许多顾客更换服务供应商的一个重要原因。因此，企

业应该有意识地预防服务失误的发生，防患于未然。

4. 增加顾客的转换成本

提高转换成本也可以在一定程度上防止顾客流失。企业可以通过增加转换成本，为顾客离开企业制造困难，从而与顾客继续保持关系。有效使用转换成本的关键是开发低进入成本，高退出成本的服务产品。通过提高违约金或退出费用，就可以提高顾客的转换成本，避免顾客转向其他服务供应商。

但值得注意的是，企业在使用这一方法时，不能给顾客留下强制扣留的印象，同时，还要有优质的服务质量作为支撑，否则，再高的转换成本都不能留住顾客，反而会产生相反的效果。

项目小结

服务的本质特性就是关系特性，服务营销也是建立在关系基础上的。实施关系营销，有利于提高顾客的忠诚度，使各方都能从中获益，最终实现各方的目的。关系营销是指为实现各方目标而识别、建立、保持并加强与利益关系者之间的关系的过程。

关系营销与交易营销有很多不同的地方。关系营销以长期关系为导向，注重保留住老顾客，着力于提高顾客的忠诚度，以获得持久的竞争优势；交易营销看重短期利益，以获取新顾客为主，关注一次性的交易，营销的目的是盈利。

建立顾客忠诚的基础是对市场进行细分，选择合适的顾客，设计差异化的服务，向顾客提供高质量的满意服务。创造顾客忠诚关系的具体策略包括以下三个方面：会员制与顾客忠诚计划、关系联系、调整转换障碍。

在服务失误发生后，顾客通常会产生负面的情绪，如不满、失望、愤怒、焦虑等，这些情绪会影响到顾客的行为，进而会对顾客是否会继续选择原有服务供应商的决策产生影响。根据顾客对服务失误产生的不同反应，可以将顾客划分为发言者、发怒者、积极者和消极者。

如果服务企业想要消除顾客的不满，就需要深入了解顾客抱怨和不抱怨的原因，并采取恰当的策略恢复顾客的满意度。

降低顾客的流失可以提高顾客的保留率。企业需要识别出导致顾客流失的原因，然后努力消除这些流失的原因，采取相应策略来减少顾客流失。

复习思考题

1. 什么是关系营销？
2. 顾客忠诚对企业盈利有何影响？
3. 如何建立顾客忠诚？
4. 顾客流失的原因是什么？
5. 防止顾客流失的策略有哪些？

实践活动

1. 实训内容

以某一服务企业为背景，调查该企业的顾客满意度和顾客忠诚度情况。

2. 实训目的

让学生明确影响顾客满意的因素，了解提高顾客满意度的方法和创造顾客忠诚的方法。

3. 实训要求

（1）各组从以下两个实验主题中任选一个进行问卷设计和调查，针对所收集数据进行分析，得出结论并提出相关建议。①影响顾客满意度的因素。②影响顾客忠诚度的因素。

（2）学生以5～6为一组，以小组为单位进行问卷设计和调查，由组长负责，对组员进行分工协作，共同完成调查任务。

（3）组织部分小组在课堂上交流展示调研报告。

案例分析

安利公司的客户开发策略

安利主要生产家居护理用品、美容护肤品、个人护理用品和营养食品。为了更好地满足消费者对产品功能的需求，安利在全球设有97个实验室，其中有7个在中国。安利目前有两大生产基地，一个在美国本土；另一个就在中国广东。而且，安利在中国广东设立生产基地的目的是专门针对中国人的特征来进行产品研发和改进，以更好地服务于亚洲区市场，这使得安利能够使产品本土化，更好地满足消费者的需要。

安利公司为了向用户提供优质产品，从筛选原料到加工、配方测试，再到成品包装，都经过严格的质量检验，每项生产工序都由质量控制人员严密监督，确保只有完全合格的产品才能进入市场。安利公司一直实行售出商品的“保退”政策，在中国市场上是“30天保退”。因少部分消费者的不规范行为，中国市场的退货率曾一度达到32%，但安利坚持实行这一政策不动摇。

由于中国的消费者对直销模式带有一定的避讳，所以，安利的分销模式逐渐变成了“店铺销售+雇佣推销员”的形式。其经营方式既保留了安利的优势，又符合中国国情，而且减少了中间环节的费用，安利把节省下来的开支让利给消费者，用于产品研发及作为奖励营销人员的工作报酬。

另外，安利邀请了众多体育明星进行产品代言，很大程度上提升了安利在消费者心中的影响力，以明星效应带动消费者的购买欲望。2001年至今，“跳水皇后”伏明霞、“跳水王子”田亮和中国男篮主力易建联，先后接棒出任纽崔莱代言人。2000年和2004年，纽崔莱两度成为中国体育代表团出征奥运专用营养品，品牌塑造与巨大的奥运效应牢牢联系在了一起，树立起了“营养健康”的品牌形象。

安利进入中国以来，怀着“取之于社会，用之于社会”的真诚意愿，围绕“营养、运动、健康”，有健康才有将来的品牌理念，坚持“回馈社会、关怀民生”的企业理念，开展各类公益活动，在中国的教育事业、扶贫救灾、社会公益、环境保护和文化体育方面的捐赠超过2000万元人民币。由于在保护消费者权益方面的突出贡献，2001年2月，安利（中国）被中国保护消费者基金会授予“保护消费者杯”荣誉称号。2003年6月26日，在度过“非典”危机后，史迪夫·温安洛是第一个携带巨资回到中国投资的世界级商人，为安利（中国）增加投资1.2亿美元，并新增注册资本4010万美元，大大刺激了国外投资者投资中国的信心和热情。此外，安利（中国）公司已经植树100万株……所有这些活动有效地树立了安利公司良好的企业形象，当然也增强了安利产品的魅力，这最终使得安利的客户开发变得自然而然！

案例思考：

安利公司是如何建立客户关系的？有什么启发意义？

参考文献

[1] 克里斯托弗·洛夫洛克，约亨·沃茨. 服务营销[M]. 第7版. 韦福祥，等，译. 北京：机械工业出版社，2015.

[2] 瓦拉瑞尔 A. 泽丝曼尔，玛丽·乔·比特纳，德韦恩 D. 格兰姆勒. 服务营销[M]. 第6版. 张白金，白长虹，等，译. 北京：机械工业出版社，2015.

[3] 菲利普·科特勒，加里·阿姆斯特朗. 市场营销[M]. 第16版. 楼尊，译. 北京：中国人民大学出版社，2015.

[4] 詹姆斯 A. 菲茨西蒙斯，莫娜 J. 菲茨西蒙斯. 服务管理：运作、战略与信息技术[M]. 第7版. 张金成，范秀成，杨畅，译. 北京：机械工业出版社，2013.

[5] 李克芳，聂元昆. 服务营销学[M]. 第2版. 北京：机械工业出版社，2016.

[6] 杜向荣. 服务营销管理[M]. 北京：清华大学出版社，2014.

[7] 刘红一. 服务营销理论与实务[M]. 第2版. 北京：清华大学出版社，2015.

[8] 杨佩. 服务营销[M]. 天津：南开大学出版社，2015.

[9] 张淑君，王月英. 服务设计与运营——30余家品牌企业服务运营深度揭秘[M]. 北京：中国市场出版社，2015.

[10] 王海燕，张斯琪，仲琴. 服务质量管理[M]. 北京：电子工业出版社，2014.

[11] 王永贵. 服务营销与管理[M]. 天津：南开大学出版社，2009.

[12] 叶万春. 服务营销[M]. 第2版. 北京：高等教育出版社，2007.

[13] 薛小云. 海底捞的成功并非是一种偶然[J]. 经营管理者，2016(29)：144.

[14] 郑杰辉. 大数据环境下个性化服务实现的案例分析[J]. 网络安全与技术应用，2015(3)：51-53.

[15] 谢凤华，吴成. 顾客不当行为研究热点：来自1990-2014年Web of science的证据[J]. 财经论丛，2016. 205(3)：78-85.

[16] 王升，樊根耀，吴兵涛. 基于服务蓝图理论的客运站车方服务质量评价研究[J]. 长安大学学报，2016. 18(2)：43-48.

[17] 刘湘萍. 麦当劳的空间消费策略[J]. 企业管理，2005(4)：43-44.

[18] 钟文莉. 消费空间的展示与设计——以屈臣氏、宜家为例[J]. 文艺争鸣，2010(7X):139-140.

[19] 李晓梦，刘文宇.对铁路春运供需矛盾问题的研究[J]. 中国科技信息，2010(10)：294-295.